「黒い羽根」の戦後史

炭鉱合理化政策と失業問題

藤野 豊

六花出版

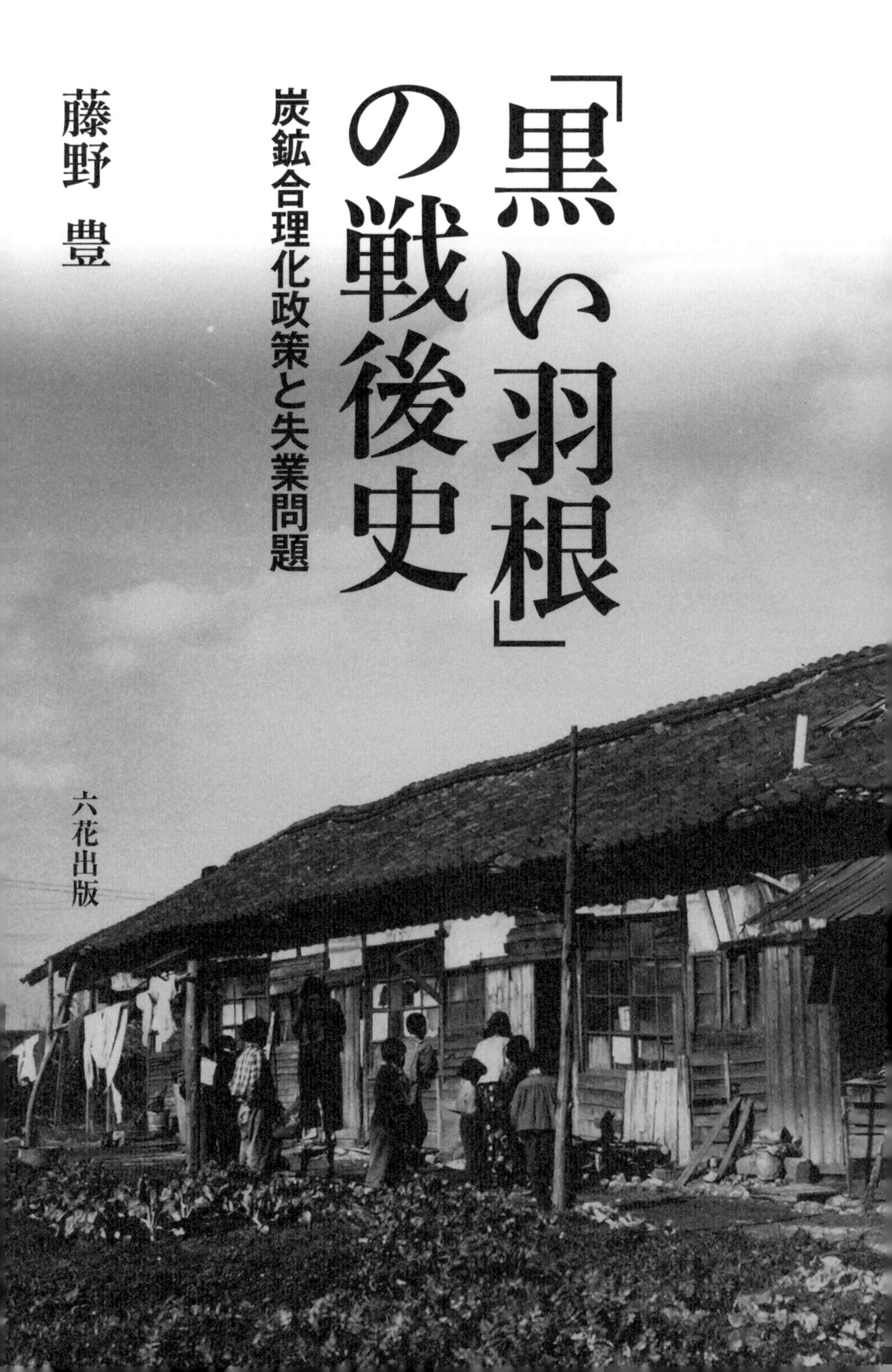

「黒い羽根」の戦後史

炭鉱合理化政策と失業問題

目次

◎写真出典

カバー表／第二章扉／第五章扉／第六章扉
『炭鉱失業者の実態』（福岡県田川市）より　敬和学園大学図書館提供

カバー裏／本扉／第一章扉
『買上炭鉱状況写真集』（福岡県鉱業関係市町村連盟）より　敬和学園大学図書館提供

表紙
『筑豊──そこに生きる人々』（黒い羽根運動本部）より　敬和学園大学図書館提供

第三章扉
『失業者』（五月書房）より　敬和学園大学図書館提供

第七章扉
日活株式会社提供

第八章扉
『黒い羽根運動報告書』（黒い羽根運動本部）より　敬和学園大学図書館提供

まえがき

二〇〇二年頃からわたくしは頻繁に沖縄に調査に行くようになった。沖縄のハンセン病隔離政策の調査、そして米軍基地周辺の売春街形成過程の調査が主たる目的であり、南風原町にある沖縄県公文書館にも通い続け、米国民政府や琉球政府、琉球立法院の文書を調べた。そのなかで偶然、琉球政府法務局総務課による「人身売買に関する書類」という一九五五年の文書群を見つけた。「糸満売り《イチマンウィ》」と呼ばれた漁家への子どもの人身売買の記録である。戦後においても子どもが労働力として売られていたという事実に、わたくしは大きな衝撃を受け、戦後日本の子どもの人身売買の歴史についても調べ出した。沖縄だけではなく、北関東、東北、あるいは瀬戸内などかつて子どもたちが労働力として売られていた地域を歩き、調査した。そして、そのなかで炭鉱に出会ったのである。かつてたくさんの炭鉱があった常磐、筑豊の地を歩き、一九五〇年代、閉山に追い込まれた炭鉱からたくさんの子どもや女性が売られていった事実を知った。

二〇一二年、人身売買の研究を『戦後日本の人身売買』（大月書店）として上梓したのを機に、わたくしは人身売買の温床となった戦後の炭鉱の歴史を本格的に調べ出した。そこに見えてきたのは、炭鉱を犠牲にして進められた戦後日本の高度経済成長の実態であった。部落問題、ハンセン病問題、優生思想、買売春問題、人身売買問題と研究を展開してきたわたくしの新たな研究テーマがそこに見えた。

敗戦直後、石炭産業は戦後復興の基幹産業として重視され、傾斜生産方式のもとで石炭は増産に次ぐ増産が求められた。しかし、GHQから経済安定九原則が示され、一九四九年にはそれに基づくドッジ・ラインにより炭鉱合理化政策が着手され、さらに、一九五〇年代に入り、石炭から石油へのエネルギー転換、いわゆるエネルギー革命が国策として推進されると、石炭産業は一気に斜陽産業へと転落させられた。当然、予測される、炭鉱の閉山と失業者の増大に対し、国家はあえて楽観視し、救済策をとることを怠った。それが、人身売買を生み出す原因となった。各地のかつて炭鉱が栄えた街を歩きまわり、史料調査を進めるなかで、そうした構図が鮮明となっていった。

戦後、昭和天皇は積極的に炭鉱を巡幸し、労働者を激励した。夕張、常磐、宇部、筑豊、三池、杵島、北松、天皇が立ち寄った炭鉱地帯はすべて訪れた。そのなかで、わたくしは、筑豊に何度も足を運んだ。中小炭鉱が多く存在した筑豊は、炭鉱合理化政策、エネルギー革命の被害を最も大きく受けた地域だからである。

かつて馬原鉄男は、筑豊の被差別部落を研究の拠点として、「炭鉱資本が、労働者と鉱害被害住民にたいする搾取・収奪をつよめる手段として、いかに部落差別を利用してきたか」ということを追究し、その研究成果を『日本資本主義と部落問題』(部落問題研究所、一九七一年)に著した。同書は、部落問題を学び出したわたくしに、部落差別が単なる封建遺制ではなく、近代日本の政治と経済が生み出したものだということを教えてくれた。馬原が格闘した筑豊からわたくしも新たな学びを得たいとの思いが募っていった。

筑豊三都と呼ばれた飯塚市、直方市、田川市をはじめ、その周辺の市町村もめぐった。そのなかで。今では数少なくなったボタ山の光景、あるいは五木寛之の『青春の門』の冒頭に登場する香春岳の異様な風貌に強く惹きつけられていった。ボタ山にはかつて栄えた炭鉱の残像を、そして山頂を無残に削り取られた香春岳の一の岳には石炭から石灰岩へと変容した筑豊の鉱業の現像を見る。朝焼けのなかのボタ山や香春岳はハッとするほど美しい。しかし、そのような感傷にふけることを許さない歴史と現実がそこにあった。

かつて炭鉱があった街を歩くなか、そこに大きな格差があることも痛感した。山口県の宇部市で沖ノ山炭鉱を経営していた宇部興産は、現在では大手の総合化学メーカーとして発展し、東京に本社を置くとともに、宇部をはじめ全国各地、さらには海外に工場や関連企業を展開している。宇部の街を歩く限り、外見上は炭鉱が消えて衰退したという印象はまったくない。かつて炭鉱があったことを後世に残そうと開設された石炭記念館は広い公園のなかにあり、炭鉱の失業問題という過去は消し去られていた。

一方、北海道の夕張市には立派な夕張市石炭博物館があり、炭鉱の労働を疑似体験できる設備もあった。しかし、人影はまばらであり、周辺の観光施設でも、広い駐車場に止まっている車はわずかであった。夕張はエネルギー革命という国策に翻弄された。安易に観光事業に手を出し、財政破綻した市政に対し、メディアは激しく批判した。しかし、批判されるべきは、十分な失業対策も講じないまま、合理化とエネルギー革命を進め、国益のために炭鉱労働者を犠牲にした国家ではないか。夕張の街のがらんとした居酒屋で、わたくしの怒りは高まった。しかし、その一方で、映画祭を実施したり、さまざまな町興しに市民が取り組んでいることも知ることができた。

また、福島県のいわき市では、炭鉱から湧き出た温泉を活用して、常磐炭礦がリゾートホテルを開発、日本のハワイとして宣伝し、映画「フラガール」の舞台ともなった。いわき市は恐竜の化石が発見されたことでも知られ、いわき市石炭化石館が開設され、炭鉱と恐竜の化石がセットになって観光客を集めている。

このいわき市には、もう一つ炭鉱資料館がある。それがみろく沢炭鉱資料館である。これは個人が開設したもので、かつてみろく沢炭鉱があった場所の一角に雑然と炭鉱で使った道具や写真が展示されている。資料館の付近にはたぬき掘りの跡もあった。人ひとりが潜れる穴を掘って採炭するやり方で、事故も多かった。零細な炭鉱では戦後もこうした危険な採炭がおこなわれていた。このみろく沢では地表に炭層が露出している。わたくしは、炭層が露出した土の上に座り、この地下でかつて石炭が掘られていたことに胸が高まり、「高度経済成長ではない戦後日本の歴史を炭鉱から明らかにしていこう」と心を決めた。

国がようやく炭鉱離職者臨時措置法を成立させ、不十分ながらも炭鉱失業者の救済に着手したのは一九五九年一二月のことである。まさに、当時の日本は三池争議や安保闘争の渦中にあった。しかし、国にこうした政策を実施させた力は、労働組合や日本社会党の抗議活動だけではなかった。炭鉱失業者を救えという大きな国民世論があった。その世論を生み出した原動力は、映画にもなった安本末子の日記『にあんちゃん』、土門拳の写真集『筑豊のこどもたち』などのメディアと黒い羽根運動である。わたくしは、この黒い羽根運動に惹きつけられた。

わたくしは、小学校一年生のとき、学校で黒い羽根を配られた記憶がある。担任の先生が「筑豊のお友だちのために協力しましょう」と言って、共同募金の赤い羽根と同じだが、色が黒い羽根をクラス全員に配り、わたくしたちは各自一〇円ずつを寄付した。この幼少時の記憶が、わたくしを、この運動の実態への関心を駆り立てた。わたくしは、三池争議に示されたような、社会主義革命を目指す闘いとは異なる、別の形の炭鉱の失業問題との闘いの可能性を模索していった。そして、その過程で、半ば労働運動史のなかで「神話化」された三池争議への疑問を強く懐くようになった。

「総資本対総労働の対決」と言われた三池争議で、労組に絶大な影響を与えたのが、九州大学教授で社会党最左派の社会主義協会の中心であった向坂逸郎である。向坂は、三池で「向坂教室」と呼ばれる学習会を主宰し、多くの労組活動家を育成した。向坂は三池争議のシンボルとなった。

わたくしは、熊谷博子が監督したドキュメント映画「三池　終わらない炭鉱《やま》の物語」を観ていたとき、かつて三池炭鉱主婦協議会の副会長として夫とともにたたかった女性の発言にハッとした。それは「あの争議のみじめさはね、九大の向坂学級のせいだと思いますよ。あの人が机の上で勉強したことをね、三池をモルモットにしたんじゃないかって」という発言であった。熊谷は、この発言について、「これまで多くの人が感じてはいても怖くて言えなかったことを、ズバッと言ったのだと思った」と述べている（『むかし原発　いま炭鉱』（中央公論新社、二〇一二年）。

わたくしが、この発言にハッとしたのは、それがわたくしの懐いていた疑問と同じだったからである。選挙で多数の議席を取るという平和的手段によりプロレタリア独裁の社会主義国家をつくろうという向坂の夢の第一歩が三池争議だったのではないか。争議に敗れた三池の労働者は失業に追い込まれたが、争議を指導した向坂はマルクス主義経済学の泰斗として以後も学界に君臨し続けた。実践で敗れた理論への再検討もなされず、向坂は神格化された。社会党も、向坂理論の影響を受けた左派の影響力が強く、社会民主主義の路線を実行できず、長期的低迷に陥っていった。

しかし、ハッとした理由はもうひとつある。この発言がわたくしへの鋭い問いともなっていたからである。わたくしは、これまで被差別部落やハンセン病患者への差別の歴史についても研究してきた。そのなかで、国、マスメディア、人権団体に対しても意見を述べてきたが、わたくしの研究にも、差別されてきた当事者を自らの歴史理論の「モルモット」にするようなことがあったのではないか。わたくしの研究は、ほんとうに被差別者の人権回復に役立ったのか。向坂への批判は、そのままわたくしへの批判となるのではないか。わたくしにとり、この女性の発言は重かった。

わたくしが炭鉱のあった街を歩きまわっていた最中の二〇一五年七月、「明治日本の産業革命遺産」として長崎県の高島炭坑、端島炭坑（軍艦島）、福岡県の三池炭鉱宮原坑、熊本県の三池炭鉱万田坑がユネスコの世界文化遺産に登録された。その五カ月前、わたくしは万田坑を訪れていた。炭鉱の施設がよく保存されていて、明治期の大きな巻き上げ機もそのまま残されていた。かつて万田坑で働いていた方々がガイドを務め、個々の施設の説明をしてくださった。世界遺産への登録の期待が万田坑全体にみなぎっていた。同じことは、宮原坑がある福岡県大牟田市でも感じていた。大牟田市石炭産業科学館の前には、「めざせ　世界遺産！　三池炭鉱関連の近代化遺産を世界遺産に！」と大書した看板が掲げられていた。〝炭鉱遺跡で街興し〟の熱気が伝わってきた。

また、筑豊では世界記憶遺産に登録された山本作兵衛の炭鉱画が大きな観光資源となっている。三井伊田坑の跡地につくられた田川市石炭・歴史博物館では山本作兵衛コレクションを常時展示しているし、隣接するショップでは、炭鉱画をパッケージに描いた菓子も販売されている。

炭鉱の歴史は過去の遺産として記憶され、現代の観光資源として復活した。しかし、それだけでいいのだろうか。かつて長崎県の高島炭坑では、労働者への虐待が常態化し、一八八八年、雑誌『日本人』にその実態が暴露され、社会に大きな衝撃を与えた。炭鉱には、囚人労働、朝鮮人強制連行、事故による膨大な労働者の犠牲、そして、戦後の合理化政策による失業と、多くの負の歴史がある。そうしたことも含めて記憶し、施設を保存しなければ、歴史の全体像は見えてこない。「明治日本の産業革命遺産」という日本人の誇り得る歴史の遺産としてのみ炭鉱を記憶していいのだろうか。アウシュビッツ・ビルケナウの強制収容所や広島の原爆ドームが、人類の負の遺産として世界遺産に登録されたように、炭鉱遺跡も負の遺産としても記憶するべきではないか。

このような思いを込めて本書を執筆した。本書の内容が、こうしたわたくしの問題意識を実証するものとなっているかどうか、読者の皆様の御判断を待つ。

第一章

昭和天皇の巡幸に見る戦後日本の炭鉱問題

「ヤマにきびしい寒さの冬がやって来た。失業したヤマの人たちの家庭では心まで冷えびえする暗い毎日である」

はじめに

昭和天皇裕仁《ひろひと》は、いわゆる「人間宣言」を発した直後の一九四六年二月、神奈川県を手始めに全国の巡幸を開始した。それは一九四七年五月に日本国憲法が施行され、天皇が憲法上の「象徴天皇」と位置付けられた後も続けられ、一九五四年八月、北海道巡幸をもって完結する。アメリカの直接占領下にあった沖縄を除き、天皇は全国すべての都道府県を巡幸した（以下、とくに断りがなければ「天皇」はすべて昭和天皇裕仁をさす）。

ジョン・ダワーは、「保守派エリートはGHQと協働し、天皇を「人間」へと変身させるために大々的な宣伝活動に乗り出した。彼らは、天皇は全国を巡って、文字通り臣民と同じレベルに降り立ち、貧しく、空腹を抱え、悲惨な境遇にある人々と親しく交わるべきだと考えていた」と巡幸の目的を指摘し、不平も言わず淡々と巡幸をこなす天皇の姿は、「国民の苦しみのシンボル」になるという予期しない結果をもたらしたと述べている。[1] 巡幸は日本政界の保守派とGHQとの合意による「人間天皇」を国民に印象付ける演出であったという趣旨の叙述は、それまでの研究史から見ても妥当なものと考えられる。[2]

ただ、わたくしは、一九七五年に鈴木しづ子が指摘したものの、その後の研究では深められていない課題が残されていることに注目する。それは天皇の巡幸が労資協調的ムード作りに一役買っていたという事実の解明である。巡幸先で天皇は単に「人間天皇」を演出するため、戦災を受けた国民を慰め、復興に向けて励ましただけではなく、労働運動から階級闘争的性格を排除しようとする極めて政治的な発言を繰り返していたのではないかと鈴木は問題提起していたが、これを検証する作業は未だなされていない。鈴木の提起には、「象徴天皇制」にGHQと日本政府から課された政治的役割があったことが示唆されている。[3] わたくしは、三十数年前になされた鈴木の問題提起にいささかでも答えるため、このささやかな一文を記す。鈴木の問題提起の実証、それが本章の課題である。

この課題のため、本章では一九四九年の九州巡幸時を中心に、天皇の炭鉱巡幸に焦点を当てる。炭鉱巡幸については、すでに吉見義明が経済復興に向けた増産奨励の事例として紹介しているが(4)、本章では、天皇が炭鉱巡幸を強く希望した意図、そして巡幸が増産奨励だけに止まらず炭鉱労働者に与えた政治的影響について詳細に検討していく。

周知のごとく、天皇の全国巡幸がおこなわれた一九四七年〜一九五四年、炭鉱をめぐる国策は激変している。すなわち、当初、傾斜生産方式のもとで重要産業と位置付けられ優遇された石炭産業は、経済安定九原則により傾斜生産方式が終了させられると、ドッジ・ラインのもとで不況に襲われ、石炭はそれまでの増産体制によって生じた供給過剰の反動で価格下落を引き起こし、いったんは朝鮮特需で景気を復活させたものの、石炭から石油へのエネルギー転換という国策が徐々に進行するなか、再び展望のない不況に追い込まれ、中小炭鉱は次々と閉山に追い込まれていく。当然、炭鉱労働者の生活は国策により翻弄され、炭鉱の労働運動は拡大し、争議は激化する。天皇はそうした状況下の炭鉱を巡ったのである。そこでは、GHQや日本政府の意向に沿い行動する天皇の姿が鮮明となる。本章において、炭鉱巡幸を通して天皇が労働争議の鎮静化という役割を演じた事実を明らかにして、象徴天皇制がその成立当初に課された政治的目的を明らかにしていきたい。

なお、本章では地方新聞の記事を多く引用したが、その理由について一言説明しておく。すでに、地方新聞の巡幸報道を重視し、社説や記者の感想記事を分析した瀬畑源は、地方新聞には共通する「人間宣言」や日本国憲法第一条を論拠にした報道方針があったと指摘、巡幸報道を通して地方新聞が「民主化」の「啓蒙の担い手」であったと述べており(5)、わたくしも瀬畑のこの指摘を重視する。そして、さらに次のような事実にも注目する。すなわち、それは、一九四九年の九州巡幸に際して、取材した『佐賀新聞』の記者が、記者やカメラマンが天皇を取り囲んでしまい、「一般歓迎者から「新聞記者見えないぞ」「報道員腰を下せ」と大ぶん声がかかった」と述懐している事実である。(6)「人間天皇」となり、記者やカメラマンは天皇周辺に群がるようにして取材した。そうであるとすれば、新聞報道に紹介された天皇の肉声は臨場感あふれるものであったと考えられる。この点からも、本章では、新聞に報じられた天皇の発言を重視した。

また、もう一点、本書における「炭鉱」の漢字表記について記しておく。史料には「炭鉱」「炭坑」「炭礦」などの表記が見られるが、引用文や会社名などの固有名詞の場合はそのままとし、それ以外の場合は、原則として炭鉱全体については「炭鉱」、個々の坑については「炭坑」と表記した。

第一節　炭鉱に関心を強める天皇

侍従次長木下道雄は、一九四六年一月一三日の日記に、学習院の英国人教師レジナルド・ブライスが天皇に提出した覚書の写しと日本語訳を記載している。この覚書は、「人間宣言」作成にも深くかかわった三者、すなわちGHQ民間情報教育局長ケン・ダイク、同局顧問ハロルド・ヘンダーソン、そしてブライスによる鼎談の際のダイクの意見をブライスの記憶によりまとめたもので、そこには「天皇は須らく御親ら内地を広く巡幸あらせられて、或は炭坑を、又或は農村を訪ねられ、彼等国民の語る所に耳を傾けさせられ、又親しく談話を交えて、彼等に色々な質問をなし、彼等の考えを聞かるべきである」と述べられていた。この覚書に対し天皇の「御賛意は多大」で、翌一四日、天皇は木下に対し「地方御巡幸につき、現在が其の時期なりや否や、総選挙、石炭欠乏、交通事情等につき大臣と協議すべき旨」を「下命」した。[7] そして、二月二三日には、天皇は二五日に予定されている地方長官への「賜茶」の席で、福岡県知事と北海道長官に「石炭の増産情況」について「下問」すると木下に伝えている。[8]

さらに、前述したように二月に神奈川県への巡幸が実施されると、三月三一日、天皇は木下に四月一〇日以降に全国を巡幸するという腹案を示し、そのうち福岡については「炭坑」と付記している。その際、天皇は木下に、巡幸の主目的は戦災地と引揚者の収容所であり、「その間に炭坑、農業地等を視察する事とし、本年中に全国を一巡する」との意思を伝えている。[9]

このように、木下の日記には、天皇が炭鉱に強い関心を抱いていたことが記されている。

全国巡幸を希望する天皇にとり、炭鉱巡幸はその主たる目的のひとつであった。では、なぜ、天皇は炭鉱に強い関心を抱くに至ったのか。もちろん、天皇が炭鉱に関心を強めるこの時期は傾斜生産方式の立案過程であり、労働組合にもそれへの協力が求められていたのであり、天皇も石炭増産を強く求めていたと考えられるが、[10] とくに、天皇が労働運動の現状を危惧していた事実もまた理由のひとつにあげなければならない。

一九四六年一〇月一六日、連合国軍最高司令官ダグラス・マッカーサーとの三回目の会談をおこなった天皇は、その際、「国民が虚脱状態から士気を恢復し復興の希望に立ち上らんとするこの秋、この希望に水を掛けるものは「ストライキ」であります」と断言し、さらに「何事も真似をする場合、権利の面のみを真似し義務の面を等閑に附する事はありがちの事ではありますが、日本人の教養未だ低く且宗教心の足らない現在、米国に行はれる「ストライキ」を見て、それを行へば民主主義国家になれるかと思ふ様な者も不尠、これに加ふるに色々な悪条件を利用して為にせんとする第三者ありとせば、国家経済再建の前途は誠に憂慮に堪へぬと申さねばなりません」と言葉を続けている。これに対し、マッカーサーは共産主義への警戒は認めつつも、日本の労働運動は「危険と見える程危険ではない」と述べ、「米国の労働運動は破壊的なものではありません。そういふ労働運動の方向に日本も向はねばなりません」と、日本にも労資協調の労働運動を求め、「「ストライキ」は大して心配するに及ばないと信じます」と天皇を安心させている。マッカーサーが、そのように判断する理由は「日本人の健全性が、天皇に対する従来と変りなき尊敬と愛情とに依つて現はされて居」ることであった。マッカーサーは日本には天皇制があり、労働者も天皇を敬っているので、労働運動も共産主義には向かわないと考えている。したがって、その場で天皇が巡幸への意見を求めると、マッカーサーは「機会ある毎に御出掛けになつた方が良敷《ママ》しい」と答えた。巡幸により天皇への労働者からの尊敬心が高まれば、日本が共産主義に向かうことはないとマッカーサーは判断していた(11)。

このマッカーサーからの助言に続けて一九四七年一二月二七日、第一次吉田茂内閣が一九四七年度の石炭生産三〇〇〇万トンを目標とする傾斜生産方式の実施を閣議決定すると、天皇の炭鉱巡幸への思いは強くなった。石炭の三〇〇〇万トン生産には労働組合の協力が不可欠であり、すでに、吉田は一九四六年一〇月一九日、「炭礦従業者に対する吉田総理声明」を発し、石炭の三〇〇〇万トン生産の「目標達成の能否は炭礦従業員諸君の自発努力に俟つところが大である」として、労資協調を強く求めていたが(12)、一九四七年一月一日の「年頭の辞」で、吉田は労働組合を「不逞の輩」と決め付けたことでかえって労働組合の強い反発を受けるに至ってしまう。傾斜生産方式を遂行するためにも、吉田の放言への反発を緩和し、労働組合の国策への協力を取り付けることが、重要な課題ともなっていた(13)。まさにそのとき、天皇は炭鉱を巡幸し、労働組合に労資協調を求めていく。

一九四七年五月一日、天皇は吹上御苑花蔭亭において宮内記者たちと会見した際、全国巡幸への感想を語り、「まだ炭鉱へは行く機会がなかったが、復興のためには石炭が大事だから、機会があれば炭鉱にも行きたいと思っている」との意欲を示した(14)。

そして、一九四七年八月五日、天皇は東北巡幸の第一日目、午後〇時四分、常磐炭礦磐城礦業所を訪れるべく、福島県湯本町の常磐線湯本駅に降り立った。「一度は炭坑を訪ねてみたい」と口癖のように言っていた天皇の強い意思が「万一のことがあつてはという自重論を押切つて」今回の常磐炭礦への巡幸を実現させた（『読売新聞』一九四七年八月六日(15)）。宮内記者クラブの一員であるNHK記者阿部薫は、天皇が巡幸を前に側近に「真夏の暑さとたたかいながら石炭を掘り田の草をとる人々の労苦はどんなであろう、それらの人々を激励することを思えば暑さなど何でもない」と語ったというエピソードを伝えているが（『福島民友新聞』一九四七年八月三日）、天皇の炭鉱訪問への並々ならぬ熱意を感じさせる。

このときの巡幸に同行した侍従入江相政は、八月五日の日記に次のように記している。

午后零時四分湯本駅御著車。検分の時炭坑町らしくごみごみと見えたこの町も、今日は沢山の奉拝者が出て活々としてゐる。便殿で社長の奏上。続いて五坑々口へ、選炭場へ、六坑々口へ、こゝで従業員組合員を御激励になる。それより人車に召させられて十分間降下、坑内を十分間御散歩。切羽から集まつた坑内夫を御激励になる。皆甚しいズーズー弁で誓つて聖旨に答へ奉る旨を奉答申上げる。又十分で坑外へ、こゝで曩に御激励賜はつた連中は感極まり「陛下御苦労様でございました」と申し上げたものがある。それより自治会館前で他炭坑の労資代表者に御激励の御言葉を賜ひ、一時二十二分同所御発、内郷町裁縫女学校前で御自動車をお降り遊ばされ、内郷町民の奉迎を受けさせられて平にお向ひになる(16)。

入江の日記によれば、天皇が炭鉱に滞在していた時間は一時間一八分ほどであった。しかし、この限られた時間のなかで天皇は、平服のままではあるが、はじめて坑内に入り、労働組合員らと直接、言葉を交わしたのである。

常磐炭礦の大貫経次社長は「そこにいるのは炭鉱労組幹部で増産に大きな力となつています」と天皇に労組幹部を紹介、天皇は「不服なことがあるだろうね」と副組合長の武藤武雄に「下問」する。これに対し、武藤は「日本の現状が苦しいのですからこの苦しさに堪えて再建のために頑張ります」と答え、さらに天皇が「組合の健全な発達を祈つています」と語ると、並んでいた労組幹部の頭が一瞬下がり、武藤は「しつかりやります」とただ一言答え、天皇も「満足げな表情」を示し（『読売新聞』福島版、一九四七年八月六日）、労資一同は「三千万トン増産を必ず達成します」と答えたという（『朝日新聞』福島版、一九四七年八月六日）。記者の取材に対しても、大貫は「労資協調いよいよ増産にまい進しお心を安んじていただく」との覚悟を語り、武藤も「陛下は組合運動をお心にかけられ健全な発達を祈ると申されたことは私個人の光栄でなく労組としての光栄であり、わが炭鉱労組も本日を機会に組合運動の発展によつて増炭目的を達成するつもり」との決意を述べた（『毎日新聞』福島版、一九四九年八月六日）。八月六日付『福島民報』は「労資の協調が比較的スムースに行われている常磐炭田の経営者、労働者の代表はきようここに一丸となつてここで陛下をお迎えする喜びに上気していた」と報じた。

また、天皇は、坑内で出迎えた二五〇名の労働者には「苦しいけれど採炭事業は重要だから一生懸命がんばつて下さいね」と、石炭産業の重要性も強調している（『毎日新聞』福島版、一九四七年八月六日）。これに対し、労働者は「この感げきを増たんにぶちこみます」「へい下のお姿をヤマで拝して感激しています　三千万トン達成に微力ながらも頑張ります」「ヤマで得た二十三年の体験を生かし増たんに励みます」などと、石炭増産への決意を固めた（『いわき民報』一九四七年八月六日）。

坑内から出た天皇に、労働組合宣伝部長猪狩正男が大声で「御苦労さまでした」とねぎらい、武藤が「天皇陛下万歳」三唱の音頭を取った。「奉迎」のなかにいた小田炭鉱の労働組合の代表も「労資協調で増産します」

と天皇に答えている（『福島民報』一九四七年八月六日）。さらに、福島県炭鉱労働組合書記長の大森益雄も「私は陛下から組合問題について御下問を拝したが思召の程只感泣してゐる　今になつて見れば種々答申も出来たであらうが瞬間的には言ひ知れぬ感激で全身が硬直し只ハイと申上げただけだつた　此の上は一意増産に邁進する」との決意を述べている。(17)

このほか、天皇を迎えた三〇年勤続のひとりの労働者は「社会の下積みとされ、平常の社会でない一種特別な卑しい社会と見られ自分達もそうしたあたりの空気に流されて卑下してきたこの炭礦に、この暑熱のさ中に、陛下が親しく御出でになられて、炭礦の私達を励まされ、慰問されるということはほんとに辱い《かたじけな》」と感激していた。(18)猛暑のなか、天皇が坑内に降り、「下積み」の「一種特別な卑しい社会」のひとびとと同じ地点に立つという行為が、炭鉱労働者の心をみごとに掌握した。(19)天皇の巡幸を機に、常磐炭礦では労資双方とも労資協調による増炭という決意を新たにしていく。取材をしていた『福島民報』の記者は「この日の坑夫たちの感激しきつた横顔を見て」、「この感激が新聞やラジオを通して全国の炭坑に影響し増炭にぴんと響いたらどんなにうれしいことか」と、これまた感激して筆を執った（『福島民報』一九四七年八月六日）。同様に取材していた『福島民友新聞』の記者たちも、天皇が炭鉱の坑内にまで降りた事実を重視し、「地下にまで入られた陛下のあたえた影響は大きい、裸のままで陛下と直接お話しをしたのはいままでにそう例がないだろう」と述べ、石炭増産への期待を感じていた（『福島民友新聞』一九四七年八月一一日）。

『毎日新聞』は、天皇の巡幸があった八月五日、常磐炭礦湯本労働組合事務所で「御下問を拝して感激もまださめやらぬやまの人々を中心」に「陛下のお姿に接して」と題する座談会を開くが、そこでは「健全な組合の発展を祈るとのお言葉については組合の幹部としてもつともつと建設的な方向に進まねばならぬと考えます、今日の感激は明日からの増産にハク車をかけましょう」（労働組合支部長・渡辺兼太郎）、「〝御苦労だが増産して下さい、そして健全な組合の発展を祈る〃との有難い御言葉をうけました」（武藤武雄）、「労働者だけでなく資本家、事業主にも組合運動の事を聞かれている　陛下もこうふんはされておられたでしょうが、組合というものを懸命に研究されておられることはたしかでした」（全炭中央執行委員・猪狩政雄）、「陛下から増産は国家再建の原動力であることを仰せられ、また組合の健全な発達について御言葉のあつたことは全坑夫の感激を新たにしたと思う。こんどこそお互が自発的に能率をあげることに努力しなくては申訳ない」（労務事務員・小林しげ子）、「陛下が「困難だろうが増産を」「組合の発展を」と申されたのは組合員の意識を向上させるための御激励と思います、その意味で是非とも日本で一番立派な組合、良い山にしなければなりません」（幹線・高原卯吉）など、労働組合の「健全な発達」による増炭への決意が口々に語られていた（『毎日新聞』福島版、一九四七年八月七日・八日・九日）。

同じく、『読売新聞』も八月六日、同労働組合事務所で常磐炭礦労働組合長渡辺勝二、同副組合長武藤武雄らによる「人間天皇と増産」という座談会を開くが、その場でも労働組合幹部から「われわれは理くつはぬきにして炭鉱人としての責任と義務から国家の再建に全力を傾けなければならぬと痛感した」「労資代表一人々にお言葉を賜わつたが、それがだれにでも「労働組合の健全なる発達をお願いします」というのだつた……（中略）……陛下のお心にはこの労組の健全なる発達が日本を救うのだとのお考えで一杯、それがあのお言葉となつて現れたのだと考える、しかし、また天皇のお言葉の裏には不健全な組合もあるのだということを指し示めされたのだと考える時、われわれは緊褌一番やらなければならないと思つた」「今回の行幸はひとり労働組合の光栄ではなく全国労働組合の感激だよ」という発言がなされ、「とにかく食糧事情がどんなに悪くともわれわれは増産せねばならない」との発言で座談会は締めくくられた（『読売新聞』福島版、一九四七年八月七日）。

さらに、巡幸に感激したのは天皇を直接迎えた常磐炭田の労働者だけではない。遠く離れた長崎県北松炭田の潜竜炭鉱の労働組合も、天皇が坑内に降り労働者に「採炭は重大だから一生懸命やつて下さい」と語ったことに感激し、「四十万の炭礦同志諸君よ、吾等の手に依つて歴史を築こうではないか」と呼びかけている。[20] 坂本孝治郎は、「東北巡幸の目玉」は、食糧増産とともに「傾斜生産方式重点項目である石炭増産の激励」にも置かれていたと指摘しているが、[21] それに加えて労資協調の推進もまた重要な目的であった。[22]

一九四七年八月一九日、東北巡幸の途次、天皇は、福島・翁島の高松宮別邸で宮内担当の記者に巡幸の感想を語った際、初めて炭鉱の坑内に入ったことについて「ああいうところで働き続けることは、よほどの体力と気力がいると思った。だが坑内に迎えてくれた労務者たちは元気で、石炭の大事なことをよく了解し、働きがいを自覚しているようだった」と、労働者の対応への満足を口にしていた。[23]

この後、一九四七年一二月三日、天皇は中国巡幸でも山口県宇部市の宇部興産沖ノ山鉱業所を訪れている。直前に山口県警衛本部がおこなった調査では、沖ノ山炭鉱の鉱員組合と職員組合とについて、ともに「右翼的色彩を帯び共産党員五名を現在掌握し居る状況である　尚朝鮮人三名介在するも特異動向を認めない　待遇改善を繞りて興産本社へ賃金値上げを要求（再度）せるが円満解決を見目下更に待遇改善を目指して中央本部へ賃金値上げを交渉すべく企図し居るが治安に憂慮すべき点は認められない」と報告されている。[24] 沖ノ山は模範的な労資協調の炭鉱であった。

同鉱業所では、「五千人の従業員がキャップランプにつぎはぎだらけの作業服」で出迎え（『朝日新聞』一九四七年一二月四日）、天皇は「万才、万才ッ！」という「歓呼の絶叫」のなか、約三〇分にわたり視察（『日刊宇部時報』一九四七年一二月四日）、ここでも労働組合の幹部に対し「色々苦しいことがあるだろうが石炭は重要産業だからしつかりやつて下さいね　労働組合の健全なる発達を祈るよ」と語ると、松原組合長は感激で目を潤ませながら「はいッ御言葉を全組合員に伝えまして一層増産を励み三千万トン増産は是非完遂いたします」と誓っている（『日刊宇部時報』一九四七年一二月五日）。天皇は、このほか、「石炭は重要産業だからしっかりやって貰いたいもんだね」と個々の労働者にも語りかけている。労働組合の執行委員のひとりは「数多くある炭鉱の中からひとり本鉱に陛下をお迎えしたことは感激に堪えません。われわれは今日のこの感激を生産にぶちこんで一層の増産を固く固く陛下にお誓いしました」と決意を新たにした（『防長新聞』一九四七年一二月四日）。

また、前年一一月に宇部市聯合青年団の宮城奉仕団の一員として皇居の清掃作業中に天皇と皇后良子《ながこ》に「拝謁」した経験がある沖ノ山炭鉱労働組合員のひとりの青年は、その経歴故に巡幸の際は、「特別拝謁」の機会を得て、「感激をそのまゝ石炭増産に邁進すべく一層の努力を誓つ」ていた（沖ノ山炭鉱労働組合『沖ノ山労報』一四号、一九四八年一月一〇日）。

山口県当局も、沖ノ山炭鉱巡幸について、天皇は松原労働組合長をはじめ労働者に対し「いろいろ不自由しているだらうが石炭は重要な産業だからしつかり増産してもらいたい。労働組合の健全な発達をのぞむ」と言葉をかけ、「生産復興への御激励と共に労働組合活動についての深い御理解の程を示された」と評価、この天皇の言葉を受け、「所長はじめ従業員一同は不自由を堪え忍んで三千万トン出炭のため、あらゆる努力を続けてきたのであるが更に感奮興起して祖国再建に寄与するよう堅く誓つた」と記録している[25]。

沖ノ山炭鉱鉱業所鉱友会では翌一九四八年一月一五日、巡幸時に「御下問のあつた方の感激を語る座談会」を開くが、そこで、いちばん長く「御下問」を受けた労働組合長の松原は、天皇から「石炭は重要産業だからしつかりやつて下さいね。労働組合は健全なる発達を祈ります」と言われ、「御言葉を全組合員に伝えまして一層増産を励み三千万トン増産は是非完遂いたします」と感動でしどろもどろになりながら答えたと回想している[26]。

では、天皇の巡幸により沖ノ山炭鉱では石炭は増産されたのだろうか。これについては、山口県下の巡幸を取材した毎日新聞記者の中川左近が、GHQ民政局のハッカー大尉に送った私的報告書が示唆的である。この報告書のなかで、中川は「宇部沖ノ山炭鉱では行幸前日と当《ママ》は一一〇%の出炭ではあったがそのごは平常化」と述べ、巡幸は「一部分又瞬間的には増産に役立ったが二、三日たったのちには何等の好影響も与えていない」ことを指摘、さらに沖ノ山炭鉱次長俵田実夫の「天皇の行幸は増産に影響はない　それを求めるのはムリだ、ただ神から人間になった、日本人の父を心から迎えたにすぎない」という談話を紹介している。(27) 石炭の増産は精神力のみで達成できるものではない。しかし、増産を目指して労資双方が協力することで、労資協調は進行する。ここにこそ、天皇の巡幸の政治的効果があった。(28)

第二節　争議渦中の筑豊に立つ天皇

一九四八年二月一二日、九州地方県知事代表（九州地方県協議会長）として福岡県知事杉本勝次は首相片山哲に対し「天皇陛下の九州地方御巡幸について御願」と題する文書を提出し、「九州は石炭及鉄鋼、化学生産、農産、林産等日本再建の原動力として大なる役目を果しつつあ」ることを理由に春に天皇の九州巡幸を実現するよう懇願した。これに続けて、福岡県議会議長稲員稔も、同年三月三〇日、同様の「天皇陛下の九州地方御巡幸について」という文書を片山首相に提出し、やはり「再起日本」の使命達成のため、北九州では石炭、製鉄、化学生産に「不断の努力を傾注致しておる」と力説していた。このように、九州巡幸を求める理由の一つに炭鉱経営者、労働者への激励があった。[29]

しかし、一九四八年一一月一一日、GHQが賃上げを追認するような物価値上げを禁止するなどのいわゆる賃金三原則を第二次吉田茂内閣に指示、さらに一二月一八日、アメリカ政府指令の経済安定九原則を発表すると、状況は一変する。冒頭で述べたように、一九四九年三月以降、ドッジ・ラインのもとで深刻な不況が進行するなか、石炭は供給過多となり、各炭鉱の貯炭量が累増すると、石炭産業はそれまでの傾斜生産方式のもとでの増産の奨励から一転して過剰生産への対応に追われ、経営側は合理化と賃金値下げを労働者に求めた。[30]一九四八年度の石炭生産目標は三六〇〇万トンであったが、一九四九年二月段階で生産は三一〇〇万トン強に止まり、石炭業界では労働者への賃金遅配も深刻化していた。[31]さらに、三月一〇日にGHQが発した指令「炭礦業安定に関する六原則」により超過労働賃金などの支給の抑制が求められ、経営側による労働者への引き締めが強化された。[32]

これに対し、危機感を持った労働組合側は、一九四九年四月、分裂していた組織を日本炭鉱労働組合連合会（炭労）のもとに統一、ここに炭労は全国の炭鉱労働者の九割以上の四八万名余を組織することになり、労資対決の姿勢を鮮明にし、GHQが吉田内閣に争議の円満な解決を求めるなか、五月三日より事実上の賃下げ案に反対するストライキに突入する。[33]それまで比較的、協調的であった炭鉱の労資関係は一気に緊迫した。[34]

まさに、こうした一九四九年五月、天皇の九州巡幸が実現したのである。一九四七年に、天皇が傾斜生産方式下の常磐、宇部の炭鉱を巡幸して増産奨励のための労資協調を求めたときとは、炭鉱をめぐる状況は大きく異なっていた。天皇は、こうした緊迫した状況下の北九州の炭鉱を巡幸する。

宮内府長官田島道治が五月一一日に吉田首相に報告した「福岡、佐賀、長崎、熊本、鹿児島、宮崎、大分各県下行幸御日程」によれば、天皇は五月一七日に東京を出発し、京都で一泊した後、一八日の午後七時四〇分に福岡県の小倉駅に到着、二〇日に筑豊地方に入り、直方《のおがた》市、田川市、飯塚市などの炭鉱地帯を回り、二三日に佐賀県唐津炭田の杵島炭鉱、二四日に長崎県北松炭田の潜竜炭鉱、さらに二九日には再び福岡県に入り大牟田市の三井三池炭鉱を訪れることになっている。二六日間にわたる九州巡幸において炭鉱の訪問は重要な目的の一つであり、[35]福岡県での巡幸では「特に炭鉱に重点をお」くこととなっていた(『九州タイムズ』一九四九年四月一三日夕刊)。田川市の地元紙『九州新報』は、五月二〇日の社説「天皇陛下奉迎」で、「伝へるところによると今回の九州巡幸には格別の御関心をもたれ、とくに炭鉱地の御視察は一段の御期待をかけられているそうだ」と伝えた。

この福岡県下の炭鉱巡幸については、すでに四月初旬から商工省福岡石炭局により巡幸候補炭鉱の選定が始まっていた。当初の候補地は、「第一日に三井田川鉱と山野の産業医学研究所、第三日に三池鉱の予定」であったが、「三井系のみの御視察にかたよってはとの意見」が出て、この案は撤回され、さらに「大手筋ばかりでは……という意見から飯塚、直方地区の小ヤマ(B級)の坑外を一箇所だけ御覧に入れるよう候補鉱を選定」することになったという(『九州タイムズ』炭鉱版、一九四九年四月九日夕刊)。

これに対し、四月二九日、日本共産党福岡県委員会は「天皇の旅行に関する声明」を発し、「侵略戦争の最高責任者である天皇が政治的行動のためにのこのこ出歩くこと」に強く反対し、天皇巡幸のための「財政支出や労働強化や特高的査察による人権じゆうりん行為」に抗議した(日本共産党福岡県委員会『県委ニュース』一二号、一九四九年五月二日)。当時、日本共産党の党勢においては、「筑豊の党は、これまで炭鉱を基盤としており、党員の構成は、大半が炭鉱労働者」であり、ある炭鉱では、「労組幹部の大量入党をふみ台として、炭鉱所在地の町長が入党」したという。[36]まさに、筑豊の炭鉱は共産党の拠点でもあった。天皇はそこに足を踏み入れることになる。

さらに、巡幸当時、炭労の方針のもと、筑豊炭田はストライキの渦中にあった。五月一四日午前〇時、筑豊の全炭鉱が七二時間ストライキに突入、すでにストライキに突入していた九州全三菱炭坑労働組合連合会（九全連）傘下の三菱飯塚炭鉱では錆び付いたレールの上で百数十台の炭車が放置されるという状況であった（『西日本新聞』一九四九年五月一五日）。まさに、「筑豊炭田は九全連傘下のストの中に天皇陛下をお迎えした」ことになる（『毎日新聞』一九四九年五月二一日）。

福岡県当局もまた、天皇が筑豊を巡幸したのは「折しも九全連傘下の鉱山ストのさ中で真の民主的労資関係の設定へ陣痛をつづけている」ときであったと認めていた[37]。直方の地元紙『九州世論新聞』は六月一五日の紙面で、天皇に「戦災者やスト代表が直訴する」という噂があったと記しているが、巡幸直前には、宮内府に「三井関係炭坑には一、二御視察の御予定地が在るが所謂経済三原則経済九原則の強行に伴う赤字補給金復金融資停止打切りは炭坑経営を愈々不随化して居り既に三井系炭坑は給料が八割支給二割棚上げを声明し労資対立の状況にありこの傾向は他の炭山方面にも波及し同様の措置が予想されて居り労働組合側を相当刺戟してゐるので炭坑御視察の際直訴などの不敬を敢行する虞も有り注意を要するものがある」との警察情報も寄せられていたのである[38]。

ストライキについては、末広厳太郎中央労働委員会長の五月一八日の徹夜の斡旋で労資双方が妥結に向かい、炭労は天皇が筑豊入りするその日、二〇日から全国大会を開いて中労委・労・資三者の調停書に調印、ようやく終息の方向に向かうが、九全連傘下の二四鉱はさらに無期限ストライキの続行を決めていた（『西日本新聞』一九四九年五月二〇日）。

天皇は赤旗が翻る筑豊の炭鉱を巡幸することになる。不測の事態も予想された。しかし、労働者は天皇を熱狂的に迎えた。天皇にとり九州を訪れたのは五回目であるが、筑豊を訪れたのはこのときが初めてで、直方、田川、飯塚を中心に炭鉱のひとびとは前夜から沿道や奉迎場に詰めかけた（『夕刊新九州』一九四九年五月二〇日）。五月二〇日付『九州タイムズ』夕刊は、次のように伝えている。

はじめて天皇をお迎えした筑豊炭田は、その五月、石炭界はじまって以来の全国的波状ストが矢つぎ早に山の企業を大きくゆすぶり、去る四日から無期限スト第十七日目をむかえ解決の糸口をまだ見出さない三菱系新入、方城、飯塚、鯰田、上山田などをはじめ、十八日からこれまた無期限ストに突入した日炭系高松、山田など奇しくも〝スト〟の真たゞ中、しかし〝われらの天皇陛下〟によせる礼儀と秩序は少しも失われずこの日をわざわざ公休に振り替え自重歓迎するヤマの人達だった　また連日資金カンパに疲れ、赤ん坊を背負ったおかみさん達、日に焼けた労組員たちが腕章を巻き小箱を抱え、沿道に並び、日の丸の小旗をうち振る人波の中には涙さえたゝえた老鉱夫の姿が痛々しい。

こうして、一九四九年五月二〇日、混乱もなく予定通り、天皇は筑豊を巡幸、直方、田川、飯塚の炭鉱三都を巡った。取材で巡幸に同行した『朝日新聞』の記者は直方から田川までの沿道に人が尽きず、「まるで人の帯だつたよ。炭鉱地帯だけれど、片側に二列に並んでね」「ストをやつている組合員も出て来て歓迎したので、そういう点では陛下もかなり心をうたれたらしい」と、筑豊での熱烈な歓迎ぶりについて語っている。(39)巡幸に同行した侍従入江相政もこの日の日記に次のように記している。

黒崎の駅から直方まで三十八分間汽車。この御沿線の奉迎も大変なものだ。直方の奉迎場たる北小学校。この前後の細い道は人で一杯だが、辛うじてくづれずに済む。炭鉱保安研究所、続いて筑豊鉱山高等学校、こゝも非常な熱狂だつた。それより堤防の上を長く長く御自動車。五十五分の御予定だつたが、実際には奉迎者が非常に多かつた為か二十分程もお遅れになつた。田川市役所へ着御。御昼食。それより三井中央グラウンドの田川奉迎場、続いて三井鉱山田川鉱業所、こゝは便殿の奏上。続いて三井鉱業所の御展望の後、この鉱業所の工員《ママ》始めこの附近の各炭鉱の工員《ママ》に沢山お会ひになる。それより庄内村公民館、続いて市営グラウンドの飯塚奉迎場、それより嘉穂郡二瀬鉱害地を経て飯塚駅より御乗車[40]。

天皇は、筑豊では炭鉱だけではなく、炭鉱関連施設、そして地下に縦横に掘られた坑道により地上の土地が地盤沈下する鉱害の被害地にまで足を運んでいる。まさに、二〇日はすべての日程を炭鉱の巡幸に充てたと言っても過言ではない。それまでの東北巡幸時の常磐・湯本炭鉱や中国巡幸時の宇部・沖ノ山炭鉱の事例と比較しても、九州巡幸では炭鉱がより重視されていたことが理解できる。

最初に訪れた直方では、天皇は炭鉱の中堅技術者を養成する筑豊鉱山高等学校を訪れている。天皇を迎えたある生徒は、「天皇だつて同じ人間ではないか！　天皇だつて人間だ。たつた一人の人間の為に多くの費用と労力を費やすのは、ばかばかしいぢやないか」という反抗心を抱きつつ、実際に天皇から言葉をかけられると「胸はふるえてお顔をまともに拝することはできなかつた」と感動し、涙をこらえたという[41]。

そして、いよいよ天皇は田川に向かう。三井中央グランドに設置された田川市奉迎場で、天皇は「福岡県下全炭鉱労資代表四百五十名、三井田川従業員一千五百名」の出迎えを受け（『筑豊タイムス』一九四九年五月二三日）、その後、三井田川鉱業所へと歩を進めた。天皇の巡幸が決まると、田川鉱業所では「「陛下がこられるのに赤字はだしておけぬ」と全従業員の増産意欲は、が然高まり出炭日報のグラフはぐんぐん上昇し」（『西日本新聞』一九四九年五月八日）、田川鉱業所の所長筒井久次郎は天皇に「当所の労働組合は穏健中庸で御座いまして経営者、組合共に力を合せ増産に邁進して居ります」と説明している[42]。

これに対し、天皇は、所長に坑道の長さや深さなどを質問した後、「石炭は第一の基本産業だから衛生設備をよくして元気に働けるようにネ」と述べている。はじめて天皇に接した労働者は、「人間天皇ということがよくわかった。ストどころではない、ただ増炭に懸命になるぞという気持で一ぱいになった」と、その感激を語っている（『西日本新聞』一九四九年五月二一日）。また、天皇は優良鉱員として奉迎席にいた井浦嘉七に「みんなよく働いているそうで御苦労です、色々な困難があるだろうが石炭は基礎産業だからこの上ともがん張って国民の要請に応えて下さい」と激励、井浦も「四千二百万トン達成のため粉骨砕身努力致します」と答えた。「石炭は基礎産業」と天皇はその増産に期待を表明した（『九州タイムズ』炭鉱版、一九四九年五月二一日夕刊）。経営側の代表のひとりとして天皇を迎えた古河鉱業目尾《しゃかのお》鉱業所の尾形権三郎も、労資の代表を激励する天皇の姿に「日本の民主化の重大さと偉大さを痛感」し、深く感動していた[43]。

こうした労働者と天皇の会話をそばで聞いていた外国人記者も「「これで争議は解決した」とポンと手を打つた」というが（『毎日新聞』一九四九年五月二一日）、福岡県当局も、田川鉱業所で天皇が「石炭は国家のために最も重要だから、困難もあらうがしつかりやつて下さいね」と労働者に諭し、これに対し、三菱新手炭鉱の職員や三井田川鉱の労働者が交々「しつかりやります」「私たちも一生懸命にやります」と答えると、側にいた外国人記者が「これでストも解決した」と漏らしたと記録し、この事実を認めている[44]。

たしかに、田川では、「スト中の三菱九全連」が「日の丸の小旗をこしらえ奉迎者に一本五円以上で売り、陛下のお迎えには見苦しい姿をお見せしないと腕章もカンパの箱も外して日の丸の小旗を打ち振ってお迎えし」（『朝日新聞』一九四九年五月二一日）、田川炭鉱労働組合もまた、機関紙『たかは』一四号（一九四九年六月一日）において、「陛下を迎えてボタ山に映ゆる日章旗」と、天皇の巡幸を感動的に報じている。田川鉱業所職員組合機関紙『炭友』二四号（一九四九年六月一五日）には、天皇を「余り近々と拝したので、何だか本当の人間になつて失舞《ママ》つた様で、俺は神であられる陛下が懐かしい気がする」という労働者の声も紹介されている。さらに、田川市の地元紙『日刊筑豊』は五月二四日の紙面で「日頃天皇制打倒を絶叫する一共産党員でさえ〝熱狂する歓迎ぶりを見て一瞬何もかも忘れました、ただ感慨無量でした〟と語つていた」と報じた。

天皇は、この後、二瀬町の鉱害被害地も訪れ、被害住民に対し「つらいだろうが石炭増産のためにしっかり堪えてもらいたいね」と語っている。天皇にとり、石炭増産は国家再建の基本であり、そうであるから坑道により土地が陥没する鉱害にも堪えることを求めている（『九州タイムズ』炭鉱版、一九四九年五月二一日夕刊）。そして、飯塚市の奉迎場でも、天皇は「石炭は日本経済再建の根幹だからしつかりやつてネ」と「優良鉱員」たちを励ましている（『筑豊タイムス』一九四九年五月二三日）。まさに、天皇の巡幸によって、ストライキよりも増産という機運が炭鉱を覆っていった。二一日間続いた三菱系九全連の無期限ストライキも二四日、労資双方の妥結で中止となり、二六日から本格的に出炭が開始されることになった。これにともない、「筑豊一帯の街に出ていた資金カンパ隊も全く姿を消しストの街飯塚も平静にかえった」（『朝日新聞』筑豊版、一九四九年五月二六日）。

天皇の巡幸を境に筑豊の炭鉱争議は解決していく。警察当局は「多くの工場鉱山の所在地として多数の労働者と思想的洗礼を受けた急進分子を呑んでいる北九州地帯の巡幸は凡有面より少からず危惧されていたが国民の胸奥に波搏っている天皇敬愛の感情は各所に露はれ感激をよんだ」と安堵し、その結果「賃上問題で斗争の炭労傘下各炭坑組合員の出炭目標達成のために敢斗する旨の奉答など今後の組合運動に尠からぬ影響」があるだろうとの予想を示している。[45] このように、天皇の巡幸は筑豊の炭鉱の労働組合に増産と労資協調を進めさせるうえで大きな契機となったのである。

第三節　杵島から潜竜へ炭鉱を巡る天皇

天皇は五月二一日に福岡市内を巡幸し、二二日には佐賀県に入る。二三日、天皇は佐賀県唐津炭田の杵島《きしま》礦業所を訪れ、まず、会社と労働組合双方の関係者を激励した（『朝日新聞』佐賀版、一九四九年五月二四日）。これに対し、杵島礦業所の社長高取九郎は、天皇への「奏上」のなかで「労働組合の事を申上げますれば、職員及び鉱員の両労働組合が設立されておりまして、日本炭鉱労働組合連合会（炭労）に加盟しております。全組員は概ね穏健にして組合は健全なる生長を遂げつつありまして、労資協調増炭に邁進致しております」と、労働組合の状況について説明している(46)。

その後、天皇は「〃しっかりたのみます〃と従業員代表を力強く御激励ののち君が代合唱の中を御自分でカサをさゝれぬかるみの十字路を埋める鉱員と、その家族一万の旗の中を右に左に折返し慰問」し（『朝日新聞』一九四九年五月二四日）、「県下炭鉱代表者および優良鉱員ら百余名に「しつかりと増産に励んでください」とご激励、本社表彰の燦然たる優良鉱員章を胸間にかざつたヤマの選士《ママ》たちは「陛下のご期待にそうよう出炭目標完遂に一層努力しよう」と心から誓つた」（『佐賀新聞』一九四九年五月二四日）。この日、天皇を「奉迎」した小城炭鉱のひとりの労働組合員は、その喜びを次のような歌三首に表している。

春秋に富ませ給へどみ頭は　白くおはしてなつかしみ深し
都を遠みひなの匂ひは畏けれ　今宵の御寝は如何にあらむか
海はよせ山は低みて今日の　行幸ことほぎ迎えまつれり(47)

杵島炭鉱においても、労働者は天皇の巡幸に歓喜した(48)。そして、翌二四日、天皇は長崎県に入り、北松炭田の住友潜竜鉱業所を訪れる。当時、北松炭田も不況の渦中にあった。四月に北松炭田での給料の不払いや遅配は深刻化し、江迎労働基準監督署の調査では、「管内五十八の炭鉱中満足に給料を払つているのはわずか数鉱でひどいところでは一月から各人三千円余を渡しただけというのがある」という状況に陥っていた（『長崎新報』炭鉱版、一九四九年四月二三日）。深江炭鉱では、四月二五日、労働組合が三月分の給料の支払いを求めると、会社側は支払い能力がないと突き放し、二六日、突如、炭鉱の閉鎖を宣言していた（『長崎新報』炭鉱版、一九四九年四月二八日）。こうしたなか、潜竜炭鉱では、労働組合のなかで共産党員の活動が活発であった。警察当局は潜竜炭鉱の共産党員の数を約五〇名と把握しているが、巡幸の前日の五月二三日、次のような情報を宮内府に伝えている。

巡幸予定地として指定されて以来最近に於ける出炭成績は坑内条件の悪化等が原因となつて著しく悪化し目標出炭量よりも約五〇〇屯を下廻るの状況を呈するに至つた
この生産不振を憂慮した労組幹部は巡幸を目前に控えて何等かの打開策を講ずべく種々検討した結果五月一日メーデーに際して組合蹶起大会を開催し出炭目標突破その他について協議をなすことに意見の一致を見るに至つた
五月一日には仝礦会館で約一四〇〇名の組合員が集り　1全員蹶起して目標突破　2天皇巡幸の歓迎対策3巡幸時に於ける不祥事件の防止対策等を議題として組合大会を開催し先づ仝礦労組長山口初郎より「県下数多い炭山の中から天皇巡幸の炭礦に選ばれたことは吾々礦員としても名誉この上もないことであるところが最近の出炭状況を見るときは目標出炭量より約三五％の下廻りを来し生産率は極度に低下しつゝあるので吾々は巡幸地として指定を受けた名誉にかけても従業員が一致結束して出炭量の上昂に努力しな

ければならない　又我々としても　天皇歓迎には万全を尽すべきである」等の挨拶を為した

この情報は続けて、このとき、共産党員からは「天皇はかつて一銭五厘で国民を呼び出して銃火の前に立たせて見殺しにしその代償として鶏一羽代に等しい六百余円を与えた」「物見遊山ならばやめて貰いたい　本当に生産激励の意味で来られるなら礦員宅を一軒々々廻つてその実状を見て貰いたい」「巡幸だからと言つて特別に飾らなくてもよい　坑外の掃除等もつての外だ」などの反論があったことも記している。(49)

こうしたなか、天皇が巡幸するわけであるから、侍従の入江は共産党の動向には注意していた。五月二四日の日記には次のように記している。

二時二十一分潜竜駅御着。前後したが伊万里駅の辺のある駅で若い学生がにやにや笑ひ乍ら大きな赤旗を振つてゐた。駅から炭鉱迄御散歩。この間に附近の町民奉迎。この頃から空は曇つて来た。鉱業所の入口に赤旗が一つ。便殿で奏上の後、鉱口、選炭場等をお廻りになつて御立ち、お帰りの時駅の所にさつきの赤旗が又来てゐた由。後から聞くとインタナショナルを歌つてゐたさうだが、万歳の声に消されて我々には聞えなかつた。(50)

しかし、とくに巡幸を妨げるような事態も起こらず、巡幸は無難に進行する。鉱業所の事務所前では労働組合代表二五〇名が、坑口では労働者六〇〇名が天皇を出迎え、これに対し、天皇は「しっかり頼みますよ」と言葉をかけた（『朝日新聞』長崎版、一九四九年五月二五日）。鉱業所の専務は天皇に「今後とも労資一体、生産の増強と経営の安定を期します」と答え、天皇は大きくうなづいた（『佐世保時事新聞』一九四九年五月二四日夕刊）。まさに「こゝにはもう労資の対立は微塵もない、たゞ眼に浮かぶのは陛下の慈愛に満ちたお言葉とお姿だけ」という労資双方の感激した光景が展開された（『長崎民友新聞』一九四九年五月二五日）。潜竜炭鉱の「沿道の土手の上には赤旗が打立てられていたがこれらデモ隊は歓呼の嵐と日の丸につつまれてしま」い、天皇から激励された江迎炭鉱労働組合の委員長は「御言葉に副いあらゆる努力を惜しまないことをお誓い申し上げます」と答えた。天皇が潜竜炭鉱から徒歩で最寄りの潜竜駅に向かっていたとき、炭鉱の共産党員数名が「赤旗を振って奉迎してゐたがその中の一人が陛下の悪口らしきことをつぶやいているのを予て注視中の江迎町署員が耳にしたが周囲の熱狂ぶりに一般奉迎者は聞きとがめるものもなかつた模様」であったという[51]。まさに、入江の日記の叙述どおり、「共産党員の赤旗とこの労組長の感激に満ちた言葉は面白いコントラストを描いた巡幸中の一コマ」に過ぎなかったのである（『夕刊フクニチ』鉱山版、一九四九年五月二五日）。むしろ、「天皇陛下県民と共に在り」という「潜竜、佐世保の感激」がそこに生まれていた（『長崎日日新聞』一九四九年五月二五日）。

第四節　坑内服で入坑する三池の天皇

天皇はその後、再び福岡県に入り、大牟田市の三池炭鉱に向かう。五月二九日、天皇は大牟田市に到着、三井三池鉱業所の三川坑で地下深く坑内に入る。大牟田市の地元紙『サン・タイムス』の記者小田原恭平は、三川坑に到着した天皇は「御血色も冴えられず、御口ひげも可なり伸び」るなど「特に御疲労の御様子であった」と伝えているが（『サン・タイムス』一九四九年六月三日）、天皇はそのまま予定をこなしていく。

侍従の入江は、日記のなかで、「九時五十分に三池三川坑にお着き。奏上の間に我々は着物を替へる。それからお上の御召を願ふ。我々のは紺でお上のは白でなかなかよく考へてゐる。白で非常に品のいゝものであつた。御入坑前に人車の所でお立ちになり、下に並んでゐる人たちに御会釈の後御入坑、坑内でも色々御言葉を賜はり、非常に難有いことであつた。十一時三十分に御立ち」と記している。一九四七年の常磐炭田巡幸のときは平服のまま入坑したが、今回はわざわざ白の坑内服を用意し、それに着替えて入坑している。炭鉱での滞在時間も常磐炭田では一時間一八分であったが、今回は一時間四〇分と長くなっていた。(52) 天皇は三池炭鉱でどのような言動をなしたのか。詳細に見ていこう。

天皇が入坑する坑内には「天皇切羽《きりは》」(切羽とは、採炭の現場)が造られた。「実際にはその場所では掘らないが、奥にお入りになり、ケガでもされたら大変なので、そこに機械もカッターも全部揃え石炭を掘り出すための機械による切り方や、人員配置のことなどご説明することになっていた」という。(53) 三井三池鉱業所が発行する『くろだいや新聞』は六月一日号で「巡幸記念特輯」を組み、天皇が「坑内杖を御手に御更衣所より第一坑に向われる途次、組合幹部の前でお立ちどまりになり宮川三鉱労組事務局長らに、〃しつかりやつてくれなァ、基礎産業だからな、組合の健全な発達……〃あとは万歳の声で途切れ、労組幹部は両眼をうるませ乍ら、しつかりやりますと旗を打ち振つて陛下をお送りした」「(坑内では)陛下はチブラーを御覧になつた後、組合幹部がお待ちする十六番に歩をお進めになつて、阿具根三鉱労組々合長以下とお会になり〃石炭は重要な部門ですから益々しつかりやつて下さい〃と御激励、阿具根組合長が「皆んなと力を合せてガン張ります」とお応えすると〃組合の健全な発展を祈ります〃と組合運動のことにも言及され、……(中略)……広松三鉱職組々合長の〃天皇陛下万歳〃の声にセキを切つたような〃万歳〃が坑内にひびきわたつた」と、そのときの状況を描写している。このような状況に立ち会ったGHQ経済科学局鉱業部石炭調整官代理のシュワープは「今度の御視察は石炭増産の奨励に重要な意義をもつものと思う、労働者諸君も日本経済復興のため全力を尽して増産に励んでもらいたい」との感想を語ったという。

坑内で天皇から直接、言葉を掛けられた労働組合長の阿具根登は、天皇が「われわれと同じ鉱員姿で組合の健全な発達をいのるよ」と言ったことに「国民統合の象徴としての天皇のお姿をしみじみ感じ」「みんなと力を合せて日本の民主化、経済の復興のため増産に精励する事、これがご視察の陛下に捧げる組合員の感謝の言葉だ」と決意を述べている（『くろだいや新聞』一九四九年六月三日）。

阿具根は、巡幸直後に、「陛下を坑内にお迎えして」という手記を記し、そこでも、感激を綴っているが、それによれば、阿久根は坑内に降りてきた天皇を見ただけで「胸がふさがる」思いがして、天皇から「石炭の重要性にかんがみ日本再建のために是非しっかりやって欲しい」と言われると「ぐっとのどが詰ってごくりとツバをのみこみやっと「全組合員しっかり手を握り合って石炭増産に一層努力致します」と申上げ、感極まってうつむいてしまった」という。さらに、天皇から「健全な組合の発展を祈ります」と言われると、阿具根は「何か熱い陛下の御心が伝わって来たようで全身が堅くなるのを感ぜずにはおれ」ず、「期せずして全員万歳を心の中から叫んだがお去りになる陛下をお慕い申上げたいような衝動に駆られて仕方がなかった　日本再建のため健全な組合の発展をこれほどまでに祈念されているのかと思うと感動でふるえる全身にみなぎる熱い何とも表現できない意思が「よしやろう！」と私の心にひらめいた」と手記をまとめている（『九州タイムズ』炭鉱版、一九四九年五月三一日夕刊）。

さらに、阿具根は後日にも、「（天皇は）私共と同じ礦員姿で御入坑になり、私共に対し『組合の健全な発達を祈る』とおつしやつた。私共の御答に対しても、よくお聞きになり「皆さんご苦労さん」と御激励になつた時は、こらえかねて皆が泣いた。国民統合の象徴としての天皇のお姿をしみじみ感じた。……（中略）……皆と力を合せて日本の民主化、経済復興の為め増産に精励すること、これが御視察の陛下に捧げる組合員の感謝の言葉であります」と、「組合の健全な発達を祈る」という天皇の発言への感動を語っている。[54] 福岡県当局も、「お待ちしていた三池鉱職員組合長広松幸太郎、同労働組合長の阿具根登両氏に「石炭は日本の重要な基礎産業ですからがん張つて下さい」と激励、これに応えて阿具根組合長が「組合員一同、手を取り合つて増炭します」と力強く誓い、「健全な組合のため努力して下さい」と繰り返えされた」と、阿具根と天皇の会話を巡幸記録に残している。(55)

もちろん、巡幸に感激したのは組合長の阿具根ひとりではない。三池炭鉱労働組合は、機関紙『みいけ』一〇二号（一九四九年六月六日）で、天皇の巡幸を「採炭現場を御視察　陛下三川鉱へ御入坑」と題して一面トップの写真入り記事で報じ、阿具根登の談話を掲載しているが、ここでも、阿具根は天皇の「日本経済再建の為重要な基礎産業ですから益々頑張つて増産に努めて下さい」「健全なる組合の発展を祈る」という発言について、「これは単に組合幹部に対する御言葉ではなく、組合全員に賜つたものと解釈すべき」として、「吾々は此の日の感激をその場限りに終らせる事なく、組合の健全な発展、国家再建の為向後一層の努力を傾注しなければならない」と組合員に呼びかけている。同紙は、前述したシュワープが、天皇に「巡幸は必ずや労資双方の緊密な協力をもたらすと信じます」と語った事実も報じている。また、三池炭鉱職員組合の機関紙『組合旬報』七号（一九四九年六月五日）も、「天皇裕仁氏を咫尺に相まみえたものゝ斉しく感ずることは弱々しさ、しかしその中から溢れる「平和」「慈愛」といったものであつた。……（中略）……「平和の象徴」としての天皇にご健康をいのる」と、やや冷静に巡幸を迎えた感激を伝えている。

また、三池炭鉱労働組合三川支部でも、天皇の巡幸を前にして機関紙『すみのひびき』一三号（一九四九年五月一八日）で「天皇の九州巡幸に対して三川鉱に入鉱されるのでその準備の為には莫大な財を投資しようとする心算であるとか、日本の総人口中に労働者階級の占める％は絶対であるがその労働者が苦しい毎日を過してゐる有様では我々の象徴である天皇は決してたとへ会社側が巨万の富で奉迎しても心は安らかではないと思ふ　我々が楽しくその日その日の生業にいそしむ事こそ天皇の最も喜ばれる事であり資本家の金力による歓迎より真心溢れる奉迎こそ希まれる事であると思ふ」と、実質賃金切り下げなど労働者の生活を悪化させている会社側を批判するものの、それは天皇巡幸を歓迎するという立場からのものであった。したがって、『すみのひびき』一四号（一九四九年五月二五日）では、「天皇陛下万歳　私達は真実の姿で心からなる奉迎を致しませう」と組合員に呼びかけ、「三川鉱の内外が日の丸で埋め尽くされる光景」に思いを馳せていた。

さらに、三池炭鉱労働組合製作支部では、『三作支部だより』二七号（一九四九年六月一四日）に「日の丸と赤旗」と題する主張を掲載、次のように、民族意識、国家意識と社会主義との一致を求めていた。

> 今まで赤旗ばかり振つていた組合が、天皇が大牟田に来られたからといつて急に日の丸の旗を何千本も売り飛ばした事は面白い現象である。勿論□□□《判読不能》闘争カンパであつたであろうけれども、良く考えて見れば当然の事である。如何に主義主張が異なつたにしろ自分達の国を良く成して行こうと言う心は誰でももつている筈である。赤旗と日の丸が妙な対照として話題に上つたようだけれども苦々《ママ》労働者が「民族の独立」をさけび、「労働者の力により豊かな日本を建設する」大きなスローガンを各人□《判読不能》々が持つている事からしても何等おかしな所はない筈である。日の丸の旗は、日本の旗であり民族独立の旗である。そして赤旗は日本国内に大きな集団をなしている、吾々労働者の旗である。天皇が来られたから急に日の丸の旗を振り挙げたと云う非難もあるが、吾々としては天皇を迎える事そのものよりも、むしろ忘れられていた、民族意識、国家意識を昂揚する事に意義があることを知らなければならない。日の丸によつて思い出された様に天皇制度、支持か反対かと云う事について論議が各職場に起つたようだが、今更、反対、支持を「ヤツキ」になつてやる必要もあるまい。吾々は労働者の力によつて日本を社会主義化して民主的なそして豊かな国にしていく事が一番重要な事である。

日の丸と赤旗は共存し得るという主張に象徴されるように、三池炭鉱においても、天皇はみごとに石炭増産奨励と労資協調奨励の役割を果たしていた。五月三一日付『朝日新聞』筑豊版は「天皇と石炭――巡幸を顧みて」と題する記事を掲載し、同様に次のように報道した。

田川でも杵島でも休日を振り替えて全鉱員、家族総出でお迎えし最小限の保安要員だけが入坑していたが「保安はおれが引受けた、お前陛下にお会いしてこい」と代ってやったり昨日までストで赤旗をふった労働大衆も人間としての陛下を心から迎えるものが多かった……（中略）……（天皇は）三井田川鉱では鉱員たちに「石炭は大切な基本産業の一つだからしっかりやって下さい」と日本復興を言外に強く激励されている……（中略）……側近の者にまで石炭は大切だ、時には危険を伴う作業であると炭鉱労務者の苦労を漏らされる程である。これは鈴木行幸主務官の話である。

六月一〇日、九州巡幸の最後の宿泊地となった八幡市で天皇は巡幸の感想を述べ、「九州の各種天然資源は日本国の再建のために非常に重要な役割を担うものである、九州人はよくこれらの資源を活用し、今後も幾多の困難を克服して、なお一層努力されんことを希望し、期待する」と語った（『西日本新聞』一九四九年六月一一日）。

九州巡幸を終えたとき、総理庁は、巡幸が「経済九原則下の生産復興を激励されることに重点が置かれ、石炭をはじめ数々の重要産業、殊に輸出濃厚の工場で働く人達を励まされ深い感動を与えられたことは大きな特色」と評価し、「国民も安らかな気持ちで国民統合の象徴としての陛下に親しみ、得難い陛下との接触を楽しむことが出来た」ので「左右両翼の動きはいづれも目ぼしいものが無」かったと総括した[56]。天皇は課された政治的役割を十分に演じきったのである。

おわりに

九州巡幸時、炭鉱の不況が進行し、すでに一九四九年六月末で全国の貯炭量は二六八万トンに達していた。[57]「大勢として減産傾向に向うことは必至」という状況にあった。[58]しかし、そのなかで天皇は不況以前の認識、傾斜生産方式当時の認識のまま、労資双方に石炭増産を求めた。したがって、天皇の巡幸後も、炭鉱労働者の置かれた厳しい現実は改善されることはなかった。福岡石炭局の六月末の統計では、九州の炭鉱の黒字化が進み、一九四九年中に七割の炭鉱が自立できるとの見通しを示すが、その背景には合理化があり、一日平均で一〇〇名の炭鉱労働者が退職＝失業していたのである（『長崎民友新聞』炭鉱版、一九四九年七月一八日）。筑豊では、「井華忠隈坑で不良鉱員ら三十四名の整理を発表してセンセイションを捲き起していたところ嘉穂郡幸袋町加茂炭礦でも経営合理化のため停年　病弱者、出勤不良の職員礦員など六十五名の大量解雇をすべく去る四日一ヶ月前の解雇通知を行つた、……（中略）……鞍手地区演習炭坑、原口本洞をはじめ田川地協の各中小坑山とも不良礦員の整理名目で人員整理が計画されている」という状況が続いていく（『筑豊タイムス』一九四九年六月一三日）。

一九五〇年、朝鮮戦争勃発直前、この後、炭鉱の合理化路線を推進する役を演じることになる東京大学経済学部教授の有沢広巳は三池炭鉱を訪れ、「石炭はどんどん掘っているけれども、グラウンドいっぱいに石炭を積み上げている」光景に直面し、「石炭が売れないんだ。つまりデフレで石炭の需要は減っている」ことを実感している。[59]九州巡幸時、炭鉱をめぐる状況の変化に対応せず、傾斜生産方式のときと同じ認識により石炭の増産を求めた天皇は、こうした状況の現出にも一役買ったことになる。結果、国民統合の象徴となった天皇がもたらした政治的効果は、炭鉱労働者を労資協調に向かわせたことのみであった。

その後、炭鉱の不況は朝鮮特需で一時回復したものの、戦争が終結すると、再び、状況は悪化した。そして、炭鉱不況がいよいよ深刻化していた一九五四年八月一〇日、天皇は皇后良子を伴い北海道を巡幸啓し、その際、北海道炭礦汽船夕張鉱業所を訪れている。北海道巡幸は一七日間に及び、しかも、北海道には北九州同様、多くの炭鉱が存在するにもかかわらず、訪れた炭鉱は夕張のみであった。

この年、炭鉱不況はより深刻化し、さらに石炭より安価で需給も安定している石油への信用が高まり、国策も石炭から石油へのエネルギー転換に向かっていた。こうしたなかで、炭鉱経営者側が求めたのは徹底した合理化であり、一九五五年九月には、中小の非能率炭鉱を買収して閉山させ、大手の高能率炭鉱に生産を集中して窮地を乗り切ろうとする石炭鉱業合理化臨時措置法が成立する。こうした炭鉱の合理化は、「スクラップ・アンド・ビルド」と言われたように、当然ながら買収、閉山させられた中小炭鉱に膨大な失業者を生み出していく。石炭産業は「重要産業」「基盤産業」という地位をわずか数年にして国策により奪われ、「斜陽産業」と呼称されるようになる。一九五四年の北海道巡幸はこうした状況下になされた。天皇が炭鉱を訪れる意義は一九四九年の九州巡幸時と比べるとはるかに軽くなっていた。

この日、天皇は午後二時一〇分に夕張鉱業所に到着し、二時四〇分に同所を出発したので、滞在時間は三〇分であった[60]。選ばれて整列して出迎えた六〇名の労働者の代表に対し、「長年石炭企業につくした功労を賞讃します。石炭企業は重要でありますから、若いものをよく指導して今後とも努力してほしいと思います」と激励した。これまでの炭鉱巡幸の際の常套句であった「石炭の増産」「組合の健全な発達」という発言は新聞記事からは読み取れない。夕張炭鉱は「戦後は左翼陣営の牙城となり、山には赤旗が翻つたが、最近は過激な労働運動も消えて、行幸啓をお迎えしての奉迎ぶりは至つて盛んなものであつた[61]」。「道内で心配されるところは夕張というウワサだつたが、市民の歓迎ぶりはこれを完全に打消し」(『北海道新聞』一九五四年八月一一日)、「夕張はこん度のご視察地の中でも一番不安な箇所と云う噂もあつて警衛陣を緊張させたが、事実は是に反し全く平和裡に真心こめての歓迎振りだつたのでむしろ警衛員が拍子抜けしたという格好」に終った(62)。天皇の炭鉱巡幸は、この夕張で完結した。夕張への巡幸は、国策により「斜陽産業」に転落させられた炭鉱の現実を如実に示すものであった。

◉註

(1)ジョン・ダワー『敗北を抱きしめて』増補版下巻(岩波書店、二〇〇四年)、七六〜七七頁。

(2)ここで戦後の天皇の全国巡幸についての研究史を概観しておこう。すでに、天皇の全国巡幸については、その過程にあった一九五三年、清水幾太郎が、天皇制の保存を求める日本と、「軍国主義の最高の指導者であった人物を、その徹底的批判を禁じたまま、ズルズルベッタリ、民主主義の最高の指導者たらしめようと決意した」アメリカの、両国支配者が思いついたものであると指摘していたし(清水幾太郎「占領下の天皇」『思想』三四八号、一九五三年六月、一〇頁)、同年、服部之総も「権力の危機にさいして行幸が演出された」と簡潔な評価を下していた(服部之総「政治的空白」小掠広勝編『日本資本主義講座』二巻、岩波書店、一九五三年、三二八頁)。天皇の戦争責任を不問に付し「国民統合の象徴」として天皇制を維持したい日本側と、占領政策の円滑な遂行に天皇を活用したいアメリカ側の合意のもとで天皇の巡幸が演出されたということを清水と服部はいち早く指摘していた。そして、以後の研究においても、基本的にこの指摘が継承されていく。

歴史学の立場からの研究が開始されるのは、巡幸が終了してから二一年を経た一九七五年のことであり、その口火を切ったのは鈴木しづ子である。そこで、鈴木は、巡幸とは「人間宣言」の実行に止まらず、巡幸先での天皇の「労組幹部への激励」が慣例となり、「労資協調的ムード作りに、天皇が一役買っていたとみることは決して不可能なことではない」という重要な指摘をおこなった(鈴木しづ子「天皇行幸と象徴天皇制の確立」『歴史評論』二九八号、一九七五年二月、五九頁、六四～六五頁)。しかし、その後しばらく、天皇の全国巡幸に焦点を絞った研究はなされなかった。状況が変化したのは一九八九年一月の昭和天皇の死去が契機であった。天皇に対する追憶、あるいは天皇の時代に対する歴史的検証とその動機はさまざまであるが、天皇の巡幸に関する研究が相次いで発表されるようになる。また、天皇側近の日記をはじめ基本的な史料が相次いで公刊され、天皇が演じた象徴天皇の役割を歴史的に考察しようという志を多くの研究者が共有することが容易になった。たとえば、坂本孝治郎は、天皇の巡幸を象徴天皇制の「社会的批准式」と比喩し、「象徴天皇制へのパフォーマンス」の一環と位置付けたが、坂本のこうした比喩的な表現は、端的に天皇の全国巡幸の本質を示したものと言えよう(坂本孝治郎『象徴天皇制へのパフォーマンス――昭和期の天皇行幸の変遷』、山川出版社、一九八九年、「まえがき」iii頁)。

次に、戦後初期の雑誌・新聞記事を軸に民衆のなかの戦争責任論を分析した吉見義明は「過半数の民衆にとって、天皇制を廃止することも、天皇の戦争責任を追及し退位を要求することも、思いもよらないことだった。それは、一九四六年二月一九日からはじまった天皇の全国巡幸で確認されることになった」と述べ、その事例として天皇が訪れた山口県沖ノ山、福岡県田川、長崎県潜竜の各炭鉱の労働者が天皇の炭鉱巡幸に感激して増炭に励む姿を紹介し、「天皇を神として奉迎し崇める民衆が少なくない中で、若々しく、純真で、女性的な語り口をもち、かつ国民と共に苦労している「人間天皇」「民主天皇」というイメージが定着して行き、多くの人々は天皇とともに増産・復興に励もうとしはじめていた。このような中で、天皇の戦争責任も退位論もうやむやになって行った」と結論付けた(吉見義明「占領期日本の民衆意識――戦争責任論をめぐって」『思想』八一一号、一九九二年一月、九四～九九頁)。

また、升味準之輔は、巡幸に熱狂する群衆の姿を背景に、講和後に公職追放が解け、政界復帰した政治家たちが憲法改正運動を促進させたことをあげ、天皇巡幸の持つ政治的影響力の大きさを指摘(升味準之輔『昭和天皇とその時代』、山川出版社、一九九八年、三〇二頁)、原武史は、天皇の巡幸を迎え熱狂する国民の姿に「昭和天皇との一体感」を実際に味わった事実を認め、近代天皇制を継承した象徴天皇制は「イデオロギーとは別の支配」、すなわち「視覚的支配」も継承したと論じ(原武史『可視化された帝国――近代日本の行幸啓』、みすず書房、二〇〇一年、三八一～三八二頁)、吉見俊哉も、「通説的に言うならば、この地方巡幸は、超越的な身体としての天皇から全国民がまなざされていく戦前までの天皇制儀礼とは異なり、「人間天皇」を国民と等身大のレベルまで降下させる新たなパフォーマンス戦略であった」ことを認めつつ、「巡幸先での住民の歓迎方式や人々の奉迎、新聞報道を具体的に検討するならば、実際にはこの地方巡幸は、戦前との断絶よりも連続をはるかに強く示していた」ことを指摘した（吉見俊哉「メディアとしての天皇制――占領から高度成長へ」『岩波講座 天皇と王権を考える』一〇巻、二〇〇二年、一八八〜一八九頁）。さらに、全国巡幸の先例となった一九四五年一一月の伊勢神宮への天皇の「終戦奉告行幸」を分析した瀬畑源は、このときから宮内省は「天皇の身体を国民の前にさらす方向へと政策を転換し」、以後の巡幸において「天皇は特に戦災者や引揚者、戦争未亡人などの関連施設を重点的に訪問して、その「仁慈」を振りまいた」と指摘した（瀬畑源「昭和天皇『戦後巡幸』の再検討――一九四五年十一月『終戦奉告行幸』を中心として」『日本史研究』五七三号、二〇一〇年五月、四四頁）。そして、こうした先行研究を基本に、巡幸を推進した宮内大臣・侍従長ら天皇側近の動向に注目した舟橋正良は、「戦後巡幸の目的には国民を励ます目的のほかに、天皇の側近たちによって画策された「国体護持」運動の重要な一側面を有していた」こと、「天皇（制）を維持させるため、そして象徴天皇制を確立させる政治的イベントとしての側面を巡幸は強く持っていた」ことを認め、「人間宣言」、日本国憲法発布と並行して実行された巡幸は、天皇と宮中側近とによる「天皇（制）を維持するための運動であると共に、象徴天皇制の形成と定着に向けた政策」であったことを強調した。舟橋の結論は先行研究の主張の要約という域を出るものではないが、天皇の全国巡幸に対する研究の共通認識を提示している（舟橋正良「昭和天皇の『戦後巡幸』と宮中側近の動向――一九四五年から一九四八年を中心に」『立教史学』二号、二〇一〇年一二月、四一頁、四九頁）。

一方、近年、昭和天皇の評伝も多く刊行されているが、そうした評伝においても、戦後の全国巡幸について言及されている。原武史は「東京で革命の恐怖におびえていた天皇は、地方を回るたびに自信を回復していった」と述べ（原武史『昭和天皇』、岩波新書、二〇〇八年、一六六頁）、古川隆久は「巡幸は昭和天皇の在位の必要性を占領軍と国民に認識させたという意義があった」と評価（古川隆久『昭和天皇――「理性の君主」の孤独』、中公新書、二〇一一年、三四四頁）、さらに伊藤之雄も、当初、天皇は「立憲君主としての自覚から、地方巡幸に強い意欲を見せた」が、一九四六年三月に政府の「憲法改正草案要綱」が公表されると「巡幸の目的は、象徴天皇として、国民精神を指導することに変った」こと、あるいは巡幸が「間接的に、吉田首相と連携する形で、多数派講和への土壌を育成した」ことを指摘しているように（伊藤之雄『昭和天皇伝』、文芸春秋、二〇一一年、四三四頁、四六二頁）、天皇の全国巡幸は、日米両政府との合意のもとで、象徴天皇制として護持された「国体」の姿を国民に示す演出であったことが示唆されている。
(3)鈴木しづ子の主張については註(2)を参照。
(4)吉見義明の主張については註(2)を参照。
(5)瀬畑源「昭和天皇『戦後巡幸』における天皇報道の論理」(『同時代史研究』三号、二〇一〇年)。
(6)「天皇陛下御巡幸と本県産業を語る本社記者座談会」(佐賀新聞出版部『産業佐賀』四巻四号、一九四九年六月)、三九頁。皇后に関する事例であるが、一九四六年二月二二日、皇后良子が済生会病院や戦災孤児の収容施設双葉園などを訪れた際、侍従長木下道雄は「済生会病院にても、双葉園にても内外の写真班側近に入り乱れ、乱写す」という事態に直面し、外国人のみならず「邦人写真班がこれに劣らじと騒ぐは見苦しき限りなり」と日記に記し、カメラマンたちが皇后の周囲に群がり撮影を続けたことに苦言を呈している(木下道雄『側近日誌』、文芸春秋、一九九〇年、一五四～一五五頁)。
(7)同上書、一一四～一一六頁。
(8)同上書、一五五頁。
(9)同上書、一八一頁。
(10)傾斜生産方式の立案過程については宮崎正康「解題」(中村隆英・宮崎正康編『資料・戦後日本の経済政策構想』二巻、東京大学出版会、一九九〇年)を参照。
(11)「第三回天皇・マッカーサー元帥会議記録」(山極晃・中村正則編『資料日本占領』一巻、大月書店、一九九〇年)、五七二～五七三頁。
(12)「炭礦従業者に対する吉田総理声明」(中村隆英・宮崎正康前掲編書、九二頁)。この声明を作成したのは外務省調査局の大来佐武郎と推定されている。
(13)宮崎正康前掲論文、二三～二四頁。吉田茂は回想のなかで、「わが国の勤労階級の大部分が真面目であり、勤勉であることは、今や世界的に有名だといってよい。すなわち指導者のうちの少数者が私のいう「不逞の輩」なのである」と弁明しているが、その一方で、炭鉱の労働争議について「「家族ぐるみ闘争」などと称し、無邪気なる女房、子供まで渦中に捲き込み、争議が長期に亘って、これらの家族がその日の糧にも窮しつゝあるのも看過し、しかも争議が終末に近づくとみるや、「あとは野となれ山となれ」式に去ってしまう非情、冷酷なアジテーターは、如何にも軍隊ずれした下士官を想起させるではないか」と、憎悪を露わにしている（吉田茂『回想十年』二巻、新潮社、一九五七年、二五四頁）。
(14)高橋紘『陛下、お尋ね申し上げます――記者会見全記録と人間天皇の軌跡』（文春文庫、一九八八年）、四一頁。
(15)「万が一」というのは炭鉱事故を指すと考えられるが、それだけではなく、炭鉱の労働運動における共産党の影響力への憂慮も含むのではないだろうか。一九四五年一〇月三〇日、侍従の入江相政は、「常磐炭田で坑夫の罷業に共産党員が乗り込み演説会を開いた。天皇制の廃止を叫んだら演説会を中止させると言ふのに弁士は皆それを云ったのでアメリカの中佐が演説会を中止せしめたとの事」という新聞記事を日記に記している（『入江相政日記』二巻、朝日新聞社、一九九〇年、一六頁）。
(16)前掲『入江相政日記』二巻、一四七頁。
(17)一九四七年九月四日付内務省警保局公安第一課長・宮内府総務課長・各府県警察部長・警察部各課（室所）長・県下各警察署長宛て福島県警察部長「警衛実施状況について」（「昭和二十二年幸啓録」二四―宮内庁宮内公文書館所蔵―）。
(18)福島県編刊『御巡幸録』（一九四七年）、一〇頁、一二頁、六五頁。
(19)上野英信は、過酷な労働と圧制と搾取のなかで、炭鉱労働者自身が自らを「下罪人」「亡者」と自嘲していたことを指摘している（上野英信『追われゆく坑夫たち』、岩波新書、一九六〇年、七八～七九頁）。
(20)「巻頭言」（潜竜労働組合『潜竜』三号、一九四八年一月）、一頁。
(21)坂本孝治郎前掲書、一八七頁。
(22)一九四八年五月三〇日、天皇は三千万屯突破優良炭鉱及び従業員表彰式に出席した一五名の労働者を皇居に招き、「みなの努力で石炭がたくさん出るようになつたのはうれしい。なお今後も力を増産に注いで欲しい」と声をかけた（「天皇陛下　炭鉱人にお言葉」西部石炭協会『旬報』四号、一九四八年六月、一頁）。
(23)高橋紘前掲書、五三頁。
(24)山口県警衛本部「御日程及巡幸箇所の状況竝に警察署管内治安状況表」、一九四七年一二月（「昭和二十二年幸啓録」四三―宮内庁宮内公文書館所蔵―）。
(25)山口県知事公室編刊『天皇陛下山口県行幸録』（一九四八年）、三八～三九頁。
(26)「御下問の感激を語る」（沖ノ山炭鉱々業所鉱友会『沖ノ山』二号、一九四八年三月）、一七頁。

(27)中川左近「天皇巡幸についての報告」(“Emperor’s Tours” Des.1947–Nov.1951、「日本占領関係資料」GS(B)―〇一七八七―国立国会図書館憲政資料室所蔵―)。

(28)こうした事実は炭鉱のみではなかった。天皇が巡幸した各地の工場でも同様の効果が確認され、巡幸に同行した侍従入江相政の日記にはそうした叙述が散見される。一九四七年六月五日、天皇は関西巡幸で訪れた大阪市の住友電気工業で労働組合幹部に対し「組合の健全なる発達を望む」と語っている。続いて訪れた武田薬品工業では、侍従の入江相政は「左翼の活動の激しい所」であると心配していたが、天皇に対し「不敬なことをする者もなく、全く無事であつた」と安堵している。入江は事前に、生活の窮状を訴えて、天皇が「何も仰せられないやうにする」という情報を得ていたのだが、結局、「そんなことは一つも無かつた」。また、六月一一日には神戸市の川崎車両を訪れるが、ここも「思想的に面倒な所と聞いてゐたが、行幸を仰げば何の事も無い、皆難有がつてゐた」と入江は日記に記している（同上書、一三九頁、一四二頁）。あるいは、同年九月六日、関東巡幸で日光を訪れた際、古河電気工業日光電気精銅所では、労働組合長に「御言葉を賜はつた時」、組合長から「全国労働者の為に握手をしていたゞきたい」と求められ、天皇は「日本再建の為しつかりやつて下さい」と答えるにとどめ、「さつきの握手のことは日本式で行きませう」とかわしている。天皇は労働組合に日本再建のために奮闘することを求め、労働組合は、天皇に労働者への激励を求めている（同上書、一六二頁）。さらに、同年一〇月二八日、北陸巡幸の途次、天皇は石川県和倉にあるイソライト工業を訪れた際、この工場の労働組合は共産党系の産別会議に所属していたのだが、入江は、この日の日記に「行幸を仰ぐといふことになつてから組合は産別を脱退した由」と記し、さらに金沢から和倉までの汽車の機関士も共産党員であったが、「その人が精進潔斎、一心に事に当り、それについて不明をとなへる若い者をたしなめて一生懸命に事に当つた」とも記し、この二つの事実は「特筆すべきこと」と力説している（同上書、一七六～一七七頁）。

(29)「天皇陛下の九州地方御巡幸について」(「昭和二十三年総理庁公文」巻三一、「総理府公文」二A―〇二九―〇四―国立公文書館所蔵―)。

(30)島西智輝『日本石炭産業の戦後史――市場構造変化と企業行動』(慶應義塾大学出版会、二〇一一年)、六九頁。

(31)「石炭鉱業に於ける賃銀遅配の実情」(『労働時報』一〇四九号、一九四九年五月)、一九頁、二五～二六頁。

(32)『石炭労働年鑑』一九四九年版（日本石炭鉱業聯盟、一九四九年）、五八頁。

(33)炭労四十年史編纂委員会編『炭労四十年史』(日本炭鉱労働組合、一九九一年)、二〇五～二〇七頁。
(34)島西智輝前掲書、八五頁。
(35)「天皇陛下地方状況御視察の為九州各県下へ行幸御日程の件」(「昭和二十四年総理庁公文」巻六、「総理府公文」二A－〇二九－四―国立公文書館所蔵―)。
(36)増田春雄「地域的勝利の前進――筑豊地方の人民闘争について」(『前衛』三八号、一九四九年五月)、二〇～二一頁。
(37)福岡県知事室秘書課編『天皇陛下行幸録』(一九五二年)、一九頁。
(38)「九州巡幸を繞る関係各方面の動向について」第一報(「昭和二十四年幸啓録」一三―宮内庁宮内公文書館所蔵―)。
(39)「九州行幸楽屋ばなし」(『週刊朝日』一九四九年六月二六日号)、八頁。
(40)前掲『入江相政日記』二巻、三一七頁。
(41)広田昭元「天皇陛下をお迎えして」(『地光会通信』天皇陛下行幸記念特別号、一九四九年六月)、四～五頁。
(42)三井田川鉱業所「陛下御巡幸室内御説明書」、一九四七年五月二〇日(「昭和二十四年幸啓録」一七―宮内庁宮内公文書館所蔵―)。
(43)尾形権三郎「天皇奉迎」(古河目尾鉱業所『目尾』二二号、一九四九年六月)、一頁。
(44)福岡県知事室秘書課編刊『天皇陛下行幸録』(一九五二年)、二二頁。
(45)「九州警衛情報」一九四九年五月二二日(前掲「昭和二十四年幸啓録」一三)。
(46)佐賀県編刊『佐賀県御巡幸誌』(一九四九年)、六七頁。
(47)山本喜一「天皇を迎へ奉りて」(小城炭鉱労働組合『ぶんか　おぎ』六号、一九四九年)、二六頁。
(48)ただ、杵島礦業所での滞在時間は一〇分に過ぎず、「会社の重役、部課長、係主任といったような席を設けて真に増産に挺身している勤労大衆は比較的遠い場所からお目にかかるに過ぎないようであった」ため、『佐賀新聞』の記者は「封建的なしこりがあるようで好感が持てなかった」と批判している(前掲「天皇陛下御巡幸と本県産業を語る本社記者座談会」、三四～三五頁)。
(49)「九州警衛情報」一九四九年五月二三日(前掲「昭和二十四年幸啓録」一三)。
(50)前掲『入江相政日記』二巻、三一九頁。

（51）ＮＲＰ本部警備課「御巡幸だより」第七報、一九四九年五月二五日（「昭和二十四年幸啓録」一六―宮内庁宮内公文書館所蔵―）。
（52）前掲『入江相政日記』二巻、三二三頁。
（53）阿具根登『回想録　道をもとめて』（阿具根登回想録出版委員会、一九八一年）、二四二頁。
（54）「天皇海底下採掘の三川礦に御入坑」（北海道炭鉱文化研究所『炭鉱』八月号、一九四九年八月）、二頁。
（55）福岡県知事室秘書課編前掲書、五二頁。一九五三年から日本社会党参議院議員となり国政に進出する阿具根にとり、このときの感激は生涯忘れられない体験となり、晩年においても、このとき、天皇との対話を誇らしげに回想している（阿久根登前掲書、二四〇～二四三頁）。
（56）「総理庁よりのインフオメーシン《ママ》原稿」（「昭和二十四年幸啓録」八―宮内庁宮内公文書館所蔵―）。この文書は六月一八日付で宮内府より第三次吉田茂内閣に回付されている。
（57）「中小炭鉱の今後の動向」（『労働週報』一二巻四六一号、一九四九年八月六日）、三頁。
（58）「中小炭鉱の危機深まる」（『政経情勢月報』一〇号、一九四九年一〇月）、二〇頁。
（59）有沢広巳『戦後経済を語る』（東京大学出版会、一九八九年）、四〇頁。
（60）北海道編『北海道行幸啓概要』一輯（一九五四年八月）、一二二頁。
（61）札幌市役所編刊『北海道行幸啓誌』（一九五五年）、一七〇頁。
（62）北海道総務部文書統計課編『昭和二十九年北海道行幸啓誌』（北海道、一九五七年）、一四〇頁。

第二章

炭鉱合理化政策の開始と失業問題（一）

「かつては年間 10 万トンの出炭量と 1,000 人近い従業員をようしていたこの炭坑もついに昭和 33 年合理化により閉山、押し寄せる炭界不況の波と風雨にさらされた炭住には多くの失業者達の悲惨な生活がいとなまれている」

はじめに

戦後日本の石炭産業は国策に翻弄され、炭鉱労働者、とりわけ中小炭鉱の労働者とその家族の生活もまた、国策に大きく振り回された。石炭産業は、戦時下の軍需により、一九四一年以来、石炭統制会のもと、国家の統制下にあり、それは経済復興上から戦後も継続された。

一九四六年一二月、帝国議会の貴衆両院は、産業の再建と国民生活の安定には石炭の増産が必至と決議、第一次吉田茂内閣は、石炭と鉄鋼の生産に経済政策を集中するという傾斜生産方式を閣議決定し、次の片山哲内閣は、一九四七年六月、石炭産業の統制機関として、それまでの日本石炭鉱業会（一九四六年六月、石炭統制会を廃止して設立）に替えて配炭公団を発足させ、配炭公団が石炭の一手買い入れ、一手販売をおこなうことになった。公団は、石炭鉱業会のときと同様、消費者炭価を低く抑えるため、炭鉱業者からの買い取り価格よりはるかに低い炭価を設定し、その差額は国費による価格差給付金で補っていた。これにより低品位の石炭を生産する中小炭鉱でも、配炭公団が一定の価格で買い上げるので経営が成り立っていた。さらに同内閣は同年一二月、難航の結果、石炭増産を目的とした臨時石炭鉱業国家管理法を成立させた。しかし、こうした急速な石炭の増産態勢は、未熟練な炭鉱労働者を増加させ、人件費の増加と出炭量の増加が比例せず、炭鉱の赤字を増大させる結果となった。そして、一九四八年一一月一一日、ＧＨＱが第二次吉田茂内閣に経済安定三原則を指令し、インフレ収束のために賃金抑制を求め、炭鉱労働者に大きな打撃を与えた。さらに一二月一九日には、ＧＨＱは吉田内閣に対し経済安定九原則を示し、傾斜生産方式も終わらせ、一九四九年二月一日に来日したＧＨＱの経済顧問ジョセフ・ドッジがデフレ政策（ドッジ・ライン）を進めると、石炭需要も急激に減少、増産した石炭は売れずに滞った。石炭の需要減と貯炭の激増という現実の前に、もはや石炭産業の国家統制の意義もなくなり、九月、配炭公団は廃止された。

こうして、石炭産業は、配炭公団による買い上げと価格差給付金の交付という国家の保護を失い、炭価は自由競争の嵐に襲われ、低品位の石炭を産出する中小炭鉱は窮地に追い込まれた。ここに、旧財閥系や地元の有力資本などの大手炭鉱と、それ以外の中小炭鉱の命運は大きく分かれた。この不況のもとで、第三次吉田内閣が実施したのは炭鉱合理化政策であった。

本章では、この炭鉱合理化政策の開始により発生した中小炭鉱の失業問題に焦点を当てる。一九四九年九月、日本石炭鉱業聯盟管理部長服部義彦は、不況による需要の減退と生産上昇とにより「市場貯炭が急激な滞貨の山を消費地に堆積している」現状を前に、「需要に適応する生産調節と、石炭鉱業自体として競争や他の動力、燃料等の競合からする企業の合理化が今後の課題」であると指摘した。(1) まさに、一九四九年、日本の炭鉱は合理化の嵐のなかに置かれる。

では、その合理化の実態は何であったのか。張英莉は、炭鉱の合理化はドッジ・ライン以前から始まっていたことを前提にしつつ、傾斜生産方式のもとでの一九四八年度の炭鉱合理化と、ドッジ・ラインのもとでの一九四九年度以降の炭鉱合理化を比較し、「一九四八年度の合理化は労働者数を抑制しながら、生産の顕著な回復によって労働生産性の向上を促したのに対して、ドッジ・ライン期の合理化は、レッド・パージと絡みながら、経済安定化政策に基づく過剰人員の整理が重点となっている」と指摘している。(2) すくなくとも、当初、合理化は施設の機械化、人員配置の適正化、作業の効率化を目的とし、過剰人員の整理、すなわち労働者の解雇を第一の目的とするものではなかったにもかかわらず、結果として、合理化は労働者の大量解雇に収斂していった。

この時期の炭鉱合理化政策については、近年、経済史・経営史の分野では研究が進んでいるが、たとえば、炭鉱合理化の実態と企業の認識や反応を分析した島西智輝は、その結果として「一九四九年四月〜一九五〇年一月までに二〇九炭鉱が休廃止になった」と述べるに止め、それ以上、炭鉱の失業問題には言及していない(3)。島西は、戦後の炭鉱政策総体についても「中小炭鉱を容赦なく切り捨て」たのではなく「中小炭鉱の鉱区にある資源をできるだけ開発したうえで徐々に切り捨てていった」と解釈するべきだと主張し、合理化政策の持つ「中小炭鉱の無秩序な閉山によって生じる生産量の減少や地域社会への悪影響を抑制することに貢献した」側面を重視している(4)。あるいは、北海道の炭鉱を事例に、戦後石炭産業の衰退を論じた牛島利明、杉山伸哉も、「戦時統制期から戦後復興期にかけての石炭増産を目的とする一連の政策は、一時的な増産の達成という見かけ上の成果はあげたものの、結局は後の時代につづく負の遺産を生み出した」と述べた。「負の遺産」の一つとして炭鉱労働者の失業問題もあげられると考えられるが、牛島、杉山はそれには触れず、「負の遺産」として具体的に石炭産業の「高コスト体質」をあげるのみである(5)。近年のこうした研究においては、炭鉱合理化が石炭産業全体と企業に対しどのような影響を与えたかということに関心が集中し、合理化により発生した大量の失業者の存在は研究の対象外に置かれている。

これに対し、筑豊の飯塚市を事例に、炭鉱閉山がもたらした都市問題を研究した田浦良也は「昭和二〇年代の後半は、相次ぐ炭労ストや産業合理化がすすむ石炭需要業界からの高炭価問題などが起り、戦後簇生した炭鉱の大量閉山や大量の炭鉱離職者の発生、賃金や退職金の不払いや石炭鉱害の深刻化など石炭産業の矛盾は噴出した」と述べ、一九四九年に炭鉱合理化がもたらした失業問題の重要性を指摘しているが、それについて実証的に検討していない(6)。

わたくしは、こうした研究状況を踏まえ、戦後の経済復興という国策が多くの国民の生活を犠牲に供した事実、換言すれば「国益」のために「私益」が蹂躙された事実を明らかにし、戦後民主主義そのものを問い直すため、一九四九年～五〇年の炭鉱合理化政策を検証する。検証の方法として、炭鉱合理化の実態の変容を国の政策、石炭業界など経済界の対応、炭鉱労働者の生活実態の三点から分析していくが、詳細な国の政策の検討は次章でおこなうこととし、本章では主として他の二点からの分析を課題とする。

第一節　炭鉱合理化政策の開始

石炭産業は、寡占化が極端に進んでいた。たとえば、山口県の宇部炭田では、一九四八年度、年間一〇万トン以上の石炭を産出する大規模炭鉱五鉱で総出炭量の四〇・五％を占めているのに対し、一万トン以上一〇万トン未満の炭鉱は四三鉱で総出炭量の五七・五％を、一万トン未満の零細炭鉱は二三鉱で総出炭量の二％を占めているに過ぎない(7)。また、全国的に見ても、一九四九年の出炭量全体の七一・一六％を大手あるいは大手筋と呼ばれた二〇社、すなわち三井・三菱・北海道炭礦汽船（北炭）・貝島・明治・井華・日鉄・日本炭礦（日炭）・古河・雄別・宇部興産・麻生・杵島・常磐・大正・昭和・大日本・嘉穂・太平洋・国鉄公社が占め、とりわけ、三井・三菱・北炭・古河・井華（住友系）の五社だけで六〇・二％を出炭している。もっとも出炭量が少ない昭和でも、毎月一万トン以上、年間で一五万二一九九トンを出炭している(8)。大手二〇社中、企業と中小企業の格差は大きかった。大手炭鉱は数十年の採掘計画に耐える優良な炭層を独占し、中小炭鉱の大多数は数年の可掘炭量を持つに過ぎず、大手炭鉱の鉱区の間隙を縫って低品位の炭層を採掘していくしかなかった。[9] この格差が以後の政策を規定していく。

炭鉱の危機は、すでに経済安定三原則、同九原則が示された段階で予測されていた。ドッジ・ラインが示された一九四九年二月の段階で、「九州の炭鉱はもうクビ切りがはじまっていて数百の労働者が地底から追われ〝見えざる失業戦線〟の群にかわっている、そしてまたこれから夏にかけて広範な企業整備の波が数万の労働者につぎつぎときびしい現実の姿で打ち寄せようとしている」と警戒されていた（『九州タイムズ』炭鉱版、一九四九年二月一三日）。

一九四九年三月一〇日、GHQは第三次吉田茂内閣に対し、「石炭鉱業の安定」について指示（SCAPIN-1984）、「日本の自立確立のため、炭鉱業の能率を急速かつ効果的に改善」し、一九四九年度に最小限四二〇〇万トンの石炭を供給するように求めた。そして、具体的に「時間外労働およびこれにたいする支払は生産上の要請により現実に正当とされる範囲に限ること」、坑内労働者数が炭鉱労働者数全体の六〇％にまで増加するまでは坑外労働者や事務職員、管理職員の新規雇用を禁じることなどの措置を命じた。この指示は、出炭の増加は「効率の改善によるべき」とするもので、ここに、炭鉱合理化への具体的指針が示されたことになる。[10] さらに、GHQの指示により、九月一五日をもって配炭公団を廃止することが閣議決定され、同日、経済安定本部は特別な高品位石炭を除くすべての石炭の配給を廃止、物価庁も石炭に対するすべての価格統制を撤廃、こうして、戦時経済統制以来の石炭生産に対する国家統制は終わり、一九五〇年七月までに石炭の配給はすべて自由市場に戻されることになった。[11] これにより「石炭産業は全面的な自由競争の死闘を強制されること」になり、「休廃坑ないし倒産のやむなきに至るものがあるのはもちろん、そうでないまでも生産制限によつて経営の保全をはからざる」を得なくなる。[12]

公団廃止を目前に控えた八月、福岡県の筑豊炭田では、三井、三菱などの大手炭鉱が「いち早く販売機構、人事配置を完了、得意先の吸収に努め、ワクをはずすならいっそ早くやってくれと勇み立っている向きもある」のに対し、中小炭鉱は「個々の炭鉱の信用がものをいうのでむずかしくなりました」との不安を隠せなかった（『西日本新聞』筑豊版、一九四九年八月一二日）。

一九四九年九月、『東洋経済新報』は、「炭鉱も優勝劣敗」の現場となり、自由市場化は「大手筋に有利で、中小炭鉱に不利」と断言し、「努力して成り立たぬ炭鉱は、我が経済に不要だという刻印を押されたと同じで、廃坑にした方がよかろう」と言い放ち、[13]「中小業者はこゝでもまた自然淘汰を強行される」と突き放した。[14] まさに、国家の庇護を失った石炭産業の合理化は必至であった。とりわけ、傾斜生産方式のもとで維持された生産者側の高炭価は大きな問題となる。たしかに、当初、合理化については機械化や労働者の配置転換が考えられ、さらにそれ以上に「管理及作業の改善即ち科学的管理の実施」が求められたが、[15] 現実には労働者の解雇という安易な方法が選択されていく。[16]

もちろん、合理化は炭鉱のみに求められたのではない。ドッジ・ラインのもとでの急激なデフレ政策に対応するため、産業全体に求められたわけであり、吉田内閣は、こうしたGHQの方針を受け、一九四九年九月一三日、「産業合理化に関する件」を閣議決定し、「合理化実施上必要な事項につき調査審議」するため、通商産業省（一九四九年五月一五日に商工省から改組）に産業合理化審議会を設置することを確認した。[17]

こうして、同年一二月に設置された産業合理化審議会は、一九五〇年六月二四日、「鉄鋼業及び石炭礦業の合理化に就いて」と題する答申を作成、二七日の閣議に提出した。このときは、朝鮮戦争が勃発した直後であり、以後、日本経済は「特需」の好景気に覆われていくのであるが、この答申には、「石炭礦業の健全経営による自立化と鉄鋼業を中心とする一般産業の高炭価問題を解決する為には石炭礦業を早急に合理化してそのコストの低減を図る必要がある」ので、大手一二社の合理化計画を検討してきたと述べられている。そして、合理化については具体的に「坑内外施設の整備」「採掘作業の機械化」「能率の増進」などの施策をあげ、こうした施策により一九五二年末までに一トン当たりの平均出炭価格を二九六〇円から二四四〇円に、平均送炭価格を三一二〇円から二五五〇円に、それぞれ現在の八二%にまで落とすことができるとの展望を示した。(18) 大手企業の合理化策であるが故か、ここには過剰労働者の解雇などの項目は明示されていない。

通産省では、この答申に基づき七月二九日、「鉄鋼業および石炭礦業合理化施策要綱」を作成、八月一八日の閣議に提出、要綱は修正のうえ決定された。要綱は「国内炭価水準特に原料炭の価格水準が国際水準に比し相当に割高であることが鉄鋼業を始め重要産業の自立化を妨げ、価格差補給金の撤廃乃至削減後の輸出採算を極めて困難にしてゐる」という現状認識に基づき、一九五三年を目標に「輸出産業及び基礎産業として最も重要な鉄鋼業の合理化施策を強力に推進すると共に石炭礦業合理化についての諸施策をも同時に推進して、炭価水準の引下げを図」ることを掲げ、「鉄鋼業及び石炭礦業は生産性の向上、間接費作業費の大幅切下げ、品質の向上等夫々企業経費の全般に亘りあらゆる合理化努力を集中する」ことを求めていた。そのうえで、とくに、石炭産業には「炭礦の機械化推進の為、炭礦機械で試験的に使用せしめる必要のあるものに付ては、国家的助成を行う」ことや「炭価の値下がり、輸送の合理化と相俟つて輸送費の可及的軽減を図る」こと、「低価格の外国原料炭、発生炉炭等の輸入確保を図る」ことなどを実施するとしていた。

通産省は、この要綱について説明し、「わが国全産業の基礎を為す石炭価格に付ては、これが国際価格に較べて極めて割高であり、この高価格が鉄鋼始め各産業の自立化に重大な影響を与えてゐることはわが国産業合理化上見過ことの出来ない事実」であるので、「先ず全産業の基礎である石炭礦業を極度に合理化して、その価格を可及的に国際価格に鞘寄せする」ことの必要を強調している。まさに、炭鉱合理化により炭価を引き下げ、それにより鉄鋼業を合理化し鉄鋼価格を引き下げ、「日本産業自立化の基礎」とすることが求められたのである。[19] このように、一九四九年三月一〇日にGHQより炭鉱合理化の方針が示されて以来、一年五カ月をかけて吉田内閣は炭鉱合理化への具体的指針を示した。

この一年五カ月の間に、総理府統計局は「炭鉱従業者世帯収入調査」を実施している。これは、一九四八年一二月、GHQの勧奨に基づいて実施されたもので、その目的については、統計局長森田優三が「戦後わが国石炭鉱業の生産性向上の必要が特に痛感された際、石炭鉱業労働者の生活内容の向上を計る適切なる施策が要望され、その施策立案の基礎資料を得るため石炭鉱業労働者の生活実態を把握せんと企てられた」と説明している。当初は北海道と九州の炭鉱を対象にしたが、一九四九年七月に調査地域を常磐と宇部にも拡大した。[20] 五月一八日、佐賀県で開かれた「炭礦従業者世帯収入調査主任者会議」には、福岡県、佐賀県、長崎県の担当者とともに山口県の担当者も出席しているように、[21] 九州での調査の経験を踏まえて山口県の宇部炭田にも調査が実施されたと考えられる。

この調査の対象となったのは、北海道の三井鉱山美唄鉱業所、三菱鉱業美唄鉱業所、北海道炭礦汽船空知鉱業所、井華鉱業歌志内鉱業所、福島県の常磐鉱業湯本鉱業所（常磐炭礦磐城礦業所湯本坑か）、古河鉱業上好間鉱業所、山口県の宇部興産沖ノ山炭鉱鉱業所、宇部興産東見初炭鉱鉱業所、福岡県の三菱鉱業鯰田鉱業所、麻生鉱業芳雄鉱業所、井華鉱業忠隈鉱業所、明治鉱業豊国炭鉱鉱業所、佐賀県の杵島炭鉱杵島礦業所、明治鉱業西杵島鉱業所、長崎県の日鉄鉱業鹿町鉱業所一、二坑、野上東亜鉱業神林鉱業所の一六炭鉱の五五〇世帯である。事業所名から明らかなとおり、この調査の対象も大部分が大手炭鉱であり、まさに、この調査は大手炭鉱労働者の生活調査であった。それでも、全国の坑内労働者の一世帯当たりの平均勤労収入について見れば、一九四九年三月以降一万二〇〇〇円台～一万六〇〇〇円台で上下していたが、一九五〇年四月に一万三二六円に下落している。大手炭鉱においても、一九五〇年に入ると、炭鉱合理化は賃金の低下として労働者に影響を与えていた[22]。

では、この一年五カ月間、全国の炭鉱では、合理化は具体的にどのように推進されたか。ここで、考慮しなければならないことは、産業合理化審議会が答申作成において検討したのは大手一二社の合理化計画であったという事実である。炭鉱合理化についても、大手炭鉱の事例だけを検討すると、全体像を見失うことになる。一九四九年四月の段階では、石炭庁福岡石炭局は「九原則と増炭を遂行するために各ヤマの自主的再検討はどうしても必要であるがまだ大量首切りの時ではない」と述べているが（『九州タイムズ』炭鉱版、一九四九年四月二一日）、現実はどうであったのか。本章では、なによりも中小炭鉱の合理化を視野に入れて、炭鉱合理化の実態を明らかにする。

第二節　炭鉱合理化の実態

(1)　大手炭鉱の合理化

まず、大手炭鉱の合理化から検討する。北海道炭礦汽船会長吉田嘉雄は、日本の石炭産業は「原価の五〇－六〇パーセントは労務費によつて占められて居」るので、合理化には「人力を極力排除して専ら機械力に転換する事が問題解決の根本条件となる」と、機械化を合理化の「第一要件」とし、そのために「一般従業員に対して機械力を信頼し、機械を使いこなすだけの教養と訓練とを与へることが絶対必要である」と述べ[23]、労働者の解雇については言及していない。

しかし、合理化は機械化に止まらなかった。SCAPIN-1984の指令を受けて、大手炭鉱主導の日本石炭協会は、三月一五日に特別委員会を設置し、企業合理化の方途を検討することとしたが、各企業においても自主的に合理化を進めていく。その内容は生産費の一～二割引き下げを目標に基準外労働の圧縮、不要不急施設の中止、資材とその仕様の合理化などとともに、「無届欠勤者の出勤停止または一方的解雇」を実施するというもので、「結局は、企業の合理化は作業の再編集中人員整理にあることは避けえない課題」となっていた(24)。

そして、具体的には、筑豊では大正鉱業が満五五歳の停年制を導入し、麻生鉱業が一カ月間に無断欠勤三日以上、事故欠勤五日以上の労働者を退職させるなどの人員整理を決定、さらに、「古河峰地鉱の無届欠勤者に対する出勤停止、同下山田鉱の無届欠勤者に対する無通告解雇、三菱方城鉱の五〇名整理、明治平山鉱の人員整理、岩尾炭礦の一二〇名整理」などがなされ、現実には、「合理化は主に労働関係の面から促進」されていったのである(25)。

また、三井美唄炭鉱労務課長の寺山朝は、一九四九年度の課題として「日本再建の為め経済九原則の実施は不可避であると共に、日本経済安定政策の根源は石炭鉱業の合理化にある」と力説し、そのために「最も重要な事は生産コストの半ば以上を占むる労務費を如何に合理化するかにある」と明言した。寺山は、この労務費の合理化とは「合理的作業に依る時間外労働の短縮、能率向上への労働条件の改善等」であると説明しているが、それに加えて「更に高能率賃銀体制確立のためには債務不履行或は故意の低能率者等は緊急排除されなければならない」と労働者の解雇の必要にまで言及し、そうしたことは「正常なる経営の自立体制確立の上にも当然採られなければならぬ政策」であると述べている(26)。

さらに、三井鉱山では、合理化策として、機械化や作業の能率化などとともに、「不経済切羽坑口の廃止」

と人員の整理を進め、一九四九年八月に「一定の整理基準に依り整理」を断行、さらに停年制を導入して、一九五〇年一月末に「相当数の停年退職者を出した」[27]。

九州石炭鉱業協会が大手一六社、中小三一社を対象におこなった一九四九年六月以前の段階での調査によれば、能率向上、生産費の引き下げのために各社では、切羽の増設や採算不良の坑口や切羽の廃棄、石炭運搬設備の増設や改良、選炭設備の増強などとともに余剰人員、「非生産的人員」の整理を実施している。すなわち、労働者の解雇が合理化の重要な一環をなしているのであり、解雇の対象は欠勤の多い「不良鉱員」、病気による長期欠勤者、停年者などであった。停年は坑内労働者には五〇歳、坑外労働者や事務系の職員は五五歳が設定された[28]。

では、この「不良鉱員」とはどのような労働者を指すのか。一九四九年四月九日、三菱飯塚炭鉱では、会社側が解雇するべき六八人の「不良鉱員」のリストを作成して労働組合に通知し、「不良鉱員」には「窃盗、詐欺、放火など前科五犯や暴行窃盗、恐かつなどの不良組が多く、また一ヶ月の実働日数がわずか十二、三日という もの」がいると説明したが（『九州タイムズ』一九四九年四月一七日）、労組は、会社側が言う「不良鉱員」に該当する者はわずかに二、三人にすぎず、実態は「企業整備の首切り」だと反発した。すると、労務課長も、労組が「不良鉱員」ではないと立証したら解雇の対象から除外してもいいと語り、「不良鉱員」という認定の根拠が明確ではないことを認めている（『九州タイムズ』一九四九年四月一九日）。会社側は恣意的に特定の鉱員を「不良鉱員」と認定し、解雇の対象としていたと推測できる。他の九州の大手炭鉱でも、労組の活動家や「赤みがかった色彩」の労働者が解雇されていった（『九州タイムズ』炭鉱版、一九四九年八月二九日）。井華唐津炭鉱でも二七〇名を指名解雇しようとしたが、労組が「被解雇者が無能力、または不良鉱員という烙印を押されて、再就職に差しつかえる」と反対し、結局、指名解雇を撤回させ、労組が二七〇名の自発的な退職者を募ることになった（『西日本新聞』筑豊版、一九四九年三月二九日）。

このように、大手炭鉱でも、現実には労働者の解雇も含めた合理化を進めていた。当然、多くの失業者が発生する。日本石炭鉱業聯盟専務理事の早川勝（三菱鉱業）も、合理化をめぐる労資関係について述べるなかで「合理化によつて起る失業の問題は別に考える必要がある」と語り、失業対策の急務を指摘していた。(29)

(2) 中小炭鉱の合理化

では、合理化＝労働者の解雇がより深刻となった中小炭鉱の合理化について見ていこう。九州石炭鉱業協会は「合理化が軌道に乗りつゝあると思われるものはやはり大規模炭鉱に著しい」ことを認めているように、(30)中小炭鉱では、機械化などの設備投資を必要とする合理化は困難であり、むしろ、炭鉱そのものの存亡の危機にさらされていく。一九四九年七月二二日、中小炭鉱経営者による日本石炭鉱業連合会は、第三次吉田茂内閣に対し「新事態に対する石炭対策の要望」を提出し、炭鉱合理化は「大量の人員整理或は廃山のための多数の労務者の失業を招き、重大なる社会不安を醸成して他産業にも影響する懸念が大である」という危機感を訴えた。(31)

たしかに、すでに、佐賀県岩屋炭鉱では、一九四九年二月二日、「九原則の実施による難局の打開は人員整理による企業合理化の外なし」との判断から二二〇人の解雇案を労働組合側に提示、「停年者準停年者長期欠勤者不良鉱員成績不良職員」がその解雇対象とされていた。(32)

北海道では中小炭鉱五〇鉱のうち「今後も従来通りの経営を保証される」のは五鉱、山口県宇部では八月中に三六鉱が休山し、一九四九年中にさらに三〇鉱以上が休山すると見られていた。また、宇部では三月～七月に二二三二人の労働者が解雇されていた。こうした状況下では労働条件の悪化も必然で、宇部のある炭鉱では、労働基準法に違反しても「実働十時間労働ぐらいにするほかはない」という現状であった。(33)

一九五〇年一月、『東洋経済新報』は、炭鉱合理化の現状について、労働者の減少は、一九四九年四月以降、全国で毎月六〇〇〇人ほどであったが、一〇月には八三〇〇人に増加し、とくに宇部の減少率は大きく、減少数は八月に四八五人、九月に一〇八七人、一〇月には二三六八人に至っていると数字を示し、宇部や常磐の「弱小炭鉱」の打撃が大きいという分析をおこなった[34]。日満鉱業専務取締役岡本政一郎が「当局は口を開けば、「コマーシャル・ベース」と言はれるけれども、打つ可き手を一つも打たず施すべき施策を施されずして残された中小炭礦が、此の経営危局に際し「コマーシャル・ベース」に今俄に到達し難い事は理の当然な事」と喝破したように、合理化による中小炭鉱の打撃は、当然の帰結であった[35]。

一方、金融界では、炭鉱の合理化を歓迎し、それにともなう労働者の解雇は必然であるとみなしていた。福岡銀行調査課では、一九四九年六月までの情報をもとに、福岡県内では「最近の炭鉱業の合理化は種々なるネツクはあるものゝ、概ね順調に経過していて、前途は明るい」と楽観しているが、「どの炭鉱も良くなるというのではない」と付言している[36]。

また、日本興業銀行調査部事業調査課の上田正臣は、一九四九年末の情報を基に状況を分析し、「現在の所謂合理化の意味は、単に生産面の積極的改善等のみならず、反面消極的なる人員整理、賃金切下げ、労働強化、経費節約等の経営面におけるもの迄を含んでいる」と指摘、むしろ、人員整理や配置転換などの「消極的合理化方策」が、採炭方式の改良、機械化などの「積極的合理化方策」への「道を切り開きつゝある」と述べ、今後の見透しとして、「優良炭を多く産出し、採炭条件にも比較的恵まれた優良鉱区を独占する旧財閥炭礦は、その絶大なる資本力と関聯産業或は金融機関との従来からの結びつきにもよつて、その苦境を比較的楽に切抜け得る立場に置かれているが、これらの点に恵まれない中小炭礦は極めて困難な立場にある」とみなし、「炭礦界における優勝劣敗の厳しい趨勢」は「更に激化せられようとしている」と悲観的な結論を下していた[37]。

さらに、日本勧業銀行調査部は、炭鉱の経営面からの合理化の方策として「過剰労務者の整理」をあげ、加えて機械化などの技術面からの合理化も重視するが、これには巨額の資金が必要なため、「資金力に乏しい中小炭鉱の不利は歴然である」として、一九四九年四月～一九五〇年一月に全国で二〇九の休廃鉱を出している事実を示している。しかし、それでも、同調査部は「石炭鉱業の合理化は今こそ徹底的に行われるべきであり、大陸の一角に生じた朝鮮動乱が如何に展開され、それが石炭鉱業界に如何に影響するにせよ、合理化への努力を怠るならば単に合理化を将来に延ばすにとゞまらず解決を愈々難渋なものにすることになろう」と合理化の徹底を力説した(38)。

ドッジ・ラインのもと、炭鉱合理化を進めるためには労働者の犠牲、とりわけ中小炭鉱の労働者の犠牲は止むを得ないものという認識が炭鉱業界、金融業界に定着していた。宇部炭田では、配炭公団廃止により一九四九年九月一五日～三一日に一七炭鉱が閉山し、労働者一〇〇二人が「整理」され、一〇月には一九炭鉱が閉山し、一九〇七人が「整理」されている(39)。日本石炭鉱業聯盟では、一九四八年までは雇入が解雇を上回っていたが、一九四九年は解雇が雇入を上回ったと述べ、炭鉱労働者は毎月、おおむね一・五%前後減少を続け、一月に四五万五〇〇〇人いた労働者は一二月には三八万七〇〇〇人に減少していたと報告している(40)。

また、九州経済調査協会が一九五一年度文部省科学試験研究費によりおこなった「九州石炭産業における合理化との実証的研究」によれば、炭鉱の人員整理はドッジ・ライン以降本格化し、調査をおこなったモデル炭鉱では、一九四八年七月を基準とする一九四九年四月の労働者の減員割合は、従業員五〇〇〇人以上の炭鉱では五～六%台であるのに対し、従業員一〇〇〇人以下の炭鉱では二九・一二%に達しており、まさにこの調査は、人員整理は「大手筋よりも、中小鉱において精力的にすゝめられた」事実を実証していた(41)。

九州石炭鉱業聯盟の調査でも、九州の炭鉱における「会社都合」による労働者の退職者数は、一九四八年七月〜一二月の半年間（調査対象一七〇鉱）で、坑内労働者が六七四人（退職者全体の三・七％）、坑外労働者が一〇二八人（同七・一％）なのに対し、一九四九年の一年間（調査対象二四九鉱）では、前者が四二三六人（同八・七％）、後者が五二一三人（同一七・三％）、一九五〇年（調査対象三六五鉱）では前者が一万一七七人（同一八・六％）、後者が五九一〇人（同二三・三％）と激増し、朝鮮戦争の特需景気で石炭需要が増加した一九五一年（調査対象一三〇鉱）には前者が二七五八人（同七・〇％）、後者が二八三四人（同一七・九％）と減少している事実を示している。毎年、調査対象の炭鉱数が一定ではないので、人数だけでは判断できないが、退職者全体のなかで「会社都合」で解雇された労働者が占める割合を見ても一九四九年〜一九五〇年の数字が一九五〇年の坑外労働者を除いて高いことは明らかである。[42] 一九四九年のドッジ・ラインのもとでの炭鉱合理化政策が多くの炭鉱労働者を失業させていたことは企業側の統計からも裏付けることができる。九州石炭鉱業聯盟も、この調査に基づき、ドッジ・ラインによる不況の影響を「最も極端な形で受けた」のは石炭業界であり、「企業合理化は設備投資を中心とするよりも、いきおい労務面を中心とした、企業整備的な性格を帯びざるをえないものであ」り、「企業整備という言葉は殆んど人員整理と同義語のように使われている」ことを認めている。[43]

労働省職業安定局失業対策課も「赤字企業の整理で最も打撃を受けたものは石炭礦業及び、その関連産業であつた」ことを認め、「低品位炭の中小炭礦」は「深刻な経営難」となり、とくに宇部炭田では六割、常磐炭田では四割の労働者の整理が見込まれていたと報告している。[44] 次節では、こうした炭鉱労働者の失業の実態について筑豊炭田を事例に詳細に検討していく。

第三節 合理化のなかの筑豊

（1）大手炭鉱の失業問題

筑豊では、月産一万トン以上の炭鉱が四八鉱であるのに対し、三〇〇〇トン以上一万トン未満の炭鉱が五七鉱、一〇〇〇トン以上三〇〇〇トン未満の炭鉱が一二三鉱を占め、一万トン未満の中小一八〇鉱の産出量は全体の三分の一に過ぎず、石炭の品位も低かった。一方、大手四八鉱で産出量の三分の二を占めていた（『西日本新聞』一九四九年三月二〇日）。一九四九年度の出炭目標四二〇〇万トンという数字を前にして、筑豊の炭鉱では「大手筋、中小鉱のいずれを問わず経営者は九原則の実施を前にして山の自立経営態勢整理に日夜追われ」る状況で、労資ともに「新目標達成には政府が先ず打つべき手を打って欲しい」と訴えていた（『朝日新聞』筑豊版、一九四九年三月四日）。

こうした筑豊を一九四九年の春、「失業の大嵐」が襲う。「失業の大嵐」は大手炭鉱をも直撃した。すでに炭鉱では、多くの企業が税の滞納を抱え、直方税務署管内では、貝島炭鉱の滞納額が一億円を突破し、三菱や古河の鉱山でもこれに近い滞納額を抱えているとみられ、古河目尾《しゃかのお》炭鉱では前年一二月末から六〇人の高齢の鉱員を解雇、三井田川鉱山の某部署では三〇人の定員不足にもかかわらず新入社を受け付けていなかった（『筑豊タイムス』一九四九年三月一四日）。遠賀郡でも日炭高松炭鉱で「不良鉱員の整理」を実施し、大正鉱業中鶴炭鉱でも「いち早く停年制をしき二百六十名のかく首を行う」などの合理化を目指していた（『夕刊フクニチ』一九四九年三月一一日)。

三月下旬、田川地区の炭鉱では「赤字鉱の閉鎖、人員整理は必至の情勢」となり、大手炭鉱でも、三井田川炭鉱が「今後新規採用は一切停止、時間外労働も全廃、ある程度の坑内夫を坑外夫に配置転換し賃金を浮かすほか停年制を実施」することとし、毎月一二〇〇万円の赤字を出している三菱方城炭鉱は第一次案で坑外から坑内への労働者一五〇人の配置転換などを実施し、第二次案として「不良鉱員を整理、停年制を実施、女子鉱員もある程度整理する」という対策を決定していた(『朝日新聞』筑豊版、一九四九年三月二三日)。

さらに、三月に飯塚市にある九州全三菱炭坑労働組合連合会(九全連)に入った情報では、三菱鉱業は九州で「成績不良鉱員」六〇〇人を解雇の対象にしていると伝えられ(『朝日新聞』筑豊版、一九四九年三月一九日)、鞍手郡の三菱新入炭鉱では「不良鉱員約二百人の整理に乗り出し」、さらに企業整理の一環として植木坑(労働者三〇〇人)、上新入坑(労働者六〇〇人)を閉鎖する意向と伝えられた(『夕刊フクニチ』一九四九年四月八日)。すでに「不良鉱員」や長期欠勤者ら五一人を解雇していた三菱鯰田炭鉱では、坑外労働者について四月に五六人、五月に四四人を解雇し、坑内外の労働者八〇人を配置転換で整理、さらに停年制を導入して五月までに坑内労働者三四人、坑外労働者九六人を解雇する予定だと伝えられた(『夕刊フクニチ』一九四九年四月二六日)。

また、同じく大手の麻生芳雄鉱山では、二月一五日に経営協議会を開き、一カ月を通じて無断欠勤三日(二月は二日)以上、事故欠勤五日(採炭夫は六日)以上の者は退職させることを決定した(『夕刊フクニチ』一九四九年三月三日)。

そして、四月七日、三井田川鉱業所は、四月以降の職員の給料を二割引き下げると職員組合に申し入れた(『西日本新聞』筑豊版、一九四九年四月九日)。この職員給与の二割削減は他社の炭鉱にも及ぶ。四月九日、三菱鉱業九州監督立花範治は「三井鉱山が口火を切った職員給与八割仮払いは、三菱においても四月から実施する。

このことは単に三井、三菱にかぎらず、日鉄、古河、井華、北炭など在京各社とも打合せずみのはずだ」と語っている（『西日本新聞』筑豊版、一九四九年四月一〇日）。労組側は「三井だけでなく大手筋炭鉱がこぞってこの手を打つのではないか」と警戒するが（『朝日新聞』筑豊版、一九四九年四月一〇日）、「三井鉱山以外の大手筋から中小鉱山も含む筑豊地区全炭鉱で四月分から〝給料二割のタナ上げ〟を実施する」ことになる。当然、日本炭鉱労働組合連合会（炭労）の江口福岡県支部長は「八割しか払わないというのでは食うなというのと同じこと」と強く反発した（『朝日新聞』筑豊版、一九四九年四月一二日）。四月八日、九全連でも委員会で「首切り、賃金引下げ反対のため闘争態勢の確立」を決議し、一三日の委員会で闘争委員会の設置を決議、同じく一三日には炭労福岡県支部（福炭労）も非常時宣言を発した（『朝日新聞』筑豊版、一九四九年四月一四日）。三井田川鉱業所の職員組合も四月一四日の委員総会で「給料の受領を拒否する」ことを決定して、抵抗の姿勢を示した（『西日本新聞』筑豊版、一九四九年四月一六日）。

(2) 中小炭鉱の失業問題

大手炭鉱でも、このように経営は苦しくなっていたのであるから、中小炭鉱の苦境ははるかに深刻であった。筑豊には傾斜生産方式のもとで、大手炭鉱から採掘権を借りて開業した零細な炭鉱も多い。三月七日付『夕刊フクニチ』は、嘉穂郡桂川町に散在する零細な炭鉱の現状を次のように報じた。

鉱員はいずれも六十名から百名程度、半鉱、半農の近郷からの通勤者で、農繁期の六月から十月ともなれば大部分採炭を休止するというのんびりとした炭鉱ばかり、機械も使わず、いいところでせいぜい巻揚機と排水ポンプが一、二台ある程度、動力がないので資材を牛にひかせ炭車をエイエイと押す風景など珍しくない、政府の補助金を頼みに昨年廃坑を再び掘りはじめたものが多く、タヌキ穴のような浅いところを掘るのでアセチリンガスのランプをさげて坑内に入る、やれ炭鉱住宅だの福利施設だのいう要求もなく、名ばかりの組合は〝協調主義〟でゴタゴタもない。

ドッジ・ラインによる不況は、炭鉱の苦しい経営に追い打ちをかける結果となる。労働者の解雇も激化し、賃金未払いも深刻化する。商工省福岡石炭局の調査によれば、一九四九年二月末現在で、九州で賃金未払い、賃金支払い延期をおこなった炭鉱は三井、三菱、井華、古河などの大手を含め四九鉱に及び、対象人員は全九州の炭鉱労働者の五〇％を占める約一三万人であった（『朝日新聞』筑豊版、一九四九年三月一二日）。福岡県では半年間で炭鉱からの求人は三万人を下らなかったが、一九四九年四月～九月の求人計画は一万一七七六名と激減していた（『朝日新聞』筑豊版、一九四九年三月二四日）。

田川郡大任村の今任炭鉱でも経営難から閉山し一二〇人の労働者を解雇すると発表、これに抗議する労組は退職金の受け取りを拒否し、対立していたが、三月上旬に労組側も閉山を受け入れ争議は解決した（『朝日新聞』筑豊版、一九四九年三月一一日）。同じく大任村の平和炭鉱でも前年一二月末に一一三人の解雇を言い渡しており、田川公共職業安定所には毎日、失業者の群れが押しかけているが、「鉱山関係は全く入社できない」状況であった（『筑豊タイムス』一九四九年三月一四日）。

また、嘉穂郡山田町の久恒鉱業猪鼻炭鉱では四月二三日の経営協議会で職員の解雇九名、配置転換五名、鉱員の解雇三〇名の整理案が示された（『夕刊フクニチ』一九四九年四月二六日）。

こうしたなか、三月下旬、福岡石炭局は四八〇〇カロリー以下の低品位の石炭を五〇％以上出炭し、トン当たり一二〇〇円の赤字を出す炭鉱をC級に指定して、そこには生産割り当てをおこなわないと発表、田川地区では中小炭鉱一四鉱がそれに該当するため、労資双方に大きな打撃を与えた。該当炭鉱はこれにより政府が設定した一九四九年の目標である四二〇〇万トン出炭という「スクラムから振り落とされる」ことになり、「労働強化や人員整理もやむを得ない」という悲壮な対策が練られていく(『朝日新聞』筑豊版、一九四九年三月二九日)。C級に指定された鞍手郡西川村日満新目尾炭鉱では一月からの出勤率の悪い六八名をリストアップし、そのうちの「病弱者」など二四名に対し第一次の解雇を宣言し、労組が受諾しない場合は閉山すると強硬な姿勢を示した。これに対し、労組は四月一〇日、総会を開いて「最小限度に出血をとゞめてほしい」と会社側に求めた。同労組の伊藤組合長は、三〇〇余名の労組員の今後を炭労が引受けてくれるならばたたかうが、炭労はそこまでは考えてくれないので「最小限度の出血でおさめたい」と、苦渋の判断であることを表明した(『朝日新聞』筑豊版、一九四九年四月一四日)。

『朝日新聞』では四月二一日、賃金二割切り下げの渦中にあった飯塚市郊外の二瀬炭鉱中央坑の炭鉱住宅で主婦から生活実態について取材するが、そこでは「私のところのように坑内夫で夫婦二人暮しならまだ何とかやれますが三人になると危い、四人以上は赤字で給料の前借をやらずやってる人は一五、六軒のうち二、三軒ぐらいでしょうか」(夫婦二人暮らし、二五歳)、「配給物も高いので給料もらって五日後にはもう月給袋が空っぽ、前借しなければやれない」「親は辛抱しますが、子供には着物一枚ぐらいは買ってやりたいがそれも出来ない」(夫婦と子ども一人、三〇歳)、「細君だけでなくて主人も内職をやっているところもありますが身体も続かず追つきもしないといっています」(夫婦と子ども二人、二八歳)、「健康保険も病院もありますがひどい病人でも今出せば見殺しするほかない、やりたい薬もやれない」(夫婦と子ども三人、三三歳)など、深刻な生活苦が語られていた(『朝日新聞』筑豊版、一九四九年四月二四日)。

三月分からの賃金不払いで争議中の田川郡勾金村の新勝田炭鉱では、五月三日、経営者の岩田貞雄が労組に対し「いつ支払えるか見通しがつかぬから失業保険でももらって他に仕事を探してくれ」と通告、労組は全員離職して新たな就職口を探すことを決定した(『朝日新聞』筑豊版、一九四九年五月七日)。また、田川市の糒井炭鉱では、五月八日の経営協議会で経営者の籾井敏雄が経営の苦しい実情を訴えたことに対し、労組は九日に大会を開き、「ヤマの自立態勢確立のため時間延長はおろか休日出勤しても増産に励まねばならぬ」として、炭労が一四日から予定している第三次四八時間ストには同調できないと決議、場合によっては炭労から脱退するとの態度を決めた。こうしたストに反対する動きは周辺の中小炭鉱にも広まっていた（『朝日新聞』筑豊版、一九四九年五月一二日）。鞍手郡西川村の新目尾炭鉱では「ストのため炭鉱の経営が困難になり坑口閉鎖を行うようなことがあると生活に困る」との理由で労組はスト不参加を福炭労に申し入れた。さらに、嘉穂郡の嘉穂鉱業では、五月九日、第二次二四時間ストでは福炭労に加入している職員組合がストを決行した際、就業しようとした中立系の鉱員組合に対し経営側はロックアウトを断行したが、一四日に職員組合が第三次四八時間ストに突入したときは臨時休業を鉱員組合に通告し、休業中の賃金支払いを拒否した（『朝日新聞』筑豊版、一九四九年五月一五日）。このように、中小炭鉱では労働者の失業だけではなく、経営者も閉山の危機に直面していたのである。

(3) 地域社会への打撃

さらに、炭鉱の不況は炭鉱関連の産業にも打撃を与えた。斤先掘業《きんさきぼり》（鉱業権者から鉱業権を賃借して採掘する）や選炭業の労働者への賃金の遅欠配も生じていた（『朝日新聞』筑豊版、一九四九年六月二六日）。さらに、炭鉱で使用する機械の製造に当たる直方市の鉄工業界では、一六二工場への炭鉱からの未払い金は一月末で一億円に及び、二月下旬には一億七〇〇万円へと増加、労働者への賃金は二〇～三〇日の遅配となり、しかも分割払いとなっていた。三月には、会社への納税の負担も重なり、高宮鉄工所が労働者の三分の一に当たる二〇名を解雇するなど、炭鉱関連企業の労働者の解雇も始まっていた（『朝日新聞』筑豊版、一九四九年三月一〇日）。直方市内の鉄工業界の苦境については、さらに後述するが、事態は深刻であった。

事情は田川市でも同様で、福岡石炭局田川支局の調査によれば、管内炭鉱の資材未払い額は二月末現在で六億二二七二万円に及び、大手の三井田川鉱業所でも未払い金は二億八五九〇万円に達していた（『朝日新聞』筑豊版、一九四九年三月一一日）。

福岡県では、五月一一日、炭鉱に関連する中小企業の経営悪化を打破するための金融懇談会を直方商工会議所で開催し、県経済部長、県商工課長、日本銀行安定局の担当者、さらに各炭鉱と関連する中小企業の代表者、商工会議所代表らが出席した。この場で、県より融資などの対策を政府と交渉する方針が示されたが、出席した炭鉱関連企業の側からは深刻な経営危機の現状が報告された。坑木関係業者は、炭鉱不況の影響により全国で二九億円、九州だけでも一五億円の未納代金があると述べ、火薬業者は、一九四八年一〇月～一二月で一億円であった不払い金が、一九四九年三月には二億円に達しており、九州の九業者では炭鉱からの不払い金が合計四億五〇〇〇万円に及んでいるという事実を示し、現在では一カ月分しか資材の手持ちがないという窮状を報告した。また、前述したように一億円を超える未払い金を抱えていた炭鉱機器製作修理業者は、直方では閉鎖した工場が三、人員整理をした工場が六～七に及び、直方の鉱山機器製造修理工場の犠牲で石炭生産を支えていると訴えた（『筑豊タイムス』一九四九年五月一六日）。炭鉱の不況は関連する産業にも大きな打撃を与えていたのである。

六月八日に直方市で開かれた同懇談会でも、炭鉱からの未払い金は鉱山機械製造の鉄工所一五〇組合で約一億五〇〇〇万円、機械商三六組合で八〇〇〇万円、鉱山帽子製造工場二工場で五〇〇〇万円に及び、そのため機械製造工場は三割程度の作業しかできず、三工場が休業、労働者数は平均一五％程度に縮小され、毎月の電話料金滞納で通話停止された業者は三十数名に上ると報告された。懇談会では実情を県に訴え、政府からの融資策を講じることとした（『朝日新聞』筑豊版、一九四九年六月九日）。

こうした直方をはじめ飯塚、田川三市の状況について、一九四九年六月六日付『筑豊タイムス』は「景気はいつ来る！　押し迫る深刻な不況にあへぐ筑豊の渋面」と題し、次のように報じた。

五月に入つてから炭鉱のストライキで鉱員の懐具合が悪く、炭鉱で栄えている三市だけにその影響はまさに甚大で一部の商店を除いて売行きはガタ落ちで平常の三、四割にも達しない、文具店、履物屋などはさして変りないが他の殆んどが四苦八苦営業に悩み抜き古物商などが最もひどいようで遂には閉店或は廃業して転業する者も各地に見る。何れにしても炭鉱の支払いが悪いため、関連産業も苦境に立ち、あちこちで企業整備、人員整理の声があがり、特に市内に百六十の鉄工所を有する直方市の打撃は最もひどく深刻なものがある、これに優るとも劣らぬものは、鉱員の懐中に頼つている商店側で、炭鉱のスト期間中は殆ど売行きのないのに次々と資金カンパに来る人々に同情して、連日数百円を与えるなど、一番の御得意さんであると云う炭鉱人とのつながりを示す一断面でもあつた。

しかし、この記事が掲載された六月、筑豊の炭鉱の状況はさらに悪化し、労働者の解雇が激化していく。すでに、大手の井華忠隈炭鉱では「不良鉱員」ら三四名の解雇を発表していたが、四日には嘉穂郡幸袋町の加茂炭鉱で「停年、病弱者、出勤不良の職員、鉱員」ら六五名の解雇が通告され、さらに鞍手地区や田川地区の中小炭鉱でも「不良鉱員の整理」という名目で労働者の解雇が計画されていた（『筑豊タイムス』一九四九年六月一三日、『朝日新聞』筑豊版、一九四九年六月八日）。月産三五〇トンを出炭する直方市の八竜炭鉱は七月で掘る石炭がなくなるため福岡石炭局直方支局は事業の中止を勧告、六月中旬、同炭鉱は労組員全員六〇名の解雇を発表した（『朝日新聞』筑豊版、一九四九年六月一六日）。

三井鉱山でも、七月末までに三池・田川・山野の三鉱山で「出勤不良者」「職務怠慢者」「職務妨害者」「その他法規違反、低能率、病弱者」など五〇〇〇名を解雇すると発表した（『夕刊フクニチ』一九四九年七月一一日）。

六月末の九州全炭鉱の労働者数は前年四月末と比べると一万五〇〇〇名も減少していた。とくに、この減少傾向は二月末から激しく、二月に一〇五〇名が減ったのに対し、三月には一気に四一五〇名も減少、「四、五、六月と次第にヤマを去る者は増加、一ヶ月の減員は五千名の線を突破しようとしてい」た。労働者の減少は小規模炭鉱に顕著で、「従業員千人以下の小炭鉱では昨年七月に比べ二九パーセント減のところもあり五千人以上の大中炭鉱では五－六パーセント減というところで大手筋では人員整理に対しても簡単にはゆかぬということも物語ってい」た（『夕刊フクニチ』一九四九年七月三〇日）。

飯塚公共職業安定所の窓口で失業保険金の支給を受けた者は、四月は一三九名だったが、五月は二三七名、六月は一五日段階ですでに二八三名と激増していた（『朝日新聞』筑豊版、一九四九年六月一九日）。六月中には直方市内の各炭鉱で約二〇〇名の労働者を募集しているものの、これは「不良鉱員を首切るかわりに優秀な鉱員を雇い入れたもので殆どが縁故採用」であったので、直方公共職業安定所への求人はほとんどない状況であった。したがって「直方は炭坑地帯だし働く所も多いだらう」と佐賀県、熊本県、四国などから訪れた求職者も職を得られず「街に出るルンペン組」も現れていた（『筑豊タイムス』一九四九年七月一八日）。

仕事を求めて家族を連れて筑豊の炭鉱に来たひとびとは、その炭鉱を解雇されても帰る場所がない。そこで、嘉穂母子寮と飯塚隣保館の開設が決まる。六月一五日に起工式がおこなわれた嘉穂母子寮は授産所に保育所を付設し、筑豊全域から身寄りのない家族二〇世帯六〇～七〇名を収容し、ミシン、縄ない作業を指導するほかうちわ工場も設置する予定で、隣保館には、国庫補助の見透しが付き次第着工する予定の養老院の敷設も計画されていた（『朝日新聞』筑豊版、一九四九年六月二三日）。

さらに暖房用の石炭需要が減る夏を迎えると、炭鉱の危機は激しくなる。八月、嘉穂郡山田町、同郡二瀬町、飯塚市の中小炭鉱で閉山や労働者の解雇が相次ぐ（『朝日新聞』筑豊版、一九四九年八月四日）。七月下旬には貯炭対策として、通産省が炭鉱会社が一般家庭に直接、石炭を販売することを認めると、大手炭鉱はすぐにその準備を完了するが、中小炭鉱では対応に遅れ、また販売価格も二〜三割のダンピングは免れないとみられていた（『朝日新聞』筑豊版、一九四九年八月六日）。飯塚公共職業安定所でも「求人数は求職者数の十分の一」にも達さない現状で、九月に入って失業保険金給付者は二〇〇〇名を超えた（『筑豊タイムス』一九四九年九月一九日）。さらに、一〇月三〇日には、鞍手郡西川村の神田炭鉱が職員二四名、鉱員九五名の解雇を発表（『筑豊タイムス』一九四九年一一月二日）、一一月には、電力不足から九州の全炭鉱は一週間の休業か三万五〇〇〇〜三万六〇〇〇名規模の解雇を迫られていく（『筑豊タイムス』一九四九年一〇月二八日）。

飯塚市では、一九四八年には四五〇軒もあった古着屋が一九四九年七月末には三八〇軒に減り、二七万人もあった一カ月間の映画館の入場者数も二〇万人に激減、市内唯一のデパート丸神は小倉市の井筒屋に買収された（『夕刊フクニチ』一九四九年七月二八日）。飯塚市の商店街では八月五日から中元大売出しを始めることになっているが、夏の期末賞与が日鉄三菱炭鉱で職員一〇〇〇円、鉱員五〇〇円程度、忠隈炭鉱はゼロ、他の炭鉱も前年より少ないという現状のため、売り上げには不安が生じていた（『西日本新聞』筑豊版、一九四九年七月二七日）。たしかに、「お客の六割を炭鉱マンに仰いでいる」商店街では、「炭鉱経営者は自立経営のため企業整備の実行を言明しており、同一理由で賞金もさほど向上するとは期待されない」ため、新たな「人寄せ政策」が求められていた。八月二七日、地元の麻生鉱業常務理事鳥越淳造は商工会議所で「石炭と炭都飯塚の将来」と題して講演し、「消費都市として栄える余地はもはやなくなった」「石炭を地元で利用する方法、すなわち工業都市として再建する方策をとっては如何」と提案、炭鉱依存からの脱却を求めた（『西日本新聞』筑豊版、一九四九年八月三〇日）。

こうしたなか、九月一五日の配炭公団廃止を受けて夕刊フクニチ新聞社が開いた座談会「中小鉱よ、何処へ行く」では、「統制撤廃、配炭公団廃止という全く予期しない事態にぶッつかつた。だからわれわれは今後どうなるかというところまでまだ考えおよばないでいる」（玉名炭鉱社長東友市）という、中小炭鉱経営者の苦悩が吐露された。また、配炭公団従業員組合の林功は、統制撤廃について「中小鉱としてはこのアト始末は政府の責任においてしてくれるのが当然だと思うんだけれど政府は〝問答無用〟といわぬばかりのつれない態度である」と、日鉱福連事務局次長城平重憲も、貯炭の解決について「まさに中小鉱が当面する第一の難関だが現在の政府は詳細な検討もとつていない」と、それぞれ発言するなど、政府の無策ぶりを指摘した（『夕刊フクニチ』一九四九年九月二一日）。

これに対し、上京して政府に中小炭鉱の救済を申し入れた知事杉本勝次は、九月二二日、「政府は県信用保証協会から融資してくれともちかけたが政府が出資しない限り現在の貧弱な資力ではとても賄っていけない、しかし中小炭鉱を見殺しにするわけにはいかないので金融懇談会などつくって何とか手を打ちたい」と語っている（『朝日新聞』筑豊版、一九四九年九月二三日）。

しかし、九月一五日の配炭公団廃止は、炭鉱にとって、まさに「泣きっ面にハチ」という事態となる。筑豊の中小炭鉱は石炭の値下げだけでは危機は回避できないと、さらに労働者の解雇を進め、福岡石炭局では「つぶれる中小鉱が五十数鉱出るだろう」と推測した（『朝日新聞』筑豊版、一九四九年九月二四日）。事実、九月一六日以降一〇月初旬までに一三鉱が閉山した（『朝日新聞』筑豊版、一九四九年一〇月六日）。田川地区の中小鉱山は「廃鉱か人員整理か」という局面に追いつめられた（『朝日新聞』筑豊版、一九四九年一〇月二七日）。

大手炭鉱でも労働者の生活は窮迫した。無料に近かった炭鉱住宅の家賃、水道料金が大幅に値上げされ、光熱費も増額されたため、実質賃金は悪くなったからである。明治豊国炭鉱では酒が売れなくなったというが、

「一人働きの家庭は食ってゆけない」状況であった（『朝日新聞』筑豊版、一九四九年九月二八日）。

こうした情勢に対処するため、一一月一五日、福岡県は「炭鉱労資に県会議員、関係官庁」を交えて「炭鉱失業をどうするか」というテーマで懇談会を開き、県として「今後炭鉱側に失業者吸収の見込みのないことから、第3四半期（十月以降）からワクを拡げた福岡、小倉の応急対策費を炭鉱地区にも適用、とくに失業度の高い飯塚市に近く毎日百人を吸収する応急事業を起すと言明」、国の失業対策費の追加があり次第、田川、直方地区にもこの事業拡大を企図していると述べた。さらに、炭鉱経営者に対し、将来、人員を拡充する必要が生じた場合は県外人を雇用せず、県内失業者を雇用するように要請した。

また、同日、九州七県議会労働常任委員長ブロック会議も開催され、北山（佐賀）・球磨（熊本）・上椎葉（宮崎）のダム開発事業を早急に実施し、失業者を「大々的に救済」すること、応急失業対策費は全額国庫負担とすることを政府に要求すると決議した（『夕刊フクニチ』一九四九年一一月一六日）。炭鉱の窮状は筑豊全域、さらには福岡県全域に大きな経済的打撃を与えていた。

おわりに

一九四九年、ドッジ・ラインのもと、炭鉱への国家統制が終わり、それに向けて炭鉱合理化が政策として着手されたとき、中小炭鉱の閉山と労働者の失業が予測された。しかし、現実には大手炭鉱でも労働者の解雇が実施され、炭鉱合理化は炭鉱のある地域経済にも大きな打撃を与えた。通商産業省臨時石炭対策本部と福岡通商産業局石炭部の調査でも、一九四八年三月末に全国で四五万人、九州で二七万人を数えた炭鉱労働者は、一九五〇年三月末には、それぞれ三八万人、二三万人に減少していた。[45] ドッジ不況は炭鉱の町でこのように現実化していた。

たしかに、その後、一九五〇年六月の朝鮮戦争勃発による「特需」で国内経済は活況を呈し、石炭需要は拡大し、炭鉱は一時、息を吹き返す。しかし、朝鮮戦争が休戦に向かうと、経営側は「特需」後の不況に備え、賃金据え置きなどの合理化を進め、労働組合と対立、炭労は一九五二年一〇月一三日から六三日間の長期ストライキをおこなった。このため、石炭の供給が停滞し価格が高騰、政府が外国炭を緊急輸入した結果、国内炭の供給過剰となり、一九五四年~五五年、深刻な炭鉱不況を招き、さらに石炭より安価で需給も安定している石油への信用が高まり、石炭から石油へのエネルギー革命が進行していく。こうしたなかで、炭鉱経営者側が求めたのはさらなる合理化であった。そこで、一九五五年九月に成立したのが、中小の非能率炭鉱を買収して閉山させ、大手の高能率炭鉱に生産を集中して窮地を乗り切ろうとする石炭鉱業合理化臨時措置法であったが、こうした炭鉱の合理化は、「スクラップ・アンド・ビルド」と言われたように、当然ながら買収、閉山させられた中小炭鉱に膨大な失業者を生み出した。次章では、一九五〇年以降、石炭鉱業合理化臨時措置法の成立に至る時期の炭鉱をめぐる政治と社会状況を論じてく。

◉註

(1)服部義彦「石炭企業合理化の新段階」(『実務手帖』三巻一一号、一九四九年九月)、一一~一二頁。
(2)張英莉「傾斜生産方式とドッジ・ライン——戦後日本石炭鉱業の復興過程」(『年報日本現代史』四号、一九九八年六月)、二四一頁。
(3)島西智輝『日本石炭産業の戦後史——市場構造変化と企業行動』(慶應義塾大学出版会、二〇一一年)、八九頁。

(4)島西智輝「高度成長期日本における中小炭鉱合理化対策――中小炭鉱合理化指導の分析」(『三田商学研究』五四巻五号、二〇一一年一二月)、九一頁、一一〇頁。
(5)杉山伸哉・牛島利明「日本の石炭産業――重要産業から衰退産業へ」(杉山・牛島編『日本石炭産業の衰退――戦後北海道における企業と地域』(慶應義塾大学出版会、二〇一二年)、一一頁。
(6)田浦良也「石炭産業の崩壊と筑豊経済の変貌」(平兮元章・大橋薫・内海洋一編『旧産炭地の都市問題――筑豊・飯塚市の場合』(多賀出版、一九九八年)、四一頁。
(7)国富毅「宇部地区中小炭鉱の現態――特に採炭の技術的水準について」(『中国地方総合統計月報』一巻二号、一九四九年六月)、一頁。
(8)日本石炭鉱業聯盟編『石炭労働年鑑』一九五〇年版、二〇~二一頁。
(9)正田誠一「中小炭鉱問題の本質」(『九州大学経済学部三〇周年記念論文集』、一九五五年――正田誠一『九州石炭産業史論』、九州大学出版会、一九八七年に再録)、二二九~二三〇頁。
(10)『GHQ日本占領史』四五巻(日本図書センター、一九九九年)、六五~六六頁、九三~九四頁、および、朝日新聞経済部編『日本経済年史』一九四九年版(朝日新聞社)、八〇頁。
(11)前掲『GHQ日本占領史』四五巻、四三~四四頁。
(12)「中小炭鉱の危機深まる――石炭統制撤廃の影響」(『政経調査月報』一〇号、一九四九年一〇月)、二〇頁。
(13)「石炭産業はどこへ行く」(『東洋経済新報』二三八八号、一九四九年九月三日)、三二頁。
(14)「石炭鉱業　企業合理化は必至」(『東洋経済新報』臨時増刊、一九四九年九月一〇日)、二七頁。
(15)「炭鉱合理化運動の展望」(『生産能率』四巻四号、一九四九年七月)、一頁。
(16)労働法の専門家高木督夫は「現在では労働時間の延長ではなく、労働強化、すなわち単位時間当のより多くの労働力の支出が合理化の主要な位置を占めている」とみなし、合理化の影響として、「労働者にとつて最大で、最も深刻な問題は失業である」と明言、合理化が「労働強化中心の方向にかたよつている」と警告した(高木督夫「炭鉱の合理化」、『労働の科学』五巻四号、一九五〇年四月、四二頁、四六頁、四八頁)。
(17)通商産業省編『商工政策史』一〇巻(商工政策史刊行会、一九七二年)、四二~四四頁。

(18)「鉄鋼業及び石炭礦業の合理化について」(「公文類聚」七五編・昭和二五年・九〇巻・産業八、二A―〇二八―〇四―類〇三五一一一〇〇―国立公文書館蔵―)。
(19)「鉄鋼業及び石炭礦業合理化施策要綱」(同上文書)。
(20)森田優三「序」(総理府統計局編『炭鉱従業者世帯収入調査報告』、一九五〇年一〇月)。
(21)「炭礦従業者世帯収入調査主任者会議配布書類」("Outline of the Coal Mine Employees' Family Income Survey" 1949/11――「日本占領関係文書」―国立国会図書館憲政資料室所蔵―)。
(22)総理府統計局編『炭鉱従業者世帯収入調査報告』(一九五〇年)、一八〜一九頁。
(23)吉田嘉雄「石炭鉱業の再建と合理化について」(『東邦経済』一一巻一号、一九五〇年三月)、一八頁。
(24)三枝子郎「石炭四二〇〇万瓲達成と企業合理化の方向」(『実業之世界』四六巻五号、一九四九年五月)、三一〜三二頁。
(25)「石炭鉱業の合理化はどうなるか――合理化の実際例と労組の対策」(『労政時報』一〇五三号、一九四九年六月)、一九〜二一頁。
(26)寺山朝「石炭鉱業の合理化は国民的努力目標」(三井美唄文化連盟『炭層』一九号、一九四九年四月)、一頁。
(27)佐藤正司「石炭鉱業合理化の一面――三井鉱山の場合」(『石炭評論』一巻二号、一九五〇年七月)、四一頁。
(28)「企業合理化の現状」(『九州石炭鉱業協会月報』一一号、一九四九年六月)、六頁。
(29)早川勝「炭鉱合理化と労使関係」(『経済往来』二巻八号、一九五〇年八月)、四一頁。
(30)「炭鉱の企業合理化」(『九州石炭鉱業協会月報』一二号、一九四九年七月)、一三頁。
(31)「中小炭鉱の今後の動向」(『労働週報』一二巻四六一号、一九四九年七月)、四頁。
(32)「岩屋炭鉱人員整理課」(『さが工業クラブ』二号、一九四九年二月)、二二頁。
(33)「統制が撤廃された石炭業界　影響の大きい中小炭鉱業」(『経済新潮』一四巻三号、一九四九年一〇月)、一四頁。
(34)「中小炭鉱の整理状況を見る」(『東洋経済新報』二四〇六号、一九五〇年一月二一日)、四六〜四七頁。
(35)岡本政一郎「苦悶する中小炭礦業」(『九州石炭鉱業協会月報』一九号、一九五〇年四月)、七頁。
(36)「炭鉱の合理化の進行について」(福岡銀行『行報』一八号、一九四九年七月)、一一頁。
(37)上田正臣「石炭礦業合理化の実態」(日本興業銀行調査部『産業金融時報』二六号、一九五〇年四月)、二三〜二九頁、三五〜三六頁。
(38)「石炭鉱業の合理化」(日本勧業銀行調査部『金融情報』三巻九号、一九五〇年九月)、二頁、二四頁、二七頁、三七〜三八頁。
(39)朝日新聞経済部編『朝日経済年史』一九五〇年版、六三頁。
(40)『石炭労働年鑑』一九五〇年版、五八頁。
(41)九州経済調査協会編『戦後における九州石炭産業と合理化』(一九五二年)、二三二〜二三三頁。
(42)九州石炭鉱業聯盟編『労働統計を主とした九州炭鉱十年史』(一九五七年)、五二〜五三頁。
(43)同右書、三頁、三四九頁。
(44)労働省職業安定局失業対策課編『失業対策年鑑』一九五一年版(労働省)、八頁、一一〜一二頁。
(45)通商産業省臨時石炭対策本部・福岡通商産業局石炭部編『九州石炭鉱業20年の歩み』(同本部・同部、一九六七年)、三頁。

第二章

炭鉱合理化政策の開始と失業問題(二)

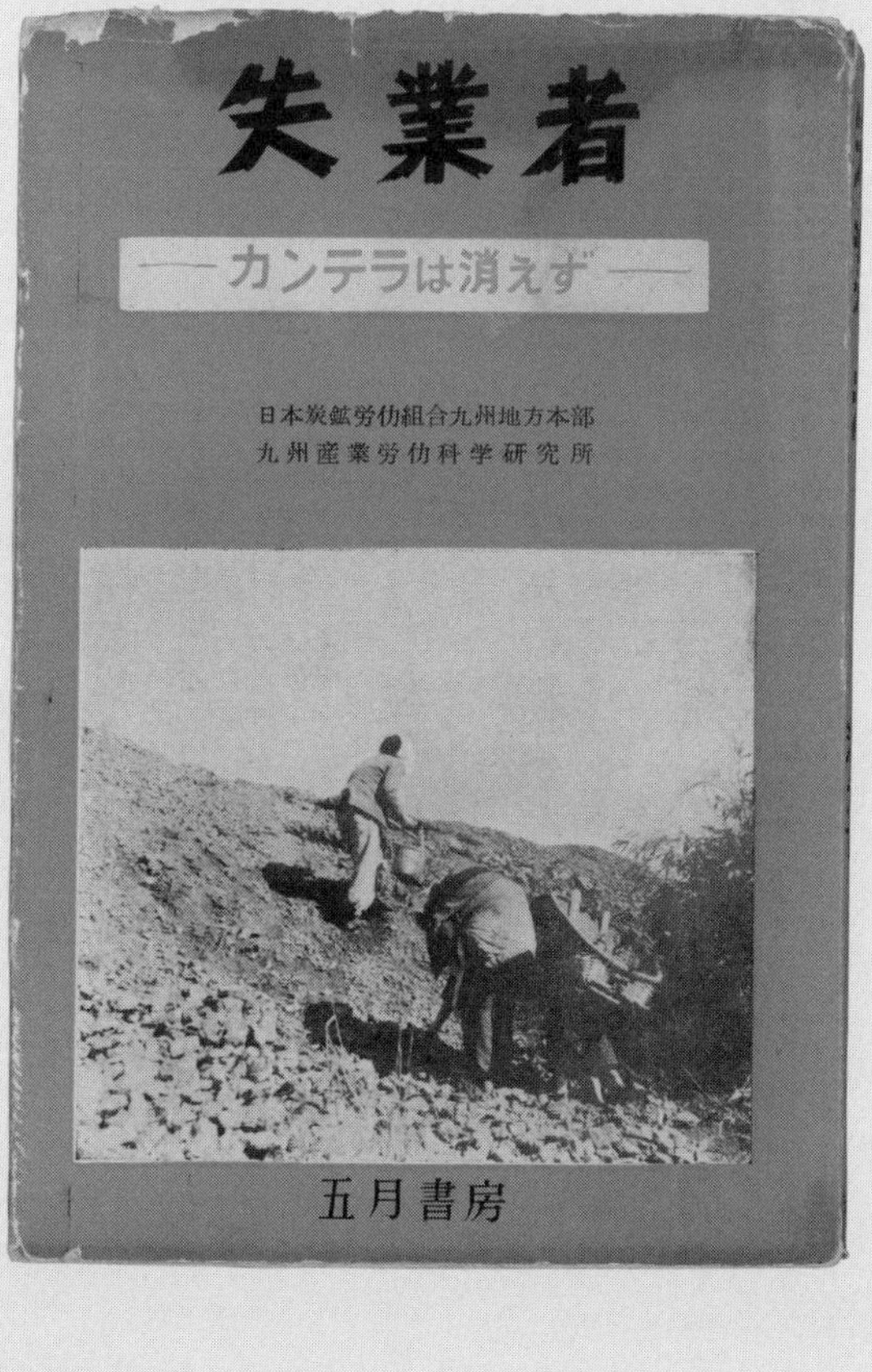

はじめに

本章は、前章を継承するものである。したがって、戦後の炭鉱合理化政策をめぐる先行研究への見解、およびわたくしの問題意識については、前章で述べたので、本章では省略する。また、大手炭鉱と中小炭鉱の区別の基準についても、前章で述べたので説明は省略する。前章では、一九四九年~五〇年に開始された炭鉱合理化政策をめぐり石炭業界などの経済界の対応、合理化のもとの炭鉱労働者の生活実態について述べたので、本章では、炭鉱合理化政策を開始した第三次吉田茂内閣の認識、とりわけ合理化の結果として予測される炭鉱労働者の大量失業に対する認識について検討を加える。また、その前提として、失業問題に対する労資の認識にも言及しておく。そして、そのうえで、一九五四年~五五年の深刻な炭鉱不況下の炭鉱労働者の生活実態について、筑豊地方を中心に明らかにする。前章と本章をとおして、次章において展開する、一九五五年に公布された石炭鉱業合理化臨時措置法による中小炭鉱の切り捨て政策に対する検討の準備とする。

第一節　炭鉱合理化をめぐる労資の論理

一九四九年四月、分裂していた炭鉱の労働組合は、日本炭鉱労働組合連合会〔炭労〕のもとに組織を統一、これにより炭労は全国の炭鉱労働者の九割以上の四八万人余を組織することになり、五月には二次にわたり賃金をめぐる二四時間波状ストライキを敢行した。この組織統一は、労組側が合理化に対する危機感を強めたからにほかならない。一九五〇年四月には炭労はさらに組織を拡大し、日本炭鉱労働組合と改称して日本労働組合総評議会（総評）に加盟、有力な労働組合としての地位を確立していく。

しかし、大手炭鉱の労働者と中小炭鉱の労働者の間には、その危機感には格差があった。

とくに退職手当の交渉について、大手炭鉱の労組は地方別、個別の交渉を主張し、中小炭鉱の労組は中央交渉を主張して対立、一九四九年五月二〇日から開いた炭労の大会で地方別交渉とすることが確認されると「一、二の代議員から、中小炭礦の労働者は、既に一文の退職手当も支払われないで続々と失業の巷に放り出されつゝあり、今後行われる企業整備に伴う失業者の悲惨な生活問題と併せて考えるならば、この問題は極めて重大である」という発言がなされたにもかかわらず、「大会は殆んど何等の反応を示さず」、炭労自身が「不可解」という感想を漏らす事態ともなっていた(1)。炭鉱合理化政策がもたらす中小炭鉱労働者の犠牲について、この時点では、大手炭鉱労働者は重視していなかった。

その後、配炭公団の廃止が現実化してくると、七月二〇日、炭労は配炭公団従業員組合と連名で声明を発し、「低賃金、中小炭鉱の崩壊、大手筋炭鉱の企業整備により失業者は巷に氾濫し炭鉱労働者の生活は益々深刻な事態を惹起し」ているとして「石炭統制の存続、石炭統制機構の民主化」を求めた。炭労は配炭公団の廃止により失業する炭鉱労働者は約一五万人に及ぶと認識し(2)、八月六日、炭鉱危機打開対策員会を発足させるが(3)、現実には、炭鉱合理化政策による企業整備の名のもとに三菱、三井、昭和などの大手炭鉱が打ち出した解雇攻撃への対応に忙殺されていった(4)。

一方、経営者側はどの程度の危機感を持っていたのか。石炭鉱業界には二つの全国規模の業界団体が存在した。戦時中は石炭の統制機構として一九四一年一一月に石炭統制会が設立され、戦後、一九四六年五月、その事業は日本石炭鉱業会に受け継がれた。しかし、日本石炭鉱業会はＧＨＱの方針により解散、それに代わる自主的な業界団体として一九四八年三月に誕生したのが、日本石炭協会である。協会には、当初、大手、中小を含めた四〇〇余の炭鉱会社が参加した（一九五一年三月に中小炭鉱は脱退）。また、一九四六年一二月には、炭鉱の労働組合に対処し、労働問題の処理に当たる経営者団体として、日本石炭鉱業聯盟も結成された[5]。前章でも断片的には言及したが、ここで、あらためて炭鉱の経営側が、合理化が生み出す失業問題に対して、どのような認識を持っていたかを検討しておきたい。

日本石炭協会は、業界の情報誌となる『石炭情報』を一九四九年六月から旬刊で刊行し、毎号、巻頭の「動向」欄で、炭鉱業界の動きを報じている。それによれば、九月の配炭公団廃止までは「石炭産業は早くも重大な段階に追込まれて来た」と言いつつも、「生産業者は一日も早く販売部門の整備と運転資金の手当を準備し、切替時の混乱を最小限度に止めて円滑な荷渡の実現を期さねばならぬ」と、まだ余裕があった[6]。その後も、配炭公団の廃止が「炭礦の自由競争を誘致し、合理化が促進されて、上質炭が低廉に供給される健全な石炭鉱業の生産構造が形造られるであろうか、或いは当面の極端な供給過剰から惹起する乱売等の恐慌状態が、弾力性の乏しい石炭鉱業の根底を揺がして経済基建《ママ》の基盤を崩壊に至らしめないだらうか」と、功罪両面があるというような曖昧な評価に終始していた[7]。

しかし、配炭公団廃止後は、一気に危機感を高めている。「全国の炭礦労働者の九月中の減少数は約六九〇〇人となつていて今春来の毎月減少約五〇〇〇人と大差はないにも拘らず、九月中の閉鎖炭礦は案外多く、一部情報に依れば九州五二礦、常磐一三礦となつているから、未詳の山口と北海道を加えると相当数の炭礦が既に閉鎖されている」と閉山の多さを憂える記事が登場し[8]、「今日のこれ等悲運に際会した炭礦を唯その儘に放置していることは、政府としても一考を要する問題であろう[9]」「政府は従来の増産政策の犠牲と見られる休廃止に迫られた炭礦に対し何らの顧慮を加えていない、炭礦企業の自由競争二ヶ月で優勝劣敗の趨勢は漸く判然として来たが、劣者に対しこの儘で政府として放置し得る義理のものであろうか[10]」などと、強い口調で政府に救済策を求めるに至る。日本石炭協会が政府に求めたのは、経営が悪化した中小炭鉱に対する特別金融措置であり[11]、「石炭鉱業に於ける中小炭礦問題は、石炭鉱業が増産国策に踊らされ、増産の至上命令をつい数ヶ月前迄与えられていたことで、特に政府の善処が望まれる問題である」と、政府の責任にまで言及している[12]。日本石炭協会は、経営者の団体であるため、労働者の失業問題には触れないものの、閉山に追い込まれる中小炭鉱については国策で救済することを主張していた。

一方、日本石炭鉱業聯盟においても、一九四九年四月～一九五〇年一月の炭鉱休廃止数が二〇九件に達し、月別には配炭公団が廃止された九月に最も多く、そのほとんどが「弱小炭礦に属した」こと、および、一九四八年一二月に四五万七〇〇〇人もいた炭鉱労働者が一九五〇年四月には三七万七〇〇〇人にまで急減したことについて、「企業自立のための合理化が大半の理由」であったことを認めた。そして、一九四九年の労働争議でも賃金延払、賃金減額、解雇、退職手当など「企業整備を反映したものが著しく増加してきた」と、合理化のなかの失業問題の深刻さを認識していた[13]。経営側においても、合理化による失業者の増加の深刻さへの認識は共有されていた。

第二節　第三次吉田茂内閣と炭鉱合理化

前章で述べたように、一九四九年三月から開始された炭鉱合理化政策のもとで、中小炭鉱を中心に労働者の解雇が激化していたが、この事実について、管轄官庁である商工省の外局石炭庁はどのように認識していたのであろうか。石炭庁開発局長中島征帆は、石炭増産に向けての合理化は「結局の処、労働能率の向上という一事に帰着する」と述べ、具体的な合理化方策として、機械化、切羽の集約、坑内保安の改善、技術教育の向上をあげている。しかし、こうした施策を実施できるのは、資金に余裕がある大手炭鉱に限られる。結果、中小炭鉱でも可能となる合理化は、人事面に集中する。事実、中島は、「労務能率向上のための最大の課題」は採炭夫の比率を高めるとともに「老齢及び不良の労務者を整理し、未熟練の労務者を再教育して、労務構成を堅実ならしめるならば、出炭能率の増進は期して待つべきものがあろう」とも述べている[14]。また、石炭庁次長渡辺誠は、九州石炭協会長山川良一との対談で、炭鉱合理化について「犠牲を最小限度にとどめるには、まず能率をあげる以外にない、それを考える場合には出勤率を良くするなどということは一番楽なことで、これは経営者も労働者も反省しなければならない、みんな反省してこれを早く忠実に実行に移すということをやらなくちゃ炭鉱はつぶれてゆくことになる、最善の努力をつくさなければ助けないということですね」と、炭鉱経営者への恫喝とも受け取れる発言をおこなった（『西日本新聞』一九四九年三月二〇日）。国策を立案する側は、炭鉱合理化にともなう労働者の負担と犠牲を当然視していた。

こうした発言を裏付けるものが、石炭庁により一九四九年三月二九日に作成された「石炭鉱業の合理化に関する法律案」である。民主自由党を基盤とし、民主党犬養派と連立した第三次吉田内閣は、三月二四日、第五回国会に、炭鉱経営者に対し、一九四七年七月六日〜一九四八年六月二一日の期間に「その者の責に帰することのできない事由による損失で、生産の確保のため避けることのできなかつたと認めるもの」について、公債により補てんするという石炭鉱業等の損失の補てんに関する法律案を提出し可決させ、三月三一日に公布しているが、「石炭鉱業の合理化に関する法律案」は、これに関連して作成されたものと考えられる。

「石炭鉱業の合理化に関する法律案」は、「石炭鉱業の経理を改善し、労働関係の正常化を促して、その経済的自立と責任制の確立を図る」ことを目的とし、債務の処理などの経営合理化に対する商工大臣、石炭庁長官、各石炭局長の監督、命令、指示を強め、この法律の目的遂行に対して「熱意を有せず又は成果が挙がらない」と認められた炭鉱を「封鎖指定炭鉱」にすることができると明記していた。この法案は上程されることはなかったが、法案の文書には、三月二九日にはＥＳＢ（経済安定本部）と「談合済」で、労働省とも「下打合」とメモ書きが残されている。合理化に向けた石炭庁の強い姿勢をうかがうことができる。[15]

この第五回国会では、石炭鉱業等の損失の補てんに関する法律の成立のほか、配炭公団廃止に向けて配炭公団法の改正がおこなわれ、同改正法は六月七日に公布されている。この法改正により、大手炭鉱の意向に沿い低品位炭は公団の取り扱いから除外されることになり、低品位炭を産出している中小炭鉱の危機は深まっていく。[16]また、この国会の会期中、石炭庁は五月二四日に資源庁に吸収統合され、資源庁は二五日に商工省が改組された通商産業省の外局となっている。こうしたなか、この国会では炭鉱の失業問題についてどのような議論がなされたのか。以下、この議会での議論から吉田内閣の意向を検討しておく。

吉田内閣は、当初、ドッジ・ライン実行により予測される失業問題について、全般的な対策の必要を認め、一九四九年二月に当面の全産業の失業者数を一八八万人と推定し対策原案を閣議決定したが、一九四九年度予算編成で公共事業費と失業対策費が大幅に削減されたため、六月二四日の閣議で、吉田首相は「失業者は主として見返資金の運用などにより生産増大で吸収するとの方針」を表明した。(17) このような失業対策の後退は、炭鉱政策にも反映した。

当時、内閣は、炭鉱全労働者中の坑内労働者の割合を配置転換により引き上げ、坑内労働者六割、坑外労働者四割にすることを炭鉱合理化政策の基本としていた。一九四九年三月二五日、衆議院商工委員会で、合理化により大量の失業者が出るだろうという川上貫一(日本共産党)の質問に対して、商工大臣稲垣平太郎は坑外労働者を坑内労働者に配置転換することで「失業者を出さない」と答弁した。(18) さらに、四月一四日、衆議院経済安定委員会で、森山欽司(民主党野党派)が、炭鉱合理化によって「今後生ずるであろう失業問題」への対策について質問した際は、答弁に立った総理庁事務官村田繁は、この点については何も答えなかった。(19) 森山は四月一八日にも同委員会で合理化のなかにある「数十万の炭鉱労働者の処置」をどうするのかと質すが、これに対して経済安定本部動力局次長田中茂は「お話のように数十万も失業者を出すというような程度の打撃はないと思いますけれども、しかしある程度の打撃はある」と、失業者が出ることは認めつつも、「この問題につきましてはまだ最終的な結論に達しておりません」と、明確な答弁を避けた。(20)

さらに、五月一〇日には、衆議院商工・労働委員会連合審査会において、青野武一(日本社会党)は、中小炭鉱では「経営者も労働者も恐らく全面的につぶれていく運命に今日はある」と述べ、炭鉱の失業問題についての商工省の対策を質すが、稲垣商工相は、この点に対して答弁をおこなわなかった。そこで、青野は再度、この点について質問をするが、これに対しても、稲垣は「まだはつきりお答えする時期には到達しておりません」と回答を拒んでいる。(21)

同じ一〇日、衆議院商工委員会では炭鉱問題に関する参考人からの意見聴取がなされており、参考人のなかには、炭鉱経営者とともに炭労副会長の柴田圭介と同執行委員の一条与作も含まれていた。柴田は、配炭公団の廃止により五万人の炭鉱労働者が失業すると予測し、政府はそれに対する失業対策を「まず劈頭に出すべきが当然である」と、失業対策の欠如を指摘し、一条は、現在「生死の境を彷徨する」炭鉱労働者とその家族は四万人と推測し、「これに事業用品、生活必需物資等を供給する商工業者を加えまして、デフレと失業のるつぼの中にほうり出されるという重大な社会不安が現出する」と警告、こうした事態は「今日まで及ばずながら日本経済復興の為に、孜々営々として働いて来ましたわれわれにとつては、まつたく納得できない痛恨事だ」と発言した[22]。翌五月一一日にも、衆議院労働委員会で石野久男（労働農民党）が、デフレ下で発生する失業者の政府の見込み数は「非常にでたらめ」だと非難し、常磐炭田では労働者四万七〇〇〇人中三万二〇〇〇人が失業するであろうと内閣を追及するが、経済安定本部総務長官青木孝義は炭鉱合理化による失業者数については「考えておりません」と答弁するのみであった[23]。

このように、炭鉱合理化による失業者の大量発生について野党が追及しても、吉田内閣は明確な答弁を避け続けた。そこで、五月一三日、衆議院議院運営委員会で松井政吉（日本社会党）は、「中小炭鉱の崩壊によつて起こる失業者は八万八千の数字になつている」と述べ、「明瞭に石炭の問題だけはきよう解決してもらいたい」と、早急な政府の対策の明示を求めた[24]。そして、この日、衆議院本会議の場でも、今澄勇（日本社会党）は、配炭公団の廃止は「全国中小炭鉱四百六十鉱、九万に及ぶ炭鉱労働者の死活の問題として、宇部、常磐及び九州、北海道の一部において大動揺を来たしておる」にもかかわらず、「政府は、これらの中小炭鉱のその崩壊のあとの責任、九万余に及ぶ労働者の失業、生活保障というものには何ら触れておられない」「政府は、こういつた政策の急極端なる百八十度の転換によつて生み出されるところのこれらの炭鉱労働者とその企業者に対して、いかなる形において責任をとろうとするか」と、きびしく政府を追及した。これに対して、労働大臣鈴木正文は配炭公団の廃止により影響を受ける労働者は「大よそ七万人前後」と、はじめて予測される失業者数を示し、「失業者諸君に対しましては、退職手当等において十分の考慮を払うとともに、この配置転換及び失業救済事業等に別個に適宜の方策を講じたい」と、具体的な失業対策についても言及した。しかしながら、続いて答弁に立った稲垣商工相は、能率の向上や洗炭設備の改善などで中小炭鉱への影響に対処できるという楽観的な見解を示した。(25) 労相の鈴木が具体的な答弁をおこなったのは、当時、炭労のストライキに直面しており、中小炭鉱の失業問題についてのきびしい現実を認めざるを得なかったからであろう。

五月一八日、衆議院労働委員会で、常磐炭田を抱える福島県内郷町の町議会議長よりの「失業対策に関する請願」を審議した際、紹介議員の春日正一（日本共産党）が内郷町の中小炭鉱では三〇〇〇人の失業者が出ているが、町の財政では対応できないので、国による失業対策を求めると発言すると、労働政務次官山崎岩男（民主党犬養派）は、福島県、および隣接する平市とも連携して最も適した失業対策を実施したいと答弁した。(26) こうした鈴木や山崎による労働省の労働争議に直面している現実を踏まえた答弁がなされる一方、稲垣商工相の答弁は炭鉱の現実から遊離したもので、労働省と商工省との間には認識の差があった。すくなくとも鈴木や山崎の認識は、吉田内閣の統一された認識には至っていなかった。商工省は炭鉱労働者への失業対策について、きわめて消極的であった。

それどころか、五月一四日に、衆議院商工委員会で聴濤克巳（日本共産党）が、あらためて中小炭鉱で九万人の失業者が出るのではないかと質すと、稲垣は「山がつぶれる、あるいは失業者が出るということを予測することはできない」とそれを強く否定したのである。(27) 五月一六日には参議院商工委員会でも、田中利勝（日本社会党）が、「常磐地方において七〇％、或いは宇部炭鉱の方では五〇％、中小炭鉱が事実上閉鎖しなくちゃならない」「低品位炭鉱の中小鉱業に従事する炭鉱労働者八万の人間が失業する」「二百七、八十も事実上閉鎖しなくちゃならん」と具体的数字をあげて失業対策を求めるが、これに対しても稲垣は「大分数字にお考え違いがある」と、取り合わなかった。[28]

稲垣のみではない。首相吉田茂も、炭鉱の失業問題について無責任に放言している。五月一七日、参議院労働委員会で、原虎一（日本社会党）が、配炭公団の廃止により、全国で八万八〇〇〇人の労働者が失業し、その家族を含めると四〇万人が被害を受けるが、政府はそのような政策をあえて断行して「大資本系統の炭山を擁護する」一方、失業対策への考慮がないと激しく吉田内閣の責任を追及すると、吉田は、政府としては失業対策に「万全を期する考え」であるが、「政府の施策について御信用がないと言われればそれだけの話」と言い放って、具体的な施策については何も答えなかったのである。[29]

また、参議院商工委員会では、五月一九日、配炭公団法の改正案について証人を招き審議をおこなった。このとき、常磐の中小炭鉱経営者鈴木伝明（大和炭鉱株式会社社長）は、政府は中小炭鉱が「自滅するのを傍観するというような態度」であると喝破し、[30]炭労会長武藤武雄の代理で発言した炭労副会長柴田圭介も法改正により「七十炭鉱一万一千というものが、完全に犠牲を受ける」と指摘して、[31]配炭公団廃止に向けて中小炭鉱からの失業者が激増すると訴えた。そして、以後、前章でも詳述したように、いくら政府が炭鉱合理化による失業問題を軽視しようと、事実において、以後も失業者は増加していくのであった。

こうした現実のなか、配炭公団の廃止が迫ってくると、政府の対応にも変化が生じる。八月一〇日、衆議院商工委員会で川上貫一や今澄勇の追及を受けた通商産業省（一九四九年五月二五日　商工省が改組）の外局となった資源庁の石炭管理局長中島征帆は、配炭公団廃止により閉山する炭鉱と失業する労働者が出ることをついに認め、[32]八月二九日の同委員会では、通商産業技官田口良明が、明確に予測される炭鉱の失業者は「三万人程度」と具体的な数字をあげたのである。[33]しかし、その一方で、中島は、炭鉱の失業者に対して特別な施策をおこなうことは「今のところ考えておりません」と否定していたし、[34] 八月三〇日の同委員会でも、通商産業政務次官宮幡靖（民主自由党）も、炭鉱の失業者には一般の失業対策で対応し、特別な施策の「用意はございません」と断言したのである。[35] 稲垣通産相もまた、中小炭鉱から失業者が「出るかもしれぬ」と言いつつ、「大体中小炭鉱の労務者の方たちは、ある意味において半鉱であり半農である方も非常に多いのでありまして、こういう方面に吸収され得る」、新しい炭鉱の開発や「電源の開発におけるところの隧道の掘鑿というような面にも、労務者の方は相当吸収できる」と楽観的で、新たに特別な対策を打たなくても、炭鉱の失業問題は解決できると強調していた。[36]

このように、吉田内閣は、炭鉱から多くの失業者が発生している現実を前に、失業問題の存在は否定できなくなるが、ドッジ・ラインのもと、他の産業分野でも失業者が激増しているため、とくに炭鉱の失業者への特別な施策を否定したのである。

資源庁は一九五〇年四月にまとめた『石炭鉱業の問題――統制撤廃後六ヶ月の経過』という記録のなかで、冒頭、前年九月の配炭公団廃止時における問題として、「生産条件、経営状況ともに劣悪な中小炭鉱が自由価格および自由販売態勢への急激な切替えによつて蒙る打撃をどうするか。さらに廃山休坑に伴う失業問題の拡がりはどの程度のものか」という認識があったことを認め、一九四九年四月〜八月に炭鉱の全部休廃止が四八件、一部休廃止が三二件あったこと、一九四八年一二月末現在で四五万七四七六人を数えた常勤の炭鉱労働者が、一九四九年八月末には四一万二四五七人に減少していることも指摘している。したがって、中小炭鉱労働者の失業問題は国家が直面する重要な社会問題であることを資源庁は十分に理解していたはずである。しかし、資源庁は、休廃業する炭鉱の「殆んどすべてが弱小炭鉱に属するものであるのは、止むを得ないことであろう」と述べるに止め、それ以上の言及はおこなっていない。[37] 炭鉱の合理化を進めるうえで、中小炭鉱の休廃業は「止むを得ない」ものとして、政策から切り捨てられていた。むしろ、片山哲内閣で経済安定本部官房次長を務めた稲葉秀三が言うように、炭鉱合理化により「大手筋炭鉱を中核とする石炭産業の基礎が漸く確立されよう」と期待されていたのである。(38)

第三節 炭鉱不況下の失業者問題

その後、すでに述べたように一九五〇年の朝鮮戦争勃発による「特需」で国内経済は活況を呈し、石炭需要は拡大し、炭鉱は息を吹き返す。しかし、朝鮮戦争が停戦、休戦に向かうと、経営側は「特需」後の不況に備え、賃金据え置きなどの合理化を進め、労働組合と対立、炭労は一九五二年一〇月一三日から六三日間の長期ストライキをおこなった。このため、石炭の供給が停滞し価格が高騰、政府が外国炭を緊急輸入した結果、国内炭の供給過剰となり、一九五四年〜五五年、深刻な炭鉱不況が広まった。さらに石炭より安価で需給も安定している石油への信用が高まり、石炭から石油へのエネルギー革命も進行していく。炭鉱労働者は、ここに新たな危機に直面する。

経済審議庁（経済安定本部が一九五二年八月一日に改組）計画第一課の宮崎勇は、一九五四年秋、炭鉱不況について次のような分析をおこなっている。すなわち、朝鮮戦争の特需に加えて渇水により水力発電量が減少したことで電力用の石炭需要が増したため、一九五一年度の石炭総生産は戦後最高の水準に達したが、一九五二年度に入り、特需の終了に加えて、水力発電量の復活、輸入石炭の増加、炭鉱の労働争議による生産量の減少などの理由で、情勢が一変、一九五三年度には、重油の輸入増加などで国内石炭の需要減少が進み、秋口から「生産抑制措置」が現実化し、その手段も非能率炭坑の閉鎖から人員整理という広汎な範囲に及んだ」と述べている。宮崎は、こうした状況分析を基に「今日の石炭不況はかなり深刻なものであつて、その解決策等も亦一時的なものでは不可能であろう」と判断し、大手炭鉱と中小炭鉱の対立、大手炭鉱間の競争が激化し、さらに「企業の合理化によつて労働面に対する圧力」も「一段と激化してくることは必至」と、展望した。そして、予測される中小炭鉱の労働者の解雇にも目を向け、「救済対策、雇用対策のない限りこれを従来のように〝好ましき脱落〟ということで片付けてよいものか疑問である」「石炭業を〝衰退産業〟と諦めるのは、経済の自立をも諦める敗北主義である」と、石炭産業の防衛策と労働者の救済策の必要を力説したのである。(39)宮崎は、後に経済企画事務次官となり、さらに村山富市内閣の経済企画庁長官に就任しているが、若き日の宮崎のこうした認識は、以後の国策に反映されたのであろうか。以下、朝鮮戦争下の「特需」景気から一気に炭鉱不況に向かう時期の炭鉱合理化政策について検証しよう。

基本的には、経営側も政府も、この時期、一貫して炭鉱合理化を推進する。戦時下の企画院第七部長から日本能率協会理事長に転じ、「合理化と云うのが、現在の我国産業の命題である」と語る森川覚三は、一九五〇年夏に北海道各地の炭鉱を訪れた際、「何処へ行つても合理化の香りも嗅げないこと」を不思議に思ったという。そして、その不思議の一つに「米国の五十倍の坑外夫を使つて居る。事務員も驚く程多い」事実をあげ、それを放置している炭鉱幹部の「温情主義」を批判し、さらなる合理化の徹底の必要を主張した。(40)これは、通産省の認識とも共通し、通産省事務官柴崎芳三は、「石炭鉱業の合理化が産業界の強い関心事」だと述べ、産業合理化審議会石炭部会の第二回答申案をもとに、一九四六年度に五五・五%だった坑内労働者の割合が一九五一年一〇月には六二・六%まで増加したことを合理化の成果と認め、さらなる「能率の飛躍的向上」を求めていた。[41] 同じく、通産省石炭局炭政課の山中恒は「わが国の国内に賦存する唯一の工業原料ともいうべき石炭の積極的開発と合理化を図らないで、ただ当面の製品コストの引下げにのみ重点をおいて安価な外国炭の輸入と重油転換を促進しようとすることは、ただでさえ脆弱なわが国経済の基盤を一層弱体化する懸念なしとしない」と述べ、そのうえで「国内石炭を最大限に活用しようとするためには石炭鉱業の合理化を果敢に行う以外にはない」と力説した。そして、そのためには、斜坑の竪坑への切り換えなどの技術面の改良や機械化などとともに直接、採鉱に携わらない「間接人員」を合理化することを求めていた。[42]

また、三菱経済研究所は、一九五二年に入り「石炭鉱業は需給の緩和から一部下級炭の過剰傾向が示され」たため、一九五一年のような「好況の可能性は乏しいなど新しい時期に入った」と判断し、「企業合理化の必要は依然として大きい」と主張した。[43]『東洋経済新報』も、産業合理化審議会炭鉱合理化部会の「石炭鉱業の合理化に関する答申書」をもとに、配炭公団廃止後、労働者は減少しているが出炭量は増加している事実をあげ、「機械化による労働力節約が無視できない」と述べている。[44]

経営側においても、常磐炭田の大日本炭礦の社長岩川与助は、六〇％を占める炭鉱の人件費を機械化により四八％まで下げることが「石炭業界当面の目標」と明言した。[45]

こうした合理化推進論が高まるなか、特需景気も終焉した一九五三年に入ると、「首切り合理化の嵐がいっせいに各山を吹きまく」る。合理化は中小炭鉱のみならず大手にも影響し、常磐炭礦では三五〇〇人の自然消耗による減員が企業側の目標とされた。石炭鉱業聯盟にも各炭鉱からの閉山四八炭鉱、労働者解雇二五炭鉱という情報が伝えられているが、同聯盟では「従業員百名以下小炭鉱の状況が分らないため、実際はもっと深刻なものだろう」と憂慮していた。[46]

山一証券では、石炭から重油への転換は今後も一層進むとみなし、「休廃止する炭礦も続出する」が、「三井、三菱、北炭、住友等大手筋石炭会社」は合理化がかなり進められており、好況期の蓄積も大きいので「二割程度の配当」は可能だろうと予測している。結局、「窮地に立たされるのは中小炭礦」ということになる。[47]日本石炭協会調査部財務課長岩田正三は、「石炭鉱業の合理化とは、簡単にいえば、拡散せる採掘箇所を集約して一採掘箇所の出炭量を増加することに尽きる」と述べ、その手段として「竪坑開鑿を中心とする抜本的合理化」の必要を力説する。そして、それには多額な資金を要するので、その資金を確保するために「輸入炭、重油転換の圧迫」の軽減や低利・長期の設備資金の確保を求めた。岩田は人員整理については一言も触れていないが、[48]現実には、合理化策として人員整理が進められていく。一九五二年一〇月に通産省石炭局調整課長に就任した町田幹夫は、合理化とは「結局、人員をできるだけ減らすということ」だったと回想している。[49]

人員整理については、大手炭鉱の労働者といえども楽観はできなかった。まず希望退職者を募り、その数が予定人員に達さなければ、退職勧告をおこない、それに応じなければ解雇が実施された。三井鉱山では、一九五三年八月七日、社長より「企業合理化要綱」が労組側に示されるが、それによれば全労働者の一三％弱にあたる六七〇〇人の人員整理が予定されていた。この件について、労組との団体交渉も開かないまま、会社側は整理人員を減少させ、特別退職加給金を増額したうえで要綱を一方的に実施することを労組側に通告した。これに対し、鉱員組合、職員組合ともに反発し、八月末から激しい争議となっていく。ここで、注目するべきは、要綱のなかで、会社側が示した退職勧告基準である。

三井鉱山が示した基準はきわめて多岐にわたる。まず、五三歳以上の者、五〇歳以上で正常な勤務を期待できない者、勤続年数坑内三年未満の者など、年齢が高いか勤続年数が少ない者が対象とされた。次に「心身の故障、知能の低劣、その他により正常な勤務を期待できない者」があげられ、具体的には「色神、極度の近遠、乱視、難聴、義手義足等」「癲癇」「アルコール中毒、ヒロポン等の麻薬常習患者」「精神分裂症」「神経痛等の持病を有する者」「私傷病療養満期者」「労災法による身体障害等級六級以上に該当する者」「事故常習者」などが例示されている。このうち「私傷病療養満期者」とは、結核のため継続して一年半以上欠勤の者や、結核以外の病気で継続して一年以上欠勤の者を指す。さらに、「低能率者」「出勤不良者」「業務に対する協力性乏しき者」や喧嘩やアルコール依存症の常習者など「素質乃至素行不良の者」「家庭的に責任度の軽い者」「人員過剰職種に該当する者」も退職勧告の対象とされた。こうした多様な条件を駆使すれば、会社側は恣意的に労働者を解雇することが可能であろう。そして、退職後は一カ月以内に社宅、寮の明け渡しが義務付けられていたので、労働者は職と住を同時に失うことになる。大手の三井鉱山においても、過酷な合理化が企図されていたのである。(50)

こうした状況のなか、炭労は一九五三年四月六日~八日、第一回企業整備反対闘争委員会を開き、「首切り及び首切りに連なる大巾な配置転換、作標引上等についての反対並びに労働条件の切下げ反対」についての闘争をおこない、とくに中央においては「首切り反対を主標」とすることを決定した。そして、六月一五日~一七日には第二回委員会を開き、そこで「中小炭鉱の在り方」という文書に基づき闘争することを決定した。この文書では、朝鮮戦争の特需景気に乗って「泡沫の如く出来た弱小炭鉱並びに洗炭業」については特需景気とともに「消え去る運命」にあり、「このような小炭鉱は経営規模の貧しさと、売行不振と夏場の資金繰りが窮迫し、文字通り最悪の危機にあるが、これを打破する即効薬として当面の対策を見出すことは困難」と述べ、対策の樹立や闘争の対象から除外した。一方、特需景気に乗って「平常就業人員を遥かにオーバーする人員で採用して強行出炭」をおこなったため、乱掘による「採炭切羽の行詰り」と現在の石炭過剰により企業運営が困難となっている中小炭鉱については、大手炭鉱の浮遊鉱区の開放や切羽の整備などをおこない、経営側が労組と協力することで危機を脱することができるとみなしている。さらに、大手に匹敵する規模の中小炭鉱については、大手に対するのと同一の闘争を進めることにしている。炭労は五月一三日には石炭産業平和再建会議を開き、「合理化と失業問題」「合理化と中小炭鉱対策」について分析をおこなうことを決定しているが、弱小の炭鉱に対しては、事実上、切り捨てていたのである。[51] 弱小炭鉱は炭労からも見捨てられた。

一九五四年に入り、労働省でも、石炭産業と造船工業の労働事情を現地において把握するため、北海道、兵庫、福岡、佐賀、長崎の各道県に調査団を派遣するなど、炭鉱の失業問題への対策を重要課題としていく。[52] そして、七月、第五次吉田茂内閣のもとで開かれた第一九回国会の衆議院労働委員会では、「失業対策、労使関係及び労働基準に関する件」が重要な議題となり、「人権争議」と言われた近江絹糸争議とともに佐賀県の唐津炭田にある高倉鉱業が経営する岩屋炭鉱の争議が採り上げられ、参考人が招致された。岩屋炭鉱は、前年六月の水害ですべての坑道が水没するという被害を受け、七月には従業員一二七〇人中、約九九〇人を解雇したため、争議となり一九五四年一月に地方労働委員会の調停で収まり採炭が再開されたものの、二月からは賃金支払いが滞り、八月一九日に廃山となってしまう。[53] この間、労組は衆参両院でこの問題を採り上げるように働きかけ、福岡県庁、佐賀県庁の前で座り込みもおこなった。[54] こうした行動により、第一九回国会での参考人招致となったのであるが、まさに、廃山の直前に国会でようやくその窮状が訴えられたことになる。

七月二九日の委員会には岩屋炭鉱の労働組合書記長古賀茂、同組合員で炭鉱婦人会の副会長である秋好トムノ、同組合員の今村国年が参考人として発言した。秋好は、一カ月の賃金が一〇〇〇円とか一五〇〇円である現状で「これ以上しんぼうしていたら、あつちこつちにいろいろ暴動が起るんじやないか」と、古賀は「このままほつておけば餓死するという寸前まで行き、かぼちやのくきなどを混食いたしまして一応生活はやつております」と、それぞれ生活の窮状を訴え、今村は「経営者が企業努力をいかにいたしたといたしましても、現状の状態ではどうにもならない」ので、「重油の輸入を大幅に削減してもらう以外に、炭鉱は立ち直る方法はない」と、炭鉱救済の国策の実行を強く求めた。

こうした発言を受けて稲葉修（改進党）は、労働省の見解を求めるが、労働省の姿勢は前述した一九四九年当時のそれより後退し、労政局長中西実の答弁は具体性を欠き、職業安定局長江下孝に至っては、失業者の発生は今の経済政策のもとでは避けられないと答弁した。これに対し、並木芳雄（改進党）は「炭鉱がどうにも救済ができなくてつぶれてしまってもしかたがない」と政府は覚悟を決めているのかと追及したが、通商産業省石炭局長斎藤正年の答弁は「中小炭鉱のうちで、合理的な経営をやって何とか経営し得る炭鉱」に対しては再建できるように努力はするが、全国に八〇〇ほどもあるすべての炭鉱の状況を把握することは困難であると、救済を求める岩屋炭鉱を突き放すものであった。[55] 結局、この日の政府の答弁は、岩屋炭鉱の労働者の訴えにはまったく答えないものとなっていた。

さらに、七月三一日、同委員会に高倉商事株式会社取締役の中山亀彦が出席し、高倉鉱業の会社側の立場の参考人として会社の窮状を説明するが、そこでも「九州の中小鉱は、何とか議会の方にお願いいたしまして、根本的に救済する方法を講じていただきたい」と、国策による救済を強く求めた。こうした発言を受けて、与党自由党の持永義夫でさえ、「人道上から見て看過できないような状態の炭鉱につきましては、ひとつ特別な考慮を払って、十分対策を講じていただきたい」「労働省が主になられて、石炭局と連絡をとられ、何かそういうような特別な委員会といいますか、相談でもよろしゅうございますから、そういうことを進んでやっていただくように、特に私からもお願い申し上げておく」と政府の対策を求めるに至った。[56]

一方、参議院労働委員会でも閉会中の九月一一日、「中小炭鉱の労働問題に関する件」について参考人を招致して意見を聴いている。まず、経営側から日本石炭鉱業連合会の国崎真推は「只今中小炭鉱はその約半数が崩壊の寸前にあると、いうよりも崩壊の途上にある」と衝撃的な発言をおこない、その主たる原因が「重油及び外国炭というういわゆる外国商品の侵略」であることを指摘、政府に企業による保有貯炭への融資、中小炭鉱への特別融資を求めた。しかし、国崎は「八百四十八もある炭鉱が、その炭鉱が現在のまま皆切抜け得るということは勿論考えておりません。当然その中には止むを得ず遺憾ながら消えていかねばならない宿命の炭鉱もあると思いますが、現在の段階では国の経済から見ましても、生かしておかねばならんという炭鉱までが崩壊し或いは崩壊に瀕しておる」とも述べているように、救済を求めたのは、炭鉱経営者の視点から残すべき価値があると認められる炭鉱に対してのみであった。(57) この国崎の主張は、まさに経営者団体の視点に立つものであり、翌年に成立する石炭鉱業合理化臨時措置法の趣旨そのものであった。

次に発言したのは福岡採炭大川鉱業所の労働者古川覚一である。古川は、「一月二月の遅配、欠配は無論のことでありますが、甚だしいのになると、約一年近くも一銭の給料ももらつておらないというのがこの中小炭鉱の現状であります」「家庭において十円の、僅かに十円の金もないという状態であります」「娘を売り、或いは家内を売つたという実情は決して少なくないのであります」と中小炭鉱の惨状を訴えた。古川は、家に一〇円の現金もなく、妻子を売るまでに追い込まれている中小炭鉱労働者の生活への早急な救済策を求めているのだが、石炭局長斎藤正年の答弁は、「石炭問題を根本的に解決する方策」が必要で、それには「関係省の間に一通り大体の趣旨について了解がついてからでなければ、ちょつとむずかしい」という悠長なもので、労働省労政局労働組合課長山崎五郎の答弁も賃金の遅配について「関係局と打合せの上で、適当な機会にその資料を出したい」と、これまた緊急性への認識を欠いたものであった。このように、政府の対応は中小炭鉱の惨状に対しては冷淡で、まさに石炭鉱業合理化臨時措置法への道を予測させるのに十分なものであった。(58)

さらに、この日の午後、同委員会では「地方労働官公署、労働金庫及び石炭、造船繊維その他中小企業の実情、金属工業、窯業及び鋳物業等におけるけい肺発生の状況並びに造船その他の産業における労務供給の実情」の調査のため、七月下旬〜八月中旬に中京、九州、北陸地方に派遣していた議員よりの報告がおこなわれた。

このなかで、炭労出身の阿具根登（左派社会党）が岩屋炭鉱の状況を事例に、中小炭鉱の現状は「単なる労働問題の域を脱し、今や、深刻な社会問題と化しつつあ」り、「今や瞬時も放任し得ない状態」であると報告した。阿具根は、調査した岩屋炭鉱など佐賀・長崎両県の三鉱について「従業員特に鉱員の生活は悲惨を極め、僅少な現金と金券による最低生活は乳児のミルク購入にも事欠く始末でありまして、学童の欠食、教科書、学用品の未購入、ひいては欠席児童の発生等の事例を惹起せしめ、これを補うべく、多くの者は高利貸からの借金に苦しめられ、内職により幾らかの生活の資を得んとするもの、更には、企業再建の見通しなしと判断して離職するものも少くない状況であります」と具体的にその惨状をあげ、「一企業体、一府県の解決しうる問題ではなく、国の基幹産業として、これが救済のため、政府は、積極的な打開策を可及的速かに講ずべき」だと、炭鉱に関する報告を結び、国策としての救済の必要を強く求めた[59]。

しかし、このような国会での訴えにもかかわらず、吉田内閣は早急な救済策を講じることはなかった。ただ、国会で問題化したこともあり、中小炭鉱の惨状には社会の関心が集まった。北海道、常磐、北九州の炭鉱を訪れた天達忠雄（明治学院大学）、坂寄俊雄（大阪社会事業短期大学）、宇治田富造（立教大学）は、筑豊では「人身売買も、福岡県婦人少年室の調査では、その疑いのある事件が、炭鉱と中小企業中心に約八百件浮んできている」と報告し[60]、また、岩屋炭鉱を訪れた『朝日新聞』の永島寛一も「判明しているだけで、すでに四人の女性がいわゆる身売りしている。三人が娘、一人は人妻で、唐津や北九州の特飲店で働いているという。このままでゆけば、一家が生きのびるために、身売りも殖えよう」と述べている[61]。

第四節 炭鉱不況下の筑豊

筑豊での炭鉱労働の実態を膨大な画文に記録した山本作兵衛は、一九五四年の日記の冒頭、「新年の所感」に「物価は刻々と高騰しておる。芽出度い新年に当り先は余りにも明るくない前途に障碍物やイバラが幾重にも横たわっておる。特に中小ヤマは倒産壱歩前になっておる」と、不安な心境を綴っている。(62) この年、筑豊もまた、炭鉱不況の渦中にあった。

応用化学者として「石炭と原子エネルギー」(『技術文化』一巻一号、一九四八年三月)という論文を執筆している東京工業大学助教授崎川範行は、一九五四年七月、不況下の筑豊の炭鉱を訪ね歩いている。まず、二瀬町では三〇余りある炭鉱の過半数が閉山している事実に直面し、飯塚市では「大手筋の山が五社あるが、その中にさえ困り抜いている所があり、中小炭坑ではその八割が休廃業している。失業のほか遅配、不払いの山が多く、これらの山の労働者の生活は極度に惨めであり、学校では長期欠席児童や欠食の児童が著しく殖えている」ことを知る。飯塚の公共職業安定所では、調査課長から「昨年一月からこの六月までに企業整備で人員整理を行つた炭坑の件数は、確認されたものだけでも九〇を超え、人員では七千名に近い」との説明を受け、引き揚げ者で炭鉱労働者になったが、給料不払いのため退職し、退職金も不払いだという四四歳の失業者から「去年の十月から遅払いが始まり、間もなく支払は金券になつた。組合では毎週土曜に現金千円の支給を交渉したが、結局は月に現金千五百円しか入らなかつた。四人の子供が学校に通つているが、その教育どころか食事にも困る。とうとう見切りをつけて失業保険を貰うことにした」という窮状を聴き取っている。その失業保険証を抵当に借金をする者も多く、「落ち行く先は娘の身売りか新聞の社会面という所になるのではあるまいか」と崎川は憂慮するが、調査課長も人身売買の事実を認めていた。

崎川は七月に生き埋め事故を起こした田川の籾井炭鉱も訪れる。ここは四月に一度休山して労働者全員を解雇した後、経営者が替わって六月に再開していたが、労働者は半数に減り、賃金も二五％下がっていた。労働者全員が質屋通いし、子どもを学校に行かせず奉公させた者もいる。また、崎川は大手の三菱飯塚炭鉱を訪れているが、そこでも労働者を「企業整備ですでに半数を整理した」状況で「内情は火の車」であることを知る。崎川はこのような現実を前に「筑豊の炭坑都市は失業都市でもある」という感想を漏らしている。[63]

崎川の調査にしても、前述した天達らの調査、永島の調査にしても、中小炭鉱における女性や子どもの身売りが問題にされている。中小炭鉱の不況は、女性や子どもに大きな犠牲を払う結果となった。以下、筑豊炭田における女性や子どもの人身売買について検討しよう。

第一九回国会閉会中の一九五四年一一月九日、参議院文部委員会では、「北九州における学童問題に関する件」について審議を継続し、北九州の炭鉱地帯で発生している長欠児童・生徒や給食費滞納の問題について福岡・佐賀・長崎三県の担当者を参考人として招き意見を聴取した。このとき、矢島三義（左派社会党）が、三者の発言のなかに、炭鉱地帯における人身売買についての説明がなかったことを指摘し、説明を求めた。しかし、福岡県教育長中尾荘兵衛は「私はこの具体的な実例につきましては余り詳細には承知しません」と回答、長崎県教育委員会事務局体育保健課長吉岡隆徳も「今日そういう実情はございません」と明言した。佐賀県教育長坂井隆治だけは「小城地区、それと厳木地区に人妻の身売りが若干あったことを聞いております。厳木地区では多分四名とか聞いております。小城地区にも一、二のケースがあつたと聞いております」と、人身売買の事実を認める発言をおこなっているが、これにしても、「多分」とか「聞いております」という文言からも明らかなように、調査をした結果ではなく、伝聞による不確かな情報であり、こうした北九州三県の教育行政の責任者の発言は、炭鉱地帯における人身売買の現実への関心の低さを表していた。[64]

しかし、現実は深刻であった。すでに、一九五三年八月に石炭の廃石（ボタ）を水洗して石炭を採取していた福岡県遠賀郡香月町の業者が「炭界の不況で事業はうまく行か」なくなり、二〇歳と一五歳の娘を田川市内の「特殊飲食店」に売ったとして摘発されており（『時事新聞』一九五三年八月八日）、「家計を助けるために、子守や女中やでっち奉公に出なければならないために、長期欠席する子供」が増加していた。[65]

福岡県教育庁嘉穂出張所のまとめでは、一九五四年二月の嘉穂郡下の小中学校の長期欠席者は小学校で五六〇人、中学校で七二七人を数え、それは一月末の数字（小学校四四六人、中学校五六五人）に比し「驚くべき急増加」となり、長期欠席者の九〇％を炭鉱地帯の学校が占めていた（『毎日新聞』筑豊版、一九五四年二月一六日）。「中小炭鉱がゴマ塩のように散在する直方市下境、中泉地区」でも中学生の長期欠席が増加しているため、一九五四年一〇月、福岡法務局直方支局が実態調査をおこなうが、直方第一中学校では全校生徒八五六人中、半月以上の長期欠席者は五・一四％に当たる四四人で、保護者の職業では炭鉱労働者が三一人で最多であった（『夕刊フクニチ』炭鉱版、一九五四年一〇月二四日）。

こうした長期欠席者の激増は人身売買の激化を反映する。田川市教育委員会では、炭鉱労働者の女性や子どもを抱える田川中学校で「一、二カ月の期限付きで農家に手伝いにやられる者がかなりあり、現に手伝いに行ったままもどって来ない子もいる」現実があることに対し、「人身売買の疑いもある」と注意していた（『朝日新聞』筑豊版、一九五四年二月六日）。また、田川児童相談所には、「生活難から母が身売りした上父には逃げ出された」子どもが一九五四年四月に一三人も収容されたが、そのほとんどが炭鉱労働者の子どもであった（『朝日新聞』筑豊版、一九五四年四月二五日）。

同じ四月には、一九日に嘉穂郡穂波村の三菱飯塚炭鉱の炭鉱住宅に住む一五歳の少女ら一五人が県内の「特殊飲食店」に売られた事件（『毎日新聞』筑豊版、一九五四年五月二〇日）、二九日には同村平垣炭鉱で一七歳の少女が岡山市の「特殊飲食店」に売られた事件（『朝日新聞』筑豊版、一九五四年四月三〇日）も発覚、六月三日には鞍手警察署が「鉱界不況につけ込んで筑豊炭田地帯の鉱員の子女を専門にねらう人身売買団の一味」三人を児童福祉法違反、職業安定法違反などの容疑で逮捕した（『筑豊タイムス』一九五四年六月四日）。飯塚署管内では、一九五四年一月～九月に、児童福祉法違反、職業安定法違反など人身売買事件で逮捕された者は四五人に達していた（『毎日新聞』筑豊版、一九五四年九月三〇日）。同年一〇月の嘉穂郡碓井町のある炭鉱住宅街では、五〇〇世帯のうちで「特飲店やそれにちかいアイマイ屋に身を沈めた女はここ一年ばかりの間に四、五十名に上っている」とも報じられている（『西日本新聞』筑豊版、一九五四年一〇月四日）。

福岡地方検察庁飯塚支部の調べでは、筑豊地区における児童福祉法、職業安定法、および借金の返済を迫って女性に売春させることを禁じたポツダム勅令九号等への違反事件は、一九五二年が五二件、一九五三年が四一件であったのに対し、一九五四年は一月～五月だけで三八件に達し、人身売買の被害者の約九割は中小炭鉱労働者の女性や子どもであった（『朝日新聞』筑豊版、一九五四年六月四日）。飯塚警察署では同年一〇月七日に筑豊地区の六警察署と合同で人身売買の一斉取り締まりをおこない、さらに二四人を摘発し、その被害者は三七人に及ぶが、同署防犯課の刑事は「被害の実数は約四、五十倍と見てよい」と語っていた（『毎日新聞』筑豊版、一九五四年一一月六日、『朝日新聞』筑豊版、一九五四年一〇月八日）。同じく、この取り締まりでは、直方市と鞍手郡で二三人が逮捕されている（『筑豊タイムス』一九五四年一〇月八日）。この一斉取り締まりの期間に田川児童相談所も不就学者の実態調査を実施しているが、それによれば、「田川地区の所在不明の不就学児童は九十一名（うち男はわずかに五名）に上っており、表面はほとんど大部分子守り、女中などとなっているが、その住込み先はまったく雲をつかむようなもので、明らかでなく、その奉公契約は年期前借の方法をとって実質的には身売り奉公になって」いた（『西日本新聞』筑豊版、一九五四年一〇月一〇日）。

この頃、不況にあえぐ筑豊地域の状況を取材した朝日新聞記者は「炭住や失業者の人身売買もふえてきた。本年に入って筑豊九署で約四十件、七十名近い婦女」が人身売買の犠牲になっていると報告している（『朝日新聞』筑豊版、一九五四年一〇月六日）。また、『筑豊タイムス』は一〇月一三日の紙面で、「黒い『キガ地帯』筑豊」と題し、飯塚市内のある炭鉱住宅街（五〇〇世帯）では、「一年間に五十名近くの娘さんや人妻が身売りしている」ことや、鞍手郡と直方市の炭鉱住宅街では「『きのうまでいた娘が今日はいなくなる』ことも珍しくなく人々ももう気にも止めなくなつている」ことを報じている。

一九五五年四月二九日には、福岡県田川郡糸田町の観世音炭鉱の労働者が妻の売られた先である田川市の「特殊飲食店」に現れ、妻とダイナマイトで心中するという事件も起きている。筑豊の中小炭鉱地帯では、まず家財道具を売り、次に娘を売り、「あらゆるものを売りつくし最後に人妻までが身を売る」という現状にあり、「人身売買は公然の秘密」となっていた（『毎日新聞』一九五五年六月一三日）。まさに、「人買いの街となった筑豊」とまで酷評された現実がそこにあった（『西日本新聞』筑豊版、一九五五年八月二七日）。

五月一七日に直方署に逮捕された周旋人は「困っている炭鉱地帯の女子に話をもちかけては特飲店に世話し、一人につき三千円から五千円の周旋料を受取り本年に入って三十名の女子を売込んでいた疑い」があった（『朝日新聞』筑豊版、一九五五年五月一九日）。直方市では、一九五五年に入ってからも人身売買事犯として逮捕された者は一月が二八人、二月が一一人、三月が一人、四月が二人、五月が一〇人、六月が九人、七月が二人、八月が一人と漸減していたが、九月には一八人に増加していた（『筑豊タイムス』一九五五年一〇月一日）。

山田市でも、五月に入り、前年末から炭鉱失業者や中小炭坑労働者の家庭の一五歳の少女ら一〇人が売春目的で料理屋に売られるという事件が摘発されるが、逮捕された四人は、炭鉱労働者の夫婦二組であった（『西日本新聞』筑豊版、一九五五年五月一四日）。不況の炭鉱からは人身売買の被害者のみならず加害者も生まれていた。

筑豊地区の九警察署から人身売買に関して家庭裁判所飯塚支部少年調査室に持ち込まれる検挙届は一九五五年の一月〜五月で六二件に及び、これは前年同期より一二％も多く、この事実を重く見た各警察署では、閉休山した炭鉱の炭鉱住宅街を中心に少女の人身売買防止の摘発を強化し、とくに戸口調査をおこない、少女の移動に注意するよう、各駐在所・派出所に指令した（『朝日新聞』筑豊版、一九五五年五月二〇日）。こうした方針のもと、五月一七〜二七日の期間だけで、筑豊地区では二八人が検挙されるが、「被害者も農村出身者は皆無でいずれも炭住街出身者ばかり」で、六名の被害者を救出した飯塚署防犯課では「被害の実数は恐らく二、三十倍に上ろう」と憂慮していた（『朝日新聞』筑豊版、一九五五年五月二八日）。

飯塚市では、五月三一日、中学の長欠生徒一六人を含む四十数人の「ヤマの少女」たちを広島市内のパチンコ店に売った女祈禱師が逮捕されている。事件の舞台となった嘉穂郡の炭鉱は「〝ドン底〟の苦境状態をくり返して」おり、「〝溺れるものは藁をもつかむ〟状態」だったという（『筑豊タイムス』一九五五年六月二日）。

九月三日、嘉穂郡・飯塚市・山田市の人権擁護委員会が開いた「炭界不況下の人権をきく座談会」の場で、山田市の教育委員は「長期欠席の児童が子守奉公やボタ拾いをやらされたり、中学校を卒業したばかりで、特飲店に売り飛ばされている。一番犯されやすいのは子供の人権ではなかろうか」と嘆いていた（『西日本新聞』筑豊版、一九五五年九月四日）。

また、九月九日、飯塚公共職業安定所が開いた年少者不当雇用防止懇談会でも、「中学卒業を前に周旋人の手で苦界に身を売られている例も多く、失業者の家庭はその日の米さえない状態で、娘を遊ばせておくわけにはいかないというのが原因のようだ」（飯塚公共職業安定所）、「生徒が転校証明をもらいにきたのでどこへ転校するのかと聞いたところ知らないという。そこで調査したら学籍を抜くための手段であった。こうした例はひんぴんと起っており、転校書類の発行を十分検討することによってあるていど人身売買を防止できる」(教育関係者)、「転落の大きな原因は不況だ。さらにそれにつけ込む高利貸、頼母子講のバッコだ。高利に食われて困窮者たちはどうにも動きがとれなくなり、それに周旋業者がつけ入り、女中に世話するなどとあざむいて娘を売らせているのだ。なかには十三歳の少女に客をとらせていた場合さえある」(警察署)など、人身売買の惨状が報告された(『西日本新聞』筑豊版、一九五五年九月一〇日)。

福岡県でも、九月一日から人身売買取締強調月間として県下一斉に摘発をおこない、このときも飯塚署のみでも、一五日までに一五件を摘発、八人を検挙し、未成年者三人を含む一一人の被害者を救出した(『朝日新聞』筑豊版、一九五五年九月一七日)。九月二七日の段階では被検挙者は二九人に達していた(『西日本新聞』筑豊版、一九五五年九月二八日)。さらに、一二月一五日には、福岡法務局が、筑豊地区と八幡市にまたがる人身売買事件に関し、売った側と買った「特殊飲食店」側の七人を福岡地方検察庁に告発している。この件について、同局人権擁護部の宮城俊治は「今までは申告者の救済を主眼にして被害者を救済できたら事件の調査を打切っていたが、今度からは事件の不法性を明確にして徹底的に追及する」との決意を語っている。炭鉱不況が深刻化するなか、筑豊地区での人身売買は止まるところを知らない勢いであった。

一方、一九五五年三月～四月、炭労九州地方本部と九州産業労働科学研究所が筑豊炭田の中小炭鉱五地区の失業者八一五世帯に対しておこなった調査の第一次中間報告書では、一九五三年以降に失業した世帯が六九二世帯と全体の八四・九%を占め、炭鉱不況とそれに対する炭鉱合理化政策が中小炭鉱に大量の失業者を生み出していた現実が実証されている。そして、失業した世帯主に代わって家族が就業している世帯は四三一世帯で、そのうち出稼ぎする者は一三九人に及び、「出稼は多くの場合、〝口減らし〟であり、その仕事は女中・農家住込・料飲店・中小炭鉱・徒弟・職人・店員など」であるが、この業種を見る限り、人身売買がおこなわれている可能性は高い。事実、四二歳の母親が「三〇〇〇円の借金のかたに客商売をしており、収入は楼主六〇％、本人四〇％だが、衣料代、食事代、部屋代など差引かれるため、現在は借金一三〇〇〇円にふくれ上つている」という事例も報告されている。二月中に一六日以上、長期欠席した子どもは小学生で一五・五％、中学生に至っては二五・六％にも及んでいた。(66)

さらに、この調査の最終報告書では、失業者世帯から働きに出ている既婚女性一〇七人のうち、「女中」が五人いるが、それはいずれも「特殊飲食店らしい」事実、「中小炭鉱失業者が密集する地帯では、主婦の密淫売が現われている」事実が明記されている。そして、失業世帯の子どもたちについては「とくに女の子の就業先として、女中、子守、特飲・料亭・飲食店などが大きな比重を占めている」が、これは「「人身売買」・「売春」の問題と関連して、社会的に大きな問題である」と指摘されている。報告書に引用されている筑豊生活と健康を守る会の『生活通信』第一号にも「福岡の柳町・大浜特飲街、直方・飯塚・田川など炭鉱都市の特飲街の女、芦屋・筑城・板付など基地の女は、その七〇％近くが炭鉱に関係ある貧困者の家から売られた女たちといわれ」と記されている。また、個別の事例においても、嘉穂郡のある炭鉱では、炭鉱住宅一棟の六世帯が「妻を身売りさせて借金の清算」をおこなったという証言が記されていた。(67) 筑豊炭田など北九州の炭鉱で起きているこのような現実は、他の炭田地帯でも同様であった。炭鉱、とくに中小炭鉱へは喫緊の救済策が必要であった。

おわりに

合理化政策が開始され、さらに石油や外国炭の輸入の増加の追い討ちを受け、一九五〇年半ば、石炭産業は存亡の危機に陥った。吉田内閣にとっても、炭鉱労働者の大量失業は回避できない問題となっていくが、あえて失業対策に手を着けることはしなかった。そして、一九五四年一二月に政権交代した民主党の鳩山一郎内閣は、通産相石橋湛山のもとで、失業対策よりも、石炭産業合理化臨時措置法による炭鉱のスクラップ・アンド・ビルド政策を優先させていく。一九五〇年代に通産省石炭局調整課長、同局炭政課長を歴任した町田幹夫は、炭鉱の失業者について「初めは労働省もあまり問題にしなかった」と回想しているが[68]、鳩山内閣は、予測されるスクラップされた中小炭鉱の失業者の救済に消極的であった。次章では、こうした鳩山内閣による石炭産業合理化臨時措置法制定過程と、そのもとでの失業問題を検討していく。

◉註

(1)「炭労大会の回顧」(『炭労』四二号、一九四九年六月二二日)。
(2)「声明」「公団をいまツブすな!」(『炭労』号外、一九四九年八月二日)。
(3)「政府の炭鉱破カイ策防げ」(『炭労』号外、一九四九年八月二〇日)。
(4)労働争議調査会編『戦後労働争議実態調査』一巻(中央公論社、一九五七年)、一七六〜一八三頁。
(5)石炭業界のあゆみ編纂委員会編『石炭業界のあゆみ――日本石炭協会の50年を中心にふりかえる』、石炭エネルギーセンター石炭技術会、二〇〇三年)、六〜一〇頁。
(6)「動静」(『石炭情報』四号、一九四九年七月一〇日)、巻頭。

(7)「動静」(『石炭情報』六号、一九四九年七月三〇日)、巻頭。
(8)「動静」(『石炭情報』一五号、一九四九年一〇月三〇日)、巻頭。
(9)「動静」(『石炭情報』一六号、一九四九年一一月一〇日)、巻頭。
(10)「動静」(『石炭情報』一七号、一九四九年一一月二〇日)、巻頭。
(11)「動静」(『石炭情報』一八号、一九四九年一一月三〇日)、巻頭。
(12)「動静」(『石炭情報』二三号、一九五〇年二月一〇日)、巻頭。
(13)日本石炭鉱業聯盟編『石炭労働年鑑』一九五〇年版、一〇~一一頁、一六頁。
(14)中島征帆「現実の困難を克服　合理的経営実現へ努力」(物価庁『物価時報』三巻五号、一九四九年五月)、四~五頁。
(15)石炭庁「石炭鉱業合理化に関する法律案」(内閣法制局「法令案審議録　商工省関係四」、本館―四A―〇二九―〇〇・平一四法制01133100―国立公文書館所蔵―)。
(16)北海道炭礦汽船株式会社編『石炭国家統制史』(日本経済研究所、一九五八年)、八一一~八一三頁。
(17)朝日新聞社経済部編『朝日経済年史』一九五〇年版(朝日新聞社)、一六一頁。
(18)『第五回国会衆議院商工委員会議録』三号、一一頁。
(19)『第五回国会衆議院経済安定委員会議録』六号、一四頁。
(20)『第五回国会衆議院経済安定委員会議録』七号、一〇~一一頁。
(21)『第五回国会衆議院商工・労働委員会連合審査会議録』一号、七頁。
(22)『第五回国会衆議院商工委員会議録』一一号、八~九頁。
(23)『第五回国会衆議院労働委員会議録』一七号、一三~一四頁。
(24)『第五回国会衆議院議院運営委員会議録』三三号、五頁。
(25)『第五回国会衆議院会議録』二八号、四八六~四八七頁。
(26)『第五回国会衆議院労働委員会議録』一九号、三頁。
(27)『第五回国会衆議院商工委員会議録』一五号、一六頁。
(28)『第五回国会参議院商工委員会会議録』一七号、三頁。

(29)『第五回国会参議院労働委員会会議録』一五号、一～二頁。
(30)『第五回国会参議院商工委員会会議録』一九号、四頁。
(31)『第五回国会参議院商工委員会会議録』一九号、一〇頁。
(32)『第五回国会衆議院商工委員会議録』二八号、一三頁。
(33)『第五回国会衆議院商工委員会議録』二九号、一四頁。
(34)『第五回国会衆議院商工委員会議録』二八号、一三頁。
(35)『第五回国会衆議院商工委員会議録』三〇号、四頁。
(36)『第五回国会衆議院商工委員会議録』三二号、六頁。
(37)資源庁編『石炭鉱業の問題――統制撤廃後六ヶ月の経過』(財団法人商工協会、一九五〇年)、八頁、三四～三五頁、四七頁。
(38)稲葉修三「転換期の石炭産業」(『石炭評論』一巻一号、一九五〇年六月)、八～九頁。
(39)宮崎勇「苦悩する基幹産業――石炭鉱業はどこへ行く」(『労働時報』七巻一〇号、一九五四年一〇月)、二〇～二一頁。
(40)森川覺三「炭鉱合理化の今日と明日」(『石炭評論』二巻一号、一九五一年一月)、一六頁、二八頁。
(41)柴崎芳三「合理化の進捗状況と問題点――石炭鉱業を中心に」(『職業研究』六巻四号、一九五二年四月)、一〇頁、一四頁。
(42)山中恒「石炭鉱業の合理化について」(『熱管理』五巻九号、一九五三年八月)、三二～三三頁。
(43)富田祥一「合理化過程における石炭産業――経営状況を中心として」(『経済情勢』二七六号、一九五二年九月)、五五頁。
(44)「石炭鉱業合理化の方向・上」(『東洋経済新報』二五二七号、一九五二年六月七日)、五九頁。
(45)岩川与助「不況下に於ける炭鉱合理化――政策において要望する点」(『経済時代』一八巻六号、一九五三年七月)、一一二頁。
(46)「炭鉱を襲う企業合理化の嵐・二」(『労働週報』六四三号、一九五三年六月六日)、八頁。
(47)「炭況の見通しと石炭鉱業の合理化」(『証券月報』五七号、一九五三年五月)、一九～二一頁。
(48)岩田正三「石炭鉱業の実態とその合理化対策」(『経団連月報』一巻一一号、一九五三年一一月)、四二～四三頁。

(49)御厨貴・佐脇紀与志編『石炭政策オーラル・ヒストリー』(政策研究大学院大学、二〇〇三年)、一二頁。
(50)「今次の炭鉱における企業合理化概況――三井・北炭・三菱の解雇基準と交渉過程」(『労政時報』一二五二号、一九五三年九月二五日)、二～六頁。
(51)「炭鉱を襲う企業合理化の嵐・二」(『労働週報』六四六号、一九五三年六月二七日)、二〇～二一頁。
(52)森内繁八「不況にあえぐ中小炭礦の実相」(『労働基準』六巻七号、一九五四年七月)、一一頁。
(53)永島寛一「ボタ山の労働者と主婦たち――北中州の炭鉱町をあるく」(『世界』一〇八号、一九五四年一二月)、一五五頁。
(54)天達忠雄・坂寄俊雄・宇治田富造「失業の実情と失業者の闘い――仕事と生活をかえせ」(『中央公論』六九巻一二号、一九五四年一二月)、一二七頁。
(55)『第十九回国会衆議院労働委員会議録』三二号、六～一二頁。
(56)『第十九回国会衆議院労働委員会会議録』三四号、三三頁、三六頁。
(57)『参議院労働委員会(第十九回国会継続)会議録』七号、一頁、三頁。
(58)同上書、三～四頁、八～九頁。
(59)同上書、九～一一頁。
(60)天達忠雄・坂寄俊雄・宇治田富造前掲文、一二五頁。
(61)永島寛一前掲文、一五六頁。
(62)福岡県立大学生涯福祉研究センター「山本作兵衛さんを読む会」編刊『山本作兵衛資料　日記・手帳』二巻(二〇〇三年)、一頁。
(63)崎川範行「どん底に喘ぐ炭坑夫――不況の筑豊炭田現地ルポ」(『文芸春秋』三二巻一四号、一九五四年九月)、九八～一〇〇頁、一〇三頁。
(64)『参議院文部委員会(第十九回国会継続)会議録』一二号、五～六頁。
(65)「失業地帯・筑豊炭田」(『福音と世界』一〇巻二号、一九五五年二月)、三三頁。
(66)日本炭鉱労働組合九州地方本部・九州産業労働科学研究所編『中小炭鉱失業者の生活実態調査(第一次中間報告)』(一九五五年五月)、一頁、三頁、九～一〇頁、二七頁、四九頁、五二頁。なお、九州産業労働科学研究所は、九州大学教

授森耕二郎を所長として発足し、労働組合単位の加盟を原則にして、九州における「労働組合の階級的な共同調査機関」として機能した（戸木田義久「『九州炭鉱労働調査集成』の刊行にあたって」、戸木田義久『九州炭鉱労働調査集成』、法律文化社、一九八九年、一頁）。

(67)日本炭鉱労働組合九州地方本部・九州産業労働科学研究所編『失業者――カンテラは消えず』（五月書房、一九五五年）、一〇七〜一〇八頁、一一〇〜一一一頁、二二〇頁。

(68)御厨貴・佐脇紀与志編前掲書、二五頁。

第四章
石炭鉱業合理化臨時措置法の成立

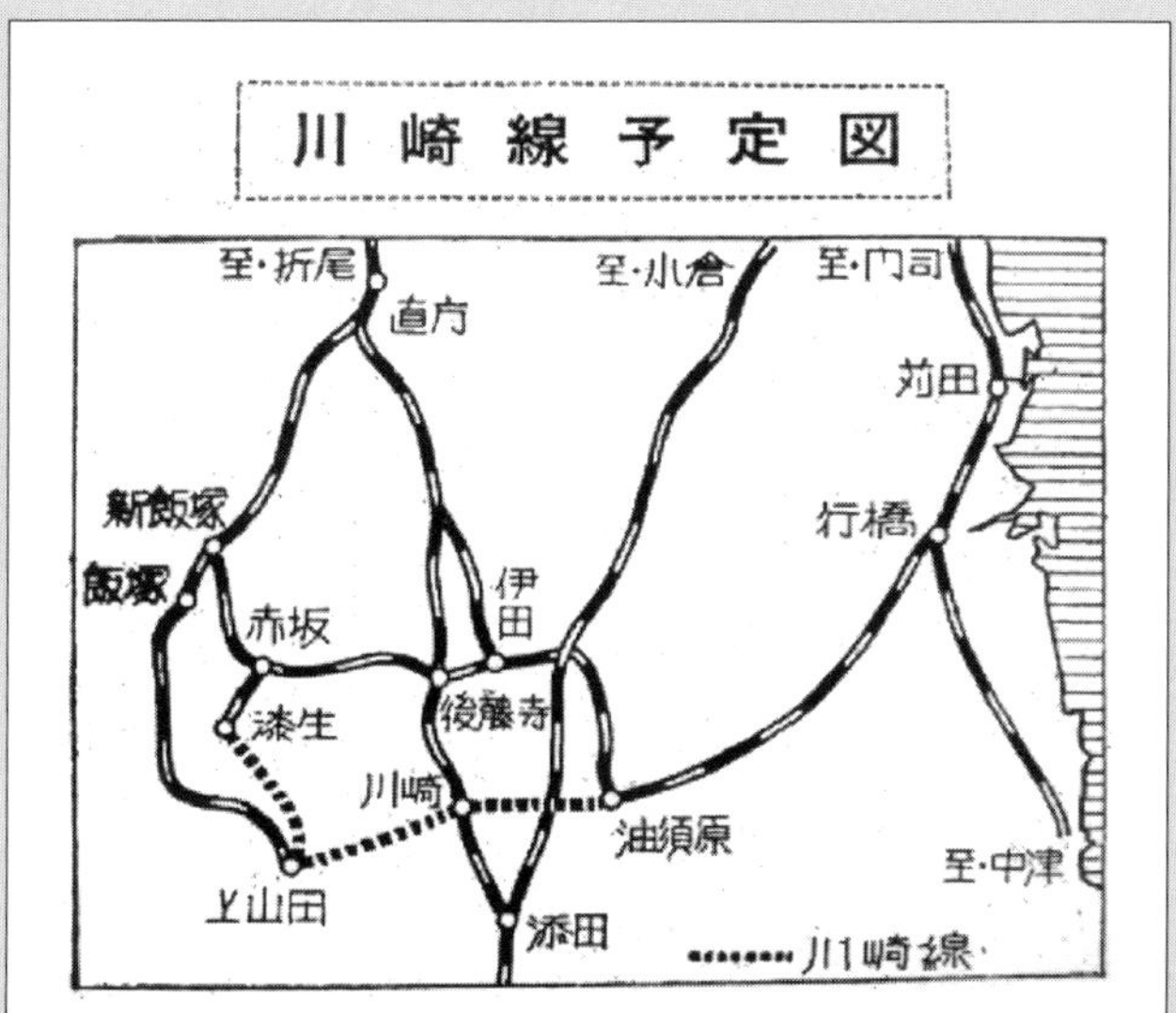

（『西日本新聞』筑豊版　1955年6月19日）

はじめに

一九五五年八月、エネルギー革命が進むなか、増加する石油の輸入に対して炭鉱を合理化し石炭価格を下げ、それにより石炭鉱業を維持するという理由で、石炭生産を大手炭鉱に集中させ、中小炭鉱を廃山させることを目的とした五年間の時限立法である石炭鉱業合理化臨時措置法が成立した。そして、まさに法の施行のときから、日本経済は神武景気と呼ばれた好景気に入り、高度経済成長の時代を迎えた。法律を立案した通商産業省は、この法律の成立と法施行以後の炭鉱の状況について次のように叙述している。

合理化法が制定された昭和三〇年下期以降、国内経済は著しい立ち直りを見せ、神武景気といわれた経済好況期を迎えた。景気回復に加え、昭和三一年に勃発したスエズ動乱により石油はもとより海外炭の価格も急騰したことから、国内炭に対する需要は昭和三〇年下期から同三二年にかけて急速に回復し、貯炭も大幅に減少、昭和三二年度末の貯炭量は遂に正常貯炭量を下回る二二〇万トンにまで減少した。この石炭ブームの到来を契機として石炭各社は需要家の要望に応え増産を図ったが、供給不足は解消せず、このため新炭鉱が開発され、昭和三〇~三一年に、合わせて三一五の炭鉱、九〇〇〇人の炭鉱労働者が増加した。(1)

この叙述を読む限り、石炭鉱業合理化臨時措置法と「石炭ブーム」に直接の関係は認められない。「石炭ブーム」を生み出したのは、日本全体の好景気の到来とスエズ動乱であり、この法律ではない。上記の叙述は、通産省もそれを認めていることを意味している。しかし、この法律のもとで、廃山に追いやられた中小炭鉱には膨大な失業者が取り残され、そのひとびとは、「石炭ブーム」などとは無縁な生活を強いられた。石炭鉱業合理化臨時措置法は、中小炭鉱を排除し、大手炭鉱にのみ利益をもたらしたのであるが、通産省は、この事実を無視している。

また、近年、慶應義塾大学を中心に戦後の炭鉱経営史の共同研究が進められているが、そこにおいても、「「エネルギー革命」の進展とともに石炭産業は深刻な業績低迷に陥ることになった。このような石炭産業の窮状に対処するため、政府は一九五五年に石炭鉱業合理化臨時措置法を制定し、石炭鉱業整備事業団による非能率炭鉱の買収が促進されるとともに、石炭企業各社は生産を高能率炭鉱に集中する、いわゆる「スクラップ・アンド・ビルド」による合理化政策を強力に推進することになった」と、事実を述べるだけで、その結果としてもたらされた失業問題については論究を控えている。(2) むしろ、こうした立法措置に「離職者対策が新たに盛り込まれ」た一方で、「労働組織の改革にかかわる対策の不備は解消されていなかった」ため、「石炭政策は労働者に対して労働のインセンティブとしてではなく、石炭産業からの退出へのインセンティブとして機能する可能性があった」とまで指摘されている。(3) このような評価は、あたかも失業対策があったがゆえに、多くの炭鉱労働者は自己の意思により炭鉱を離れたかのような印象を読者に与える。

はたして、炭鉱労働者は自己の意思により離職＝失業したのであろうか。また、炭鉱合理化政策のもとでの失業対策は労働者のインセンティブに影響を与えるほど十分なものであったのだろうか。むしろ、炭鉱合理化政策のもとでの失業対策がきわめて不十分であったがゆえに、労働者は意思に反して炭鉱を離れざるを得なかったのではないか。

本章は、この疑問を実証的に検証するものである。そこで、炭鉱合理化政策の法的根拠となった石炭鉱業合理化臨時措置法の成立過程を炭鉱労働者の生活の視点から論じていく。焦点を当てるのは、この法律の制定過程において、予想された失業者の増加に対して、どのような議論と対策がなされたかという点である。

第一節 石炭鉱業合理化臨時措置法案の上程

前章でも述べたように、戦争の特需で一時好況を呈した石炭産業も、一九五三年に入り、段階的な石油への転換、輸入石炭の増加により再び不況に陥った。一九五三年〜一九五四年に休廃止した炭鉱は全国で三〇〇を超え、その大部分は中小炭鉱に集中し、炭鉱失業者も約七万人に達していた。一九五五年はこうした状況下で迎えられようとしていた(4)。

一九五四年の年末、筑豊の田川市近郊にある採炭を停止した小さな炭鉱を訪れた自由美術会の富山妙子は、失業家庭の暮らしを次のように伝えた。

職のない男がぶらぶら四、五人いるのと、裸足の幼児が夏のきものを着て遊んでいるくらいで、大きい子どもはみあたらない。主婦たちは、失業保険を受けているため、働けない夫にかわって、日雇に出ているそうだし、大きい子はボタ山へ燃料にする炭をひろいに出かけている。炭坑住宅のはしに、屋根も破れ、戸障子もない家には、閉山になるちょっと前に移住してきて足を怪我した父親と、十四を頭に、六人の子供を抱えた一家が住んでいた。一家の支柱は、日雇に出る母親によって支えられている。小さな乳飲児を残されたので、十四歳の男の子が赤ん坊の守をしていた(5)。

また、同時期に、新劇の演出家である村山知義も、『中央公論』の編集者とともに福岡県下の炭鉱を視察している。最初に訪れたのは大牟田市の三井三池炭鉱であった。大手中の大手と言えるこの炭鉱では、村山らは労働組合の幹部と会社側の担当者が食堂で歓談する光景も目にしている。労組の強い三池炭鉱では、労働者の解雇ではなく、新規採用をやめて自然減による人員削減をおこなっており、また、演劇運動など文化活動も盛んであった。三池にはまだ、炭鉱合理化による失業という危機感はなかった。

しかし、その翌日、村山らは筑豊の貝島炭鉱を訪れてきびしい現実に直面する。貝島炭鉱は大手とはいえ、地元資本の炭鉱であり、三池とは事情が大きく異なっていた。そこで、村山は、労組出身の県会議員（日本社会党左派）から「北九州の炭鉱地帯の不況はひどい。県では筑豊の炭鉱の失業者三万人、（平常は五千人足らず）工場地帯の失業者一万五千人と発表しているが、職業安定所の見込みでは、この倍だろうといっている」という事実を聞かされ、「この抜け道のない飢餓と疾病と不幸の中に、大衆を落しこみ、しかもそれを仕様のないものとして眺めている経済、政治の仕組みに、いよいよ深い憎しみを感じ、専門外ではあるが、この事実の現象と、その原因とを、この目で見、この頭で考えなくてはならぬ」と強く感じている。大手の貝島炭鉱でも、期末手当は遅配となっていた。[6]

そして、その後、筑豊の中小炭鉱、零細炭鉱を訪れた村山は、より深刻な炭鉱不況の現実と直面する。従業員一七四人の鎮西炭鉱では、自然発火による坑道の崩落を理由に、会社側は採炭が不可能だとして、全員の解雇を労組側に通告、翌年三月には閉山すると言明したので、労組は退職金の交渉に入っていた。また、二瀬町の「極小炭鉱の密集地帯」では、給料遅配が続く炭鉱住宅で「八日間、米粒は一粒も食えず、七人でうどん一把に野菜と塩を一つまみ入れて食べている」家族に出会う。この日は大みそかであった。村山は「見廻せば、一面の黄土色と鉛色である。どこに明日は元旦だという気配があるだろう?」と立ち尽くす。年が明け一九五五年の元日も、村山は零細な炭鉱を巡り続けるが、そこには「元日だというのに、どこへ行くでもなく、何の遊び道具もない子供たち」がいた。[7]

同じ頃、山口県の宇部炭田を訪れた地元の歌人原通久も、一九五三年当初三二カ所もあった炭鉱が一九五四年一一月末段階で一四カ所に減少し、失業者が二九〇〇人に及んでいると報告している。宇部市内の小学校でも、一九五四年の給食費の支払いが困難な者が、前年の五五〇人から八九六人へと三四六人も増加していた。生活保護受給者も九一三人から一〇七四人に増加しており、こうした困窮者の分布は炭鉱の分布に照合していた。給食費が払えない子どもの「大半が炭鉱住宅の居住者です」と語る小学校の教師は、「なにが欲しい、と聞くと白い御飯といいます。家庭訪問に行くと汁だけのような雑炊を喰べていますが、それでも給食を受けている子のなかにはお前は遠慮しておけといわれて朝食か夕食を喰べさせられないのもいるのです。給食のときなんか、うちで喰べるとかきらいだとかいつて、他の子が喰べているとき、運動場の隅や校舎の蔭で遊んだりしょんぼりしている子を見るとたまりません」と原に惨状を告げた。さらに原は労組員九三〇人を抱える中規模炭鉱の大浜炭鉱を訪れるが、未払い賃金が労働者の生活を苦しめ、「窮乏が深刻化するとともに離婚問題が増加してきた。妻であり母である女性の身売りが一件出た」という現実を知る(8)。

さらに、炭鉱の生活困窮者に衣類などの援助物資を送っていた日本国際基督教奉仕団（一九五八年八月二一日、日本キリスト教奉仕団に改組）の副総主事武間謙太郎は、一一月に福島県内郷市の入丸炭鉱を視察し、「石炭捨場で石炭を拾う婦女子の姿。一ヵ月二十円の教材費が出せずセメント袋をさいてノート代用にしている学童達。お弁当は辛うじて持つて来ても、朝食を抜いていたり、夕食も充分なものも喰べていないらしく、顔色の悪い児童達。わずか東京から三時間半汽車に乗つたところに、こんなみじめな人々があるのか」と驚きを顕わにしていた(9)。

大手一八社で構成する日本石炭協会も、一九五四年の石炭業界の現状を総括するなかで、「石炭鉱業の再建」のための「不動の国策」を強く求め、重油消費の規制や輸入石炭の節減とともに合理化により生じる「余剰労務問題の解決ができなければ、生産費の引上げは期待でき」ず、「余剰労務者の吸収その他については特別に政府の施策を必要とする」と述べていた[10]。合理化により生じる失業者への対策を確立しないと、労組との間で争議が激化し、合理化そのものが実行できなくなるという危惧を経営側は認識していた。まさに、政府がなすべき喫緊の施策は、炭鉱失業者の救済であった。

こうした状況に対し、大蔵省北九州財務局は、福岡県職業安定課、九州地方建設局、福岡通産局等の協力を受け、一九五四年度の北九州の炭鉱地帯の失業問題調査を実施している。それによれば、筑豊、三池の両炭田の失業状態は「昭和二四年のドッヂ・ライン末期の不況を凌ぐ情勢」と評されていた。同局が、このような評価を下したのは、中小炭鉱を中心に実施された人員整理により「失業前の状態が、長期の賃金遅欠配のため、極めて困窮の状態にあり、しかも解雇に当り、殆んど退職手当、解雇予告手当の現金支給を受けておらず、従って炭鉱地域を中心に、日々現金収入の確保せられる失業対策事業への就労を希望する者が激増し、更に「生活保護法」の適用有資格者の増加となっている」現状があったからである。

同局は炭鉱地区の「失業問題は社会問題として解決を迫られる状態に到」っているという認識を示した[11]。

しかし、その一方で、経済審議庁調査部調査課は、九州経済調査協会（一九四六年、九州と山口県の地域経済産業の調査と政策立案を目的に産官学が連携して設立）に九州地区の中小炭鉱の実態調査を委託し、一九五五年三月、その報告を課内の資料としてまとめている。そこでは、炭鉱合理化については「大手は積極的に外国機械、外国技術の採用につとめて、合理化計画を遂行してきた。竪坑開発、機械化はそのスローガンであり、そのために様々の国家による保護を獲得していた。ところで中小炭礦は事実上殆んどそれの枠外におかれたままになっていた」と指摘され、「増産も行いえず、それかといって技術的合理化による労働生産性の向上によってコストを引き下げる方法も、資金的裏付けがなくて出来ない中小炭礦では、自然と向うところは直接、間接の労働者の賃金部分の節約であり、労働の負担を重くしながら行う資材の節約であり、時には坑内条件の悪化を犠牲にしての資材の節約になってゆかざるをえない」と述べられている。こうした経済審議庁の委託調査においても、合理化に対応できない中小炭鉱の人件費の削減、労働の過重、労働環境の悪化という実態が明らかにされている。そして、この調査は、結論として、次のように、今後の対策を示唆した。

中小炭礦の労働者の悲惨な状態だけを切り離して、これを社会問題として処理し、失業救済によって尻抜けしてみたところで、中小炭礦の問題が片付くわけではない。……(中略)……結局は中小炭礦の問題を社会問題ではなく経済問題として捉え、中小炭礦のおかれている状態を正しく認識した上で、大きな見透しの上に繁栄の途を求めねばならないといえる。そのことなしに、その時その時の一時しのぎの手段を講ずることだけに終るならば、やがてさらに激しい危機に襲われることになろう。……(中略)……何れにせよ中小炭礦問題の解決は、迂路には相違ないが、中小炭礦の全貌を明らかにすることから始められねばなるまい。(12)

この報告書では、中小炭鉱の失業問題を「社会問題」としてとらえて失業対策を実施することは「一時しのぎの手段」で、問題の解決にはならないと軽視、「迂路」と認めつつ、「中小炭鉱の全貌を明らかにすること」を本質的な対策として提起している。しかし、その具体策は示さないため、結果的には現実から遊離した抽象的対策が示されたに過ぎない。このような喫緊の課題である失業対策を軽視する姿勢が、日本民主党の第二次鳩山一郎内閣の政策として具体化されていくことになる。

一九五五年五月三一日、鳩山内閣は、第二二回国会に石炭鉱業合理化臨時措置法案を提出し、八月一〇日に成立させた。これは、朝鮮戦争の特需も去り、不況の波に襲われた炭鉱業界を合理化により再編するために作成された法律で、五年間の時限立法である。同法により、通商産業大臣が、一九五九年度における石炭の生産数量、生産能率、生産費などの石炭鉱業の合理化目標を定め、竪坑建設などの設備の合理化を実施できない中小の炭鉱は新たに設置される石炭鉱業整備事業団が買収し、廃山させることになった。買収により生じた失業者に対しては、不払い賃金や退職金を同事業団が経営者に代わって支払うとされたが、法律には具体的な失業対策は明記されなかった。鳩山内閣は、同時に重油ボイラーの設置の制限等に関する臨時措置に関する法律（重油ボイラー設置制限法）を成立させ、重油を使用する大型ボイラーの設置を制限して、国内石炭の需要を確保しようとした。通産省は「外貨の節約や国内資源の保護といった国民経済全体の観点から石炭鉱業合理化政策が必要」とする一方で、「重油の使用が熱管理の改善を通じて品質向上やさらには輸出の伸長に多大な貢献を果たしている」という認識から重油制限をボイラーのみに限り、「重油の利便性を最大限に生かそう」としたのである。(13) したがって、重油の制限には限界があり、通産省は、重油の輸入から炭鉱を守るには炭鉱の合理化を進めて炭価を引き下げることが必然であると考えていたので、(14) 重油ボイラー設置制限法により中小炭鉱を守ることは難しく、石炭鉱業合理化臨時措置法を施行すれば中小炭鉱の多くが閉山に追い込まれ、膨大な失業者が生まれることが十分に予想された。日本社会党左右両派、日本炭鉱労働組合（炭労）の法案への反発は必至であった。

法案提出に先立ち、通産省石炭局炭政課は、一九五五年二月に「石炭鉱業合理化の方途」を公表している。そこでは「石炭は資源の賦存及び国際収支の観点から電力と並び我が国燃料動力源の中心たる地位を占めるものであり、高炭価の悩みを早急に解決して石炭鉱業の安定した、且つ、能率的な運営を確保することは緊急の国家的要請である」という観点から「石炭鉱業の合理化に関して総合的な対策を講ずる」と述べ、以下、一九五五年度〜一九五九年度の五カ年にわたる具体的な計画を明示している。そこには、合理化工事のための財政措置とともに、「法人格を有する事業団」を設立し、「非能率炭鉱の鉱業権及びその附属鉱業設備を買上げ」、その炭鉱は「事実上の閉山とする」ことが明記されていた。そして、すでに炭鉱不況のもとで膨大な失業者が発生しているにもかかわらず、「合理化工事の進捗と需要減退を考慮すれば、石炭鉱業における雇用は現在においてなお相当過剰である」という事実認識までが示された。したがって、「生産性の向上が石炭鉱業に課せられた国家的要請である以上、日本経済全般を通ずる雇用の増大により石炭鉱業の過剰雇用を吸収することこそこの問題を解決する唯一の途」であり、「石炭鉱業における過剰雇用を根本的に解決する途―石炭鉱業の合理化効果を完全に発揮させる途は我が国における今後の雇用対策の当否にかかっている」と、炭鉱合理化による失業者の救済は日本経済全体の課題だとして、通産省としての責任を回避させていた。[15] こうした認識のもとで、法案は作成されていく。法案が失業対策に言及していないのも当然であった。

四月二五日、第二二回国会の冒頭、外遊中の経済審議庁長官高碕達之助に代わって経済政策の所信表明演説をおこなった通産大臣石橋湛山は「石炭鉱業の合理化を強力にはかりたい」と明言した。[16] これより以前、三月三一日に、石橋は、衆議院商工委員会で、経済政策の基本として石炭、電力、鉄鋼などの基幹産業を合理化し、原価を引き下げることを提示していたが、[17] それだけではなく、すでに石橋は、第一次鳩山一郎内閣の通産相に就任した時点で、まず炭鉱合理化からやろうという意欲を示していた。[18] 石橋は炭鉱合理化を産業合理化政策の最優先課題と認識していたのである。

しかし、炭鉱の合理化は必然的に大量の失業者を生み出す。完全雇用の実現により国内需要が増大するということが石橋の持論であり、[19]「完全雇用を第一目標」とすることを通産相としての抱負に掲げていた石橋は、炭鉱合理化政策により「貧弱な山は、閉鎖しなければならないということになります。そういうものについては、国家としては、適当な補償をして閉鎖させるということになります。そうなると失業者が現われますので、そこで、道路その他の一般公共事業も起こさなければならないのですが、特に失業が集中的に現われておる地方に重点を置いて、公益事業を起し、失業者を吸収するという考えで、目下進んでおるわけであります」と語り、失業問題は公共事業で対応できるとして、炭鉱合理化による失業者の増大を重視せず、持論の完全雇用政策とは矛盾しないという楽観論を展開していた[20]。

五月一六日、経済閣僚懇談会の場で、石橋は、法案の「最大の問題点である賃金手当、失業対策」について大蔵大臣一万田尚登、労働大臣西田隆男に積極的な協力を求めた。これに対し、筑豊の炭鉱労働者出身で、自らも西田鉱業社長として嘉穂郡で第二筑前炭坑などを経営する西田は「労働省において、もっと地区ごとの具体的な失業吸収対策を立案することにしよう」と約束した[21]。

そこで、通産省と労働省は合同で五月二三日の閣議に「石炭鉱業の合理化に伴う失業対策について」という議案を提出し、議案はそのまま閣議決定された。そこでは、冒頭、「石炭鉱業合理化臨時措置法の実施に伴い、五年間に多数の離職者の発生が、予想される」と述べ、対策として具体的に「炭鉱地帯において各種の建設的事業（河川改修事業、道路事業、水道事業、鉄道建設・改良事業）等を実施し、これに離職者の積極的な配置転換を図ること」「住宅建設、電源開発等の事業に計画的に配置転換を行うこととし、必要な職業補導事業を実施すること」「製塩事業その他炭鉱離職者の吸収に適切な事業を育成助長すること」をあげ、それらの事業に対し資金的措置を講じると明言、さらに「炭鉱地帯における失業の現情にかんがみ、従来の鉱害復旧事業、失業対策事業等を炭鉱地帯において重点的かつ計画的に実施し、失業者の吸収に万全を期する」との姿勢を示した[22]。

さらに、この議案には「石炭合理化関係特別就労計画」も付されている。**表4-1**に示したように、これは法律の施行により一九五五年度～一九五七年度の三年間に予想される「離職者」（失業者）の総数とそのうちで対策が必要となる失業者の数、および河川工事や道路工事などの失業対策の事業に吸収できる失業者の数の予測を示したものである。「要対策者数」は、「離職者数」の九〇％について、翌年度繰り越し数は〇％、翌々年度繰り越し数は四〇%として推測された。留萌、天北、岩内、朝倉、三池、崎戸高島、天草は「要対策者数」が少ないので、通常の失業対策事業で対応することとされたが、その一方で、筑豊炭田の「離職者数」がいずれの年も全体の三〇%以上を占め、隣接する福岡炭田（粕屋炭田）を含めると、四〇%を超えている。[23] 中小炭鉱が多い筑豊がこの法律の施行による打撃を最も強く受けることを通産省と労働省は把握していた。ただ、法の施行により三カ年間に予想される失業者数を一九五五年度・四七〇〇人、一九五六年度・一万四二〇〇人、一九五七年度・八三〇〇人の計二万七二〇〇人としていた点について、その根拠が確かなものなのか、あまりに少ない数字ではないかということが、以後の国会審議のなかで大きな論争点となっていく。

法案が国会に上程された直後の六月二日、通産省石炭局は、国会における審議に臨んで「想定問答集」を作成している。そこでは、炭鉱合理化の目標として、法律の最終年度に当たる一九五九年度の出炭量を四九〇〇万トンとして、出炭能率を現状より約四〇%以上上昇させること、生産費を現状より約二〇%以上引き下げることを掲げた。そして、そのために中小炭鉱には坑内外運搬施設の集約化や採炭、運搬の機械化を求め、そうした合理化工事費に耐えられない炭鉱に対しては、年間三〇〇万トン相当の炭鉱を整備＝買収することとし、買収にともなう失業者は、前掲の「石炭合理化関係特別就労計画」に示されたように、約二万七〇〇〇人に及ぶとの推測を示した。[24]

法案をめぐる国会での「想定問答集」でも失業対策への答弁は重視されている。まず、「本法は経済六ヶ年計画にいう完全雇用政策と矛盾するものではないか」という質問が想定された。鳩山内閣は、一九五五年度より石橋の主張に沿い、国民生活の安定のための「経済六ヶ年計画」に着手しており、四月二五日、鳩山は衆議院本会議でおこなった施政方針演説のなかで、この計画の説明をおこない、「『失業問題については、政府の最も重視しているところであり』」、「雇用の増大」のために「根本的には、長期経済計画のもとに逐次産業活動を

表 4-1｜炭鉱合理化計画上の失業者予測

炭田	離職者数（人）			要対策者数（人）			吸収計画（人）		
	55 年	56 年	57 年	55 年	56 年	57 年	55 年	56 年	57 年
石狩	450	1340	810	405	1494	1642	400	1500	1600
釧路	115	325	170	104	355	371	100	350	400
留萌	10	30	15	9	32	34	―	―	―
天北	55	155	15	50	170	199	―	―	―
岩内	0	0	0	0	0	0	―	―	―
常磐　福島	360	1100	650	342	1195	1316	350	1200	1300
常磐　茨城	140	450	250	120	481	972	100	500	1000
宇部	350	1050	600	315	1134	1233	300	1150	1250
筑豊	1510	4960	2780	1359	5100	5617	1400	5000	5500
福岡	340	1080	625	306	1150	1261	300	1150	1300
朝倉	10	35	20	9	37	41	―	―	―
三池	40	125	75	36	135	150	―	―	―
唐津	410	1250	735	369	1306	1485	350	1300	1600
佐世保　佐賀	380	1000	600	342	1105	1217	350	1100	1250
佐世保　長崎	500	1370	805	450	1503	1645	450	1500	1600
崎戸高島	30	80	60	27	88	108	―	―	―
天草	0	0	0	0	0	0	―	―	―
合計	4700	14200	8300	4118	15331	17279	4100	14750	16800

（出典：通商産業省・労働省「石炭合理化関係特別就労計画」1955 年 5 月 23 日）
（註：合計の数字には計算が合わないものもあるが、原文のままとした）

活発化し、それによって雇用の増大をはかっていく考えでありますが、当面の対策としては、失業対策費を大幅に増額して失業対策事業を拡充し、また特別失業対策事業と公共事業の総合的運用によって失業者の吸収をはかり、いやしくも社会不安を引き起すことのないよう万全の措置を講ずるつもりであります」と明言していたからである㉕。

しかも、鳩山内閣は、この法案を「経済六ヶ年計画」の一環としても認識していた。同日、経済政策について演説した石橋は、「経済六ヶ年計画」の産業政策の重要な課題として企業の合理化をあげ、「特に石炭につきましては、その生産費と価格の低下等を促進することの急務なるを感じますので、燃料全体にわたる総合対策を樹立するとともに、石炭鉱業の合理化を強力にはかりたく、近くこれに必要な法案を整え、御審議をわずらわすつもりでございます」と発言しているのである。[26]

鳩山内閣は、このような認識で国会に臨むのであるが、この法案が可決、施行されれば炭鉱に多くの失業者が発生するという事実に対し、社会党左右両派などが、法案は「経済六ヶ年計画」と矛盾すると追及することは必至であった。

「想定問答集」では、予測されるこうした社会党両派の追及に対しては、「経済六ヶ年計画」で完全雇用を目標にしているが、四十数万の完全失業者、数百万の潜在失業者のすべてに職を与えることは数年間では解決できないと述べ、計画にある完全雇用は努力目標に過ぎないことをあえて明言することとしている。そして、そのうえで、この法律の施行で発生する炭鉱失業者総数は「炭鉱の整理によるもの」が約二万七〇〇〇人、「企業の合理化によるもの」が約三万二〇〇〇人、合計で五万九〇〇〇人に及ぶと推定し、その失業対策に関しては、「従来実施してきた鉱害復旧事業、失業対策事業等を更に一層強化すると共に新たに炭鉱地帯対象については、炭鉱地帯において河川改修、鉄道建設および上水道、道路事業等各種の建設的事業に対し所要の賃金的措置を講じて離職者の計画的な配置転換し《ママ》図るとともに、配置転換に必要な職業補導を実施し、その他製塩事業等離職者の吸収に適切な事業を育成助長する等、その吸収に万全を期する」と説明すると述べている。[27]「経済六ヶ年計画」が掲げた完全雇用を将来の目標に過ぎないとあえて軽んじることをもって、予想される炭鉱の大量失業問題をこの計画から切り離し、炭鉱失業者を他の産業に吸収させることを強く打ち出して社会党両派の追及をかわす方針である。

次に「本法は、中小炭鉱と労務者の犠牲において炭鉱の大資本擁護を企図するものではないか」という質問も想定されている。これに対しては、炭鉱の不況の解決は「抜本的な合理化再建方策によって、生産費を引き下げ、石炭鉱業の経済的競争力の強化を図る以外にあり得ない」と、この法律の必要性を強調し、石炭鉱業の合理化を進めないと、かえって「石炭鉱業は、コスト高に悩みつつ、需要分野を競争燃料に侵蝕され中小炭鉱は休廃止し、失業者は未払賃金や退職金等を得ることなく益々悲惨な状況に陥ることは必至である」と結論付けた。すなわち、この法律は石炭鉱業全体を救い、中小炭鉱も救済するものであると力説しているのである。したがって、炭鉱合理化により発生する失業者に対しては、政府として「離職金の支給、未払賃金の確保等の措置を講ずるほか、更に失業対策等に万全を期し、労使協力して、最小限度の負担において目的を達しうるよう努力する」と、失業対策の万全性をも強調した。

そのうえで、「合理化に伴う失業対策如何」という質問も想定し、次のような具体的な回答を示した。

炭鉱整備並に合理化の進捗による離職者に対しては、炭鉱地帯において河川改修事業、道路事業、水道事業、鉄道建設、改良事業等の建設的事業を実施して、これに離職者の積極的な配置転換を図る他、住宅建設、電源開発等の事業に対し計画的に配置転換せしめるため、必要な職業補導事業を実施する考えである。又、近来石炭事業合理化の一環として各炭鉱地帯に計画が進められている製塩事業、その他の炭鉱附帯事業を育成助長して、離職者の吸収を図る他、従来実施して来た鉱害復旧事業、失業対策事業を炭鉱地帯に重点的且つ計画的に実施して失業者の吸収に万全を期する方針である。なお、炭鉱の買収によって離職する者に対しては、事業団より一定の離職金を支給することとし、又未払賃金がある場合は事業団が事業主に代って弁済する途を講ずるものとしている。

このように、失業対策について万全を期すると説明することにより、この法律が炭鉱労働者の救済法であるという主張を補完し、社会党両派の批判に対応しようとした。そして、予測される労働争議についても、「本法は労使間の摩擦を激化せしめると思うが政府のこれに対する対策如何」という質問も想定し、「本法案の施行によって、経営者側は合理的経営が可能となり、労務者側においては、安定した雇用条件が獲得できる」ので、労資の「利害は一致する」ことを強調し、その一方で、労働者が失業対策に不安を持つことは当然であるとの判断に立ち、もし、労資間に摩擦が起きた場合でも政府は「広く世論に訴えその公正な判断によって時宜に即した措置を講ずる」と、労働者への理解をも示唆した。

さらに、「労働者に対する合理化効果の具体的反映方策如何」という質問まで想定し、「本法により石炭鉱業の合理化が進むならば過渡的に若干の問題があってもコストが下り炭価が競争燃料に匹敵し得るようになり結局は労務者も含め、石炭鉱業に関係ある者のすべてが安定し得る」と断言している。[28] 大量の失業者の発生は、「過渡的」な「若干の問題」と、過小に表現されている。

このように、国会に臨む内閣の姿勢は、石炭鉱業合理化臨時措置法は炭鉱労働者の救済法であり、失業対策にも万全を期すということを前面に出して、社会党両派の批判に対峙するというものであった。しかし、労組側は、炭労に加えて全国石炭鉱業労働組合（全石炭）も、法案を「首切り法案」として反対し、経営側団体においても、大手炭鉱による日本石炭協会、中小炭鉱による日本石炭鉱業連合会とともに「労組を納得させることはできない」という「表情を露骨」にしていた。まさに、「法案の最大の問題点は、何といっても失業対策をどうするか」にあった（『朝日新聞』、一九五五年五月二五日）。通産省石炭局炭政課の島田春樹も、この法案の必要性を説明するなかで、合理化により予想される多数の「失業者に対する対策が円滑に実施されない限り、合理化の進行は阻害され、その効果が発揮できないことになる」と憂慮していた。[29]

九州鉱業連盟の調査によれば、一九五五年一月〜五月の、九州における炭鉱の人員整理は六四九一人に達し、その半数は「永久に就職の道を絶たれてしまっている」という（『朝日新聞』筑豊版、一九五五年七月一三日）。そうしたなかで、さらなる失業者を生み出す法案が準備されていたのである。

第二節　石炭鉱業合理化臨時措置法案をめぐる議論

（1）衆議院における審議

法案は五月三一日に第二二回国会に提出された。六月四日、衆議院本会議で法案の説明に立った通産相石橋湛山は、「石炭鉱業の合理化、換言すれば、その生産性の向上によりまして炭価の引き下げを意図しておるのでありますが、これによって生ずべき過剰労働力につきましては、現在すでに問題となっておりますところの炭鉱失業者と合せまして、これが吸収に十分なる対策を講ずる計画でございます。すなわち、従来より実施して参りました産炭地一帯における鉱害復旧事業、失業対策事業等を一そう強化いたしますとともに、それぞれの炭鉱地帯に新たに河川改修、道路、水道、鉄道建設等の諸事業を起しまして、労務者の計画的配置転換をはかること等を行う決意でございます」と失業対策が万全であることを力説し、石炭鉱業整備事業団による買収で生じた失業者には、とくに事業団が一カ月分の「離職金」と未払い賃金を支給することを強調した。

これに対し、自由党の神田博は、労組の抵抗で炭鉱の合理化や安定化は期待できないと述べ、労働三法の見直しを求めるなど、見当違いの質問をおこなった後、失業対策の予算や受け入れ態勢についての詳細な説明を求めた。この質問に対しては、まず、労相西田隆男が、前述した「石炭合理化関係特別就労計画」に基づく数字をあげ、具体的な失業対策の事業について説明し、蔵相一万田尚登も、「今度の措置で、失業者は来年になってからたくさん出るだろう」と認めて、一九五五年度の予算から「失業対策費は大幅に増額いたしておりまして、一日平均吸収人員は五万人増加をしてもいいようになっております。なお、各種の公共事業等を炭鉱地方に重点的に施行していく、かようにして失業者の吸収に遺憾なきを期しておるわけであります」と、石橋と同様に、それぞれ失業対策が万全であることを力説した。そして、石橋は再び答弁に立ち、「私は、今度の合理化法案には必ず労働組合、労働者も協力をしてくれるものと確信しております。（拍手）もしこの協力がなければ、日本の石炭鉱業をつぶすということなんです。石炭鉱業をつぶしたら、労務者にも決して利益ではないのですから、これは、みんなの利益のために、必ず社会党の諸君も双手をあげて御賛成下さることだと私は確信いたします」とまで言い切った。

しかし、社会党両派は「双手をあげて御賛成」どころではなかった。永井勝次郎（日本社会党左派）は、年間三〇〇万トン相当の炭鉱を買収し廃止させるという計算は「少な過ぎる」として、むしろ「小鉱山六百二十万トンはそのまま整理対象にならざるを得ないではないか」と政府が示した数字の信憑性を問い、さらに、後述するように、炭鉱失業者を吸収する事業としてあげている鉄道建設計画の国鉄川崎線の工事についても「まだ未確定」であり、さらに「一般公共事業も、鉱害復旧工事も、現在程度の予算をもってしましては、申しわけにもならぬ程度の些少なものにすぎません。現地鉱山はすでに深刻な様相を呈しまして、三食を満足に食べられる家庭がなくなっておるというような状況であります。これが受け入れと生活保障について、政府はいかなる用意を持っておるのであるか。単なる失業対策としてではなく、計画的な職場転換として、将来明るい希望の持てる方向への動員態勢の確立が今日ほど重要な時期はない」と、一時的な失業対策事業ではなく、安定した恒久的な転職先を保障せよと迫った。同じく、田中勝利（日本社会党右派）も、政府が示した失業対策は「不安定かつ一時的な失業救済的需要が多く、国鉄新線工事や重要産業間の雇用転換のごときは、まさに絵にかいたもちが横に並んでいると言っても過言でない」と批判した。しかし、両者の質問に対して、石橋は「これをやらなければ、中小炭鉱の中の弱いものがおのずからつぶれてしまう。これはかえって非常なことになる」という合理化＝炭鉱救済論を繰り返すだけで、西田も、「失業者の吸収に対する方策はペーパー・プランじゃないかというおしかりでございますが、決してペーパー・プランではございません。実行するつもりで計画を立てております」と答えるに止めた[30]。そして、以後、審議は商工委員会に移る。

このようななか、炭鉱のある市町村などで組織する福岡県鉱業関係市町村連盟は、この法案には多くの問題点があるとして、六月一一日、飯塚市役所で緊急常任委員会を開き、「このままでは炭鉱市町村の財政危機を招く恐れがある」「強力な失対事業の裏付けが必要だ」などと法案の不備を指摘し、法案そのものには反対ではないが、修正の必要があると意見が一致し、「全国的な修正運動を展開すること」を決めた。連盟の会長でもある飯塚市長の平田有造は「現在の石炭不況下では合理化法案もやむを得ないだろう。しかし法案のいろんな個所に不備が多くこのままでは成立後の事態が心配される。修正運動を成功させたい」と決意を語った（『毎日新聞』筑豊版、一九五五年六月一二日）。

そして、全国鉱業市町村連合会においても、六月一五日、一六日の両日、上浦事務局長が労働省、通産省に対し法案修正を求めたが、通産省炭政課は「失業対策も閣議決定された要綱の線で一応の目安はついているので地元市町村のいう法案修正要望はその意味が分からない。低能率のヤマが買上げられ、高能率のヤマに生産が集中されるため相当数の失業者が出るが、それだからといって合理化を遅らせば再建のチャンスを失ってしまう。一日遅らせば遅らせるほどつぶれる炭鉱は多くなり、不況はひどくなる」と、まったく取り合わなかった（『朝日新聞』筑豊版、一九五五年六月一七日）。そこで六月二五日、同連合会は総会を開き、「離職者の完全なる転職」「関係市町村財政の欠陥に対する十分なる財政補填」など六項目について「明確な措置を規定せられないかぎり、本法案の成立には反対する」との決議をこなった(31)。

このように、地元の自治体も法案に大きな不安を懐くものであり、衆議院商工委員会においても、失業対策は万全だとする鳩山内閣と、失業対策の不備を理由に法案に反対する社会党両派の対立は続く。しかも、六月二三日の委員会では、労働政務次官の高瀬伝が、筑豊の炭鉱失業者吸収の重点としていた国鉄川崎線について、一九五五年度予算で建設工事計画が承認されなかったことを認め、政府が提示した失業対策の杜撰さが明らかになった(32)。

この川崎線とは、**本章扉**に示したように従来、筑豊を縦断して筑豊本線経由で若松港に運んでいた石炭の輸送ルートを、筑豊を横断して苅田港に運ぶルートに振り替えようという計画に基づく新線である。

この川崎線建設は、筑豊の炭鉱失業者への対策として期待されたもので、五月二四日の閣議で了解事項として決定されていたが、「鉄道新設にはすくなくとも一年以上の精密な測量調査を必要とする」ことから緊急の失業対策事業として着工することは困難ではないかという危惧があった（『西日本新聞』筑豊版、一九五五年五月二六日）。さらに、西田労相、石橋通産相は建設を推進しようとするものの、運輸大臣三木武夫はすでに工事が始まっている他の路線建設を優先するべきだと強硬に反対し、国鉄当局や鉄道審議会も反対していた（『西日本新聞』筑豊版、一九五五年六月一九日）。六月二四日、国鉄本社との打ち合わせから帰任した国鉄門司鉄道管理局の今井次長は、建設費が二三億円もかかる川崎線は完成しても赤字線となることは間違いなく、本社は「こんな赤字線を押しつけられて独立採算も何もあったものではない」と反対していると語った（『毎日新聞』筑豊版、一九五五年六月二六日）。運輸省に設置された鉄道建設審議会は、七月二八日、首相官邸で小委員会を開き、川崎線について、「工事は国鉄が行うとしても工事費はあくまで政府の責任において出す」ことを決議し、翌年一月の審議会総会に提出することにしたが、審議会の委員の間には「国鉄の建設工事線の中にくり入れて、明確な予算措置を講じておくべきだ」という意見も相当に強く、「総会での一波乱は免れない形勢」であった（『朝日新聞』筑豊版、一九五五年七月三一日）。内務省出身で保守系の福岡県知事土屋香鹿は、八月三日に、川崎線は「今年はまだ失業対策とまでは行かぬと思うが、明年度から失業対策に大いに役立つと期待している」と楽観的に語ったが（『朝日新聞』筑豊版、一九五五年八月四日）、現実には九月一日の内閣の次官会議で川崎線について議題にする予定であったものの、「見通しの立てられないものについて論議する余地がない」という理由で取りやめになった（『朝日新聞』筑豊版、一九五五年九月三日）。

この件については、一〇月三日、運輸、労働、通産三省の事務次官は、川崎線の建設工事に関し一九五五年度の用地買収費と人件費に充てるための一億円を一九五五年度予算の予備費から支出するよう大蔵省に要求することを決めるが（『朝日新聞』筑豊版、一九五五年一〇月五日）、大蔵省は「失業対策事業に鉄道建設は不適当だ」との姿勢を示し、交渉は行き悩んでしまった（『朝日新聞』筑豊版、一九五五年一〇月二一日）。このように、現実的には、川崎線建設がすぐに開始される見込みは薄かった。鳩山内閣は、建設の目途も立たない川崎線の計画を筑豊の炭鉱の失業対策としてあげていたのである(33)。

その後、商工委員会では、七月一六日〜一八日、法案の審査に資するため、日本民主党、自由党、日本社会党両派の議員による炭鉱地帯の現地準聴聞会を北海道と九州で実施し、炭鉱経営者、労組幹部、地元自治体関係者、学識経験者らから意見を聴取し、七月一九日にその報告がなされた。九州班の報告に立った民主党の山手満男でさえ、意見聴取のなかでの「問題の多くの点は本法案が施行されますと相当数の失業者が出るが、その失業対策は十二分であるかどうか。できれば十二分にやってもらいたいという点」にもあったことを認めている。(34) 以下、委員会に提出された現地準聴聞会の記録を検討する。

まず、七月一七日、札幌で四時間余にわたって開かれた北海道班の準聴聞会では、法案に対し経営側は法案に賛成、労組側は反対したが、注目するべきは自治体関係者の発言である。北海道知事代理として出席した商工部長高岡文夫は、「法律施行に伴う失業の救済対策として政府の考えている案では、吸収見込は少ない」と断言、道議会議長代理の商工常任委員長森川清も、法案の成立、施行により「多数の失業者の発生は、社会不安を惹起し、政治の混乱を招く」と述べ、石炭鉱業整備事業団への買収と合理化による失業者総数は、岩見沢市、夕張市、釧路市などを中心に二万人に及ぶと指摘した。前掲「石炭合理化関係特別就労計画」では、一九五五年度~一九五七年度の北海道の炭鉱失業者数は三四九〇人に過ぎず、北海道当局の数字との間には大きな差があった。当時、北海道知事の田中敏文は無所属とはいえ社会党出身であり、森川も社会党所属であるため、北海道当局と政府との間には法案への認識に大きな隔たりが生じていた。夕張市長北島光盛は、全道鉱業市町村会長、全国鉱業市町村連合会顧問としての意見だと前提して、これまでの炭鉱合理化による失業者の大部分はまだ失業状態にあり、生活保護費の一部を市町村が負担しなければならない現状を訴え、全国鉱業市町村連合会の決定として「今の法案のままでは反対」であると告げ、賛成する条件の一つに「離職者の完全なる救済」をあげた。

さらに、炭鉱失業者への対策とする事業についても、高岡が「本年度の道の河川、道路改修、港湾整備の予算は昨年の半分であり、政府財政のしわ寄せが地方にかかっており、赤字財政の原因となっている。したがって予算措置が伴わなければ実施困難である」と、森川が「失業者救済には北海道の特殊事情を充分考慮して、都市ガス、化学肥料等石炭利用工業の振興を図り、これに資金を投入することが必要と考えるが、本法律には明確化されていないので反対している」と、それぞれ述べ、国の失業対策の不備を重ねて批判した。結局、同席した商工委員長田中角栄が「法律の内容には種々問題が提起されたので本日の会議の意見を充分尊重して審議に遺憾のないよう期する所存である」と述べて、準聴聞会を締めくくったのであるが、炭鉱を抱える地元自治体の法案への反対の強さが明らかになった準聴聞会であった。[35]

なお、このとき、準聴聞会終了後、労組側が委員長の田中に面会を求め、法案への反対を主張した。これに対し、田中は「君達、何を言うか。石炭がこれだけ困っておる。何とか国がこれを援助したいと思っておるんだ。ところが援助したいにも、手掛かりがないんだ。この法律をつくれば、これによって石炭を国が援助できるんだ。それを反対するとは何事か」と「叱り飛ばした」という。[36] 準聴聞会では、反対意見をも尊重するような発言をしていた田中だが、非公式な場では、このような強硬な姿勢で反対者に臨んでいた。

次に、同じく七月一七日に福岡市で開かれた九州班の準聴聞会においては、労組だけではなく、法律に賛成する経営側や財界人からも「失業対策について万全の対策をすること」（北九州石炭鉱業会代表・久野鉱業株式会社社長久野係）、「失業者の具体的吸収対策を樹てること」（八幡製鉄株式会社副社長角野尚徳）という要望がなされた。さらに、法律に賛成する自治体関係者の間からも、賛成の条件として「失業対策事業の確定」（長崎県議会議長金子岩三）、「臨時的な失業対策でなく恒久的な失業対策について国家で万全の措置を講ぜられたい」（佐賀県知事鍋島直紹）、「完全就労について国家で十分考慮すること」（飯塚市長平田有造）、「失業救済、鉱害復旧等の裏付を強力にすること」（直方市長向野丈夫）があげられていた。法案への反対者はもちろん、賛成者においても失業対策への不安が強く存在していたのである。[37]

こうした北海道と九州での準聴聞会の報告がなされた七月一九日、衆議院では商工委員会と社会労働委員会の連合審査会が開かれ、そこでも失業対策が問題となった。滝井義高（日本社会党左派）が、一九五五年度の失業対策予算三五億円のなかにこの法律により生じる失業者の分は含まれていないことを指摘すると、通産相の石橋はそれを認めたうえで「ないそでは振れない」と言い放った。滝井が、「この法律の欠点は、失業対策がはっきりしていないという点です」と、さらに追及すると、永田亮一自治政務次官が、炭鉱の失業対策費については地方自治体の負担も増加すると答弁したため、滝井は、「炭鉱町というものはその炭鉱があることによって多くの中小の商店が飯を食っている。だから炭鉱が買い上げられるということは、その町に失業者がどっと出るばかりじゃなくして、中小の商工業者が同時に失業者になるということです。町ぐるみ失業者になる、同時にそれは地方自治体そのものの運営ができなくなるということです。この対策をどうするか、合理化とともにそれらの炭鉱関係の市町村の地方財政というものを、どういう工合にするか、一つ明確な御答弁をいただきたい」と迫った。これに対し、石橋が再び、炭鉱を抱える自治体が「この法案のためにつぶれるのだとおっしゃられるなら、それは法案を実施しなければいいわけで、その炭鉱は買い上げなければいいわけですけれども、買い上げなければならぬような炭鉱は今でも地方税は払えないし、非常に困るではありませんか」と答弁した。石橋の言い分は、赤字の炭鉱を抱える自治体はそのためにすでに困窮しているのだから、この法律の施行により困窮するわけではなかろうということになり、滝井は、「それは政治家のとるべき態度ではないと私は思うのです。政治家は少くとも自分の政策を実行していくからには、その政策によって起る副作用というものを救っていくのが政治家なんです」と石橋をたしなめて質問を終えている。(38)

政府は、机上計算で算出した法律の施行による失業者五万九〇〇〇人を失業対策の対象としているのに対し、社会党両派は、すでに特需景気が去ってから蓄積されている炭鉱失業者の存在や中小炭鉱の閉山による炭鉱労働者を顧客としていた商店などの倒産、さらには失業者の増加による税収入の減少や生活保護費の増加により地元自治体の財政への圧迫をも問題にして、政府に対策を求めていた。審議を通じて政府が語る失業対策が、こうした関連する失業や自治体の財政危機に対しまったく不備であることが明らかになったのであるが、鳩山内閣は、こうした警告を真摯に受け止めようとはしなかった。

そして、七月二〇日、商工委員会では、常磐炭田の関係者を招き、法案への公聴会を開催した。労組からは、全石炭常磐地方本部執行委員長斎藤茂雄、炭労常磐地方本部執行委員渡辺家次の両名が出席した。両名とも法案に反対の立場を示したが、その際、斎藤は、すでに常磐炭田では中小炭鉱の休廃山が続出しており、失業家庭の妻や子どもの人身売買が社会問題化している事実を指摘し、政府に対し、炭鉱の失業対策を「机上のプラン」としてではなく、炭鉱失業者に恒久的な定職を斡旋するという考え方を持つべきだと訴えた。また、渡辺も炭鉱が閉山すれば、炭鉱周辺の商店や理髪店も失業すると述べ、法律の施行は、人身売買や学校に弁当を持っていけない子どもたちを生み出すときびしく批判した。

それだけではない、法案に賛成する大手炭鉱の常磐炭礦株式会社の社長大越新も、政府に重油消費の抑制などとともに失業対策の充実を求め、常磐炭田の実情について、次のように発言した。

今日まで石炭事業がどうやらいいときには、山形、岩手、福島、あるいは茨城の山間部の貧農村の次男、三男といいますか、そういう方々がいわゆる出かせぎに来ておられたわけであります。従来はそういう面でそういう方々の労務を充足し得る職場ではあったわけでありますけれども、もう今日の段階におきましては、炭鉱数が約半分にも減るという実情で、とうていそれも満たし得ないどころでなしに、現在あの地区におります石炭従業者それ自体の子弟の就職にも、まことに困っておるという現状であります。……(中略)……ただいま新聞にも出ますように、あの地区か炭鉱従業者の子女あるいは人妻、そういった方々が京浜その他に人身売買をされてくるというのが、非常に数多く報道されておるわけであります。そういう事情で、あそこで失職しますとどこに職場を求めるということもございませんで、そういう面から考えれば、なお一そう常磐は、数は少いとはいいながら、この失業対策に十分な御考慮を一つお願いいたししたいと思うのでございます。

常磐炭田における人身売買の横行は労資双方において重大視されていたのである。さらに、東部石炭協会専務理事の長岡孝が政府の計画通りに炭鉱労働者を減員することは困難だろうと発言し、常磐市長矢吹荘司が炭鉱だけではなく地元の自治体が倒れてしまうと発言するなど、炭鉱現場が抱える不安が吐露された。[39] 公聴会では、法案への賛成、反対にかかわらず、炭鉱合理化政策そのものへの現場の不信感が明らかになった。

公聴会終了後、委員会では法案の審議が再開された。そこでは、片島港（日本社会党左派）、中崎敏（日本社会党右派）により、石炭鉱業整備事業団が買収するとした炭鉱の出炭総量を年間三〇〇万トンとする根拠が問い質され、買収予定の炭鉱のリストはあるのかと追及された。しかし政府側は、「どこどこの炭鉱を買い上げるという計画を立てておるわけじゃない」（通産相石橋湛山）、「炭鉱の申し出によって買うわけですから、だれが申し出るかわからない。従ってリストの作りようがない」（通産省石炭局長斎藤正年）と数字には確たる根拠がなく推測に過ぎないことを認めたので、中崎は「これでは首を切られる連中には実際たまらない」と態度を硬化させた。さらに、中崎は北海道を事例に、すでに炭鉱の閉山が自治体の財政を破綻させていると指摘しても、石橋は平然と「この法案によってさように市町村に打撃を与えるとは信じておりません」と、事実に基づく反論をせず、自分の主観を述べるだけであった。[40] こうして、この日も政府は法案への社会党両派の批判や地元関係者の不安に真摯に答えることを怠った。

そして、以後の審議でも、政府の失業対策の不備がますます明らかになっていく。七月二一日に、炭労出身の多賀谷真稔（日本社会党左派）が、炭鉱閉山と失業者増大により地元市町村の財政も疲弊し、失業対策事業の負担が難しくなると政府を追及すると、答弁に立った労働省職業安定局長江下孝は、そうした場合は県を督励して県営事業を増やして失業者を吸収したいと述べたが、閉山により市町村財政が悪化すれば、県の財政も悪化することを江下は認めているので、江下の答弁はそうした財政悪化した県に失業対策事業を督励するという矛盾を露呈した。さらに、多賀谷は政府が筑豊の失業対策事業として重視している国鉄川崎線の建設もまだ決定していないのではないかと質すと、労働政務次官高瀬伝は、まだ建設の予算が決まっていないことについて、「政府の認識が足りないのか、われわれの努力が足りないのか」と、自らの努力不足を認めたが、通産相石橋湛山は、川崎線建設の認可が下りないことの責任を鉄道建設審議会に転嫁する弁明をおこなった。

さらに、この日、佐賀県選出の八木昇（日本社会党左派）が、炭鉱の失業問題について、北海道や福岡県については理解があるが、佐賀県についての理解がないのではないかと、政府の見解を質している。八木は、佐賀県教育委員会の統計に基づき、一九五三年度初めに二万五〇〇〇人いた炭鉱労働者が現在までに一万人も減少していると指摘し、「一万名の失業者があるにかかわらず、佐賀県内の県並びに各市町村一切を含めての炭鉱失業者だけでなく、一切の失業者のための失対事業割当の人員が、本年度当初において二千名ちょっと、こういう状態でございます。そこで、先ほど多賀谷委員からの質問もありましたが、たとえば、川崎線の問題などというようなものでは、焼け石に水でありますけれども、もしそれがお話の通り実施せられるとしても、これは、労働大臣の本会議での答弁によりますと、ごく一部福岡県のものだけであります。……（中略）……もしこの合理化法案が実施せられますと、わずか残った一万五千名が、さらに今後五カ年間に五千名減少するものと想定いたしております。その辺のところを御説明願いたい」と迫った。

これに対する江下の答弁は「特にどこからどこまでの道路をやるというようには、まだ具体的にはきめておりませんけれども、この点については、もちろん来年度の失業者が発生する時期に間に合うまでに決定をいたしたいと思います。私どもが佐賀地域で考えておりますのは、どうしても道路改修が主体になると思っております。そのほか河川の改修というようなことをそれに副次的に並べて実施をいたしたいと考えております」という、具体性を欠くものだったので、憤慨した八木は、さらに、「炭鉱地帯の失業者は、佐賀県の場合最近二カ年間で一万でありますけれども、そのために欠食児童が、昨年九月には炭鉱地帯の町村で六百七十二名であったものが、本年の三月には千四百三十名になっている。それから長期欠席者、学校に弁当も持って行けないので行きたくない、こういう長期欠席児童が、昨年の九月に三千九百四十九名であったものが、本年三月では六千百三十二名という膨大な数に上っているのであります。これは佐賀県教育委員会の調査によるありのままの実績であります。これに対して給食問題などあるでしょうが、こういう状態にかてて加えて、さらに追い打ちを食わすような形で今度の合理化法案が出るのでありますから、何か具体的な計画と考え方というものが、単に労働省だけでなく、こういう案を立案した通産省方面においてもあるはずだ。そうして何らかこういうことをやりたいというので折衝したというようなこともあるはずだと思います。これらの点について大臣の御答弁をいただきたいと思います」と追及した。

しかし、ここでも石橋は「私も何々川とか何々道路のどこからどこまでということは、今記憶いたしませんが、しかし建設省、労働省と事務的には十分研究いたしまして、かなり具体的な案を立てております。この法案がいよいよ実行されるときになれば、直ちに着手するように準備はしているつもりであります」と、具体的な失業対策の内容については触れない答弁に終始した(41)。

結局、政府は、この法律により発生すると予測される炭鉱失業者数の根拠や着手を決定した具体的失業対策を示すことができないまま、七月二二日、商工委員会で「政府は、本法の施行に当っては、労働問題の重要性に鑑み、労資双方の全面的協力を求めること。又、失業対策について配置転換その他につき遺漏なきを期するとともに、これに要する予算措置について留意すること」などの附帯決議をして法案を可決(42)、同日の衆議院本会議でも、日本民主党、自由党の賛成、日本社会党左右両派、労働者農民党の反対で委員会の決定通り法案を可決した。[43]同時に、重油ボイラー設置制限法案も可決された。一方、社会党両派が対案として提出していた、都市ガスの普及、炭鉱地帯の火力発電所の新設、重油消費の制限、石油化学の振興などにより石炭鉱業の安定を図る臨時石炭鉱業安定法案は否決された。

なお、鳩山内閣は、七月二六日、衆議院議員石野久男（労働者農民党）から文書で提出された「石炭鉱業合理化に伴う常磐地区及び全国各地の中小炭鉱の現況並びに今後の具体策に関する質問主意書」に対する「答弁書」を決定している。「質問主意書」は「今期国会政府が提案している石炭鉱業合理化臨時措置法案が施行されると鉱山労働者の失業者が激増すると思うが、その失業者の救済をどう考えているか、実効の伴った具体策を示して欲しい」「廃坑に次いで今回予想される石炭鉱業合理化の整理によって炭坑地区の地方公共団体（市町村）の被害はじん大で、直接、間接、税収入の激減によって今後の財政運営は一層悪化するものと思われるが、これに対する政府の措置いかん」「炭鉱地帯の町村は、炭鉱に附属して、農、商、工を営んでいる者が多く、炭鉱の整理は地方企業を破滅に導くことになると思われ、なお、地方財政に与える負担増をどう考えているか。これらの問題について当然考慮あってしかるべきだと思うが、どうか」などというものであった。

これに対する内閣の答弁書では、「本法案施行期間中に炭鉱買上により発生する炭鉱離職者は、約二万七千人にのぼる見込みであるが、これを最近二年間における炭鉱離職者約九万人に比較すれば、特に本法案によって離職者が拡大するとは思われず」という驚くべき内容であった。この法律が、すでに深刻化している炭鉱の失業問題に拍車をかけることになるという認識を鳩山内閣はあえて否定した。そして、炭鉱の地元自治体の財政破綻に対しても、国として「ある程度特別交付税で措置する方針」を示しつつも、まず、「法施行の過程においては、個々の市町村についてみれば、税収の激減をきたす団体も生ずることは予想されるので、これら団体に対しては極力自主的に経費の節減、収入の確保に努力を払うよう指導することは勿論である」と述べ、地元自治体の自主的施策を第一に求めた[44]。この答弁書に、すでに述べてきた鳩山内閣の失業対策の不備が象徴されていた。

(2) 参議院における審議

参議院では、すでに六月一七日、商工委員会と内閣委員会で法案について論議がなされていた。商工委員会では、通産相石橋湛山が法案の説明をおこない、これに対し、小松正雄（日本社会党右派）が、石橋の説明では、この法案が炭鉱の「救済であるか、あるいは企業整備統合であるか、どちらに重点を置いておるかがわからない」と質すと、石橋は「合理化の半面が一種の救済になる」と、小松を煙に巻いた[45]。一方、内閣委員会においても、田畑金光（日本社会党右派）が、この法案が成立すると中小炭鉱に深刻な失業問題を引き起こすと労相西田隆男を追及するが、西田は、予想される約二万七〇〇〇人の失業者への対策は打つ、この法案は炭鉱を救済するものだという答弁を繰り返すばかりであった[46]。

そして、衆議院での法案可決後、参議院でも本格的な議論が展開される。七月二二日、商工委員会では、七月一九日に福岡市でおこなった現地準聴聞会の報告がなされた。これは日本民主党、自由党、日本社会党左右両派、それに緑風会の議員によりなされたもので、大手炭鉱経営者、中小炭鉱経営者、労組関係者、九州電力、福岡銀行の代表者、炭鉱の地元市町村関係者らから意見を聴取した。報告に立った山川良一（緑風会）は「全般的に見まして、炭鉱労働組合関係者以外は、ほとんど本法案に賛成」と述べつつ、三菱鉱業九州事務所長の大平義光が、賛成の条件として「失業対策の樹立、特に炭鉱関係失業者は他産業にも優先的に就労さすべきである」と発言したこと、同じく法案に賛成する長崎県松浦市長と福岡県直方市長も「本法案の施行によって炭鉱が整理された際、地方自治体の税収の減少と、失業対策のための経費の増加による財政支出が増大し、たださえ逼迫している地方財政をますます困窮せしむるから、その点十分なる考慮を払われたい」と「もっとも強調せられた」ことを報告した。(47) 参議院でも衆議院同様、法施行による炭鉱労働者の失業と地元自治体の財政危機の問題が重要な議論の対象となっていく。しかし、すでに衆議院で法案が可決され、法案の成立が確実となったなかで、参議院における審議は緊張を欠くものとなった。

この後、七月二七日に参議院商工委員会でも法案をめぐる公聴会が開かれた。衆議院の公聴会には、通産相石橋湛山、労働政務次官高瀬伝、労働省職業安定局長江下孝が出席していたが、参議院の公聴会には三人とも出席していない。また、公聴会が始まると、「くしの歯を引くように委員も抜け」、参考人を「せっかく呼んでおいて、聞く方はわずか」という事態になり、公聴会を一八分間、中断した。(48)

このように、この日の公聴会は事実上、日程消化の会議となっていたが、そこでも大手炭鉱で構成する日本石炭協会副会長万仲余所治、中小炭鉱で構成する日本石炭鉱業連合会常任理事国崎真推は、ともに法案に賛成しつつ、同時に重油ボイラー設置制限法の成立を求め、万仲は、石炭鉱業では、労働者、職員とその家族、関係する産業、地元自治体住民など、関連する人間は五〇〇万人に及ぶことを力説し、政府に慎重な法案審議を求めた。一方、法案に反対する炭労中央執行委員長阿部竹松は、あらためて失業対策の不備を指摘し、「もしこういう法案を国会に出される以上は、少くとも政府の責任において、明確に、中小炭鉱の石炭をかくかくにおいて責任を負うであろうというくらいのところまで明確な一つの結論を出して、すっきりとした姿で、三年後、五年後までの配慮を願ったところの法案にしていただきたい」と、合理化だけではなく、長期的な中小炭鉱の救済策を示すよう要望し、全石炭副執行委員長の斎藤茂雄は、法案の成立を前提に失業対策の徹底を強く求め、「自分の妻子を赤線区域と知りながら売って、一万か、せいぜい二万の金で売りまして、それを生活費に当てているという実際が、常磐地方の炭田に約六十何人かを数える婦女子が、今日全国的にそういう形ではらまかれております。これは一つの大きな社会問題として今日取り上げられておりますけれども、そのあとを絶たないというのが現状でございます」と、切々と常磐地区の炭鉱の惨状を訴えた。

公聴会は緊張感を欠きながらも、労資双方とも政府の政策へのそれぞれの要望を表明していた。そうした各参考人の意見陳述のなかで、とくに、全国鉱業市町村連合会副会長で、福島県石城郡好間村長の鈴木栄一の発言に注目したい。鈴木は法案には「賛成しがたい」と述べ、その理由の一つに法案には失業対策の「明確なる規定」がないことをあげている。鈴木は「今次合理化法案は国策事業であり、従って、この国策立法政策の実施からはみ出す労務者は、これは一般の概念からいうところの失業者ではなく、これは国策的離職者であって、これが対策には、政府は具体的な事業を起こし、画期的な配置転換の方法を講じ、地元市町村には、この法の実施から生ずる一切の負担も、しわ寄せも、もたらさない、完全なる離職者の対策を講じてもらいたい」と、炭鉱合理化という国策で失業する者に対して、国策として救済策を講じるべきだと主張したのである。(49)

こうした鈴木の主張の背景には、国策に翻弄された炭鉱と炭鉱を抱える自治体の怒りがあった。鈴木は、戦中、戦後、一貫して「戦争に勝ち抜くことも、敗戦後におけるところの日本の経済の復興の原動力も石炭である、日本の再建は石炭でなければならないというところの国策」があり、「われわれもあらゆる機会において、でき得る限りのこの国策に協力をして参」り、「低品位の炭鉱にも坑口を開いてきたにもかかわらず、今、それが自然廃坑になるような政策を立てられまして、実際苦しんでおるものはわれわれ市町村長なんでありますす」と訴える。好間村の年間予算は炭鉱の休山などによる減収で五〇〇〇万円程度なのに、「失業対策の問題、さらに緊急失対公共事業の問題、さらにこの人身売買をされるというところの社会問題」などの対策で一九五四年度は一〇〇〇万円の歳出があったと、村の窮状を明らかにした。鈴木の発言は、なぜ、国策の「後始末」を町村長がやらねばならないのか、これ以上、国策により炭鉱の失業者を増やさないでほしいという訴えであった。[50]

しかし、前述したように、この場には通産相石橋湛山の姿はなかった。この日、石橋は、午前中は重油ボイラー設置制限法案を可決した衆議院商工委員会に出席し、午後は同法を可決した衆議院本会議に出席していたため、参議院商工委員会の公聴会には出席しなかった。しかし、石橋は、この日の日記に、参議院商工委員会は「石炭問題の公聴会にて終日費し、空しく時をすごす」と記している。[51] 炭鉱の惨状を訴え、失業者は国策で救済せよと主張する現場の声を聴くことは、石橋には時間の無駄と理解されていた。

石橋は、七月三〇日の委員会においても、法律の施行によって一九五五年度に生じると政府が予測する失業者数四七〇〇人について「五千人足らず」と軽視し、それは政府の「予備金支出等でも間に合う」と楽観、一九五六年度以降の失業者に対しては「今のように失業者をかかえて、これから五年も六年も七年もいくというようなことでは日本は成り立たないのですから、そういう観点から経済六ヵ年計画というものも立てましたわけでありますから、私どものこれは理想であるのでございますが、とにかく五、六年先においては現在のような失業者のない状況を一般の事業の振興によって行いたい」と、現実的な失業対策ではなく、「理想」を語り、失業対策の不備を追及する小松正雄をまたしても煙に巻いた。[52]

そして、この日の委員会で、法案は、「政府は、本法の実施により生ずる離職者に対し職業補導、就職斡旋等を行うとともに、とくに所要の予算措置を講じて失業対策に遺憾なきを期すること」などの附帯決議を付けて可決され、[53] 同日の本会議でも日本民主党、自由党の賛成で委員会の決定通り可決された。ここに、石炭産業合理化臨時措置法は成立した。重油輸入を抑える重油ボイラー設置規制法、石油関税復活に関する関税定率法の一部改正法も成立したとはいえ、このときから、炭鉱労働者は国策による失業を法のもとに強要されることになった。

法案の成立がほぼ確実になった七月二三日、『毎日新聞』筑豊版は、この法律により石炭の需給のバランスが改善されると述べる三井山野鉱業所の総務課長の発言を紹介した後、「それは炭鉱企業面だけからの見方で総合的なそれによって出る失業者対策には明確な回答がなされないところに法案の問題点がみられる」と指摘しているが、まさにその問題点こそが、以後の炭鉱労働者とその家族を国策による貧困者に仕立て上げていく。八月一〇日、石炭鉱業合理化臨時措置法は公布され、九月一日から施行された。そして、この法律に基づき炭鉱合理化計画を審議する石炭鉱業審議会（会長　経済団体連合会副会長稲村甲午郎）が通産省に設置され、九月三〇日に第一回総会が開かれた。(54)

(3) 石炭鉱業合理化臨時措置法への不安

石炭鉱業合理化臨時措置法案の審議中、「石炭夏場　あれこれ」という記事を連載していた『毎日新聞』筑豊版は、そのなかで「石炭合理化法というまだ正体のよくつかめない代物が幻影のように炭田地帯をのさばり歩いている。具体的に「こうなるんだ」と確言し得る人は一人もいない」と報じている（『毎日新聞』筑豊版、一九五五年六月二二日）。国会における石橋湛山をはじめとする政府側の答弁も、こうした「幻影」を拡大していったと言えよう。

また、『毎日新聞』筑豊版は、七月三〇日から四回にわたって「筑豊と石炭合理化法」という記事も連載しているが、そのなかでも、次のように、この法の問題点を指摘している。

炭鉱買いつぶしで全国で六十万人の離職者が出る。その半分近い数字を筑豊炭田でしめるという。いまでさえ失業者は街にあふれ〝処置なし〟の体なのにこれ以上でれば街の繁栄を完全にうばわれるというのが飯塚市など購買力の半分以上を炭鉱に依存している炭鉱周辺自治体。……（中略）……筑豊の市町村連盟、嘉飯地区失業者組合などは立場は異るが完全就労は絶対不可能とみている（『毎日新聞』筑豊版、一九五五年八月二日）。

こうした不安に対し、労働省大臣官房総務課長村上茂利は「国家の施策である石炭鉱業合理化臨時措置法の実施によつて発生する離職者については、国としても相応の責任をもつ」という内閣の考えを示すが、その一方で、「炭鉱買上げによつて発生する失業者はまず失業保険金を受給し、失業対策関係の諸事業に就労するのは、来年度に入ってからの問題」だと楽観視し、失業対策への予算措置は一九五六年度からで間に合うと述べ、「失業対策関係の諸事業を炭鉱地帯において時期的地域的に施行するならば、本年度の炭鉱失業者の就労対策としては、何とか切り抜けることができると観測」した。その楽観視ゆえ、炭鉱で失業に関わって起こっている「学童の欠食、人身売買等悲惨な社会問題」への対策については「本稿の枠外の問題」として言及することを避けている。こうした「悲惨な社会問題」の存在を肯定するのなら、対策は来年度からではなく、今すぐに着手するべきであろう。しかし、村上は、あえてそれに言及しない。そして、次のような当局者としては、あまりに無責任な放言を残している。

今や炭鉱失業者の問題は炭鉱地帯だけでなく石炭労務者の供給源となつていた地方での失業問題として表面化した事実も見逃せない。これに対しては失業対策事業による吸収措置を講じているが、由来これらの地方は寒村が多く、その地方での定職あつ旋は困難であつて今後失業者の固定化に如何にして対処するかということが深刻な問題となる可能性がある。しかしこれらの問題は炭鉱失業者だけの問題としてでなく、一般的な失業問題に還元し、根本的な対策を考えなければならないことがらであり、ここでは問題を指摘しておくだけに留めたい。(55)

村上は炭鉱の失業問題の深刻さは認めつつ、それをこの法案がもたらす固有の問題ではないという認識を示唆している。そうであるからこそ、炭鉱への特別な失業対策より一般的な失業対策でよいとする結論に読者を導いているのである。

同様に、法案の作成に深く関わった通産省事務官後藤正記も、「一人の失業者をも生ぜしめずして、石炭鉱業全般の再建方策を講ずることこそ最善の策であろうが、どの角度から検討しても、これが困難な現状においては、次善の策として本法に示す施策の方向がとられたのも真に已むを得ないところであった」と述べ、失業者の増加はやむを得ない犠牲とみなし、これに対する政府の失業対策も「広く国民経済全般における雇傭の問題に直結することを考えるとき、この実施に際しても多くの問題が存することは予想される」とその不備を認めるものの、雇用は「国民経済全般」の問題であるとして、政府の責任を回避させている。(56)

このような石炭鉱業合理化臨時措置法に対しては、すでに述べたように、炭労はもちろん、全石炭も含めて労組からは強い反対の声が上がっていた。炭労幹部を交えた座談会では、同法は「ストライキをやらさずして、合理的に首を切る」もの（炭労副委員長原茂）、「首切りの錦の御旗」（炭労企画部　三輪政太郎）という率直な批判がなされ、法政大学助教授の舟橋尚道は、政府が謳う失業対策は予算面で「全然架空の計画ではないか」と指摘した。三輪はまた、政府の炭鉱政策は「まず中小をつぶす、しかし中小をつぶすのは、外堀を埋めるようなもの、将来内堀―大手の方に重点をかけてこようというねらい」があるとも指摘している。(57)たしかに、以後の歴史は三輪の指摘のように進んでいった。

三輪は別の場で、この法を「ゴジラ」に例え、「げんざいすでに、尨大な失業、半失業者が炭鉱地帯には存在し、その状態は、即刻、緊急対策を要する〝悲惨〟なる状態にある」と述べ、筑豊における人身売買の実態を訴えた。(58)炭労に大きな影響力を持つ社会主義協会に所属する経済学者（武蔵大学教授）芹沢彪衛は「政府の役人には合理化法案は経済関係法規であって社会政策とは関係ないという三百代言的キ弁が通用するのかも知

れない」と皮肉り、この法により生じる失業者を救済する「別個に独立の法案を用意」するべきであると主張した。(59)

こうした炭労など労組側の反発は当然としても、この法律により生じる失業者への対策について、炭鉱経営側、財界、炭鉱を抱える自治体などでは、どのように認識していたのであろうか。

大手炭鉱の経営側は一般的に法案に賛成と見られていたが、必ずしもそうではなかった。『経済往来』の分析によれば、三井鉱山、三菱鉱業、明治鉱業、北海道炭礦汽船、雄別《ゆうべつ》炭礦鉄道などは賛成だが、住友石炭鉱業は反対であった。三井鉱山などが賛成する主な理由は、合理化のための余剰人員の整理には労組の強い抵抗が必至で、経営側の自力だけでは実行できないから、その点でこの法案は望ましいということにあった。これに対し、住友石炭鉱業が反対する理由としては、法案に不備な点が多いこと、法案と併行し一連の前提措置がうまくできるとは思われないこと、石炭鉱業だけにこうした合理化法をつくることは「自由経営の原則」から効果がないことなどをあげている。さらに、麻生産業、宇部興産、古河鉱業、日鉄鉱業なども法案に批判や強い反対を示しているという。反対の理由はいろいろあるが、同誌は、「要するにこの法案によつて、業者は労働攻勢を真正面から受けるのはたまらないというのが本音」と推測している。(60)同誌では、社会党両派などが法案に反対するのも「失業問題、労働問題に対する政府の態度が頼りないという一点に尽きる」と指摘、「石炭政策は経済政策であるとともに、労働政策であり、社会政策的な性格も具備せねばならぬ」のであり、「政府は失業対策として国鉄新線の建設工事、河川の改修工事、水道工事など公共事業に失業者を使い、それら工事も炭鉱地帯に集中させるといつているが、五万七千人すべての雇用は困難であろうし、また工事が炭鉱の解雇と期を一にして、タイムリーに行われることも考えられない」と政府の失業対策の不備をきびしく批判している。(61)

法律の成立後も、日本石炭協会常務理事天日光一は、「今後の合理化の進展につれて、過剰雇用の問題はいよいよ明瞭にクローズ・アップされるところであり、これが円滑なる解決」が、「合理化方策の成否を決する鍵である」と明言した(62)。

具体的な失業対策の実施も示されないまま、合理化を進めれば労組の抵抗は必至であり、経営側にもそれへの不安が強く存在していたのである。しかし、『エコノミスト』も、法律には失業対策など疑念が多いとしたうえで、大手炭鉱でも法律に便乗した大量解雇が始まっていることを指摘しているように(63)、この法律による犠牲は中小炭鉱の労働者だけに止まらないことが危惧された。まさに、「今日中小炭鉱の直面しているいろいろの問題は、程度の差こそあれ大手筋も含めたわが国の石炭鉱業全体の問題」なのであった(64)。

また、地方議会からも法案への反対の声が上がっていた。九州大学産業労働研究所では、九州地方の地方議会の動向に関する資料を収集、分析しているが、それによれば、福岡、長崎、熊本の各県議会で法案反対の決議がなされ、佐賀県議会では石炭産業危機突破決議がなされている。さらに福岡、佐賀、長崎の炭鉱を抱える多くの市町村議会でも法案反対の決議がなされている。これらのなかで福岡県について見てみると、七月一日、福岡県議会が政府への「要望書」を可決、「石炭鉱業を始めとする関連産業の八万にのぼる失業者をかかえ、人身売買、自殺者等累増し、これが対策に苦慮している」現状を訴え、「失業対策の明確化」「生活保護対策の万全化」「欠食児童、不就学児童対策の明確化」を求めた。

さらに、筑豊の宇美町、二瀬町、鎮西町、穂波町、川崎町、鞍手町、宮田町、水巻町、添田町、中間町、飯塚市、田川市、赤池町からも反対決議がなされた。たとえば、田川市議会では、五月二三日、「中小炭鉱の整理によって生ずる失業者六万にたいしては何等鉱業権者の補償もなされず、いたづらに中小炭鉱を犠牲にし、大手筋炭鉱本位の業界再編成にすぎず、……（中略）……同法案の実施により伴う失業者の増大による財政の圧迫は、地方都市、ことに中小炭鉱を有する都市において著しく、さなきだに貧困なる地方財政を窮地に陥れるものである」と、きびしく法案を批判し、六月一七日には、鞍手町議会は、炭鉱不況のなかで「失業者に対する対策を完全救済ができるよう明確に規定されたい」という陳情書を可決、中間町議会は「法案の企図する合理化達成が既にして多数の失業者を擁し、慢性的社会不安におののく当筑豊炭田一帯に於てもさらに多数の人員整理を行うこと並に累増する赤字になやむ炭鉱企業に更に多額の負債増加を強要することを前提とし、且つはこれに関連して爾余の炭坑労働者に極度の労働強化が予想される」として法案の成立阻止を訴えた。同日、水巻町議会でも、「現今でさえ山の失業者は巷にあふれ求むるに職なく、喰うに食糧なく、子を背負い乍ら汽車や電車、バスの待合所にたたずんで乗客の恵みを求め辛じてどん底生活を続けている者が目立つて多くなつた」現状のもと、法案への絶対反対を表明した(65)。

土屋福岡県知事は、七月二〇日、県議会で「合理化法案がなくて、このまま中小炭鉱がつぶれて行くというような状態は、最悪の状態でありまして、われわれとしましては、やはり合理化法案というやむを得ない手段ではありますけれども、合理化法案である程度の救済策がとれるということは、そのまま放置されたままつぶれるよりも、よいというふうに考えておる」と答弁し、通産相の石橋と同様の論理を展開していたが(66)、多くの中小炭鉱を抱える筑豊の市町村では、このように法案への警戒が高まっていた。そこで、次に中小炭鉱が多く、法施行によりもっとも多くの失業者が発生すると予測されていた筑豊炭田に焦点を当て、一九五五年の炭鉱労働者の生活実態を追っていく。

第三節 石炭鉱業合理化臨時措置法と筑豊

法案が国に提出された五月、炭労九州地方本部と九州産業労働科学研究所（一九四六年創立）による筑豊の中小炭鉱の失業者の生活実態調査の中間報告が公表された。これは、三月中旬から四月中旬にかけて「筑豊における中小炭鉱失業者の代表的な密集地帯とみられる」嘉穂郡二瀬町相田、同郡頴田村小峠、田川郡金田町、田川市西区弓削田、鞍手郡木屋瀬町大正の五地区の八一五世帯の生活実態を調査したもので、まさに、石炭鉱業合理化臨時措置法が成立する同時期の筑豊の中小炭鉱の失業実態を明らかにしている。その結果を概観すると、失業者八一五人の六四・二％が会社の閉鎖、縮小などの不況を理由に解雇されており、八〇％が一九五三年以降に失業している。それは、まさに、朝鮮戦争による特需が終わり、炭鉱が急速に不況の波に飲み込まれた時期である。そして失業者のうち四八六人が再就職しているが、その六一・五％に当たる三〇一名の再就職先も中小炭鉱である。そのため、再就職した者の二月の賃金収入を見ると、八〇〇〇円以下が六六・八％、さらに六〇〇〇円以下は四九・五％を占めていた。そして、約二〇％が失業保険の適用外に置かれ、約四〇％が労災保険と健康保険の適用外であった。まさに、このようなときに、さらなる失業者を生み出す石炭鉱業合理化臨時措置法を施行することは、「社会問題」「人道問題」であると、中間報告書は訴えている。(67)

さらに、同年一二月、同調査の最終報告書が刊行された。そこでは、石炭鉱業合理化臨時措置法が施行され、多くの失業者が発生することは、「労資の立場の相異とか、日本経済の自立のためにはやむをえないのだとかいった議論の段階を通りこしている。それは、まじめに働いてき、現在もまた働こうとする人びとにたいする社会的な大量殺人」であるとまで言い切り、数字だけではなく、炭鉱失業者の生活の実情を克明にあきらかにしている。そのなかで、とくに注目したいのは、夫が失業した家庭の妻や子どもの境遇である。

この年の六月、日本母親大会で、調査の対象となった二瀬町相田の主婦が筑豊の「ヤマの窮状をうったえ、全国から集まった母親たちに深い共感をよびおこした」ことが記され、そのとき報告された次のような事実が紹介されている。

ある青年は、日雇の仕事から帰ってくると、じぶんのお母さんのような年齢の女の人に、五十円で買ってくれといわれました。何のことかわからないで聞きかえすと、橋の下でじぶんの体を五十円で買ってくれという話でした。そこでお金を出して、ウドンでも買いなさいというと、その女の人は両手をあわせて拝んだということです。

同報告書は、「私たちはこの調査期間中このような話を何回となくきいた」とも記している。[68] すでに前章においても、この報告書などに基づき、筑豊の炭鉱失業者の家庭における妻や子どもへの人身売買の横行についてはすでに触れたが、[69] 炭鉱失業者の家庭においては家族の崩壊も進行していたのである。『筑豊タイムス』の六月三日付紙面は、次のように伝えている。

不況の筑豊炭田はいまや日本の代表的?貧乏街となつた。そしてワラビ、イモがゆの飢えしのぎからやがて娘や妻の身売りさえも公然となつた。〝私が身売りさえすれば妹や弟が助かるのネ〟――一家の犠牲〝身売り〟が封建的だと批判されても現実はあまりにも厳しく悲惨だ。福岡県ではこのほど悪質ブローカー百四十三名を一せい検挙したが、毒牙にかゝつたのは大半がこの〝貧乏街〟の妻や娘ばかり。まさに人身売買の市場と化している有様。それほどまでに耐え難い貧苦。しかも石炭合理化法案が通ればさらに数万の失業者の洪水が予想されるという。

以下、こうした新聞報道をとおして、一九五五年の筑豊の炭鉱の生活実態を詳細に見ておきたい。まず、新聞報道で目に付くのは、すでに炭労九州地方本部と九州産業労働科学研究所の調査で指摘されているような失業の実態である。衆議院で法案審議が始まっていた六月、『西日本新聞』筑豊版は「ヤマの明暗」と題し、田川地区の中小炭鉱について次のように報じた。

昨年以来の不況で田川地区の炭鉱は約三十ヵ所が休廃止して失業者は巷に満ちその生活は困窮の域を脱して悲惨、そのため社会不安さえかもし出そうとしている。田川地区労の調べによるとこれら休廃山のための失業者は炭住残住者だけでも一千二百世帯、五千人にのぼり、潜在失業者を加えるとその数は二万名にのぼると推定される。そうして彼らは他に求める職業と住居がなく、また数億にのぼると推定される未払賃金と退職金を目当てに荒れはてた炭住に残り、退職者組合あるいは未払賃金獲得同盟などを結成して闘争をくり返しているが経営者側は姿を消したものが多くノレンに腕押しの格好。そこで組合側は対象を市町村当局にもとめて猛烈な生活保護要求運動にほこ先をかえてきている（『西日本新聞』筑豊版、一九五五年六月二四日）。

以後も、同紙は「昨年夏いらいの不況で田川職安では失対労務者が激増、本年はじめには月千名台だったものが七月からの第二・四半期には二千名を突破、このため就労日数も月十二日を確保するのがやっとで生活困窮者が続出、生活保護法の適用を受けるものが激増するとみられ憂慮されている」（『西日本新聞』筑豊版、一九五五年六月二七日）と、法施行以前に失業者が激増している現状を伝えている。六月段階で、田川地区で操業している炭鉱は大手が四、中小が三〇で、従業員は一万八三八四人、前年同期と比べると中小で一八鉱（休鉱七、廃鉱一一）、労働者一一九一一人が減少しており、「その原因はみな炭価の下落にともなう採炭条件の悪化と資金難」であり、職安の窓口にあらわれた顕在失業者は四月末で八八〇二人、前年同期より一六五六人も増えていた。まさに、「生きる道は生活保護に頼るほかはない」状況であり（『西日本新聞』筑豊版、一九五五年六月二八日）、田川地方事務所民生課の台帳によると田川郡の生活保護世帯は一月で一一一三世帯・三四九二人、郡内人口の一〇〇〇人に対して二〇・二人、七月には一七六八世帯・六三六四人で人口一〇〇〇人に対し三八・七人と「異常な増加」を示した。田川市福祉事務所による同市内の生活保護受給者の状況は、一月に九三一世帯・三三二五二人だったのが、七月には一五二一世帯・五七五〇人、人口一〇〇〇人に対して五二・四人となっていた（『西日本新聞』筑豊版、一九五五年八月二六日）。

飯塚公共職業安定所が七月二日にまとめた同所管内（飯塚市、山田市、嘉穂郡）の上半期の「失業白書」は、半年間に新たに五一四〇人の失業者が生まれ、これに前年来の失業者を加えると、同所管内の「ヤマの失業者一万」という状況になっていたと報告している（『朝日新聞』筑豊版、一九五五年七月三日）。さらに同所がまとめた八月中の「雇用白書」によっても、失業者七八四人の「ほとんどが中小炭鉱の事業縮小や休廃山、土建請負業者の休業などが原因」で、「今月中にどれだけ新規失業者が出るか見当がつかず」「こんごの見通しは真っ暗だ」と悲観していた（『西日本新聞』筑豊版、一九五五年九月九日）。

このような炭鉱の失業者増加は、炭鉱の子どもたちの生活にも大きな影響を与えていた。前年から実施されてきた炭鉱地帯学校を対象にした完全給食が六月をもって打ち切られたため、七月七日、県小学校長会長宗四郎（大名小学校長）らは給食の継続を求めて土屋知事に陳情書を提出（『西日本新聞』筑豊版、一九五五年七月八日）、すでに、県教育庁嘉穂出張所、嘉穂郡下各町村教育委員会、各学校長も七月三日に同様の陳情を県教委におこなっており、八日、県教委から嘉穂出張所に「七月分の給食補助は継続する。九月分は八月に行われる県議会に提案、議決を求める」との回答があった（『西日本新聞』筑豊版、一九五五年七月一〇日）。

こうした状況に対し、七月一一日、福岡市にあるアメリカ陸軍病院の従軍牧師ジェームス・J・バーネットは福岡県教育庁を訪れ、「筑豊炭田地帯の気の毒な学童におくってください」と、教会信者・関係者から集めた金一封を手渡した。バーネットはこれまでにも四回、こうした寄付をおこなっていて、その総額は五〇〇ドルに及んでいた（『朝日新聞』筑豊版、一九五五年七月一三日）。さらに、七月一四日には、アメリカのジェームス・J・V・マーティン領事は県教委を訪れ炭鉱地帯の貧困児童に送って欲しいと七五ドルを持参した。これは東京のアメリカ大使館婦人クラブから送られたもので教育委員会は直ちに配分の手続きをとった（『西日本新聞』筑豊版、一九五五年七月一五日）。

しかし、こうした援助は一部に過ぎず、「筑豊では不況の影響から長欠、不就学児が激増、まさに六・三制教育はピンチに追いこまれようとしている。これの解決策として二十九年度から山田市立山田南中学では貧しい家庭の中学生のために夜間に促進学級を開いて大きな成果をあげ、今年度からはさらに嘉穂郡二瀬中学でも不就学児のために促進学級を開くよう計画していたが、県予算の窮乏から不許可となってい」た（「筑豊・この一〇年」『西日本新聞』筑豊版、一九五五年八月二四日）。むしろ、「一時あれほど盛んだったヤマの子救援運動もさいきんではすっかりほとぼりがさめたようだ。炭界の状況はさいきん一そう悪くなっているのにこれはどうしたことだろうか」「筑豊ではまだ多くのヤマの子が飢えに泣いている。失業者は日一日と増加している。県民諸氏の再認識を願う」という飯塚市民からの投書も新聞に寄せられていた（『西日本新聞』筑豊版、一九五五年八月二四日）。結局、九月をもって打ち切られた特別給食は「ヤマの子を見殺しにする」という世論の批判を受け、一二月から再開される（『毎日新聞』筑豊版、一九五五年一二月一日）。

その一方で、学校の長期欠席は基礎学力の低下をもたらしていた。一一月八日に嘉穂郡穂波で開かれた同郡の小中学校教員による研究集会の「恵まれない子供の教育」部会では、二瀬町伊岐須小学校の教員が同校の貧困家庭の児童を対象にした「経済不遇児の学業成績について」の研究発表をおこなった。それによれば、同校では全校児童二三六〇人の七〇％を炭鉱の児童が占め、そのうち三一〇名が生活保護や特別給食などの援助を受けている。こうした児童の学力評価は全校平均に比べて「ぐんと悪」く、とくに国語、算数が「一般児童より落ちる」という。こうした児童の保護者の四九％が失業しており、「代金未払いで電灯さえない家庭」が六九軒もあり、「子供たちは子守や、ボタ拾いで生計を助けるため約三分の一が毎月五日—十日程度休む」という状況であった（『朝日新聞』筑豊版、一九五五年一一月九日）。

さらに心配されたのは子どもたちの健康被害であった。県教育庁では、炭鉱地帯の嘉穂郡碓井、頴田両村の小、中学校に一九五五年度の児童、生徒の身体検査の結果を提出させたところ、前年度と比べて「総じて著しく退歩、とくに体重は中学三年生で平均三キロの減少がみられ、炭鉱の不況が欠食児童を出現させ早くも体格にまで顕著な影響が現れたもの」と判断した（『西日本新聞』筑豊版、一九五五年八月二一日）。

そして、こうした健康被害は子どもたちだけではなかった。七月一七日には九州炭鉱結核実態調査委員会が結成され、福岡県衛生部、九州大学医学部、九炭労、朝日新聞厚生文化事業団の後援により、八月二日から二瀬町の相田地区などの「筑豊炭田困窮地帯」で結核調査を実施した（『朝日新聞』筑豊版、一九五五年七月二八日、同紙、一九五五年八月四日）。また、西日本新聞民生事業団でも久留米大学医学部と協力して炭鉱への無料診療を七月二一日〜二三日に実施する。初日には会場となった嘉穂郡二瀬町伊岐須小学校講堂に特設された診療所に午前九時から「周辺の老幼男女約百五十名」がつめかけた。受診者はいずれも付近の相田地区の炭鉱失業家族で、「医療代がないばかりに悪質な胃カイヨウになった老婆、蓄膿症の中年婦人、胃腸をやられた幼児などがつぎつぎに発見」された。さらに、九州大学仏教会主催による、県共同募金委員会、西日本新聞民生事業団後援の炭鉱救援無料巡回診療団も二二日から七日間、田川市猪位金地区と田川郡勾金村に派遣され、医療班は一般治療、寄生虫病検査と駆除、トラホームの検診と治療を、児童慰問班は九大医学部の学生による童話、幻灯などの児童大会、子どもの衛生指導などをおこなっていった（『西日本新聞』筑豊版、一九五五年七月二二日）。

炭鉱の失業と健康被害は一体のものとなっていた。前述した炭労九州地方本部と九州産業労働科学研究所による筑豊の中小炭鉱の失業者の生活実態調査の対象とされた嘉穂郡頴田村小峠の青木炭鉱では賃金の未払いが続き、「炭住の水道は止って頼りは四つの井戸だけ。各戸一日バケツ二杯で炎天の暮しを立て、汚れた水のため今年に入ってすでに五人の伝染病患者を出し」ていた（『朝日新聞』筑豊版、一九五五年八月二四日）。

さらに、生活苦による犯罪も増加した。田川地区では、一九五五年に入ってから、「〝食わんがため〟の集団野荒し、電線、金属ドロが激増」しており、「飢餓に追いつめられた〝暗黒地帯〟」と比喩され（『朝日新聞』筑豊版、一九五五年八月一〇日）、一二月五日には、田川郡川崎町で、無断で山の中腹に十数本の坑道を掘り、石炭を採掘していた三〇人が摘発されている（『朝日新聞』筑豊版、一九五五年一二月七日）。

こうした犯罪の増加の影響は子どもにも及んでいた。田川署管内の少年犯罪の「検挙件数の四割までが中学生の犯罪。また保護者の職業別では無職が七割までを占め、某署で調査したところそのほとんどが中小炭鉱の失業者だった」（『西日本新聞』筑豊版、一九五五年八月二四日）。

九月三日　嘉飯山地区人権擁護委員会主催により「炭界不況によって人権は侵害されないか」をテーマとする座談会が山田市大橋公民館で開催され、福岡法務局増田人権擁護部長、同内海第二課長、警察、公民館、労組、炭鉱主婦協議会、婦人会、料理店従業女性、民生委員、日赤山田病院などの代表約三〇名が参加したが、その場で、増田は「不当解雇、未払賃金、酷使、虐待、人身売買、集団暴力行為、居住権侵害、高利貸の圧迫などがあるのではないか」と発言し、山田市教育委員会も「親の無理解や家庭の貧困から義務教育が犯されている例もかなりある。長期欠席の児童が子守奉公やボタ拾いをやらされたり、中学校を卒業したばかりで、特飲店に売り飛ばされている。一番犯されやすいのは子供の人権ではなかろうか」との憂慮を示した（『西日本新聞』筑豊版、一九五五年九月四日)。参加者に料理店従業女性がいたのは、人身売買が問題とされていたからであろう。一〇月二五日、飯塚市教育研究推進第五次大会でも、飯塚二中の岡本教諭は「市内の炭住居住者のほとんどは大手筋に勤務、休廃山も賃金欠配もあってはいないが、坑外や軽作業労働者にとっては五、六人の家族数でも負担が大きく、また八人以上の家族数をかかえていると採炭夫でも貧困にあえいでおり、このためやむなく学業放棄を行っている」「こうした長欠不就学者の大部分は家計の援助のために働かされており、児童憲章や教育の機会均等は全く空文にひとしく経済的な裏付けがないかぎりどうにも救済の余地がない」との研究発表をおこなっている(『西日本新聞』筑豊版、一九五五年一〇月二六日)。

さらに、労働基準法で禁じられている女性、未成年者の坑内労働も増えた。それは、タヌキ掘りと言われる地中を這って坑道を開けて採炭するもっとも零細な炭鉱に見られ、夫を失った女性や未成年の子どももこうした危険な労働に従事していた。飯塚労働基準監督署は、こうした違法な労働に対しては炭鉱の経営者に厳罰で臨むという方針を立てるが、あえて法を犯して働かねばならない現実がそこにあった(『朝日新聞』筑豊版、一九五五年八月五日)。

このような炭鉱の惨状は周辺の地域全体にも打撃を与えた。炭鉱失業者の激増は自治体の税収入を直撃し、すでに、一九五四年度には田川市で二〇〇万円、方城、金田、勾金などでも一〇〇万円以上の減収となっていたが(『西日本新聞』筑豊版、一九五五年六月二八日)、福岡県鉱業関係市町村連盟の調査によれば、飯塚、田川、直方、山田、若松、大牟田各市と二二町村の総計で石炭鉱業合理化臨時措置法の施行による税の減収は一億七〇〇〇万円に達すると予測されていた(『朝日新聞』筑豊版、一九五五年九月七日)。

直方市では、前年度に二〇〇人であった失業対策事業の就労者が八〇〇人を突破し、一〇〇〇人に達する勢いで、生活保護家庭は前年度の三倍の四七八世帯に及び、財政は直方市の「土台骨をゆるがすような危機に直面」していた（『朝日新聞』筑豊版、一九五五年八月一二日）。八月三〇日、直方市議会は、石炭鉱業合理化臨時措置法の施行にともなう措置として政府に失業対策の徹底化などを求める決議案を全会一致で可決した（『朝日新聞』筑豊版、一九五五年九月一日）。九月五日、政府への陳情から帰ってきた向野丈夫直方市長は、法による炭鉱の買い上げが実際に始まるのは来年一月以降の見通しだが「これについては政府が責任を持って解決する」という回答を得たとして、具体的には失業対策費の国庫負担率を現状の三分の二から八割にまで引き上げるという計画を労働省が大蔵省と折衝中であると語った（『朝日新聞』筑豊版、一九五五年九月六日）。

さらに、地域経済全体にも大きな打撃となった。「直方市の商工界では石炭合理化法案の付帯決議つき政府原案無修正可決に大きな不安を持っている。この法の適用を受け整理されると予想される炭鉱からの未収代金は鉄工関係の一億五千万円余をはじめ商業関係、林業、その他で五億円は下らないとみられているからであり、こうした「鉄工街の未収一億五千万円が回収できるかどうかは直方鉄工街の浮沈にかかってい」た（『西日本新聞』筑豊版、一九五五年八月二日）。

直方市の鉄工協同組合では、実態調査に着手する（『朝日新聞』筑豊版、一九五五年八月七日）。金融関係においても、「中小鉱融資はほとんど中断されたといわれる。法案が成立すれば筑豊で約百五十鉱がつぶれそれを政府で買上げるわけだが、この場合支払いは従業員の賃金が優先するだけに下手をすると金融筋は貸倒れの危険にあうというもので、逆に目下吸い上げにけんめいといわれ中小鉱をさらに窮地に追いこんでい」た（『西日本新聞』筑豊版、一九五五年六月二七日）。大手の三菱飯塚炭鉱の地元でも、「約三十軒からある商店は同鉱とともに呼吸してきただけ「ヤマが小さくなれば廃業せなきゃならんが」と額を集めて心配顔。—薬局は同地ですでに二十七年間商売をつづけ同鉱とともに生きてきただけに合理化法の行方についてはひとしお関心も深く「炭鉱がつぶれれば商売は上がったり」と暗い顔」だという（『西日本新聞』筑豊版、一九五五年八月一九日）。

直方のみならず、筑豊の五つの商工会議所（直方、飯塚、田川、山田、川崎）の正副会頭、事務理事は一〇月五日に会合し、推定で五〇億円に達する炭鉱への売掛金の回収について話し合い、「売掛金が回収不能になると石炭関連産業におよぼす影響は大きく、倒産の危機に見舞われる業者がかなり出る」との認識で一致した（『朝日新聞』筑豊版、一九五五年一〇月六日）。

しかし、石炭鉱業合理化臨時措置法の施行の影響は、当初、意外なものとなる。一九五五年後半から日本経済は神武景気を迎え高度成長の時代に入ったため、予想されていた大手炭鉱の大規模な合理化＝労働者解雇はなくなり、「石炭合理化法がスタートした九月に入って表面化した大手炭鉱の企業整備は当初予想されたほどの混乱もなく秋深むいま一段落し九州大手、中小鉱などでは逆に冬場需要を当てこんで増員に拍車をかけ」るという状況となった（『西日本新聞』筑豊版、一九五五年一〇月一一日）。

大手のみならず、この記事に記されたように、中小炭鉱においても、法の施行を前に「これまで休廃坑していたのが買上げ対象となることをねらって最近不況をしり目に操業再開鉱が続出、四月以降だけでもざっと三十鉱が復活、他に十数鉱ほどが石炭事務所に申請中といい、ちょっとした合理化ブームといったかっこう」となり、「銀行も合理化法の対象となりそうなヤマの融資は一切中止、貸金取立てにけんめいといわれ、また逆に炭界の安定を見越して健全鉱に金を借りて下さいと〝押し貸し〟している傾向が活発になった」という（『西日本新聞』筑豊版、一九五五年八月一三日）。その結果、「中、小鉱では局部的に戦乱ブームそこのけの四年ぶりの好況をみせているともいわれる」状況になった（『西日本新聞』筑豊版、一九五五年八月二四日）。

こうしたなか、石炭鉱業合理化臨時措置法はもはや必要ないのではないかという世論が高まることも予想されたが、これに対し、通産省石炭局事務官の橋本利一は、この法律は「当面の炭況不振を回避するための所謂緊急対策立法」ではなく、「高炭価問題を根本的に解決し、石炭鉱業の健全化を通じてエネルギー資源産業としての国民経済上の責務を果させよう」という趣旨のものだと強調して、景気の変動に関わりなく炭鉱合理化を進めるという国家意思を代弁した[70]。

しかも、中小炭鉱がこのような「活況」を呈したのは、石炭鉱業合理化臨時措置法が施行されると、三年間は新たに坑口を開くことが出来なくなるので、施行前の「今のうちに坑口を開いておかねば損だとばかりに施業案の認可申請が福岡通産局に殺到している」からであった。直方石炭事務所では「〝これは採掘が目的でなく買上げを目当とはっきりわかったものでも施業案を受理せぬというわけには行かない〟と苦境を訴えて処理」していた（『西日本新聞』筑豊版、一九五五年八月三一日）。なかには、「今から六ヵ月操業を続けて買上げてもらう積りだ」と、石炭事務所に明言する業者もおり（『朝日新聞』筑豊版、一九五五年九月三日）、新たに開坑を求める業者には「借金、未払賃金を抱えてにっちもさっちもゆかなくなった中、小鉱主たちが多」かった（『毎日新聞』筑豊版、一九五五年七月二七日）。すなわち、中小炭鉱は、炭鉱の価値を高めて、高く買収されることを狙って、法の施行直前に一時的に新坑を開いたり、採炭を再開したに過ぎないのであった。福岡通産局田川石炭事務所に開坑申請したのは、一〇月四日までに八九鉱に達していたが（『毎日新聞』筑豊版、一九五五年一〇月五日）、「炭界の好転で、筑豊炭田地帯は明かるさをとりもどそうとしている」のは「上層部だけのこと。下層部の表情はまだまだ暗い」というのが現実で（『西日本新聞』筑豊版、一九五五年一一月二八日）、炭鉱の景気が回復したかに見えても、それは「人工的景気」に過ぎなかった（『毎日新聞』筑豊版、一九五五年一二月一四日）。

事実、飯塚市では、炭鉱失業者のために県の指示で一一月一日から開始する予定であった河川・道路工事などの特別失業対策事業が、県の決済がなかったために延期されている。その背景には労働省と建設省の折衝などの十分な準備ができていなかったことがあった（『朝日新聞』筑豊版、一九五五年一一月一日）。「死の谷」と酷評された嘉穂郡二瀬町相田地区では、住民の大半が失業者で、毎日、飯塚公共職業安定所に詰めかけているが、月のうち一〇日も職にありつけたらよい方で、月収は五〇〇〇円～七〇〇〇円という状態が続き、「炭界が幾分持直った」という世評とは無縁であった（『毎日新聞』筑豊版、一九五五年一一月五日）。相田地区に対しては、貧困対策として町役場と飯塚保健所が産児調節を指導するが、避妊具を買う金がないという現状に、保健所も困惑するほかはなかった（『毎日新聞』筑豊版、一九五五年一一月九日）。年末を迎えても、相田地区などには「正月を忘れた人びと」が残された（『毎日新聞』筑豊版、一九五五年一二月二〇日）。

おわりに

日本石炭鉱業経営者協議会は、石炭鉱業合理化臨時措置法施行以後の石炭鉱業界の状況について、次にように総括している。

石炭鉱業の苦境を背景として右の如き強力な政策が石炭統制撤廃以来政府によつて初めて打出されたが、この政策とは何等の関係もなく三年来石炭鉱業の深刻な苦難が世界景気上昇を原因として三十年夏過ぎから漸く解消し始めたことは万人の予想を狂わせるものであった。

石炭鉱業の景気回復は、石炭鉱業合理化臨時措置法とは関係がない外在的原因によるという評価は、冒頭に紹介した通商産業省の認識とも通じるものである。すなわち、この法律は炭鉱の復興には直接の影響を与えていないと、当時の経営者たちも主張していたのである。そして、そのうえで、一九五五年後半以降、炭鉱経営も改善に向かい、炭鉱は「不況から好況へ推移」し、雇用も減少傾向から増加傾向へと反転したという評価を下している[71]。果たして、炭鉱は以後、そのような道を歩んだのか。当初は五年間の時限立法であった石炭鉱業合理化臨時措置法は、その後、延長され、一九九九年一二月、石炭鉱業構造調整臨時措置法に継承されていく。次章以降でも、この法律のもとで廃山に追い込まれた中小炭鉱の失業問題をさらに検証していく。

◉註

(1)資源エネルギー庁資源・燃料部石炭課監修、石炭政策史編纂委員会編『石炭政策史』(石炭エネルギーセンター、二〇〇二年)、六頁。
(2)牛島利明・杉山伸也「日本の石炭産業――重要産業から衰退産業へ」(杉山伸也・牛島利明編『日本石炭産業の衰退――戦後北海道における企業と地域』、慶應義塾大学出版会、二〇一二年)、一二頁。
(3)島西智輝『日本石炭産業の戦後史――市場構造変化と企業行動』(慶應義塾大学出版会、二〇一一年)、一〇二頁。
(4)「北海道の中小炭鉱について」(『北海道拓殖銀行調査月報』三六号、一九五五年一月)、一頁。
(5)富山妙子「ヤマの子どもたち――瀕死の九州中小炭坑の表情」(『改造』三六巻二号、一九五五年二月)、一六九～一七〇頁。
(6)村山知義「石炭の中の人生」(『中央公論』七〇巻四号、一九五五年四月)、二〇一～二〇二頁、二〇五頁、二〇九頁。
(7)村山知義「石炭の中の人生」(『中央公論』七〇巻五号、一九五五年五月)、二二九頁、二三二頁、二三四頁、二四〇頁。
(8)原通久「不況と炭鉱――宇部炭田の場合」(『中央評論』三七号、一九五五年三月)、五八～六〇頁、六二頁。
(9)武間謙太郎「中小炭鉱の急迫と教会のあり方」(『開拓者』五〇巻二号、一九五五年二月)、二五頁。
(10)日本石炭協会『石炭鉱業の現状――昭和二十九年度を中心にして』(一九五五年六月)、一七頁。
(11)『深刻な失業問題に悩んだ二九年度の回顧――北九州炭鉱地帯を中心に』(北九州財務局、一九五五年五月)、三～四頁。
(12)『中小炭鉱における経営の諸問題――「九州地方中小炭鉱調査」』(経済審議庁調査部調査課、一九五五年三月)、一七頁、六六～六八頁。
(13)小堀聡『日本のエネルギー革命――資源小国の近現代』(名古屋大学出版会、二〇一〇年)、一九九頁。
(14)武田晴人「石炭鉱業の合理化と重油消費規制」(通商産業省通商産業政策史編纂委員会編『通商産業政策史』七巻、通商産業調査会、一九九一年)、三四一~三四二頁。
(15)通商産業省石炭局炭政課「石炭鉱業の合理化と雇用問題」(『労働時報』八巻二号、一九五五年二月)、二七~二八頁。同局調整課においても「われわれは単に炭鉱の不況を限られた石炭業界のみの問題として採り上げるのではなく、広く国民経済全般の切実な問題として取り上げざるを得ない」と、同様の認識を示していた(通商産業省石炭局調整課「石炭不況の実態——炭価・生産・受給関係」、『労働時報』八巻三号、二〇頁)。
(16)『第二十二回国会衆議院会議録』一二号(その二)、八八頁。
(17)『第二十二回国会衆議院商工委員会議録』六号、六頁。
(18)石橋湛山「わが通商産業政策」(『経済往来』七巻二号、一九五五年二月)、三七頁。
(19)姜克實『石橋湛山の戦後——引き継がれゆく小日本主義』(東洋経済新報社、二〇〇三年)、二七六~二八二頁。
(20)石橋湛山「雇用増大のために——通商政策の抱負を語る」(『東洋経済新報』二六五九号、一九五五年一月二二日)、四七頁、五一頁。
(21)「石炭合理化法案の問題点——金利・資金・炭価をめぐって」(『エコノミスト』三三巻二三号、一九五五年六月)、五〇頁、五二頁。
(22)通商産業省・労働省「石炭鉱業の合理化に伴う失業対策について(案)」(一九五五年五月二三日、「内閣公文・産業貿易・鉱業・石炭」一巻—国立公文書館所蔵—)。
(23)通商産業省・労働省「石炭合理化関係特別就労計画」(一九五五年五月二三日、同上簿冊—国立公文書館所蔵—)。
(24)通商産業省石炭局「石炭鉱業合理化臨時措置法案想定問答集」(一九五五年六月二日—「石橋湛山関係文書」—国立国会図書館憲政資料室所蔵—)、二七~二八頁、三二頁、三七頁。
(25)『第二十二回国会衆議院会議録』一二号(その二)、八二頁。
(26)同右書、八八~八九頁。
(27)通商産業省石炭局前掲「石炭鉱業合理化臨時措置法案想定問答集」、三~四頁。
(28)同右書、六~七頁、一〇頁、一二頁、二一頁。
(29)島田春樹「石炭鉱業の合理化と臨時措置法——合理化施策と法案の概要解説」(『時の法令』一七四号、一九五五年六月二三日)、六頁。
(30)『第二十二回国会衆議院会議録』二三号、二五八頁～二六六頁。
(31)『全国鉱業市町村連合会時報』四巻七号(一九五五年七月)。
(32)『第二十二回国会衆議院商工委員会議録』二九号、六頁。
(33)川崎線は、その後、油須原線という名称で建設が検討され、一九五七年七月から工事が着工され、一九六六年には一部が開通したものの、国鉄の財政事情の悪化、石炭産業の衰退のなか、一九六九年に工事は中止され、未成線に終わった(赤村教育委員会編『赤村史』、赤村、二〇〇八年、四一四～四一九頁)。炭鉱の閉山が相次ぐ筑豊の失業対策として立案されながら、炭鉱の閉山が完成を阻むという結果になったのであり、その意味では、川崎線建設は有効かつ恒久的な失業対策にはなりえなかった。
(34)『第二十二回国会衆議院商工委員会議録』四四号、九頁。
(35)「石炭鉱業合理化関する現地懇談会議事録」(同右書)、一三～一七頁。
(36)当時、石炭局調整課長であった町田幹夫の回想(御厨貴・佐脇紀代志編『石炭政策オーラル・ヒストリー』、政策研究大学院大学、二〇〇三年、一九～二〇頁)。
(37)「石炭鉱業合理化臨時措置法案に対する口述要旨」(同右書)、一七～一九頁。なお、当初、この準聴聞会は非公開で、かつ地元市町村の代表者が公述人に加えられていなかった。そこで、前日の一六日に県知事室で開かれた国会議員との懇談会で、全国鉱業関係市町村連合会長の飯塚市長平田有造が、議員側に筑豊市町村代表者を公述人に加えること、準聴聞会を公開とすることを陳情した(『毎日新聞』筑豊版、一九五五年七月一七日)。その結果、準公聴会は公開となり(『朝日新聞』筑豊版、一九五五年七月一七日)、自治体関係者も公述できた。
(38)『第二十二回国会衆議院商工委員会・社会労働委員会連合審査会議録』一号、一八～一九頁、二三～二四頁。
(39)『第二十二回国会衆議院商工委員会議録』四五号、三～六頁。
(40)同右書、一四～一五頁、二五～二六頁。
(41)『第二十二回国会衆議院商工委員会議録』四六号、一二～一三頁、一五～一六頁。
(42)『第二十二回国会衆議院商工委員会議録』四七号、一五頁。

(43)『第二十二回国会衆議院会議録』四五号、六六五〜六六八頁。
(44)「石炭鉱業合理化に伴う常磐地区及び全国各地の中小炭鉱の現況並びに今後の具体策に関する質問に対する答弁書」(「内閣公文・国会質問答弁・衆議院」一巻―国立公文書館所蔵―)。
(45)『第二十二回国会参議院商工委員会会議録』一九号、九〜一〇頁。
(46)『第二十二回国会参議院内閣委員会会議録』一四号、五〜八頁。
(47)『第二十二回国会参議院商工委員会会議録』三〇号、三〜四頁。
(48)三輪貞治(日本社会党左派)の発言(『第二十二回国会参議院商工委員会会議録』三四号)、八頁。
(49)『第二十二回国会参議院商工委員会会議録』三四号、三〜八頁。
(50)同右書、二五〜二六頁。
(51)石橋湛一、伊藤隆編『石橋湛山日記』下巻(みすず書房、二〇〇一年)、七四九頁。
(52)『第二十二回国会参議院商工委員会会議録』三七号、一七頁。
(53)同右書、三三〜三四頁。
(54)橋本利一「「石炭鉱業合理化臨時措置法」の施行とその三ヶ月」(『産業科学』四九号、一九五六年一月)、二〇頁。
(55)村上茂利「石炭合理化に伴う失業問題」(『職業研究』九巻八号、一九五五年八月)、一〇〜一一頁。
(56)後藤正記「石炭鉱業合理化臨時措置法の制定に際して――回顧と将来への展望」(『石炭評論』六巻八号、一九五五年七月)、一〇頁。
(57)「石炭合理化法案は全産業労働者の問題である」(『労働法律旬報』二〇五号、一九五五年七月五日)、一〇頁、一二頁、一六頁。
(58)三輪政太郎「「石炭合理化法案」と炭礦失業者」(『討論』四〇号、一九五五年七月)、三七頁。
(59)芹沢彪衛「石炭合理化法案の非合理性」(『社会主義』四八号、一九五五年七月)、九頁。
(60)「石炭合理化計画の推進のために業者の国家依存根性を払拭せよ」(『経済往来』七巻七号、一九五五年七月)、二五〜二六頁。
(61)朝倉金三「石炭合理化法案の意味するもの――炭鉱危機は打開できるか」(『経済往来』七巻八号、一九五五年八月)、一三四頁、一三六頁。
(62)天日光一「石炭鉱業合理化臨時措置法の成立と今後の問題」(『経団連月報』三巻九号、一九五五年九月)、二六頁。
(63)「動きだした石炭合理化　大手は独自の計画を推進」(『エコノミスト』三三巻四四号、一九五五年一〇月)、四八〜五〇頁。
(64)「石炭鉱業における中小炭鉱の地位と最近の動向」(『富士銀行調査月報』八八号、一九五五年七月)、八六頁。
(65)柳春生「石炭鉱業合理化臨時措置法（二）」(『産業労働研究所報』一一号、一九五六年三月)、五七〜六〇頁。
(66)『昭和三十年福岡県議会六月定例会会議録（第二回)』、八四頁。
(67)日本炭鉱労働組合九州地方本部・九州産業労働科学研究所編『中小炭鉱失業者の生活実態調査（第一次中間報告)』(一九五五年五月)、三頁、五三頁。
(68)日本炭鉱労働組合九州地方本部・九州産業労働科学研究所編『失業者――カンテラは消えず』(五月書房、一九五五年)、五一頁、六〇頁、一〇八頁。
(69)本書第三章を参照。
(70)橋本利一前掲論文、一八頁。
(71)日本石炭鉱業経営者協議会編『石炭労働年鑑』一九五六年版（同協議会、一九五七年)、一頁、一三頁。

第五章

石炭鉱業合理化臨時措置法下の失業問題

「貧困に打ちひしがれ，虚脱したような人々の無気力な毎日が続く」

はじめに

通商産業省福岡通商産業局石炭部は、九州の炭鉱の戦後二〇年の歴史を振り返り、一九五〇年代後半の状況について次のように述べている。すなわち、一九五五年秋からの神武景気により石炭鉱業は増産に次ぐ増産の状態となり、全国で三一四鉱、九州で二〇〇鉱が新たに開鉱、あるいは再開鉱され、そのため非能率炭鉱の整備=買収による廃山などをうたった石炭鉱業合理化臨時措置法は「空文化」したが、一九五七年〜一九五八年になべ底不況となると、一気に石炭取引は低調となり貯炭が増加、一〇〇鉱を超える中小炭鉱が閉山し、一万人を超える失業者を発生させたという(1)。

これに対し、一九五六年度に経済企画庁から「戦後石炭鉱業の合理化の調査」を委託された九州経済調査協会は、その報告書のなかで、神武景気のもとで石炭需要が高まり、石炭が増産され、石炭鉱業の能率が上昇したことに隠された重大な事実を指摘している。それは、「能率上昇は不況過程で大巾に削減した労務者を、あまりふやすことなしに増産することで達成されたものである」という事実である。すなわち、出炭能率は常勤の正規労働者のみで算出され、「常備労務者よりも低劣な労働条件で身分保証なし」の臨時労働者、請負労働者は出炭能率の計算に含まれていないというのである。景気が回復したとは言っても、「大手炭鉱では常備労務者がほとんど増加しない反面、請負夫がかなり増加し」、請負労働者のうち大手炭鉱では約三分の一、中小炭鉱では大部分が坑内労働に従事していた。そして、こうした臨時、請負労働者は、これまでの不況下で生じた炭鉱失業者で構成されており、まさに「増産態勢の下での合理化の力点の一つが、不況過程で造出された膨大な炭鉱失業者の存在を基底としたこのような低廉で身分の不安定な雇用の比重を高めること」にあった。景気の変動により企業がいつでも解雇できる臨時、請負労働者の増加により石炭の生産が一時的に回復したのである。[2] こうした砂上の楼閣のような現状のもとで、炭鉱は神武景気を迎えていた。以下、本章では石炭鉱業合理化臨時措置法のもとでの炭鉱の実態を明らかにし、施行当初、法が「空文化」していたのか、そしてその後の不況で発生した炭鉱失業者は一万人程度であったのか、検証していく。

第一節 神武景気下の炭鉱合理化論

五年間の時限立法として成立した石炭鉱業合理化臨時措置法が施行された一九五五年九月一日、日本経済は神武景気に覆われようとしていた。さらに、一九五六年七月、エジプトがスエズ運河の国有化を宣言したことにより第二次中東戦争が勃発し、石油価格が高騰する。こうした国内外の情勢により、たしかに炭鉱の景気は回復するかに見えた。一九五六年に入ると、日本石炭協会会長でもある三菱鉱業社長伊藤保次郎は、今後はエネルギー需要が急速に伸びるだろうという判断のもと、国産エネルギーとしての石炭の価値が重視されることを期待して「わが石炭鉱業の前途は暗いどころか、かえって積極的に洋々たるものがなければなるまい」とまで言い切り、[3] 一方、住友石炭鉱業副社長石松正鉄は、今後のエネルギーは原子力に任せ、石炭はナイロンなどの化学繊維の原料として「大いに価値がある」と、石炭化学工業の発展に期待を示すなど、[4] 大手炭鉱の幹部からは石炭鉱業の将来への楽観的な感想が語られていった。

こうした楽観論のもと、不安視された失業者の増加についても、それを軽視する発言がなされていく。筑豊炭田に近い八幡大学の教授で、工業経営論を専門とする篠崎彦二は、「失業とか廃鉱とかの問題は技術的に見て、五ヵ年計画完成後の数年乃至十数年に亘って逐次発生するものであって、それを恰も五ヵ年内に発生するかの如く解説するのは他に何等かの理由があるからであって、決して石炭鉱業合理化自体の理由によるものではない」と述べ、失業者の増大を理由に法案に反対した日本社会党の左右両派や日本炭鉱労働組合（炭労）を暗に批判した(5)。

しかし、一九五五年一一月中旬に筑豊の炭鉱労働情勢を調査した国立国会図書館社会部労働課の林一郎は、「雇用情勢は現実には好転の兆すらみせておらず、しかも自然減の形で現れるその雇用の減少は、新規雇用に対しては全く門を閉ざしている」「炭鉱労働者の子弟すらが、親がやめても炭鉱に入れて貰えず、その中の或る者は、いわゆるチンピラ化し、窃盗、恐喝等の犯罪が増大しつつあり、由々しい治安問題にさえなりかねないと、労使双方、街の人々ともに語るのであった」と中小炭鉱の惨状を伝え、このうえ、石炭鉱業合理化臨時措置法による炭鉱の閉山と労働者の解雇が進むと「この傾向はますます強くなる」と予測した(6)。

前述した九州経済調査協会の分析を考慮すれば、神武景気のもととはいえ、炭鉱の失業問題は楽観視できない状況にあったのだが、こうした現状を無視するように、通産省石炭局長斎藤正年は、炭鉱合理化計画として法律の期限内にまで炭鉱労働者を五万七〇〇〇人も減員させることが必要であるが、大手炭鉱各社が炭労と完全雇用の協定を結んだことにより「その実行が危惧されている」と憂え、企業側に「根気よく努力」して労働者削減の目標を達成するように求めた。景気が好転して、企業側が労働者の解雇を不急としたにもかかわらず、当初の予定通りに解雇を進めることを斎藤は炭鉱経営者に求めた。斎藤は、景気の変化を無視しても、政府が作成した炭鉱合理化計画の遂行を優先させようとしていた(7)。同じく通産省石炭局の橋本利一も、同法施行から三カ月が経過した段階で、「合理化法の成否を左右する積極的な動きは見られず、問題は今後に残されている」

「企業の合理化意欲も必ずしも旺盛とは云いがたい」と、その前途への不安を吐露していた。[8] 通産省には、明らかに石炭鉱業合理化臨時措置法のもとで、炭鉱合理化計画が順調に進んでいないことへの焦りがあった。

一九五六年八月三〇日に開かれた石炭鉱業審議会の第七回総会においても、通産省石炭局炭政課長町田幹夫は、同法により生じた炭鉱の失業問題について、「我々の見方が甘かつたと反省しています」「全くこの買収炭鉱の失業対策は頭の痛い問題です」と嘆く始末であったが、それでも「われわれとしては、石炭鉱業が日本経済上健全な地位を占めるためには合理化の実施が不可欠だという事は今でも変りはありません。従つて合理化法の主旨はそのまゝ維持すべき事は当然であります」と言い切っている。[9] 町田は失業対策への認識が甘く、対策が円滑に進行していないことを認めつつも、合理化政策は予定通り進めるという政府の方針を強調した。

しかし、日本石炭協会副会長万仲余所治（北海道炭礦汽船常務）は、石炭業界が「全員一致、終始一貫、強く当局に対して要望し続けて来た」四点、すなわち、総合燃料対策の確立による国内使用のエネルギー中の石炭の位置の明確化、借入金の根本的処理、税制の改正、そして「合理化実施に伴う労働対策、なかんずく失業者の受入対策を確立して離職または職場の転換に不安なからしめること」が「まだ一本も確立していない」、とくにエネルギー対策以外の三点は「殆ど手もついていない」と、法律の効果を否定した。[10] さらに、三菱銀行調査部は、労働者の削減について、「合理化法の企図する如き大量の整理は到底不可能」と断じ、それを実行するためには「失業労務者の吸収等についての施策」が必要だと指摘、現状では法律の「効果が疑われている有様」だとまで言い切った。[11]

一九五五年末に九州の中小炭鉱地帯を訪れた国民経済研究協会（商工省、農林省、文部省により設立されたシンクタンク）の石倭良一も、中小炭鉱においては　同法への「関心は深いとはいえなかった」と述べている。その理由として、石倭は、「中小炭鉱の危機をすくう」には、竪坑の開削や非能率炭鉱の買収ではなく、「問題打開はもっと別の観点からの対策をも要請されるべき」だということをあげている。石倭は、ここで「別の観点からの対策」を具体的には示していないが、中小炭鉱の救済については現状の法律の限界を認めていた[12]。

果たして、この法律のもとで炭鉱合理化は進むのか。『東洋経済新報』は、「いかに竪坑をほり、機械化、合理化をすすめたところで、それに見合つて低能率炭鉱の整理さらには人員整理が、スムースにできないことには、竪坑がフルに活きてこぬし、コスト引下げの目的も達せられない」として、大手炭鉱が炭労と完全雇用を約した現状では、「非能率炭鉱の買い潰し」に大きな期待を懐くが、石炭鉱業整備事業団理事長田口良明の「私の方としては、いくらかでも息のかよつている衰弱炭鉱は、この際よい葬式をだしてやろうというのが本意だが、もちこまれてくる話の中には、すでに完全に息の根が止まつているにもかかわらず、いろいろと工作して売込みにくるものがあり、選別にはかなり苦労する」という発言を引用して、その進展に疑問を呈している[13]。同様に、『エコノミスト』も、中小炭鉱の買収が計画通りには進んでいない現実を指摘して、炭鉱合理化が「通産省の一人相撲」であると比喩した[14]。

このように、一九五五年末から一九五六年にかけて石炭鉱業合理化臨時措置法の効果に対する懐疑的な評価が飛び交ったが、それらのなかでとくに注目したいのは、経済企画庁の動向である。経済企画庁は、一九五六年一〇月一九日、閣議に「石炭鉱業合理化に伴う失業対策について」を提案し、了解を得ている。その内容は、同系列炭鉱間の配置転換の推進、既存の職業安定機関の拡充、石炭鉱業整備事業団による離職金の早期支払いと未払い賃金の代位弁済の促進、公共事業、鉱害復旧事業の集中実施、筑豊を横断する国鉄川崎線（油須原線）の早期着工などの鉄道建設、産業立地条件の整備、一般失業対策事業の施行の万全、生活保護法などの公的扶助制度の運用を対策として提案するもので、とくに北九州地区への対策に重点を置いていた[15]。

同庁調査官田口三郎は、この閣議了解について紹介したうえで、なぜ、これが必要となったのかについて説明している。すなわち、石炭鉱業合理化臨時措置法による離職金の支払いや未払い賃金の弁済は「むしろ円滑な退職のための措置」であり、「離職後の救済を目的としたものではない」ので、同法が「失業問題については明確な何等かの措置をとるべきことを必ずしも明らかにしていないため、失業救済のみ切離され、別に対策を講ずる必要を生ぜしめているのである」と述べている。この説明は、同法の第二二回国会での審議の際、社会党左右両派が失業対策の不備を追及したことに対して、通産相石橋湛山ら鳩山内閣の閣僚が失業対策は万全だと反論した主張を否定するものである。さらに、田口は、「過去二年間に排出された厖大な炭鉱離職者の失業問題は容易に解消するものではない」「北九州の炭鉱地帯における日雇月間有効求職者数の傾向は、昨年以来の石炭鉱業の若干の好転にもかかわらず、驚くべき増加を示している」ので、北九州の炭鉱失業者に対しては「一般失業対策事業のみによつて救済することは全く困難である」から、この閣議了解が必要となったと述べる。さらに、田口は「北九州においては失業情勢は依然緩和されていないのに、公共事業の一般的な削減に伴い失業救済が困難化する事態が起こり得る」との危機感を示し「このような地域については始めから総合的な対策がとられるような態勢が望ましい」と、政府の失業対策の不備を認めている。[16]同じく、経済企画庁調査部の塩田晋も、筑豊の炭鉱地帯には六万人の失業者が滞留しており、賃金未払いのまま借金生活をしている、転職先に住居がないため労働移動が阻害されている、炭鉱の坑内労働は特殊なため転職が難しい、炭鉱住宅は石炭鉱業整備事業団に買収されると電気、水道、医療などの厚生設備が止められるなど、失業者が直面している困難を指摘、「国はその責任において手当すべきである」とまで言い切った。[17]通産省に比し経済企画庁は炭鉱の失業問題をより深刻に受け止めていた。通産省は炭鉱合理化そのものを目的としていたのに対し、経済企画庁は合理化により生じる失業者の増加が日本経済全体に与える影響を重視していたからである。

第二節　深刻化する炭鉱失業問題と自由民主党政権

(1) 鳩山一郎内閣・石橋湛山内閣

一九五五年一〇月一三日、社会党左右両派が統一され、一一月一五日には、自由党と日本民主党の保守合同により自由民主党が結成された。この保守合同により、一一月二二日、自民党を基盤とする第三次鳩山一郎内閣が成立する。この内閣に対しても、中小炭鉱の失業問題への対策が、社会党から強く求められた。しかし、第二四回国会における政府の答弁は真剣さに欠けるものであった。

一九五六年二月三日、参議院商工委員会で通商産業政策の基本方針の説明に立った通産大臣石橋湛山は、冒頭、「今日わが国の財政経済に課せられております最大の任務は、一面においてインフレーションの発生を防止しながら経済の自立発展をはかり、雇用をできるだけ急速に増大して、理想としては失業の絶滅を期することであると存じます」と豪語した。しかし、炭鉱政策に説明が及ぶと、「石炭鉱業につきましては、第二十二国会で成立をみました石炭鉱業合理化臨時措置法の有効適切な運用によりまして、石炭鉱業の生産体制の集約化、縦坑開さくを中心とする工業の実施等を強力に推進するとともに、他方低品位炭の利用による石炭需要の開拓にも配慮いたしまして、基幹産業としての石炭鉱業の健全な発展に極力努力して参りたい考えでございます」と法律の意義を強調するのみで、この法律のもとで深刻化している失業問題にはまったく言及しなかった[18]。

また、二月六日、衆議院予算委員会では、大蔵大臣一万田尚登が炭鉱の失業対策として国鉄川崎線（油須原線）

の建設をあげ、「これで二千人くらい吸収する」と述べたが、[19]川崎線建設は、この時点においてもまだ、予算措置さえ決定していない事業であり、その実現が案じられていた（『朝日新聞』筑豊版、一九五六年一月一四日）。とくに、一月二六日に首相官邸で開かれた鉄道建設審議会の小委員会で、川崎線の着工には財源の点で疑義があるとの意見が強く、今後、自民党と大蔵省との間で調整を図ることとなり、年度内着工は「望み薄」となっていた（『朝日新聞』筑豊版、一九五六年一月二七日）。それを一万田は炭鉱失業者の救済策として示したのである。さらに、川崎線建設については、二月七日、参議院商工委員会において、経済企画庁長官高碕達之助も、「特に九州の炭鉱のごときは、今度炭鉱の合理化をいたしました結果、地方として川崎線を通じてわずかではありますけれども、二千人ぐらいの失業者を吸収しようじゃないかという工合に、ところどころはさせておるわけでございます」と、期待を煽っていた。[20]結局、川崎線の起工式は一九五七年九月二〇日に実施されるが（『西日本新聞』筑豊版、一九五七年九月二一日）、一九五六年二月の時点では着工の目途も立っていない事業を、一万田と高碕は有効な失業対策として示したのである。[21]

また、二月二四日、参議院商工委員会では、経済自立方策に関する調査のために二月一三日～一七日に九州の電力、炭鉱、繊維産業の実情を視察した委員の報告が、上林忠次（緑風会）からなされた。調査には、上林のほか、委員長の三輪貞治、海野三朗、阿具根登（いずれも日本社会党）が同行した。このうち、炭鉱に関する調査について見れば、まず、一行は、福岡通産局で石炭鉱業合理化臨時措置法の実施にともなう一般概況を聴取し、同局より、二月一三日現在で石炭鉱業整備事業団への買収の申し込みは福岡県が一六件、長崎県が一件の計一七件で、中小炭鉱の機械化はたいへん遅れているとの報告を受けている。

その後、一行は福岡県労働組合評議会副議長勝野登、炭労九州地方本部執行委員長丸岡吉夫らから意見を聴取するが、そこでは「失業問題をどうしてくれるのか」「本法案の公聴会の席上、救済は政府がやると言明していたが不十分であるから、時《ママ》に失業対策事業をやってもらいたい」という怒りを含んだ要望を受けている。さらに、炭鉱のある市町村代表からも整備事業団への「買い上げによって生ずる従業員の失業問題」に対して「一般の失業者と区別して対策を講ずるように」という要望がなされている。[22] この調査においても、失業対策の不十分さが指摘されていた。

さらに、九月二六日、衆議院商工委員会総合燃料対策及び地下資源開発に関する小委員会でも、社会党議員から炭鉱の失業対策についてのきびしい追及がなされた。多賀谷真稔（日本社会党）は、石炭鉱業合理化臨時措置法による失業者については「高度の国家的な全額補償が行われるはずであった」「公共事業を持ってきて、国が全額これを行うべきである」と質問すると、通産省石炭局長讃岐喜八は、自民党政調会でも「公共事業をもちまして問題を解決するように研究中」だと答弁した。自民党のこうした対応には、後述する七月の自民党政調会の調査が反映したと考えられ、多賀谷が「失業者の多い地帯に公共事業を持ってくるという運動をしていただきたい」と念を押すと、讃岐も「お説の通りに今後大いに努力するつもりでおります」と答弁せざるを得なかった。さらに、伊藤卯四郎が、整備事業団の買収価格が低いため債権者が同意せず、買収ができなくなり、その結果、「山は休鉱になっておる。未払い賃金なり離職金なり退職金なりがもらえない。整備炭鉱になっておらぬから従って失業保険ももらえない」という事態も発生していることを指摘して、「一体どういう手を打っておりますか」と質すと、讃岐は「ただいまのお話は全く事実でございまして、われわれといたしましてもこれの解決に非常に苦慮している」と、対策の不備を認めた。[23]

さらに、一〇月一九日、「長期経済計画並びに鉄鋼、石炭及び電力の需給に関する諸問題」について審議していた衆議院商工委員会でも、多賀谷真稔が、不況から好景気に転じた今、石炭の増産が必要なのだから「合理化法の中で買い上げの部分だけは削除して改正される意思はないか」と質したが、讃岐は実際に買収を希望する炭鉱があるのだから「既定方針によりまして買い上げを続行する予定」だと取り合わず、多賀谷も、買収により生じる失業者への対策が「全然できていない」と苦言を呈して、この件に関する質問を終えた。[24]

石炭鉱業合理化臨時措置法のもとでの失業問題は、第二五回国会でも引き続き議論された。一一月二〇日に、衆議院社会労働委員会において、多賀谷真稔が、労資双方で努力すれば維持できる炭鉱までが、経営側から買収の申請がなされている事実を上げ、この法律が労資間の紛争を引き起こしていると述べると、讃岐は、買収による失業者が「相当数に上って」いることを認め、これは法律制定当初から予定されたことであるから「関係各省の失業対策によりまして円満に片づけていうということで努力している次第」と答弁した。しかし、多賀谷が、失業者の吸収策として政府が提示していた国鉄川崎線の建設も「何らなされてない」と追及すると、労働大臣倉石忠雄は「年度内に予定の人員を吸収するだけになっておりません。このことについては私どもきわめて遺憾でございます」と、それを認めた。そこで、多賀谷はさらに「二月ころ失業した労働者、合理化法による買い上げによって失業した労働者が、七月になっても八月になっても、全然放置されておったという事実」について追及するが、倉石は「配置転換をわれわれの方で一生懸命でやりましても、なかなか大手筋の方で小炭鉱の、整理されたような者を吸収することを喜ばないという傾向」があると、失業者放置の責任を企業側に転嫁した。多賀谷は「政府の怠慢」を指摘するが、この「政府の怠慢」は労働省職業安定局失業対策部長渋谷直蔵の答弁にも顕著であった。渋谷は、「実際にこの法律が施行になりました結果どの程度の炭鉱が、まただの地域で、またいかなる時期に買い上げの計画が進捗していくか、従いましてその買い上げによりまして具体的にどの地域にどの程度の失業者が出るかということは、当時の状態としては当然予想することが困難であった」と言い放ったのである。[25]

この渋谷の答弁は、事実に大きく反するものであった。石炭鉱業合理化臨時措置法案の国会提出に先立ち、一九五五年五月二三日、労働省が通産省と合同で閣議に提出した「石炭鉱業の合理化に伴う失業対策について」という議案に付した「石炭合理化関係特別就労計画」には、法律の施行により一九五五年度〜一九五七年度の三年間に予想される失業者の総数とそのうちで対策が必要となる失業者の数、および河川工事や道路工事などの失業対策の事業に吸収できる失業者の数の予測を示していたからである。前章で述べたように、そこには、法の施行により三年間に予想される失業者数を一九五五年度・四七〇〇人、一九五六年度・一万四二〇〇人、一九五七年度・八三〇〇人の計二万七二〇〇人との予測が示されていた。[26] 失業者数を当初は予測できなかったという渋谷の答弁は虚偽である。しかし、こうした虚偽の答弁をしなければならないほど、この法律のもとで生じる失業者に対する施策が遅れていたのである。

渋谷は、こうした放言の後、一〇月一九日の閣議で了解された失業対策として、同系列の炭鉱への配置転換の推進、石炭鉱業整備事業団による買収炭鉱の退職金、未払い賃金の代位弁済の促進、公共事業の集中的実施をあげ、国鉄川崎線の建設工事も今年度内は「あまり期待できない」が、二月か三月には五〇人ほどは吸収できるだろうという楽観的な展望を示した。[27] これから実施するという施策で、多賀谷ら社会党議員の追及をかわそうとしていた。

この第二五回国会では、一九五三年八月七日に公布、施行された「電気事業及び石炭鉱業における争議行為の方法の規制に関する法律」(スト規制法)の存続をめぐる審議のなかでも、炭鉱の失業問題が論及された。この法律は、「公共の福祉」の名のもとに、電機産業と炭鉱の労働組合の争議行為を規制するというもので、炭鉱においては、「保安の業務の正常な運営を停廃する行為」を禁止していた。一九五三年二月一三日、この法案要綱を審議していた第一五回国会参議院労働委員会では、労働省労政局長斎藤邦吉が、「石炭鉱業の国民経済の中において占める重要な国家資源であるという観点に立つて、鉱山まで破壊するような争議行為だけは御遠慮願いたい」と、この法律の必要性を説明していた。[28]この法律は、付則において、法の施行後三年を経た段階で、法を存続させることの可否について国会で議決することが明記されていたので、第二五回国会でその可否が問われることになった。結果として、同法は存続され、現在に至っている。

一一月二四日、法律の存続の可否を審議していた衆議院社会労働委員会では、参考人からの意見聴取をおこなった。そこで、炭労執行委員長原茂は、前述した第一五回国会参議院労働委員会における斎藤邦吉の発言を引用して、「石炭は国家資源であり公共の福祉である」と述べ、「石炭合理化法案が通過をいたしまして、公共の福祉であり、重大な国家資源であるにもかかわらず、これを政府みずからが炭鉱をつぶすという合理化法案を作ったではないか。従いましてこれは経営者の意思に基いて売ろうとするならば、政府が買い上げるという方針を決定しておるのであります。片方では経営者の意思によって閉山をしたり廃山をする、片方においては政府が経営者の意思に基いてその石炭山を金を出して買い上げてそれをつぶしてしまう。こういうやり方をやっておることは、公共の福祉との関連はどういうことになるのか、まことに理解に苦しむところであり、非常に矛盾をするのであります」と述べ、法の存続への反対を表明した。[29]原は、国は炭鉱を国家資源と認めているにもかかわらず、なぜ、石炭鉱業合理化臨時措置法で炭鉱を買いつぶすのかと論じている。公共の福祉に反するからという理由で労働組合のストを規制するならば、国家資源をつぶす会社側の炭鉱買収の申請も規制せよという主張である。

一方、一一月二六日、参議院社会労働委員会では、この問題について審議に入る段階で、労働情勢に関する質疑がなされ、そこで、筑豊の上添田炭鉱の争議が取り上げられた。九二〇人の労働者を抱える同炭鉱は、赤字経営を理由に整備事業団への買収を求めるが、労働組合はこれに反対し、経営再建案を会社側に提示した。これに対し、会社側は労組の提案を拒否したため、一〇月三一日以降、炭労は同炭鉱の労組への支援を傘下の各労組に指令した。しかし、一一月二〇日、同炭鉱の労組は閉山に同意し、翌日、八三〇人の労働者が解雇された。この件について、山本経勝（日本社会党）が、同炭鉱では、会社側が労組との労働協約を無視して、炭鉱の買収の申請を労組側に伏していたことを指摘して、「労働者側の同意がなければ買い上げないという法文の規定はありませんけれども、石炭合理化法が通過成立をいたしました前後の事情も御承知の通り、買いつぶしを申請した場合に、労働者側が同意をしなければ買上決定はしないといういわゆる約束といいますか、こういうものがはっきりあります」と労働省に見解を質した。しかし、労働省労政局労働組合課長山崎五郎は、「そういうような点は承知しておりませんでした」と具体的な答弁を回避した。(30) この山崎の答弁は事実に反するものであり、この点は次節の冒頭で再論する。山本は、炭鉱労働者の争議権を規制しながら、その一方では会社側の不当行為を放置するのかと抗議したのであるが、労働省側は明確な判断を示さなかったのである。

この問題は、一二月三日、参議院社会労働・商工委員会連合審査会でも論議されるが、そのなかで、労働省職業安定局長江下孝は、石炭鉱業合理化臨時措置法のもとで、「ことしの三月ごろからぽつぽつ離職者が出ており」「漸次失業者が増えて参りましたので」「十一月から以降来年の三月までに離職者に対しまして特別に公共事業、あるいは鉱害復旧事業というふうなものを合せまして合計三千三百四十七人に対します雇用、失業対策を決定いたしまして着々と関係者の間で進んでおります」と失業対策が進捗していることを力説した。(31) 労働者の争議権を規制し、会社側の不当行為を放置しているという社会党議員からの追及に対し、失業対策の展望を示して、批判の回避を図ったのである。

第二五回国会は一二月一三日に閉会し、二〇日に第二六回国会が開会した。その冒頭、第三次鳩山内閣は総辞職し、二三日、代わって石橋湛山内閣が成立する。一九五七年二月二〇日、衆議院商工委員会において、笹本一雄（自由民主党）が「石炭鉱業の長期安定という時代的課題」のために、「現存する炭鉱の合理化方策」について「縦坑、深部区域の開発、機械化と新技術導入、低能率炭鉱の集約整備問題と、それに伴う労働問題については、どういうお考えを持っておられるか」と通産相水田三喜男に対し質問すると、水田は、「今でも中小炭鉱で買収、買いつぶしてくれという要望はございますので、それを買いつぶしておりますとともに、また新しい山を今掘っておるという両方のことが行われているときでございます」と石炭鉱業合理化臨時措置法の必要性を強調し、失業対策も「ほとんど心配ない」ので、「労働問題は当初心配したようなむずかしい問題がなくて処理できるのではないか」と、楽観的な答弁をおこなった。水田は失業対策への自信を表明した。(32)

(2) 岸信介内閣

この後、体調を崩して一度も国会に出席していなかった石橋湛山は、二月二五日に内閣総辞職をおこない、第一次岸信介内閣に代わった。三月五日、衆議院商工委員会では、阿具根登（日本社会党）が、存続が決まったスト規制法を批判し、「不況の場合には、石炭の山をつぶされて失業者を出していかれる。もちろん、賃上げもできない。好況の場合には、公共の福祉による、あるいは民生の安定によるということで、ストライキもしてくれるな、こういうことになってくる」と水田の見解を求めると、水田は、「現在御承知のように、石炭界は好況である。不況のときには、この不況対策として合理化法案みたようなものを私ども準備して、業界の安定をはかる。そうしてそれによって生ずるいろいろな救済方法も考えるという措置をとったのであります」と、やはり、失業対策を十分に実施してきたという自信を示した。(33) このように、失業対策の不備を指摘する社会党に対し、政府は一貫して失業対策の万全さを強調し続けていた。政府が、こうした失業対策にその場しのぎのような答弁を繰り返してきたのは、神武景気のもとで失業者の増大を深刻に受け止めていなかったからであろう。

このようなとき、一九五七年二月に、通産省に設置された産業合理化審議会エネルギー部会（部会長　東京工業大学長内田俊一）の答申書「将来における日本の産業とエネルギー」が発表された。これは、前年二月から通産相の諮問を受けて、二〇年後、すなわち一九七五年度のエネルギー需給の見透しについて審議してきた同部会の結論であり、[34]石炭の需要は一九五五年度の四二二四万トンから一九七五年度には八一〇一万トンに倍増すると予測していた。そして、生産が需要に対応するためには「石炭鉱業の長期安定操業」が必要であるとして、「現有炭鉱の合理化」と「新鉱の開発」などを求めた。[35]また、当時、炭価の上昇により「小炭鉱の所有者も売渡しを渋る傾向」を強め、整備事業団による買収も停滞し、「事業団は解体してはどうかとの声が業界から強まって」いた。[36]神武景気のもとで、石炭需要の見通しも楽観的であった。

しかし、一九五七年後半から景気は失速し、なべ底不況と呼ばれる事態となった。不況の渦中、岸内閣は、第二八回国会に石炭鉱業合理化臨時措置法の改正案を提出し、成立させ四月二六日に公布した。主な改正点は、未開発炭田の開発に関する規定の新設、新たな坑口の開発手続きの簡素化、法律の有効期限の一九六七年度末までの延長の三点である。四月三日、衆議院商工委員会では、伊藤卯四郎（日本社会党）が、「買いつぶして整理をする法律に、開発増進計画を組み合せるということは、矛盾をしておるのじゃないか」と追及した。これに対し、通産相前尾繁三郎は、この法律は「一面においては能率的なものを開発し、一面においては非能率的なものを整備する、こういう両面を持っておる」と反論したが、伊藤は、これ以上、議論しても水かけ論だとして追及を止めてしまった。

その後、多賀谷真稔が、法律の施行時、政府は初年度から四一〇〇人を吸収できる失業対策をおこなうと明言したにもかかわらず、「道路の建設事業などというのができたのは、ごく最近ですよ。しかも、まだそれほど人を使っておらない。よくもこれほどずうずうしく言ったものだ」と、失業対策の遅れをきびしく追及した。

しかし、労働省職業安定局失業対策部長三治重信が、失業者が出るようになったのは一九五六年度からだと答弁したので、多賀谷が一九五五年度の下期には失業者が出ていると反論し、さらに参考人として出席していた石炭鉱業整備事業団理事長田口良明に対し、整備事業団に買収された炭鉱では労働者とその家族は炭鉱住宅からも退去しなければならず、「住宅問題は、一体労働者との間は円満にいっておるのかどうか」と質問した。これに対し、田口は、「私どもの方は、買い上げましたこの炭鉱住宅を、そのまま放置しておくこともできないということで、昨年の暮れに、初めて、この出ない人たちに、できるだけ一つ早く明け渡してくれという内容証明を出しました。とにもかくにも、事業団の所有権を明らかにしておく必要があるということで、出したわけでございます」と平然と答弁した。(37)整備事業団に買収された炭鉱では、労働者は職と住を同時に奪われる。そのことにより生じる生活破壊について、田口は極めて事務的にしか受け止めていなかった。

しかし、その後もなべ底不況は続く。七月一日、第二九回国会参議院商工委員会では、「石炭業界の不況問題」について参考人から意見を聴取した。その場で、大手炭鉱の業界団体である日本石炭協会の専務理事佐久洋は、石炭は「年間全体としては、大体消費、生産とのバランスが取れる」と発言、また、中小炭鉱の業界団体である日本石炭鉱業連合会の常任理事国崎真推は、現在の石炭不況は一九五三、五四年頃のような「先の見通しのつかない状況とは違いまして、先は明るい、それも遠い先ではない」と発言、それぞれ、不況脱却への楽観的な展望を示した。これに対し、炭労副委員長野口一馬は、一九五四年～五五年の「黒い飢餓地帯」と呼ばれた炭鉱不況のようなことが繰り返されるならば全力でそれを阻止するとの警戒感をあらわにし、石炭鉱業合理化臨時措置法に対し一定の理解を示している全国石炭鉱業労働組合総務部長の加藤俊郎も「この状態がさらに悪化して参りますならば、当然のことながら休廃山の状況はさらに増加するでありましょう」との予測を示した。(38)なべ底不況下の炭鉱の不況については労資双方で認識を異にしていたが、結果的には労組側の予測が正しかったことになる。

こうした不況の渦中にもかかわらず、七月三〇日、産業合理化審議会は炭鉱の合理化基本計画を決定した。通産省はこの計画で、一〇年後の一九六七年度の出炭量を六九〇〇万トンとするという目標を設定し、今年度の目標を五三五〇万トンとした。これに対し、大手炭鉱業界は「電力始め各産業の石炭引取り量は意外に少く、年間荷捌の見込みはせいぜい五〇〇〇万トン程度とみる説が有力」で、「通産省の見込みはあまり甘すぎて話にならない」と反対したものの、結局「通産省の面目をつぶしてまで反対はまずい」と、将来的に大量の貯炭をかかえることを承知のうえで、この計画を認めてしまった(39)。

このような安易な計画のもと、一九五八年の後半から景気は回復し、岩戸景気と呼ばれる好景気となるが、炭鉱の不況は回復しなかった。一〇月二三日、第三〇回国会の衆議院商工委員会では、多賀谷真稔が、「ソフレミン報告書」を引用して、炭鉱政策について質問をしている。この報告書とは、一九五七年四月〜一二月、フランス鉱山試験協会（ソフレミン）が、日本政府、日本生産性本部、国際復興開発銀行の依頼を受け、日本の石炭鉱業の現状と将来に関して調査した文書であり、通産省石炭局と日本石炭協会により翻訳され、一九五八年四月に公表されていた。ソフレミンの調査団は、「主要炭鉱」一六、「小炭鉱」三〇を現地調査したうえで(40)、「貴重な石炭資源は国民的資産であり、この見地から国が石炭鉱業の繁栄を保護すべき責任を持つと同時にコントロールの権限を持つ」と明言し、その継続的安定の必要性を強調し、中小炭鉱に対する政府の援助も求めた。具体的には、中小炭鉱の合理化のため隣接する炭鉱の組合化を図ること、組合が設立できない場合は中小炭鉱事業団を設立し、政府が援助、指導すること、政府の資金援助で中小炭鉱の低賃金を是正することなどを提案していた(41)。

多賀谷は、報告書が石炭産業の継続的安定性を強調していることを重視し、「労働省の方も、最初は石炭合理化法案に基く失業者は国が何とか見ると言っておりましたが、法律ができて一年も二年もしますと、今まで石炭の合理化法にかけられて首切られた人々には、マル石といって特別の失業対策をやってくれておりましたが、それもなくなる。……（中略）……こういう状態で、政府が法律を作るときと実際のその後の実施というものに画然たる差があるわけです」と、政府の対応は「ソフレミン報告書」の趣旨に反していると指摘した。[42]しかし、一〇月三一日、参議院商工委員会で、通産省石炭局長樋詰誠明は、石炭不況への対策として五％の生産制限、貯炭融資、重油と輸入石炭の抑制とともに非能率炭鉱の買収の促進をあげ、「ソフレミン報告書」の提案は生かされなかった。[43]そして、以後も、「ソフレミン報告書」の主張が政府により重視されることはなかった。[44]政府が依頼した調査の報告書の内容の実施を政府自らが放棄したのである。

第三節 深刻化する筑豊の失業問題

（1）買収による閉山の進行

石炭鉱業合理化臨時措置法案が第二二回国会で審議されていた一九五五年七月二一日、衆議院商工委員会で答弁に立った通産省石炭局長斎藤正年は「労働者側もある程度納得いたしませんければ買い上げはいたさない」と明言していた。[45]すなわち、労働組合が同意しなければ整備事業団による炭鉱の買収、閉山は強行しないということであり、前述した一九五七年一一月二六日の参議院社会労働委員会における山崎五郎の答弁は虚偽であった。この斎藤の答弁を受けて、炭労は、一九五六年一月二六日、大手炭鉱の労組に対しては炭鉱買収阻止の指令を発するとともに、中小炭鉱の労組に対しては会社側に「売山は一方的に行わない」ことを要求し協定を結ぶことを指令した（『西日本新聞』筑豊版、一九五六年一月二七日）。また、全炭鉱は、売山反対という考方は炭労と変わらないとしつつ、労組が「売山もやむをえないと認めた場合はこの限りではな」いとの条件を付していた（『西日本新聞』筑豊版、一九五六年二月一三日）。しかし、現実的には、炭労傘下であろうと、全炭鉱傘下であろうと、中小炭鉱では炭鉱の経営そのものが破綻している場合は、労組も売山に同意せざるを得なくなる。以下、石炭鉱業整備事業団による買収で閉山した筑豊の中小炭鉱の実態を見ていこう。

一九五六年一月一日、『西日本新聞』筑豊版は「竪坑時代に入った筑豊炭田」と題し、石炭鉱業合理化臨時措置法のもとで、炭鉱の合理化が進行する筑豊炭田の将来像を展望し、「目ぼしい大手炭鉱をズラリと見渡したとき竪坑を持たないヤマは早くて五年、おそくとも廿年後には〝上りヤマ〟となって消滅するだろうといわれている」「六百メートルないし千メートルの地底に残る優秀炭を竪坑で掘上げるヤマだけが百年の繁栄を約束されている」「炭鉱の合理化は人力が節減されるので竪坑はヤマの労働者の生活権をおびやかす恐い存在でもある」と、竪坑を建設できる資金力のある炭鉱のみが生き残れると論じた。

また、一月一四日付『朝日新聞』筑豊版が掲載した紙上座談会「今年の筑豊炭界はどうなる?」においても、中小炭鉱である深田鉱業の専務理事深田正人は「立坑〔竪坑〕開発などを中心にした合理化法は中小鉱には頼りにならない。現に資金がだぶついている銀行も中小業者には良い顔をしてくれない。中小鉱関係者として明るいか暗いかと問われれば、やっぱり暗いと答えるほかない」と、中小炭鉱の苦境を語っている。どちらも、景気が好況に転じたなかで迎える年頭の記事としては、あまりにきびしい内容であるが、現実は、この記事以上に深刻になっていった。

年頭に当たり、田川市にある福岡銀行伊田支店の支店長も「炭界金融面の動きから現在の景気は当分続く」と予測するが、それは「弱小炭鉱が整理され、石炭の供給が減って需要増」となることが前提であった（『毎日新聞』筑豊版、一九五六年一月一〇日）。一見すると、石炭業界も好景気のようであっても、それは、石炭鉱業合理化臨時措置法で経営が苦しい炭鉱の買収、閉山をともなうことであり、けっして業界全体の経営が潤っていたわけではない。飯塚、直方、田川の各公共職業安定所管内の失業保険受給者数は炭鉱不況の渦中にあった一九五四年二月に比して「減る一方」ではあるが、それは失業保険金の期限切れで日雇い労働者に転じた者が増えたからに過ぎなかった（『毎日新聞』筑豊版、一九五六年二月二五日）。好景気の「ブームの谷間にあえぐ失業者の救済に職安や福祉事務所は躍起となっている」現実があり（『毎日新聞』筑豊版、一九五六年八月二二日）、また、「石炭合理化法にともなう相次ぐヤマの閉鎖は赤字財政に悩む筑豊市町村の財源をおびやかし、さらに窮地に追い込んでいる」という現実もあった（『毎日新聞』筑豊版、一九五六年八月二五日）。一九五六年の筑豊の炭鉱は好景気と合理化による失業というふたつの顔を見せていた。

こうしたなか、二月一五日、整備事業団への買収による閉山の対象となっていた直方市にある木曾鉱業本洞鉱業所の閉山に労組も同意した。同労組は「いったんは反対闘争に立上がり、生産管理を決意したが、炭鉱の寿命や坑内水問題など悪い立地条件を知りつくしているだけに無意味な闘争に終ることを恐れ、石炭合理化法という悪法にうらみの涙をのんで閉山やむなし」と了承したのであり（『西日本新聞』筑豊版、一九五六年二月一六日）、労組長は「合理化法は悪法であり反対ではあるが、閉山はやむを得ない」と苦渋の決断をした（『毎日新聞』筑豊版、一九五六年二月一六日）。同鉱業所の労働者数は四八〇人であり、七年勤続の五六歳の労働者は「停年すぎては他の山で雇ってはくれない。日雇い人夫で働き足らない分は生活扶助で暮さねばならない。それにしても五人家族でドン底生活に落ちるのだと思うと」と涙ぐんでいた（『朝日新聞』筑豊版、一九五六年二月一五日）。

会社側と労組側で合意した退職条件は、退職手当金と予告手当金合計で最低一万円、最高一三万円、平均二万円というものであったが、資金繰りがつかず、二月二一日の閉山段階で支払われたのは予告手当金の三割に過ぎず、残りは社長が金策に奔走して三月五日に支払うこととなった（『朝日新聞』筑豊版、一九五六年二月二二日）。同鉱業所の閉山は、石炭鉱業合理化臨時措置法によるものとしては、「筑豊で最初」の事例となった（『筑豊タイムス』一九五六年二月一五日）。

そして、「筑豊の中小鉱群にとっては、木曾本洞鉱が合理化法で買上げられる見通しがついたことは法適用の基準を実地に自ら示したこととなり、これを目安として閉山するヤマが多くなる」（『西日本新聞』筑豊版、一九五六年二月一七日）と推測され、その推測のとおり、三月三〇日には野上鉱業の本洞鉱業所も閉山を決定、労組もこれを承認した（『西日本新聞』筑豊版、一九五六年三月三〇日）。同鉱業所の労組長は「経営上の数字に疑義があってもこのまま継続したらいよいよ赤字がかさむし一昨年一割賃金切下げ以来労使協調してやっと黒字になったところで、退職諸条件を有利に獲得したい」と述べ（『毎日新聞』筑豊版、一九五六年三月三〇日）、閉山反対闘争から退職の条件闘争への転換を表明した。ある労働者の妻は「この地区は失業者の巣になるでしょうね」と将来を絶望した（『朝日新聞』筑豊版、一九五六年三月三〇日）。

さらに、続けて原口鉱業の本洞鉱業所の閉山も決まり、「木曾、野上、原口本洞炭鉱の閉山で三山六十余万坪の本洞鉱区が七十五年の歴史を閉じることになり炭都直方市も旧市内ならほとんどを、植木を入れての新市内なら全出炭量の三分の一を失うことになり、残るは鉱害、廃墟ばかりという近い将来の炭都の姿を思い起させて関係者を嘆かせ」る事態となる（『毎日新聞』筑豊版、一九五六年四月五日）。

四月の新学期を迎えても「木曾、野上、原口の三鉱業所を失職した炭鉱マンは約千世帯で約百名が今年新入学児として入学したはずだが、入学式もすんで二週間まだ一度も学校に姿をみせないもの、欠席がちの児童は約三十名近く」に及んだ。ある児童の父親は、「四年働いて退めた時にもらつた金はわずかなものだつた。稼働中には手取で八千円くらいにはなつていたが、それも前借□〔判読不能〕借を引かれて持つて帰るといえば五円、十円、時には無一文の時すらあつた。こういう状態だつたから辞めた時の解雇手当も手元に残らなかつた。だからカバンやノート、鉛筆、まして服などは手の出るわけもない、この長屋では一日二食が常識とされる位だ」（『筑豊タイムス』一九五六年四月一九日）と窮状を訴えた。また、三鉱業所の閉山により直方市の生活保護世帯数は増加し、木曾鉱業所を退職した四五歳の労働者は「退職予告手当は一万七千余円だがこの金も外の人たちと同じように借金の返済で手許は無一文。その後は失保金七千余円が唯一の収入、しかしこれで八人の家族が生活しなければならないのだ。売り喰いの時代はすでに過ぎている二年も三年も前に。家財といえば綿のはみ出た破れた布団二組と、ひびの入つた茶わん、鍋、釜、七輪だけ」という状況であった（『筑豊タイムス』一九五六年四月二二日）。

五月に入り、通産省石炭局と福岡通産局は閉山した本洞地区の三鉱業所の失業者の実態調査を実施した。その際、両局の事務官は「経営者の意向を聞いたが各鉱ともほかに山を持つており、受入れに努力している。離職は三山で約千二百名に上つているが退職金の見通しもボツボツついているようだし七、八〇%を転換できるのではないかと思う。しかし現実には前借金で転換できないものや、転換先の状況がわるく地元から離れたくない、六ヵ月の失業保険金受給期間がある、落着いて考えようなどまちまちで、容易なことではないと思うが思つていたほど悲観的ではない」と楽観的な感想を述べていた（『筑豊タイムス』一九五六年五月一一日）。これに対し、五月二六日、失業者で組織する木曾本洞炭鉱互助会の代表が上京し、国会、労働省、石炭鉱業整備事業団などに特別失業対策事業の即時実施、貧困家庭の援護救済、税の免除などを陳情した。同会の調査によると、閉山後、一九五五世帯中就職できたのは一二世帯、失業保険の切れる八月までに就職見込みのある者は二九世帯、就職に見込みのない者は六四世帯。すでに生活保護を受けている者は一五世帯、失業保険が切れれば生活保護を受けなければならない者が四〇世帯に及んでいた。五月二〇日におこなった九州大学仏教青年会の巡回検診では一七六人中六八人が内科疾患で、そのうちの一五％が結核であった。また、一五九人の児童のうち一〇八人までは給食費を払えず、一割は学校に行っていないという。互助会代表は「合理化法で石炭産業は若返つても、犠牲になつた鉱員とその家族は浮かばれない。政府に強くこの実情を訴える」と語った（『筑豊タイムス』一九五六年五月二九日）。

さらに、その後、門寺鉱業の本洞鉱業所も閉山し、八月、向野丈夫直方市長も「破産寸前の財政ですでに予算の三分の一を失業者救済につかつている。これ以上市の力ではどうにもならない」と慨嘆するに至った（『筑豊タイムス』一九五六年八月二日）。

こうした実情は直方市のみの問題ではない。飯塚公共職業安定所管内でも、七月に入って「石炭合理化法による買上げを申請して閉休山するヤマが出はじめ」、一八日までに五鉱、六〇〇人の失業者が離職届を同所に提出し、七月中にはさらに四〇〇人が失業すると予想されていた。同所には炭鉱からの求人が二〇〇人分も届いているのだが、「求人側は前歴のある鉱員より素朴な農村青年を好み、閉山による離職者はほとんど不採用になってい」た（『朝日新聞』筑豊版、一九五六年七月一九日）。

こうしたなか、七月には福岡県は副知事の山本兼弘らを上京させ、政府に対して炭鉱の失業対策について交渉した。山本は、七月一七日に次のように交渉の結果について語っている。

石炭合理化法にもとづく買上申請は三十数坑からだされているが、このうち約半数はすでに休山、賃金未払問題や退職金、離職金もないという有様で深刻な失業問題を描き出している。県でも、木曾本洞、野上、原口三鉱が休山している直方地区の状況がもっとも深刻で、千七百名の失業者をだしている。県としては全面的に国の責任で処理せよと強く要請しているが、……（中略）……現実的には六ヵ月間の失業保険金の給付もすでに八月できれるヤマもあらわれ、生活保護法の問題さえ起っている。八月中になんとか解決方法をつけなければ間に合わぬ問題だ。中央でもようやくこの緊急事態を認識、自民党政調会では二十日関係各省をまねいて対策を協議するとともに二十五日、六日現地調査に来県する予定だ。……（中略）……さらに県としては賃金未払いの早期解決のために買上金の先払いについても強く要請してきたが、買上単価の問題でひっかかっている。この買上価格問題と鉱害復旧問題調査のため衆院商工委員会小委員会も三十日ごろ現地調査の予定だ（『西日本新聞』筑豊版、一九五六年七月一八日）。

山本に同行した直方市長向野丈夫も木曾本洞鉱など三鉱の閉山で発生した失業者のうち再就職できるのは二〇〇人程度だという実情を政府に訴えた（『西日本新聞』筑豊版、一九五六年七月二一日）。七月二三日付『西日本新聞』筑豊版は石炭鉱業合理化臨時措置法により直方、飯塚地区は失業者が約三〇〇〇人に達し、年内には一万人に及びそうだとの見通しを示し、土屋香鹿福岡県知事や向野直方市長は「合理化法による失業者救済は国の責任だ」と交渉しても「炭界好況のカゲにおどらされている中央機関はなかなか腰が重」く、知事らは不満の表情だと報じたが、その直後の七月二五日、大蔵省と労働省の担当者ら七人が直方市役所を訪れ、向野をはじめ、二瀬町長、田川郡福祉事務所長らから「ふろもわいていない。子供たちに学用品も買ってやれぬ。子供は学校に行かないし五円の小遣をせがまれても身を切られるような思い」という「筑豊各地の合理化法による失業者の実態」を聴取した（『毎日新聞』筑豊版、一九五六年七月二六日）。そして、七月二九日には、自民党政調会が筑豊の炭鉱合理化の実態視察を開始した。これには政調会労働部長大坪保雄以下、自民党所属の国会議員七人が参加した（『西日本新聞』筑豊版、一九五六年七月二八日）。危機感を高めた福岡県の強い要請がようやく自民党を動かしたのである。

この自民党政調会の視察に先立ち、七月二五日には小熊大蔵省主計官が、二七日には山本県労働部長が、そして二八日には副知事の山本が直方市を訪れている。副知事の山本は「自民党政調会一行の来県前に現地状況をみたいと思ってやってきた」「本県としては総額十七億一日平均三千人就労の公共事業を起してもらいたいと申請している」と述べ、自民党政調会の視察への期待を語っていた（『西日本新聞』筑豊版、一九五六年七月二九日）。

こうして福岡県の期待を受けて実施された自民党政調会の視察報告書には「石炭鉱業合理化に伴う失業情勢は放置し得ない事態になつて来た。昨年の第二十二国会で石炭鉱業合理化臨時措置法が成立したとき、一番惧れられたことが、否応なしに現実の解決を迫つて来た」と調査に着手した理由が説明されていた。同法案審議の際、鳩山一郎内閣の閣僚は異口同音に社会党議員に対して失業対策は万全であると豪語していた。しかし、自民党は、それが虚偽であったことを自ら認めざるを得なくなっていたのである。さらに、「労働政策は社会党の専売特許であってなるものか」という社会党への対抗意識も強く作用していた。自民党も炭鉱合理化政策下の失業問題から目をそらすことはできなくなっていた。

一行は、福岡県庁で、福岡県、佐賀県、長崎県の担当者から説明を受けるが、七月一五日現在の筑豊の炭鉱合理化による被解雇者数について、各公共職業安定所の調査では、直方地区で一一二三人、飯塚地区で六三三人、田川地区で三九五人、香椎地区で三三九人、八幡地区で三一三人、合計二八〇三人に及び、そのうち「対策を待ちわびる者」は二一四九人であるとの報告を受けている。さらに、坑木業者や炭鉱周辺の商店などで、合理化の間接的な影響を受けた失業者は、直方地区で二〇〇人、田川地区で一八〇人、飯塚地区で一七〇人に達するという報告も受けている。一行は「政府与党の慈雨を期待する声は一層切実」だと受け止めた。

翌三〇日、一行は筑豊の閉山した炭鉱を訪れた。糟屋郡宇美町の武内炭鉱では、「荒れ果てた炭住を眼下に、屋根だけのある建物に直射日光を避けて」前組合長の陳情を受けた。「荒廃に任された社宅は、買上申請と同時に電気も水道も、とめられるとのこと」をはじめて知り、一行は「東京では矢張り想像も出来なかつた」と驚く。次いで、一行は田川市役所を訪れ、同市では石炭鉱業整備事業団に買収された炭鉱から二七七人の失業者を出し、同市の生活保護受給率は五・七％（県下平均二・三％）に及び、閉山にともなう市民税、固定資産税、鉱産税、電気ガス税などの減収で同市の実質赤字額は一億二〇〇万円に達しているという報告を受ける。さらに、三一日は飯塚市役所を訪れ、同市での対策を必要とする炭鉱失業者が一〇六一人に達するにもかかわらず、通勤可能な地域からの求人はわずかに六五人に過ぎない現実に接している。その後、訪れた直方市役所でも、閉山による失業者一一六一人に対し、就職見込み推定者は二〇四人に過ぎないという報告を受けている。飯塚、直方両市役所で受けた報告の失業者数は公共職業安定所の報告のそれに比し、より深刻な数字になっていた。

視察を終えた一行は「炭鉱地帯には既に合理化以前に相当量の失業者が滞留して居」ることを知り、「彼等をも、合理化に伴う失業者とともに救済する必要がある」ことを認めた。これは、石炭鉱業合理化臨時措置法案の審議の際に社会党両派から追及されたにもかかわらず、当時の鳩山内閣が無視してきた問題であるが、現地を見た自民党の調査団は、それを認めざるを得なくなったのである。しかし、その一方では、きびしい現実に直面しながらも、調査団一行は、炭鉱失業者の「失業保険金より多少、多い程度の賃金では立ち上ろうとしない憂うべき傾向」を指摘し、「教育の必要」を求めるなど、失業者側に責任を転嫁する姿勢も示していた。(46)この視察がどこまで現状を把握できたのか疑問が残る。(47)

調査団の大坪らは、八月二日、新聞の取材に対して、「廃山などによって生じた炭鉱失業者の実態はまことに気の毒だ」と語り、具体的な対策案を示していた。それは八月〜一〇月の三カ月間に一日就労約二〇〇〇人を目標とする一般の失業対策事業に炭鉱失業者を吸収し、費用総額の八割を国が負担、二割を県と地元の市が負担する、一一月以降は遠賀川改修工事、国道建設工事などの国の直轄事業や、県の北九州総合開発五か年計画の公共事業等で一日平均三〇〇〇人程度の失業者を吸収するというもので、さらに、福岡県にも失業者の他産業へ配置転換の斡旋、自営業への転換希望者への国民金融公庫の資金活用、再就職のための職業訓練など非常態勢をとることを求めた。そして、大坪らは「小ヤマの廃山などで大企業も当然発展するのだから、新鉱開発などのさいにはできるだけ炭鉱失業者の吸収に協力してもらいたいし、知事、副知事なども各ヤマ元をわらじ、きゃはんで回って、再就職をあっせんするなど熱意を示してもらいたい。とにかくこの問題は政調会労働部でやるか、特別に小委員会を設けてやるか、いずれにしても責任をもってやっていく」と、積極的に取り組む意思を示した（『西日本新聞』筑豊版、一九五六年八月三日）。

また、これに呼応するように、福岡県の山本副知事も八月三日に「県としては今月十五日から直方地区などの炭鉱失業者中失業保険がきれる人々にただちに失対事業に就労してもらえるよう打合わせをしている」と語り（『西日本新聞』筑豊版、一九五六年八月四日）、二〇〇〇人の受け入れへの展望を示した（『毎日新聞』筑豊版、一九五六年八月五日）。こうして、八月一六日から直方市の木曾、野上、原口の三炭鉱の失業者を吸収するための一中泉小学校運動場拡張工事が始まるが、初日に就労したのはわずかに一四人であった（『西日本新聞』筑豊版、一九五六年八月一七日）。就労者が少ない理由は、一世帯から一人しか就労を認めず、しかも、一日の収入が失業保険金より低い二五〇円に設定されていたからである（『西日本新聞』筑豊版、一九五六年八月一七日、『毎日新聞』筑豊版、一九五六年八月一七日）。これでは失業者を救済することは難しい。まさに「現実離れした〝救済対策〟」であった（『朝日新聞』筑豊版、一九五六年九月八日）。

したがって、直方市の本洞地区では、再就職できず、失業保険金を受給しながら「炭住街に残ってほそぼそと生活して」いる者が、一〇月になっても六〇七人も存在していた（『西日本新聞』筑豊版、一九五六年一〇月一一日)。九月に同地区を視察した山本副知事は「死の炭住街だ」と驚きの声を上げていた(『筑豊タイムス』一九五六年九月九日)。

そこで、一〇月一〇日、田中県都市計画課長らが直方市を訪れ、本洞地区で現地調査をおこなった結果、総事業費三四八〇万円で一一月から街路整備や公園整備などの着工を決め(『西日本新聞』筑豊版、一九五六年一〇月一一日)、一二月二〇日開会の福岡県議会に炭鉱失業者対策に約四億円を計上するが(『毎日新聞』筑豊版、一九五六年一二月一四日)、自治体だけでの対応には限界があることは明らかであった。

一一月一九日〜二一日に東京で開かれた全国市長会評議員会に筑豊を代表して向野直方市長が出席し、その際、失業者密集地帯の炭鉱、閉鎖基地、塩田、繊維などの関係市の二九市長だけが出席した失対特別協議会で「対策事業費の全額国庫負担の要望」を政府に提出した。しかし、これに対する政府の対応は「仕事の能率を上げることによってこれをカバーしたい」という程度のものであった(『筑豊タイムス』一九五六年一一月二八日)。その後も直方市議会議長西村房雄が、直方市の失業対策費、生活保護費は総予算額の二八%を占めているので、来年度から失対事業費全額国庫負担を要望すると述べているように(『筑豊タイムス』一九五六年一二月四日)、全額国庫負担による炭鉱の失業対策の実施は、炭鉱失業者の増加のなかで、地元自治体の切実な声となっていた。

一方、社会党でも多賀谷真稔ら衆参両院議員三人が八月二一日、直方市を訪れ、原口、木曾、野上三鉱の失業者や鉱害被害者ら六〇人と膝を交えて懇談した。そこでは、失業者から「現在行われている特別失対事業は一世帯一人しか就労できないため、わずか二百五十円の賃金では四、五人もいる家族の生活は維持することはできない」との発言があり、多賀谷は「われわれは合理化法による失業者は失対事業としてではなく、賃金の高い公共事業に吸収すべきだと考えており、公共事業のワクをとることに努力する」と答えている(『西日本新聞』筑豊版、一九五六年八月二二日)。ただ、この場では、閉山により水道が止められ、井戸も枯れ、農薬が混じっている灌漑用水を飲んでいる実態や、石炭鉱業整備事業団に買い上げられて、炭鉱住宅に住むことができなくなることへの不安など、急を要する深刻な現実も報告されていた（『毎日新聞』筑豊版、一九五六年八月二二日）。

もちろん、石炭鉱業合理化臨時措置法による閉山は直方市のみの問題ではない。福岡県内では、一九五六年一二月までに一七鉱の買収、閉山が決まり、二二鉱が売山の申請中であった。九州炭鉱労働組合福岡地区事務所では、当初、一九五七年四月までが売山の申請期間であるので、四月頃には県下で八〇〇〇～一〇〇〇〇人の失業者が生まれると予測していた（『毎日新聞』筑豊版、一九五七年二月二日）。

一九五七年に入ると、当初は「筑豊炭田は神武景気で息を吹きかえした」という評価もなされたが（『毎日新聞』筑豊版、一九五七年三月一六日）、すでに述べたように、一九五七年の後半から日本経済はなべ底不況に突入する。貯炭が増え、夏には「石炭好況の筑豊経済界にもようやく秋風がたちはじめ」（『毎日新聞』筑豊版、一九五七年八月二〇日）、秋には「好況の石炭業界も峠にさしかかり、中小鉱に一部そのきざしが現れ始め」た（『毎日新聞』筑豊版、一九五七年一〇月五日）。

すでに石炭鉱業合理化臨時措置法施行以前に閉山していた嘉穂郡二瀬町の相田地区は、「無数の廃坑と盗掘坑、点在する炭住は住居とは名ばかりの戸、障子さえ満足でないものばかり。ここにはざっと二百五十の保護世帯がある。全住民の七割までがドン底の生活者。二十八年の石炭不況でたたきのめされ、〝神武景気〟にも完全に見放された。住民の大半は元鉱員、彼らの生活はざっとこんなものだ。吹き抜けの六畳板張りに親子七、八人がセンベイぶとんの雑魚寝。家財道具なんてしゃれたものは皆無。食いしろは生活扶助料と子供まで動員しての石炭拾い。ほとんどが不就学児童だ。飯塚署少年係が一番手をやくのもここ。治安の面からいえば人身売買と犯罪の巣とまでいわれている」という惨状を呈していたが、相田地区と「同じようなスラム街は筑豊で二十をくだらない。児童憲章なんてホゴ同然、人権をはなはだしく軽視された悲しい現実」が多発していた（『西

日本新聞』筑豊版、一九五七年一二月四日)。

そして、一九五八年になると、「年明けから炭界の不況が真剣に言われ」るようになり(『西日本新聞』筑豊版、一九五八年一月三一日)、飯塚石炭事務所管内でも一九五八年に入ってから七鉱が休山、四鉱が石炭鉱業整備事業団に売却され、さらに五鉱が売却に出された(『西日本新聞』筑豊版、一九五八年六月四日)。飯塚公共職業安定所は筑豊の炭鉱の閉山と失業は「社会問題化するだろう」と予測した(『毎日新聞』筑豊版、一九五八年六月二五日)。

田川労働基準監督署の調査でも、田川市郡における一九五八年に入ってから休廃山した炭鉱は九鉱に及び、二〇三〇人が失業している。田川地区の市町村からは「政府は一日も早く根本的な炭鉱失業者対策をたてるべきだ。このまま放置しておくと大きい社会問題となる」という声が上がっていた(『毎日新聞』筑豊版、一九五八年七月一〇日)。飯塚公共職業安定所でも、一〇月～一一月に、石炭鉱業合理化臨時措置法による失業者のほとんどが失業保険金給付を打切られるため、その実態調査をおこない、同職安管内だけで失業保険金を打切られるとその日から困る失業者は一四三人にのぼることがわかり、「炭界は不況にあえいでおり、小ヤマなどから鉱員募集はあるにはあるが、家族や住宅問題で最近の就職は非常に困難性をともなっている」ため、「この失業救済のための公共事業その他の対策を早急にたてる必要があると頭を悩ましてい」た(『毎日新聞』筑豊版、一九五八年八月七日)。

こうしたなか、九月一六日、「大手中心の不況対策の恩恵からはずされている中小炭鉱をどうして救えるか」の研究を目的に通産省石炭局長樋詰誠明が嘉穂郡二瀬町の日鉄二瀬鉱、幸袋町の加茂炭鉱を視察したが、そこで、樋詰は「いまのところ打開対策はないのが実情」と本音を吐露した。続けて、樋詰は「まあ出炭制限以外に打つ手はないだろう。それかといって現在増加している失業者をそのまま放っておくわけでなく、労働省や厚生省などに交渉して、事業予算をふやすように努力して、政府の失対を炭鉱重点にするとか、鉱害復旧で失業救済をする方法を考えている。今後は石炭政策を中小鉱の中心地である筑豊、北九州の実態を念頭に置いて進めて行きたい。一方、中小鉱の不況は経営者自身のやり方による場合も多く反省が必要。経営の合理化と販売ルートの確立をもっとしっかりやってもらいたい。対策の議案としては、中小鉱が最も恩恵に授かる貯炭機関的なものも考えている」と具体案を示すが（『筑豊タイムス』一九五八年九月一八日）、中小炭鉱経営者にも反省を求めるなど、炭鉱合理化政策を進める政府の担当者としての責任感を欠く認識を露呈した。

福岡県でも、一一月一九日に失業対策本部が関係部課、石炭鉱業整備事業団側と「炭鉱失業者の実態」について情報交換をおこない、救済策について協議したが、そこでは、「離職者が集中的に大量発生している直方、飯塚、田川などの筑豊地区には、失業者を集団的に吸収する公共事業が少ないこと、また失業者は世帯主で年配者が多く転職も容易でないなど問題が多い。さらにこれらの失業者には居住する炭住街からの立退き問題、水道の不備、電灯の断線、不就学児童の激増など深刻な問題が山積して、急速な解決は困難な見とおし」という結論に至っている（『毎日新聞』筑豊版、一九五八年一一月二〇日）。一二月一二日に厚生省の担当者に田川郡内の「炭界不況と、生活保護の状況」を説明した県田川福祉事務所は「石炭鉱業合理化法実施で閉山が生んだ戦後最高の失業者群はナベ底景気に追っかけられ、生活保護世帯に転落続出の実情」だと述べ、「糸田町では、真岡炭鉱の閉山で、同町三千世帯のうち二割五分に当たる八百世帯が失業する深刻さ」「失業者の求職数（一万八千七百人）にたいし、求人はわずかに四割の四千八百人と働きたくても職場がない」現状を訴えた（『西日本新聞』筑豊版、一九五八年一二月一五日）。国にとっても、県にとっても、なべ底不況下、有効かつ早急な炭鉱失業者の救済策は浮かばなかった。

それゆえ、「再び暗い谷間へ!!　この人たちをどうする」（『筑豊タイムス』一九五八年一〇月三〇日）、「炭界不況“暗い谷間”再現」（『筑豊タイムス』一九五八年一一月二五日）と、筑豊の中小炭鉱に対する「暗い谷間」という表現が復活した。まさに、筑豊炭田は「はい上れぬ〝なべ底〟」にあった（『筑豊タイムス』一九五八年九月三日）。一二月二八日付の紙面で、筑豊の一年を回顧した『毎日新聞』筑豊版は、「炭鉱には文字通り多難なこの一年であった。値下りと貯炭のヤマに追いまくられて、各社とも赤字経営にあえぎ、中小鉱では賃金欠配から企業整備、閉山へと不況が進行し」、筑豊四市三郡では、一一月末段階で閉山が五〇鉱、失業者が七一六〇人に及んでいると報じ、「至るところに生活の暗い谷間ができた」と述べていた。

(2) 閉山後の住宅問題

炭鉱の買収による閉山は単に仕事を奪うだけではない。労働者とその家族は石炭鉱業整備事業団より炭鉱住宅からの立ち退きを迫られる。前述したように、閉山は労働者から職と住を奪う結果になる。これまでは、炭鉱が閉山すると、水道や電気は止められるが、炭鉱住宅に住むことは許容されていた。また、自治体と九州電力とが協力して正月を前にして電灯を付けるなどの配慮もしてきた（『毎日新聞』筑豊版、一九五六年一二月二九日）。しかし、石炭鉱業整備事業団に買収された場合、炭鉱住宅も事業団の資産となり、このような許容や配慮が可能かどうか、閉山が決まった炭鉱の労働者には大きな不安となっていた。「炭鉱を買上げた後、その管理はだれがするのか、炭住街に住む鉱員の立退きはどうするか」ということが「悩みの種になろう」と、法の施行当初から予想されていた（『朝日新聞』筑豊版、一九五六年一月一八日）。

前述した一九五六年八月二一日に直方市で開いた社会党と本洞三山の失業者との座談会でも、「炭鉱から飲料水をうけていたがこれが中止されたとえ市の水道の水をもらっても高地区まで届かない。五戸に一つの井戸があるがこれも枯れており、やむなくかんがい水を飲んでいる。農薬がまじっていると危険であり、飲料水問題をぜひ解決してほしい」「事業団は買上げた炭住を他に売却するというが離職者は住む家もなくなり住宅問題をなんとかしてほしい」(『毎日新聞』筑豊版、一九五六年八月二二日)、「こんなに就職が長びくとは最初考えなかつた。今になつて職もなく引越しするにも家がない。また職があつても相手が中小鉱のため炭住が完備していない。家さえあれば就職問題が解決する人も多い」(『筑豊タイムス』一九五六年八月二三日)など、不安が訴えられた。これに対し参議院議員の吉田法晴は「炭住を市当局に買つてもらうことも一つの案だが、事業団が追立てを食わすようなことはあるまいと思うし、そうはさせない。この問題は対策を練る」と答えている(『筑豊タイムス』一九五六年八月二三日)。以下、この問題について、当時の市議会の議事録が残されている田川市の場合について検討していく。

石炭鉱業合理化臨時措置法案が国会で審議されていた一九五五年五月二三日、福岡県田川市議会では「失業者は激増の一途を辿つているとき国は石炭企業の合理化と云う美名に隠れ石炭鉱業合理化臨時措置法の制定を策している」「この法案は企業家擁護の立法であつて勤労大衆には悪法であると云つても過言ではない」「この法案が国会を通過すれば失業者の激増に更に拍車をかける結果となることは必至である」という理由で、全員一致で法案成立反対を決議している。[48] 炭鉱の廃山、失業者の激増は、生活保護費の増加、鉱産税の減収などで田川市にとっても財政上、大きな打撃になる。当時の市長坂田九十百《つくも》が自ら炭鉱勤務の経験を持つ日本社会党員であったように[49]、田川市政への社会党の影響力は大きかった。田川市議会として、法案反対の決議に至ったことは当然でもあった。そして、法律成立後、田川市議会の不安は現実のものとなった。

まず、問題化したのは、前述した石炭鉱業整備事業団に買収されて閉山した炭鉱の住宅の扱いである。一九五八年三月二二日、市議会で佐々木義憲が「今事業団から既に立ち退き命令を出されています田中、長尾、室井の二百五十四戸で一千二百人。今後予想される籾井、野上、八百五十戸三千人位に対する施策がどうなされていくか伺いたい」と発言し、「昨年九月以来電気を切られた室井鉱業所の者は六十人からの児童を抱えておりまして、毎日ローソクの生活をしている」「病んでいる自分の子供が電灯がないために何時死んだかわからない、朝起きたら冷たくなっている自分の子供にとりすがって泣崩れた」と、電気も切られた炭鉱住宅の生活の現状を訴え、坂田市長に対策を求めた。これに対し、坂田は、市が事業団から住宅を買い上げて利用者に分けるという「トンネル式な取り扱い」により対応したいと答弁した(50)。

ここで、佐々木が、閉山が予測されると述べた籾井炭鉱は、同年九月に閉山した。一〇月二四日、市議会厚生労働委員会は「籾井地区に対する送電方幹《ママ》施依頼について」の請願について審議し、籾井炭鉱の社宅に住む三〇〇世帯の閉山にともなう送電停止に関して所管課長から、社宅街に籾井炭鉱の負担で電気メーターを取り付け、配線、電柱などの施設は無料貸与する、一〇月一日以降、居住者は家庭用以外には電力を使用せず、使用電気料金は籾井炭鉱に支払う、籾井炭鉱の責任で一日六時間半の給水を続けるという条件で会社側と合意できたとの報告を受けている(51)。しかし、こうした措置は一時的なものである。閉山し、退職手当が支給されてから一定期間が過ぎると、労働者とその家族は炭鉱の社宅から退去しなければならない。一二月一五日、市議会で再び、この問題が議論された。

厚生労働委員長中須賀由夫は石炭鉱業合理化臨時措置法による失業者の増大は「国の施策の不備」によるもので、「そのしわよせが全部市の方に流れ込んでいるという状態」であり、「田川市はその多発地帯の主なもの」で、生活保護受給者も月平均六〇人程度で、「年内には一千人を突破するであろう」と、田川市の現状を報告した。そのうえで、中須賀は、「石炭合理化法案ができまして、これによって失業者がどんどんでき、それを国の方では全くふり返ろうとしない。そういうしわよせが、市の中に全部に懸って来たのでは困るので、一体、国の方ではどういうふうに、これを考えておるか」と、国への怒りをあらわにし、失業者を「生活保護の方に全部おとしてしまうか、事業を開始してどんどん吸収するか」、地元選出の代議士に訴えて国の責任を追及していく姿勢を示した。

この委員長報告に対し、佐々木義憲が質問に立ち、籾井炭鉱については、閉山後八カ月後には社宅を立ち退かねばならないこと、同じく閉山後八カ月を経過した新庄田中炭鉱について、まだ送電しているものの、石炭鉱業整備事業団は九州電力に対し「自分達の了解を求めず、電気をつけさせている」と抗議していること、室井炭鉱については「少しでも明るい正月を」と、地元負担金などを五万円程集めたが、前年九月から電気を切られて「暗黒の生活をしている」ことなどを指摘し、市の執行部の説明を求めた。続けて中須賀が委員会報告の補足をおこない、そこでも籾井炭鉱では整備事業団が「電灯、水道料を入れて、月に三千円納めなければ不適格者として即座に立ち退きをやらせる」という事実、田中新庄炭鉱や室井炭鉱では、社宅は整備事業団で買上げたのだから「電灯をつけることはまかりならん」との姿勢を変えていない事実をあげ、整備事業団は「血も涙もない状態」と言い切った。

これに対し、市長の坂田は、福岡県鉱業関係市町村連盟として、政府と整備事業団に交渉する予定であると述べるに止め、商工課長永富光夫は、電気については「何とかつけなければならない」という意思を示すのみで、社会課長石井義光も、整備事業団の態度は「非常に高飛車」と批判はするものの「住民に資金があり、妥結するものであるなら、我々が何時でも出かけて斡旋の労をとりたい」と、非現実的な原則論を述べるだけであった。これに対し、佐々木は「憲法は最低生活を保障し、政府は住家の無い人をおっぽり出すという、大きな矛盾を解決してもらわなければならない」と、市当局に早急な解決を強く求めるしかなかった。

こうした展望が出ない状況のなかで、この日の市議会では、野上、籾井両炭鉱の緊急救済対策を求める緊急動議が提出され、可決された。動議の内容は、特別な失業対策事業をおこなうこと、整備事業団が買い上げた炭鉱の社宅は市町村に無償で払い下げ、電灯と水道は無償で国が施設を補償することを県議会と国会に求めることであった(52)。

その後、坂田は市議会厚生労働委員とともに、一九五九年一月七日、整備事業団九州支部を訪れ、交渉し、その結果、事業団側は通産省とも電話連絡して、政府の基本方針が決まるまでは炭鉱住宅の住民を強制的に立ち退かすことはしない、電灯と水道も止めないことを約束した。この約束は田川市のみならず県内のすべての買収により閉山した炭鉱の住宅の住民にも適用される。坂田は、さらに住宅を住民に無償で払い下げることを基本に通産省、整備事業団と交渉を続けると語っていた（『毎日新聞』筑豊版、一九五九年一月九日）。こうして買収により閉山した炭鉱の失業者は、住む場所だけはかろうじて確保できた。しかし、それ以外の保障は皆無であった。

(3) 子どもたちへの影響

一九五五年、文部省調査課の事務官井上繁は、福岡、佐賀、長崎三県の中小炭鉱の小中学校に対し、不況が教育に与えた影響について調査し「長期欠席者・短期欠席者・欠食者の増加、教科書・学用品等の購入困難者、PTA会費・学級費等の未滞納者の数は月を追って増加し、一方、欠食・長欠等による栄養失調児や非行不良学童等も現れて来て」おり、家計を助けるために、豆腐・キャンデー等などの行商、くず拾い、子守・草刈り・芋掘りなどの農家の手伝い、下水掃除・道路工事などの下請けという「アルバイト」をする子どもや、「中には年少者不当雇用や人身売買等の事例もある」と指摘した。筑豊においても、調査対象となった六小学校の欠食児童の割合は四月の〇・四%から九月には一・四%に、PTA会費の未納者の割合は四月の四・二%から九月には一〇・〇%に、学級費の滞納者の割合も、四月の三・六%から九月には八・九%に、それぞれ上昇していた。中学校一〇校においても、PTA会費滞納者の割合が四月の七・四%から九月の一九・三%に、学級費の滞納者の割合が四月の八・四%から九月には二七・四%へと、やはり大きく上昇していた[53]。一九五六年に入り、石炭鉱業合理化臨時措置法の実施による炭鉱の買収、閉山が進むと、ますます、炭鉱の失業家庭の子どもたちの生活への打撃が大きくなっていった。

福岡県教職員組合筑豊地区協議会の調査によれば、一九五六年九月現在で、筑豊四市四郡一八万人の小中学校生徒のなかで、一日の欠席者は平均四四〇〇人、長欠児九二〇人で、合計五三〇〇余人が学校を休んでおり、その欠席の理由は、雨具がない、学費が払えない、食事ができない、家事の都合、学校が嫌い、病気の順となっていた。病気の種類でもっとも多いのはトラコーマで、小中学校あわせると二六〇〇人がこれに苦しんでおり、ついで皮膚病と栄養失調が多い。小学校で二一八人、中学校で七二人が栄養失調で、一〇月一五日～二五日に一〇食以上欠食した者が一六一人（そのうち小学校九三人）で、「失業地帯では年末の無料巡回医療班のやってくるのを唯一のたのしみに待っているという」状況であった（『毎日新聞』筑豊版、一九五六年一一月二八日）。

石炭鉱業合理化臨時措置法で買収され閉山した直方市の木曾本洞炭鉱では、一九五六年五月五日のこどもの日にも「コイのぼり一本も炭住街には立たなかった。百九十五世帯のうち百五十八世帯が失業保険をもらってはいるが、一人平均一日二百三十五円の失保金で平均四・七人が食うや食わずの生活。給食費や学用品代、弁当も持って行ける子供も少なく、中学生は子守をしたりしている。下境小学校の調べだけでも不就学児童十二、三名、長期欠席は二、三十名もあるという。家庭の苦しさは子供たちの心に響き、近くの石炭積込場の線路に炭車が入ると競争でこぼれた石炭を拾いに出たり、ガラを拾ってきては母親に五円で買ってくれとせがんだり、近くの川へ毎日出かけては朝と夕の食事の唯一の副食にシジミ貝を取ってくるし、きょうは子供の日だから遊びに行ってはという母の言葉にもシジミ取りに出て行くという」（『毎日新聞』筑豊版、一九五六年五月二〇日）と報じられる状況であった。

また、この年の二月一九日、嘉穂郡頴田小学校の学芸会では「春が来た」という三幕二〇分の演劇が上演された。これは、「炭界の不況を身にしみて感じた同校四年生児童らの自作自演による切実な社会劇」で、「炭鉱が不況にあえいでいた」一九五四年の秋ごろから、一九五五年二月の給食実施により子どもたちに「明るさが生まれるまでの経過を描いた」内容であった。教師と児童でシナリオを書き、児童一〇〇人全員が出演した。第一幕では、一九五四年の秋から「村内小峠地区周辺の中小炭鉱はあいついで休廃山し、あるいは労働者の賃金が支払えず、現金の代わりに金券を支払うなどして鉱員たちは生活苦にあえいでいた」姿が描かれ、第二幕では「生活苦から児童はしだいに栄養不足となり、ちょっとした運動をしても疲れ、なかには倒れるもの」も出るなかで、「学校では不況から児童を守るためになんども職員会議が開かれる」状況が描かれ、第三幕では「村長、校長が陣頭指揮にあたりパン焼き釜、ボイラー、ミルク、こうはん機、などが完備した給食場ができ上がり、後日全校児童がそろってパン、ミルク、副食物の給食に舌つづみをうち、そして遠足のおかずもお菓子も全部給食でまかなわれるようになる」までが描かれた（『西日本新聞』筑豊版、一九五六年二月二〇日）。教師の指導があったとはいえ、子どもたちが、炭鉱合理化政策のもとで生活が困窮する炭鉱の実態を演じたのであった。

こうした筑豊の中小炭鉱の子どもたちの境遇は社会に大きな衝撃を与えていった。夏に東映教育映画部が児童劇映画の脚本を募集すると、田川市の大浦小学校教諭香田実の「ボタ山の見える学校」が入選した。その内容は、香田が実際に担任したクラスの出来事をモデルにしたもので、経済的な理由から修学旅行に行けない子どもたちのために、教師が子どもたちといっしょにボタ山に登りボタ拾いをする姿も描かれていた（『朝日新聞』筑豊版、一九五六年一一月二四日）。その後も、東映では「炭鉱を舞台に鉱員の子らの生活をテーマとする児童劇映画〝ヤマの子〟製作の企画を進め」、一九五七年八月三日には東映教育映画部企画者栗山富郎らが山田市を訪れ、市教育庁、三菱上山田鉱、日炭山田鉱などを歴訪して協力を求めていく。企画した「映画は鉱員の子を中心に鉱員の炭住街生活の哀歓を描くとともに産業の基盤となる石炭採掘の実情を教えようとするもの」であった（『毎日新聞』筑豊版、一九五七年八月五日）。また、「ヤマの子供たちの実態を映画におさめよう」と、教育映画作家協会が同年五月一七日に飯塚公共職業安定所を皮切りに撮影に乗り出していた。この映画は「記録映画で俳優は一人も使わず県教委、同教組、炭労などの協力を求めて筑豊地区のヤマを巡り、六月までに完成させることになってい」た（『毎日新聞』筑豊版、一九五七年五月一八日）。

このように、筑豊の炭鉱の子どもたちの窮状を劇映画、あるいは記録映画として社会に訴えようという試みがなされていく。こうした映画界の動向が、やがて、第七章で述べる「にあんちゃん」や「筑豊のこどもたち」などの作品として結実し、社会に大きな衝撃を与えることになる。映像を通しても、石炭鉱業合理化臨時措置法下、筑豊の炭鉱失業問題は大きな社会問題として日本社会に認識されていった。

おわりに

炭鉱の失業問題に対する社会の関心が高まっても、石炭から石油へのエネルギー転換の流れが止まることはなかった。一九五八年一〇月二二日、産業計画会議が第六次勧告「あやまれるエネルギー政策」を発表した。産業計画会議とは、数々の電力事業に関わり、「電力王」と称された松永安左エ門が一九五六年三月に創立した民間の経済研究機関であるが、委員には日産コンツェルンの創始者で岸信介内閣の経済最高顧問であった鮎川義介をはじめ、アラビア石油会長の石坂恵三、各電力会社の新旧会長・副会長ら多くの財界人が名を連ねるとともに、炭鉱合理化政策の推進にも深く関わっていく有沢広巳ら経済学者も加わっており、政策への影響力には大きいものがあった。「勧告」は、電力・エネルギー業界を中心とした財界からのエネルギー政策への要望であった。すでに同会議は、一九五六年九月に「日本経済たてなおしのための勧告」をおこない、そのなかで、石炭産業を保護するために石油の輸入や使用を制限する「エネルギー鎖国政策」をやめ、炭鉱の合理化を進めよと主張していたが[54]、「あやまれるエネルギー政策」においても、冒頭、「いま、日本はエネルギー政策において、重大なる過ちを犯している」と述べ、その「重大なるあやまち」とは、重油ボイラー規制法の施行という「一連の統制的措置によって、石油の輸入および使用を抑える政策をとっている」ことであると明言している。この政策は外貨の流出防止や石炭などの国産エネルギー産業の安定という「一見至極もっともな施策」に受け止められるが、その半面、「日本経済の現在および将来におよぼす真の影響が見のがされている」と警告し、この「エネルギー鎖国政策」をやめるべきだということがこの「勧告」の主たる主張となっている。

しかし、「勧告」は「石炭を石油におきかえよ」というのではなく、「石炭・石油相互間にはエネルギーとして本質的に代替性があるから、その代替性に制約を加うべきではない」というもので、石油の輸入を規制して石炭を保護するのではなく、石油と石炭との自由競争により石炭の価格を下げさせ、「日本の石炭産業が世界的規模でのエネルギー産業間の競争に生き抜こうと決心するならば、炭価引下げの余地はまだまだある」と主張する。そして、そのために、生産性の向上、坑内外の機械化および大規模坑への集約化など合理化のための努力を求め、「真に強い経済的基礎にたって生産される石炭は、多々益々われわれの望むところなのである」と述べている。一見すると、石炭産業にも期待しているかのようであるが、「勧告」の最後に「われわれは、石油をだれでもが、自由に輸入し得るようになった場合の日本経済の繁栄の姿を想うとき、心躍るものがあるが、半面すでに深刻な経営難に直面している石炭企業に、さらに重大な影響の及ぶことを想うとき憂うつとならざるをえない。しかし、この苦難はわが国経済の成長のためには、ぜひとも克服しなければならない」と述べ、炭鉱を犠牲にしても石油へのエネルギー転換を進め、経済成長の道を進むべきだと強調していた。

さらに、この「勧告」の添付資料の「わが国エネルギー政策の基本問題」と題する文書においても、結論として「自由な競争を阻んでまで石炭を保護することが、わが国の経済にとってプラスをもたらすであろうか」「ただ国内資源であるゆえに石炭を石油に優先させるとの経済的意味は極めて疑わしい」と述べている。(55)

同会議は、一九六〇年に研究報告として『日本のエネルギーと石炭』を刊行するが、その冒頭で、同会議エネルギー委員会の主査で東京大学助教授の原子力工学者大島恵一は「日本の石炭産業の将来の姿」は「非常に高能率の山のみが残り、したがって人員も大幅に縮小されねばならない」と述べ、石油の輸入制限などの「弥縫策」で石炭産業を救済することは困難であり、危機を先延ばしするに過ぎず、それよりも「余剰労働人員の他産業への吸収、高能率炭鉱への生産の集中」をおこなうべきであると言い切った。(56)

「研究報告」の本文においても、「石炭産業を長期的な経済的基盤に乗せるための一時的投資」として「政府は、全産業界と協力して、余剰人員に対する失業対策および他産業への吸収のための方策を大胆に実行すべきである」と述べている。これは「永続的な補助金等の保護政策と異なり、経済発展にともなって自然に解決されるまでの時期を救うための一時的な救済策」であり、炭鉱失業者に対する「永続的」な施策を否定し、一時的救済策で十分とする見解となっている。そして、「本質的に考えて、人類の向上発展にともなって地下で石炭を掘るというような労働はできるだけ少なくすることが望ましい」と、あたかも多くの炭鉱を閉山させることが「人類の向上発展」に沿うことであるかのごとく、合理化政策を正当化した。さらに、年産五万トン未満の炭鉱六六〇鉱、五万トン以上の炭鉱中老朽化しているもの二四鉱を整備事業団が買収して閉山させるという合理化の数値目標も提示した。(57)

このように、日本全国が岩戸景気に賑わうなか、財界からは、石炭と石油の自由競争が求められ、景気の外に置かれていた中小炭鉱の労働者はさらなる合理化＝失業の嵐にさらされていた。こうしたなかで、石炭産業は一九五九年を迎えることになる。

◉註

(1)福岡通商産業局石炭部編『九州石炭鉱業二〇年の歩み』(通商産業省臨時石炭対策本部、一九六七年)、七～八頁。
(2)九州経済調査協会編『炭鉱合理化の若干の問題』(同協会、一九五七年)、二～三頁。
(3)伊藤保次郎「石炭鉱業の合理化促進上の諸問題」(『経団連月報』四巻六号、一九五六年六月)、一五頁。
(4)石松正鉄「炭鉱合理化は国家の急務」(『実業の日本』五九巻二一号、一九五六年九月)、三〇頁。
(5)篠崎彦二「炭鉱経営の合理化基準――石炭鉱業合理化論」(八幡大学法経学会『八幡大学論集』六巻二号、一九五六年一月)、一七〇～一七一頁。
(6)林一信「筑豊炭鉱地帯の労働事情瞥見」(『レファランス』六二号、一九五六年三月)、一二八～一二九頁。
(7)斎藤正年「石炭鉱業合理化の実績と今後の問題――合理化計画第一年度を終って」(『経団連月報』四巻六号、一九五六年六月)、三五～三六頁。
(8)橋本利一「「石炭鉱業合理化臨時措置法」の施行とその三ヶ月」(『産業科学』四九号、一九五六年一月)、三七頁。
(9)通商産業省石炭局『石炭鉱業審議会議事録』三、六八～七一頁(経済産業省図書館所蔵)。
(10)万仲余所治「石炭鉱業の合理化と組織化の方向」(『通商産業研究』四巻一〇号、一九五六年一〇月)、四三～四四頁。
(11)「石炭鉱業の経営と合理化をめぐって」(『三菱銀行調査』二八号、一九五六年一月)、一六頁。
(12)石倭良一「中小炭鉱地帯を訪ねて」(『国民経済』三号、一九五六年一月)、二七頁。
(13)「行悩む石炭鉱業の合理化――険路はやはり労働問題」(『東洋経済新報』二七一八号、一九五六年三月一〇日)、五七～五八頁。
(14)「足ぶみする石炭合理化――いまでは通産省の一人相撲」(『エコノミスト』三四巻二三号、一九五六年六月)、一九頁。

(15)経済企画庁「石炭鉱業の合理化に伴う失業対策について（案）」（「内閣公文・産業貿易・鉱業・石炭」一巻―国立公文書館所蔵―）。
(16)田口三郎「石炭鉱業の合理化に伴う失業対策」（『労働時報』九巻一二号、一九五六年一二月）、六～九頁。
(17)塩田晋「石炭鉱業の合理化に伴う失業対策」（『職業安定広報』七巻一二号、一九五六年一二月）、二五頁。
(18)『第二十四回国会参議院商工委員会会議録』三号、九～一〇頁。
(19)『第二十四回国会衆議院予算委員会議録』三号、二三頁。
(20)『第二十四回国会参議院商工委員会会議録』四号、五頁。
(21)川崎線の建設については、通産省と労働省が積極的であったが、大蔵省は慎重であり「現在の情勢は大蔵省が通産、労働両省から挟撃をうけ追い詰められているといったかっこうであるが、大蔵省の事務当局では同線建設を特別失対事業として国庫負担で行うか国鉄に融資してやらせるかについて意見がまとまらないよう」であった。大蔵省がこうした消極的姿勢なのは「国鉄の新線建設は国鉄の負担で行うべきであるというのと、炭況がやや好転のきざしをみせているので、通産、労働省などが推定しているほどの炭鉱失業者が出ないだろうとの見解にもとづくもので」あった（『西日本新聞』筑豊版、一九五六年一月三日）。
(22)『第二十四回国会参議院商工委員会会議録』七号、一一～一四頁。
(23)『第二十四回国会衆議院商工委員会総合燃料対策及び地下資源開発に関する小委員会議録』四号、五～七頁。
(24)『第二十四回国会衆議院商工委員会議録』六五号、四頁。
(25)『第二十五回国会衆議院社会労働委員会議録』二号、一二～一三頁、一五頁。
(26)通商産業省・労働省「石炭合理化関係特別就労計画」（一九五五年五月二三日、「内閣公文・産業貿易・鉱業・石炭」一巻―国立公文書館所蔵―）。
(27)『第二十五回国会衆議院社会労働委員会議録』二号、一五頁。
(28)『第十五回国会参議院労働委員会会議録』九号、一〇頁。
(29)『第二十五回国会衆議院社会労働委員会議録』五号、二～三頁。
(30)『第二十五回国会参議院社会労働委員会会議録』五号、八～九頁。

(31)『第二十五回国会参議院社会労働・商工委員会連合審査会会議録』一号、一六頁。
(32)『第二十六回国会衆議院商工委員会議録』五号、一頁、四頁。
(33)『第二十六回国会参議院商工委員会会議録』八号、一七頁。
(34)内田俊一「序」(通商産業大臣官房物資調整課編『将来における日本の産業とエネルギー』(一橋書房、一九五七年)、巻頭。
(35)同右書、一〇六頁、一四一頁。
(36)大沼喜一郎「石炭合理化計画の問題点」(『エコノミスト』三五巻二二号、一九五七年六月)、五一頁。
(37)『第二十八回国会衆議院商工委員会議録』二六号、一～二頁、一四～一五頁。
(38)『第二十九回国会参議院商工委員会会議録』五号、三～七頁。
(39)「苦悩する石炭不況対策」(『日本経済のうごき』六一号、一九五八年九月)、一八～一九頁。
(40)『日本石炭鉱業に関するソフレミン報告書』〇《ゼロ》巻、二～三頁。
(41)『日本石炭鉱業に関するソフレミン報告の概要』三頁、二一頁。
(42)『第三十回国会衆議院商工委員会議録』八号、一頁、六頁。
(43)『第三十回国会参議院商工委員会会議録』七号、二～三頁。
(44)一九五九年七月九日、第三二回国会衆議院商工委員会で、多賀谷真稔は「ソフレミンの報告書が何ら実現されていない。その方向に行くどころか逆の方向に行っておる」と指摘している(『第三十二回国会衆議院商工委員会議録』三号(閉会中審査)、一二頁)。
(45)『第二十二回国会衆議院商工委員会議録』四六号、五頁。
(46)小倉要「失業保険が命の綱――筑豊地帯に見る石炭合理化」(自由民主党『政策月報』四一号、一九五六年八月)、七五～七八頁。
(47)一九五六年八月二日付『筑豊タイムス』は、自民党政調会の調査団が「一主婦から「一日百七十円の失業保険で八人家族がやつと生きている。見殺しにする気か。防衛費を増やす金があつたら回せ」と激しくつめ寄られ、僅か十五分で逃げるように帰つてしまつた」と報じている。また、閉山から三カ月を経過した嘉穂郡幸袋町の井之浦炭鉱では、ひとりの主婦が「先日代議士たちが現地視察にきたが、ハイヤーをつらねてヤマを素通りしただけだ。あんな視察団なら来てもらわなくとも結構」と憤っており（『西日本新聞』筑豊版、一九五六年八月二〇日）、自民党政調会の視察が失業者の切実な声を聞き取るものではなかったことを推測させる。
(48)「（昭和三十年）田川市議会臨時会（継続会）々議録」、二七一～二七二頁（田川市立図書館坂田九十百元市長寄贈文庫所蔵）。
(49) 坂田九十百の経歴については、宮田昭『最後の川筋頭領――坂田九十百伝』（葦書房、一九八七年）を参照。
(50)『昭和三十三年第一回田川市議会定例会会議録』（田川市立図書館郷土資料室所蔵）、一四一～一四三頁。
(51)「田川市議会委員会情報」二一号（一九五八年一二月四日、田川市立図書館郷土資料室所蔵）。
(52)『昭和三十三年第六回田川市議会定例会会議録』（田川市立図書館郷土資料室所蔵）、六～一五頁、六五～六七頁。
(53) 井上繁「炭鉱不況は児童・生徒にどんな影響を与えたか――北九州中小炭鉱地帯の状況」（『文部時報』九二八号、一九五五年一二月）、四〇～四五頁。
(54) 産業計画会議編刊『日本経済たてなおしのための勧告』（一九五六年）、八頁、一三頁。
(55) 産業計画会議編『あやまれるエネルギー政策』（東洋経済新報社、一九五九年）、二頁、一四頁、一六頁、五二頁。
(56) 産業計画会議編『日本のエネルギーと石炭』（東洋経済新報社、一九六〇年）、巻頭。
(57) 同右書、二四頁、三四頁。

第六章

炭鉱離職者臨時措置法の成立

「田川市における生活保護費受給者は本年5月末で1,360世帯。昭和32年10月の739世帯に較べると621世帯の増加となり、しかも増加の殆んどが炭坑関係離職者である」

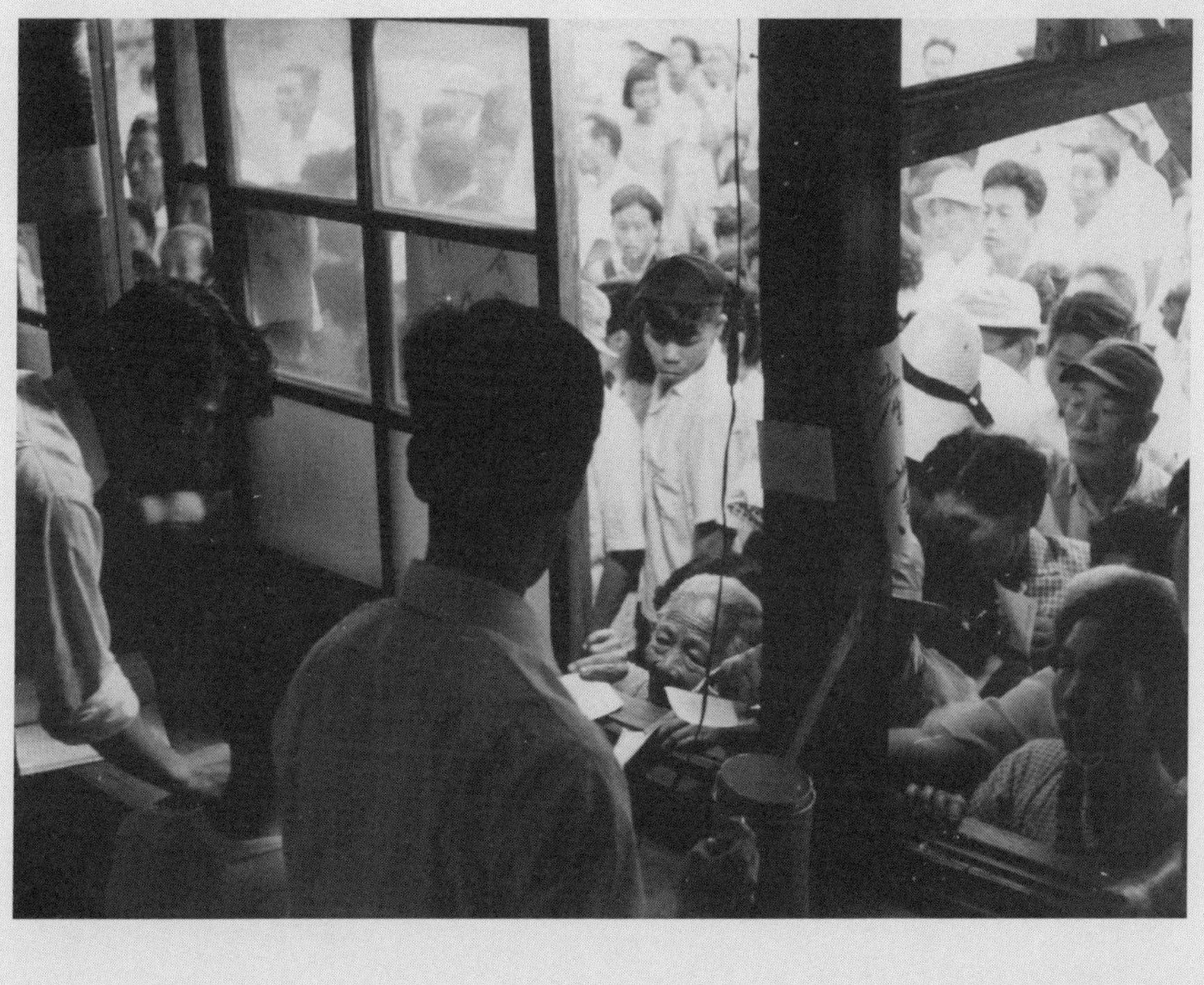

はじめに

一九七一年六月、労働省職業安定局失業対策部長遠藤政夫は、炭鉱労働者への失業対策について次のように述べている。

石炭から石油への需要構造の変化は著しく、石炭鉱業は合理化に次ぐ合理化、閉山に次ぐ閉山によって大量の炭鉱離職者を出し、最盛期には七八四炭鉱、三七万人の労働者を擁していたのが、現在では七四炭鉱、労働者七万人に激減するに至った。他産業に例をみない炭鉱のこのように激しい合理化に対処して進められてきた炭鉱離職者対策は、わが国の離職者対策としても他に例をみない画期的なものであり、いわば離職者対策のパイオニアであった。当初は専ら公共事業への炭鉱離職者吸収制度であったが、このような激しい合理化に対処して我国で最初の特定産業の離職者対策特別法として炭鉱離職者臨時措置法が制定され、従来の対策の枠をのりこえた画期的な施策として、広域職業紹介、職業訓練、再就職援護、炭鉱離職者緊急就労対策事業という四本の柱で離職者対策が推進されることとなったのである。(1)

これは政策担当者の言として、自画自賛の意識が明白であるが、炭鉱労働者に対する失業対策は「離職者対策のパイオニア」であり、炭鉱離職者臨時措置法は「画期的な施策」であったのか。こうした評価がなされている背景には、この法律が成立した背景が大きく影響を与えている。

この法律が成立したのは一九五九年一二月一六日である。世は岩戸景気の渦中とはいえ、石炭から石油へのエネルギー転換が進むなか、炭鉱は不況の極にあった。この年の一月には三井鉱山は経営する六炭鉱に対し、六〇〇〇人の希望退職者の募集を開始し、一二月には、そのうちの三池炭鉱に対し日本炭鉱労働組合（炭労）

傘下の同炭鉱の労働組合活動家四〇〇人を含む一二七八人の指名解雇を通告した。労組はこれを拒否し、炭労・日本労働組合総評議会（総評）も同労組を支援、一方、財界は三井鉱山を支援し、会社側がロックアウトを実施すれば、労組側は無期限ストライキに突入するという、まさに「総資本対総労働の対決」という事態に発展した。さらに、この争議において、日本社会党左派の社会主義協会に所属する向坂逸郎ら学者グループが労組を理論指導し、折から日米安全保障条約の改定に反対する社会党・総評、日本共産党が共闘する安保改定阻止国民会議の闘いとも連動していった。法律案を審議していた一一月二七日には、安保改定に反対するデモ隊が国会に突入する事態も起こっていた。このように、三池争議と安保改定をめぐり自由民主党の岸信介内閣と社会党が激しく対立していたにもかかわらず、炭鉱離職者臨時措置法は自民党と社会党など野党がともに賛成して成立した。この事実があるからこそ、前述したような労働省官僚による自画自賛の評価も生まれたのである。なぜ、自民党と社会党は合意できたのであろうか。そして、どのような過程で政府は法の立案に踏み切ったのか。この法律の審議をめぐって展開された論点を検証するべきであろう。そして、この法は炭鉱失業者の救済に効果を上げ得るものだったのか、成立した法の内容の検証も必要となろう。本章は、そうした検証を主たる課題とする。

第一節
石炭鉱業合理化臨時措置法の改正

福岡県総務部企画室の調査によれば、一九五八年一二月末現在における同県内の炭鉱買収による失業者は一万二九一六人に上り、とくに田川公共職業安定所管内が最高の六〇一一人と約半数を占め、飯塚公共職業安定所管内の二四三七人、直方公共職業安定所管内の一五八五人がこれに続いていた。筑豊三地域の失業者が県全体の失業者の八五％に達していた。そして、一九五九年三月末までに、県内炭鉱の失業者はさらに約三〇〇〇人も増加し、一九五九年度中には六〇〇〇人程度の炭鉱労働者が解雇されるだろうと予測されていた。同企画室の調査報告書は、筑豊地域に滞留する「莫大な失業者層」は「生活保護の増大」の原因と「犯罪発生の温床」となり、「単なる労働問題たるに止まらず治安問題にもつながる」とまで、言い切っている。(2)

福岡県が実施した炭鉱関係四三市町村の財政調査によっても、総計で一九五九年度末の歳入不足は一億八六七四万三〇〇〇円に達し、このうち筑豊地域の炭鉱関係市町村の歳入不足は六七〇五万円であった。炭鉱を抱えた市町村にあっては「失業者は日ましに増え、加えて市町村の産業は勿論のこと、商業等漸次さびれつつあり、加えて市町村の税収が激減の傾向を示しているのに対し、失業対策事業の実施、生活保護者の救済等による負担等は増大し、正に関係市町村の財政は危機に当面し、最早自力のみでは如何とも致し難い状態となっていい」た。(3)

こうした状況のもと、一九五九年二月二八日、第二次岸信介内閣は、石炭鉱業合理化臨時措置法の改正案を第三一回国会に提出した。同法の二度目の改正案である。改正法案の提出を前に、二月二七日に岸内閣は「石炭鉱業合理化に伴う失業対策について」を閣議了解した。その内容は、炭鉱経営者に対し失業者の同系列の炭鉱間での配置転換や新規雇用の際の失業者の積極的な雇用を求めること、失業者に対する職業相談、職業紹介、職業訓練事業を強化、拡充すること、炭鉱住宅に居住する失業者に石炭鉱業整備事業団から賃金日額の三〇日分を限度とする移住資金を提供し、他地域への移動を促進すること、炭鉱地域に対して公共事業、鉱害復旧事業、失業対策事業を集中的に実施すること、関係道県に経営者、労働組合代表などを含む石炭鉱業離職者対策協議会を設置することというものであり、そのために、応急措置として年度内に二億三三二五万円を支出して五一四〇人の失業者への対策を講じることとした。(4)

こうした措置を決めたうえで岸内閣は法案審議に臨んだ。三月三日、衆議院商工委員会で改正法案の説明に立った通商産業政務次官中川俊思は、今回の改正案は、一月一八日に石炭鉱業審議会より石炭鉱業整備事業団の非能率炭鉱の買収枠をさらに一〇〇万トン増加するという答申がなされたことに対応するもので、「不況時において予想される非能率炭鉱の倒産に伴う各種の弊害を除去しようとするもの」だと説明した。具体的には、法改正により採掘権者、租鉱権者の納付金の納付期限を一九六一年八月末まで一年間、延長して、その納付金を一〇〇万トン分の買収費用に充当させることにしていた。中川は、一〇〇万トンの買収炭鉱の増加により生じる失業者に対しては「職業紹介の強化その他公共事業及び失業対策事業等により極力これを吸収するよう十分の措置を講ずる」と述べているが、(5)さらに増加するであろう炭鉱失業者への対策をめぐって、国会では議論が展開していった。

三月一〇日の同委員会において、具体的な失業対策の計画について質問した自由民主党の渡辺本治に対し、通商産業大臣高碕達之助は、法改正により一〇〇万トン分の炭鉱を整備事業団が買収すると、全国で約七五〇〇人の失業者が生まれ、そのうち九州地方に約五〇〇〇人の失業者が集中すると答弁した。高碕は、さらに一九五八年一一月末段階で九州には五八七〇人の炭鉱失業者が出ているので、その分も含めて失業対策を講じなければならないが、その「対策の見込みはついておる」とも断言した。高碕が、対策を講ずるべきと考えている九州の炭鉱失業者数は、過去の失業者五八七〇人と今後に予測される失業者五〇〇〇人の合計一万〇八七〇人であった。

これに対し、続いて答弁に立った通産省石炭局長樋詰誠明は、炭鉱失業者のなかで職業安定所に職を求めに来る者は約二〇・五％であるという労働省の調査結果を根拠に、九州では約一〇〇〇〇人分の失業対策を講じれば法改正により生じる失業者の「問題が解決するのではなかろうか」と述べ、一九五九年度の公共事業と一般失業対策事業とで失業者は吸収できると楽観した[6]。通産相の高碕は、過去の失業者も含めて失業対策が必要であると答弁したにもかかわらず、石炭局長の樋詰は今後に予測される失業者への対策についてしか念頭に置いていない。高碕と樋詰の間には大きな認識の差が存在していた。通産省内部においても共通認識が形成されていなかった。すなわち、岸内閣としての確固たる失業対策の計画ができていなかったのである。

失業対策の対象者は九州では一〇〇〇人で足りるとする樋詰の説明に対し、自らも福岡県飯塚市で炭鉱を経営する渡辺本治は疑問を提示した。筑豊の中小炭鉱の現実を知る渡辺は、職業安定所に職を求める炭鉱失業者は全体の二〇・五％という数字を疑い、「今日北九州におきましては、すでに滞留しておる失業者は一万数千人にも上っておる状況でありまして、今後出てくる失業者につきましては、対策を要する者が三〇％にも四〇％にも上るものではないか」と樋詰を質した。与党議員からの追及を受けた樋詰は、法改正による失業者の大部分は一九六〇年に入ってから生じると考えられるので「千人分の仕事、これを今年の秋ぐらいから準備すれば、大体間に合う」し、「現在滞留している人間も吸収するという方面にも弾力性を持たせよう」と答弁し、一〇〇〇人分の対策で十分であると強調した。樋詰の答弁は渡辺の疑問に対してまったく答えになっていない。これに対し、高碕は、北九州で計画している公共事業に失業者四三七一人を吸収できるので、法改正によって生じる五〇〇〇人の失業者への対策は可能であると答弁した。これを受けて、渡辺は失業対策についてはそれ以上、追及はしなかった[7]。

しかし、福岡県選出の日本社会党の伊藤卯四郎はきびしく政府を追及した。伊藤は、改正法案について「政府はこれで日本の石炭鉱界、石炭等を健全化、安定化さすことができるという確信を持って、この法案を出してきておるとは私は思わない」と述べ、高碕に法改正により石炭産業を安定させる確信の有無を問うた。すると、高碕は「誠意は持っておりますけれども、実際を申しますと確信はないわけでございます」と平然と答えた。伊藤は、この答弁についてはこれ以上の追及はしなかったが、高碕の答弁のとおり、石油が石炭需要を脅かしている現状において、政府にとって、石炭産業を石油から防衛するための確信を持てる有効な方法は存在していなかった。(8)

伊藤は、この後、石炭鉱業合理化臨時措置法の制定時、政府が筑豊の炭鉱失業者を吸収する事業として例示した国鉄川崎線（油須原線）建設工事について、「川崎線などにはほとんど炭鉱から出てきておる失業者を使っておらない。なぜ使わぬかというと、能率の点があるからという」とその杜撰さを示して、筑豊の炭鉱失業者の救済策の問題点を追及し、さらに、失業者の増加が生活保護家庭を増やし、自治体の負担を重くしていることもあげて、失業対策の具体策を質した。これに対し、樋詰が、川崎線について、一九五八年度の雇用は四〇人であったが、一九五九年度は九六人を雇用すると答弁すると、伊藤は福岡県だけでも一万二〇〇〇人の炭鉱失業者がいるのに、「四百人というならともかくも、四十人とは何ですか」と激しく樋詰を追及した。

これに対し、樋詰も、川崎線建設工事に炭鉱失業者を雇用しようとしたのに、神武景気により失業者が応募してこなかったと反論、伊藤は「のれんに腕押し」だと、怒りをあらわにした。そもそも、川崎線の建設については、一九五五年二月六日、第三次鳩山一郎内閣の大蔵大臣一万田尚登が、炭鉱失業者二〇〇〇人を吸収すると豪語していた事業である。(9)しかし、現実には四〇人しか吸収していない。伊藤が樋詰をきびしく追及したのも当然である。

伊藤は、さらに質問の矛先を変えて、整備事業団に買い上げられて閉山した炭鉱の失業者への離職金が一カ月分の賃金であることを問題にして、その増額を求めると、これには樋詰も、離職金に「移転旅費」などの名目でさらに一カ月分程度の金額を加えて支給したいと答えたが、その一方で、法改正によって生じる福岡地区の失業者数は五〇〇〇人で、そのうちの二割程度が失業対策の対象者であるという主張は変えることがなかった。[10]

その後、三月一二日、再び、衆議院商工委員会で、この問題は議論の的となった。労働大臣倉石忠雄は、法改正による失業者は全国で七五二〇人、北九州で四九〇〇人という計算に基づき公共事業や失業対策事業を集中的に実施して失業者を吸収するという政府見解を繰り返したが、炭労出身の多賀谷真稔（日本社会党）は、福岡県鉱業関係市町村連盟の資料をもとに、一九五八年一二月末現在の石炭鉱業合理化臨時措置法施行による炭鉱買い上げで生じた同県内の失業者数が一万五五三六人で、そのうち六二二六人が完全失業者であること、ほかの炭鉱に再就職したものの、再び失業した者が二四七一人もいることをあげ、両者を合計すると「雇用対策を必要とする者が八千七《六カ》百九十七名に及ぶ」と指摘し、倉石が示した四九〇〇人という数字を否定、法改正により生じる失業者のみならず過去の失業者も含めた対策を強く求めた。川崎線建設工事についても「労働省が予算をとって運輸省に移管をするという話でこの話ができた、ところが合理化法案が通過した後には、労働省の方はそっぽを向いて運輸省独自で全部金のめんどうからその他をやらねばならぬ、こういう事情であったと思う」と、工事計画の杜撰さを示すともに、炭鉱失業者を対象にした失業対策事業についても、一世帯から一人しか雇えない現実を指摘して、「実際めんどうを見てやると言いながら放置されておる労働者」に対して「労働省としても責任を感じなければならぬ」と追及した。多賀谷の舌鋒が鋭かったからか、倉石労相もあえて反論せず、法改正による「離職者に対しては万全の措置を講じて参りたい」と答えるに止めた。[11]

三月一三日にも、多賀谷は、筑豊の炭鉱失業者の救済に言及した。これに対し、労働省職業安定局失業対策部長三治重信は、一九五九年度は筑豊で失業対策事業に一九五〇人を吸収すると答えた。従来の一〇〇〇人をほぼ倍増させる数字である。さらに、多賀谷は、整備事業団に買い上げられた後も炭鉱住宅に住み続けている失業者についての救済を求める。これに対し、石炭局長樋詰誠明は、他所に就職先を求める者には賃金一カ月分程度の「帰郷旅費」を支給したいという方針を再度、提示するとともに、炭鉱住宅の払い下げを希望する者には「炭住を従来よりも割安に払い下げるというようなことでもして、とりあえず寝起きする場所に事欠くといったことのないようにやっていきたい」と述べ、払い下げ価格も失業者が買おうと思えば買える程度の金額にしたいと発言した。(12) 通産省石炭局の姿勢もしだいに柔軟になってきた。

そして、三月一八日の商工委員会の場では、筑豊の田川市出身で田川市議会議員、福岡県議会議員を歴任した滝井義高（日本社会党）が、買い上げられた炭鉱の「炭住を一体将来どういう工合に処理していくか」と質問すると、樋詰は、炭住に残る者をできるだけ一か所に集めて「特別に安く払い下げ」、そこでの水道や電気の使用についても「ケース・バイ・ケースで、できるだけ最小限度のめんどうは見る」と明言した。(13)

さらに、滝井が、福岡県の炭鉱の失業者は労働省の資料では「千人そこそこですが、実際に福岡県が出してきた数字によると、九千人くらいが出るだろう」と述べ、これまでに生じた失業者が「一万人以上もおる上に、また、五千人、七千人と失業者が出てくる」と指摘、どう対処するのかと質すと、樋詰は「労働省の方で調べておられる以外に、すでに滞留している労働者が相当あるということは、事実だと存じます」と、滝井の指摘を認め、次のように明言した。

今回この法律を出しますに当って閣議でいろいろ御審議願いました際にも、今後は特に北九州あたりについては、必ずしもこれは一時的な現象だというふうに判断できない、ある程度構造的な面を持っておるのじゃないか。そういう点をも考えまして、雇用審議会におきましても、できるだけ重点的に石炭から出てくる離職者の対策を取り上げて、駐留軍労働者の問題と同様に、政府の非常に重点的な雇用政策の一つとして取り上げるべきではないかということで、閣議了解の中でも特にうたわれておりますので、われわれといたしましては、労働省、建設省、農林省、運輸省等各省の御協力も得まして、これらの今後石炭から離職する人々が最も円満に他に転換できるという方向に一つぜひ持っていきたい。

通産省石炭局長の樋詰も、筑豊の炭鉱失業者の存在を「構造的」な問題と認めて、滞留している失業者も含めた施策を実施すると、国会で答弁するに至った。[14]

ここで、樋詰の答弁中にある雇用審議会についても言及しておく。この審議会は、一九五七年三月、失業対策審議会に代わって内閣に設置されたもので、会長には炭鉱合理化政策に深く関わることになる経済学者有沢広巳（当時は法政大学総長）が就任していた。一九五八年一二月九日、雇用審議会は労相倉石忠雄に意見書を提出、そのなかで、「近来における石炭、繊維の両産業の雇用状況は、雇用量の増減の幅が大き」いので、政府は「今後急激に大量の失業が発生することのないよう個別産業対策について十分な注意を払うこと」を求めていた。樋詰の答弁は、こうした雇用審議会の「意見書」を反映したものでもあった。[15]

政府の対応は、失業対策の拡充を求める社会党に譲歩するものとなっていた。これを受けて社会党は失業対策の徹底をうたった自民党と共同の附帯決議案を提出することで、改正法案に対して賛成に転じた。三月二〇日、衆議院商工委員会で全会一致により法案は附帯決議案とともに可決され、二五日、衆議院本会議でも同様に可決された。附帯決議は「離職労務者の就業対策について、総合的、計画的な施策を樹て、万遺憾なきを期すること」「離職労務者対策事業の実施にあたつては、地方自治体の財政負担を極力軽減せしめるよう措置するとともに、離職者の吸収に、最も適切、有効な鉱害復旧事業の拡大について特段の考慮を払うこと」「離職労務者の退職金（労働協約、就業規則等において定めあるもの）については、未払賃金に準じ、石炭鉱業整備事業団の炭鉱買収代金より弁済が受けられるよう措置すること」と明記されていた。[16]社会党の主張を附帯決議案に記すことで、法案に社会党の賛成を得ることができた。

衆議院で社会党も賛成に回って改正法案が可決されたことで、参議院での可決も確実となる。そのため、参議院では激しい論争もないまま、淡々と議事は進行する。そうしたなかで、三月三一日に商工委員会で開催された公聴会の内容に注目したい。最初に参考人として発言したのは、一九五六年四月に直方市の本洞鉱業所を閉山させた原口鉱業の社長で、中小炭鉱で構成する日本石炭鉱業連合会常任理事の原口秀雄であった。冒頭、原口は「最もひどいと称せられておりますす中小炭鉱の様相を重点的に、しかも率直に申し述べ」ると語り、厖大な貯炭による中小炭鉱への影響は「殺人的であると申しても過言でない」という筑豊の中小炭鉱の惨状を具体的に述べた。原口は、九州には一九五七年一二月現在で四五〇の炭鉱があったが、一九五九年二月までに一一五鉱が休廃山している事実を前提に、次のように訴えた。

昨年十一月、飯塚における親子三人のダイナマイト心中事件のごとき、さらに嘉穂郡頴田町小峠の某炭鉱では、七月からの賃金遅配が続いたために、従業員やその家族が生活に窮し、百二十名中七十四名の生活保護集団申請をしたという事実があります。ゆえに子供の給食費等を支払う能力はなく、ランニングシャツ一枚で寒さにふるえ、しかも栄養失調の状態に陥っているというような哀れな子供の姿が見られたと新聞は報じております。同郡内の二瀬町内には、児童数が五千三百人でございますが、このうち七割が山の子供でございまして、特にひどいのは相田地区で、六百七十人中三百人が扶助対象児でございまして、二百人が学校長欠または不就学児童であるといい、……（中略）……かような悲惨な報道は日を追うてますます深刻となり、件数の増加は目立っておる状態でございます。

原口は、このように語ったのち、中小炭鉱の賃金未払い問題を放置すれば「労使双方がのたれ死にする以外に方法ない」とまで言い切った。原口は労働者ではない。経営者である。その立場からも筑豊の中小炭鉱の失業者の境遇は「涙なくして見られない」ものであった。原口は「せめて彼らたちには未払い賃金、退職金、できますれば離職金を渡して解散したい」と訴えて意見陳述を終えた。

これに対し、大手炭鉱の三菱鉱業常務の大槻文平は「大手あたりの炭鉱に行っていただければおわかりでありますけれども、鉱員の住宅にも、テレビのアンテナが林立している」と述べ、炭鉱労働者の賃金は安くなく、むしろ「相当余裕のある賃金である」と楽観した発言をした。そこで、炭労出身の阿具根登（日本社会党）が、「日本全国の炭鉱が、おしなべてそういう優遇されておるということは、私は不幸にして知りません」と反論し、両者の間で炭鉱労働者の賃金をめぐる論争となった。[17] この公聴会で示された原口と大槻の危機感の相異は、三井争議勃発直前とはいえ、まさに、当時の中小炭鉱と大手炭鉱の置かれた状況の違いを象徴していた。

この後、四月八日、参議院商工委員会で全会一致により改正法案は可決される。採決に先立つ議論のなかで、樋詰は「北九州あたりの石炭問題が、決して、ただの不況問題ではない。むしろ構造的な問題であるので、これは、今後雇用審議会の最も重点的な議題として取り上げるべきだということが、この法案を出します際の閣議了解で確認されております」と述べ、「できるだけ総合的な石炭離職者対策が確立されるようにやっていきたい」との方針を示し、社会党を代表して阿具根が「基本的には非常に賛成しかねる」と言いつつも、党として賛成の意見を述べた。[18] そして、同日の本会議でも賛成多数で可決され、改正法は成立した。

法改正を受け、四月一三日、岸内閣は経済閣僚懇談会を開き、そこでの了解事項に基づき、「エネルギー政策の一環として、石炭鉱業の安定を図るべく一連の具体策を進め」ていく。それは、「優良炭鉱群による集中生産方式を基本的な方向」とするもので、そのための「過剰労働者問題の円滑な解決」と「優良炭鉱群に対する体質改善のための設備投資の強行」に政策の重点が置かれることになる。[19] さらに、四月二四日、閣議報告により北九州、宇部、平（常磐炭田）を炭鉱失業者の多発地域と認め、公共事業により北九州で約四三〇〇人、宇部で約五〇〇人、平で約一〇〇〇人の失業者を吸収することを決めた。[20] 九月一四日には、事務次官会議で「石炭鉱業離職者に対する応急措置について」を申し合わせ、前記の閣議報告に追加して、鉱害復旧事業の追加施行、公共事業等への失業者吸収に対する行政指導の強化、広域職業紹介機能の強化、特別職業訓練の実施などをおこなうことを確認している。[21]

すでに概観したように、第三一回国会の石炭鉱業合理化臨時措置法の改正をめぐる議論のなかでも、通産省の姿勢に変化が生じ、炭鉱の失業問題を「構造的な問題」としてとらえ、「総合的」な失業対策を講じることを明言するに至っている。この姿勢の変化があったからこそ、社会党も法改正に賛成に転じた。石炭から石油へのエネルギー転換の流れを止めることが困難であることは明らかであり、社会党は、石炭鉱業合理化臨時措置法のもとで、経営困難な中小炭鉱を整備事業団に買い上げさせ、それにより未払い賃金、退職金、求職のための「帰郷旅費」などの支給を確保し、炭鉱住宅の安価な払い下げも実現させるという現実的な対応を選択したのであった。閉山した炭鉱の失業対策はより重要となっていた。

それでは、通産省は、この「構造的な問題」の解決にどのような展望を懐いていたのか。それを、同省大臣官房が編集発行する『通商産業研究』七巻九号（一九五九年一〇月）の特集「石炭産業の危機を分析する」の記事をとおして検討していく。

同誌は、その巻頭言で「世をあげて数量景気を謳歌しているとき、一〇〇〇万トンを超える貯炭の山を抱えて苦悩している石炭産業の姿は悲愴である」と述べ、そうした状況に陥った原因として、戦前に比し「一般経済の発展に比して全体としての生産規模がさほど大きくなつていず、労働の生産性や鋼材の原単位なども殆んど変つていないこと」「生産を行つている主要会社の経済力が非常に低下していること」「競合エネルギーの圧力が圧倒的に大きい」ことの三点をあげ、「戦前の不況に比しても、更に深刻な石炭産業の進路をどう考え、どのような対策を準備するべきかは、目下、日本経済の解決すべき難問の一つである」という認識のもとに、こうした特集を組んだと説明している。(22)

この特集のなかで、通産省鉱山局炭政課長小島慶三は、「いたずらに従来のエネルギー政策、ことに石炭保護政策の安易な持続を求めることがあってはならない」と強調した。小島は石炭産業を守るために重油輸入を制限する政策を批判し、石炭を産炭地で電力化したり、ガス化するなど流体化することで重油に対抗させ、それによって「エネルギー革命の一層の進展があっても、石炭はこれと行をともにすることができる」と論じた。そして、その一方で、「〝黒い地獄〟とまでいわれる炭田地帯の離職者対策も、もちろん一瞬の懈怠も許さない問題であ」り、「人道的見地からもあらゆる施策に優先して行われなければならぬ」と述べ、「石炭新政策の体系」の一環として「過剰雇用の整理」をあげ、具体的には公共事業、財政投融資事業、成長産業への失業者の吸収、就職斡旋職業補導機関の新設、再就職のための移動資金等の補助、生活援護、福祉対策の強化とともに海外鉱山への就職や海外集団移民を例示していた。(23) 経済企画庁計画官の成田寿治も「現下のエネルギー問題は一時的な景気現象ではなく、技術革新の進行下におけるエネルギー消費形態の転換という構造的な原因に基づいていることを見失ってはなら」ないと述べ、石炭産業も一次エネルギーから電力、ガス、コークスなどの二次エネルギーや流体エネルギーへの転換など、「技術革新に即応した供給体制を作る」ことを求めている。(24) 小島も成田も論稿のなかで、前章で言及した石炭産業の保護のために石油の輸入や使用を規制する政策を誤りとする前年一〇月に発表された産業計画会議の勧告「あやまれるエネルギー政策」に言及しており、両者とも、この「勧告」を前提として立論していた。

また、通産省石炭局炭政課の佐伯博蔵も、エネルギー革命への対処方法として「低品位炭による発電」と「石炭の完全ガス化」による「石炭の流体エネルギー化」の必要を強調しており、(25) 同局調整課の辻武之も、「石炭鉱業のあり方」として、石炭価格を重油と競合可能な程度に引き下げるための「非能率炭鉱の整理と高能率炭鉱の造成」「輸送荷役の合理化」とともに「石炭を電力・ガス等の流体エネルギーに転化することによる石炭需要の拡大」を求めていた(26)。

しかし、炭産地における石炭の電化、ガス化により流体化して重油に対抗させるということなどは、そのための技術の開発や設備の準備を考えればすぐに大々的に着手できる施策ではない。結局、現状では石炭は重油に市場を奪われるしかなく、いかに失業対策を進めるかが現実的な課題となっていく。通産省石炭局炭政課の高木俊介は、石炭需要の後退は「石炭価格が依然として割高であるため、エネルギー源の需要構成が加速度的に、重油あるいは天然ガス等に移行した」ことに起因すると述べ、これへの対策として「優良炭田または炭鉱による集中生産方式」と「老朽炭田または炭鉱（坑）の早期廃却」、の二点をあげており(27)、こうして廃却された炭鉱の失業者への対策はエネルギー政策上においても重要な課題となっていた。炭政課の吉沢暹は次のように述べている。

現在、北九州において既に離職して滞留している炭鉱離職者が多数おり、その生活が困窮を極めている状況について世論の同情を浴しているところであるが、既に廃山となり、放棄された労務者用住宅の中に、生活の手段を失つた多数の炭鉱離職者が集団定着している実情については、まことに放置できない状態となつており、政府においても緊急の対策として、去る九月十五日予備費二億三三〇〇万円を支出して鉱害復旧事業の追加施行等を行う旨、閣議決定し、引き続いて炭鉱離職者の救済のため、特別の法律案を国会に上程すべく目下事務当局において成案を急いでいるところである(28)。

ここに、炭鉱離職者臨時措置法の具体化が示されているが、吉沢は、こうした立案の背景に「世論の同情」をあげている(29)。この「世論の同情」こそが第八章で詳述する黒い羽根運動であった。

第二節 炭鉱離職者臨時措置法の成立

（1）第三三回国会と炭鉱問題

一九五九年一〇月二六日、第三三回国会が召集された。九月には伊勢湾台風により五〇〇〇人以上の死者を出したことを踏まえ、この臨時国会は災害対策とそれにともなう補正予算案を審議することが焦点の一つとなっていたが（『朝日新聞』一九五九年一〇月二六日）、炭鉱の失業対策も重要な課題となっていた。また、開会直前の一〇月二五日には日本社会党から西尾末広派が離党し、三三人の議員で社会クラブを結成するなど、安保条約改定をめぐり政局も大きく動こうとしていた。

国会召集に前後して、一〇月一三日、日本石炭協会は、炭鉱合理化により一九五八年度～一九六三年度までの五年間で大手炭鉱の労働者を六万人も減少させるという「石炭鉱業の合理化計画について」を発表し、さらに一一月一三日には日本経営者団体連盟が、やはり同時期の五年間で、大手炭鉱の労働者六万人、中小炭鉱の労働者三万七〇〇〇人を解雇し、それへの失業対策として六万二〇〇〇人を系列会社への配置転換、他の産業への転職、失業対策事業、地方公共事業、「特別訓練隊（特別公共事業又は地域開発事業への集団就労）」などに吸収するという「石炭鉱業の将来と離職者対策」を発表し、政府にそのために必要な施策を求めた(30)。こうしたなかで、国会でも炭鉱の失業対策が重要な論点となっていた。

一〇月二八日、臨時国会の冒頭、首相岸信介は衆議院本会議における施政方針演説のなかで、「経済全般の好況にもかかわらず、石炭鉱業は、深刻な不況に悩んでおり、著しい経営不振から多数の離職者が発生しておりますことは、憂慮にたえないところであります。政府は、石炭鉱業の根本的体質改善について積極的な施策を推進して参るとともに、その離職者対策に万全を期する所存でありますが、とりあえず、緊急に炭鉱離職者の再就労、援護等について所要の措置を講ずることといたしております」と明言し、さらに、三池争議を意識して「石炭鉱業の再建につきましては、労使が協力してこれに当たることが何よりも肝要でありますが、関係労使の対立が次第に深まりつつある現状は、まことに遺憾にたえないところであります。労使双方は、石炭鉱業の置かれている現状を十分認識し、いたずらに対立意識にかられることなく、ともに同一産業のにない手として、共通する現下の危機を相協力して打開するよう、今後とも平和的な話し合いの中から事態の収拾がはかられることを念願してやみません」と、労資協調を求めた[31]。この日、岸は参議院における所信表明でも同様のことを述べ、この国会において、炭鉱の失業対策の実施は重要な課題となっていった。

同日の衆議院本会議では、社会党委員長の浅沼稲次郎が質問に立ち、「筑豊地区には約六万人の失業者が生活に追われ、大手炭鉱においては大量の首切りが行なわれておる」と述べ、こうした状況は「政府の政策の欠陥」に起因するとして、失業対策の実施を迫った。これに対し、岸は「今日出てくる離職者に対して、これが就労及び援護のために政府としては強力な施策をしなければならない。一方におきましては、これらの労務者が他の事業に就労できるような職業訓練も必要でありましょうし、その他の援護施策を強力に行なっていく考えでございます」と答弁し、「強力」という表現を二度も使用して失業対策に取り組む姿勢を示した[32]。

さらに、翌一〇月二九日の衆議院本会議では、多賀谷真稔（日本社会党）が質問に立ち、その冒頭、「石炭産業は、今日、斜陽産業ともいわれ、日没産業ともいわれるほどの大きな危機に直面し、休廃山は続出し、企業整備による人員整理の問題をめぐって、今や労使は血みどろな闘争を展開している」「炭鉱離職者はちまたにあふれ、集団的極貧層に陥り、廃山の跡は死の谷といわれ、地獄谷と呼ばれる部落が現出している」「黒い羽根運動は、政治の貧困に対する国民の抗議となって現われている」と炭鉱の現状を訴え、岸首相の施政方針では炭鉱離職者対策については述べられているが「石炭政策そのものについては何らの構想も述べられていない」と指摘し、「政府は、炭鉱をいかにするつもりであるか」と質した。そのうえで、多賀谷は、政府の炭鉱政策の失敗として、炭価の高騰、重油消費の飛躍的増大、石炭需給計画の見通しの誤りとともに、石炭鉱業合理化臨時措置法提出の際、西田隆男労働大臣が「失業対策としては全員を吸収する」と説明したが、それが実行されていないことをあげた。その一方で、多賀谷は政府を批判するだけではなく、石炭産業が生き残る道として具体的に次のような提案をおこなっている。

適正規模の炭鉱に再編成し、また、独占資本が有している多くの休眠鉱区を解放して、整理された中小炭鉱の労働者、老朽化した炭鉱の労働者を吸収して新たな開発を行ない、安い良質な石炭を供給すべきであると思うのであります。……（中略）……石炭を化学原料として利用するか、または流体エネルギーとして転換し、使用しなければ、競合エネルギーに対抗することはできないと思うのであります。……（中略）……低品位炭による火力発電所の大量建設及び超高圧線による産炭地より消費地までの送電、一般炭の完全ガス化、パイプ・ラインによる輸送等について徹底的に推進さるべきものであると考えるのであります。

多賀谷の提案は、前述した『通商産業研究』七巻九号に掲載された通産省石炭局の官僚たちの主張とも共通する内容であり、多賀谷は、炭鉱合理化政策を受容したうえで、炭鉱が生き残る道を模索していた。これに対し、岸首相は、第三三回国会では「離職者に対する応急の就労及び援護に関する緊急措置だけ」を審議し、「石炭鉱業に対する根本的な方策につきましては通常国会において御審議を願うつもり」だと答弁したが、通産大臣の池田勇人は石炭政策全体にまで踏み込み、石炭の「液体化に努めて需要を増大すること」を石炭対策とする、補正予算により炭鉱離職者援護協会を設立すると発言した。[33]

同じ一〇月二九日、参議院本会議でも炭鉱の失業対策について議論された。質問に立ったのは草葉隆円（自由民主党）であった。第五次吉田茂内閣の厚生大臣も経験した草葉は、与党議員であるが、今後も炭鉱の失業者が激増するという前提から「炭鉱離職者の生活はきわめてみじめなものがあり、その対策はようやく大きな社会問題となって参った」ので、「政府は、離職者の公共事業への吸収、職業訓練の実施、就職、転職のあっせん、自立自営の相談など、責任ある実行措置をとるべきであ」るとして、「すでに発生いたしておりまする炭鉱離職者への応急策及び今後の恒久的、計画的対策」を労相に質した。これに対し、まず通産相の池田が炭鉱離職者援護協会の設立により「離職者に対しての特別対策を講じていこうとしている」と答弁し、労相の松野頼三も炭鉱離職者臨時措置法案を提出して対策を打つと答弁した。

また、創価学会系無所属議員の白木義一郎（無所属クラブ）は、炭鉱の子どもの不就学と長欠、不良化への対策と炭鉱不況により苦境に陥った関連中小企業への対策を質した。前者の質問に対しては、文部大臣松田竹千代は学用品や教科書をできるだけ無償で配布すると答えたが、後者の質問に対し、池田は質問の趣旨を理解せず、中小炭鉱への失業対策について述べている。[34] 参議院では、一〇月三〇日の本会議でも、曾禰益（社会クラブ）が、「石炭産業の危機打開と炭鉱労働者の雇用の安定をはかるため、経営者、労働者並びに消費者及び学識経験者を含める三者構成による石炭産業会議の設置」を提案するが、松野はこれには答えず、炭鉱離職者臨時措置法とそれに基づく炭鉱離職者援護会の説明をするのみであった。[35] 政府は、この法律を以て炭鉱失業対策の切り札とする意思であったと考えられる。

さらに、一一月九日、運輸大臣楢橋渡は、衆議院予算委員会の場で、鉄道建設審議会がこの日におこなった「炭鉱離職者が多数発生する地域において、日本国有鉄道が行う新線建設工事にこれらの離職者を吸収し得るよう」要望するという決議を紹介し、一九六〇年度には九州の油須原線（川崎線）建設工事で年間延べ三万二〇〇〇人、北海道の白糠線建設工事で年間延べ四万五〇〇〇人の炭鉱失業者を吸収すると発言した。[36]

そして、一一月一九日、参議院運輸委員会においても、小酒井義男（日本社会党）が、炭鉱の失業者を鉄道建設に吸収することは、失業対策になるだけではなく、輸送手段をつくることで炭鉱産業の復活にもなるのではないかと質問すると、楢橋は国鉄総裁の十河信二も同意見であると力説し、楢橋自身も閣議の席で「油須原線で失対の事業としてやりましたときに、どうもうまくいかなかったので、これではいけない」という判断から「国家が費用を負担するという措置」をとってもらいたいと労働大臣、通産大臣にも協力を求めたと答弁した。その際、楢橋は、国鉄の十河総裁が「広い国家的な見地から言ってるのに、かんじんの政府が、これだけ大きな炭鉱離職者に対しての深刻な問題を抱えているのに、これにこたえないのはいかぬという考え方を持っているので、これを主張して貫きたい」との決意も表明した。[37]

また、国会で議論が戦わされていた一〇月三一日、RKB毎日放送が放送した「座談会　石炭合理化と失業対策」においても、労働大臣松野頼三は「これだけ大きな社会不安を起すような多数な失業者が、一ヵ所に出たということは、これは政治の問題である」「いまの重油を適当にどんどん入れる、石炭を圧迫する、これは労働大臣としては非常に困ることであります。やはり国内産業ですからある程度保護するということは当然であると思います」と、政府の責任で石炭産業を保護する必要を認め、炭労事務局長古賀定も「たしかに重油との問題はあろうけれども、五〇％ぐらいは石炭を使っていくんだという計画が立てられるべきではないだろうか。そして現在働いている雇用者を守っていくんだ、そして、その中では政府機関、労使というものがどういう合理化を協力するかという方針を打ち出すように、明らかに石炭産業を衰微方向にもつて行くのではなしに、ある程度の線というものは確保して行くのだという線ははつきり出してもらいたい」と述べ、合理化について政府や経営側と協調していく可能性を示した[38]。

このように、炭鉱失業対策について、岸内閣の姿勢が柔軟かつ積極的になっていた。一方、岸内閣は、炭鉱離職者臨時措置法案を国会に提出しており、社会党と政府の歩み寄りも始まっていた。社会党は、政府が提出した補正予算案に対しても、炭鉱の失業対策費が「たった七億二千万に過ぎない」と批判しつつ、災害対策など「事態の緊急性にかんがみ」て賛成した[39]。そして、その後、炭鉱離職者臨時措置法案の審議がはじまる。

この法案の作成過程については、法案作成に深く関わった労働省職業安定局長百田正弘が詳細に語っている。それによれば、まず、通産省石炭局炭政課が「炭鉱離職者の再就職を援護するため、政府及び石炭業者（石炭鉱業整備事業団）の共同責任による炭鉱離職者援護会（当初は炭鉱離職者援護協会としていた）を設立すべきこと」を提案し、これと並行して労働省でも「職業紹介、職業訓練の特別措置、炭鉱離職者緊急就労対策事業（当初は特別の公共事業としていた）の実施等」を提案しており、その両案を総合して、通産省と労働省との共同提案として法案を作成し、一一月一三日に閣議で決定したと説明している[40]。以下、この法案の審議過程について検討する。

（2）衆議院における審議

一一月一八日、衆議院社会労働委員会で、炭鉱離職者臨時措置法案の審議が開始される。この法律の目的は第一条に「炭鉱離職者が一定の地域において多数発生している現状にかんがみ、炭鉱離職者緊急就労対策事業及び職業訓練の実施、再就職に関する援護その他の措置を講ずることにより、その職業及び生活の安定に資すること」と明記された。この「炭鉱離職者緊急就労対策事業」とは、「炭鉱離職者に対して暫定的に就労する機会を与える」事業で、自治体が実施する事業については、その費用の八割を国が補助することとした。また、炭鉱経営者には新規に労働者を雇用する場合は、炭鉱失業者を雇用することを義務付けている。さらに、「炭鉱離職者に対して再就職及び生活の安定に関する援護を行う」ために労働大臣、通産大臣の管轄下に炭鉱離職者援護会を設置し、炭鉱失業者に対する移住資金の支給、職業訓練の手当支給、宿泊施設の提供、再就職のための知識や技術の講習の実施、求職活動への協力、生業資金借入の斡旋、生活の指導などの事業をおこなうこととした。ただ、この法律は五年間の時限立法であり、実施する事業も暫定的な緊急対策の域を出るものではなかった。しかし、法案の説明に立った松野労相は「多数の炭鉱労働者が離職している実情」に対する「総合的かつ有効な離職者対策」であると語り、あたかも五年間で炭鉱の失業問題を解決できるかの如き自信を示した。[41]

法案に対する実質的な審議は一一月一九日から衆議院社会労働委員会において始まる。最初の質問に立ったのは労働事務次官も経験した斎藤邦吉（自由民主党）で、斎藤は「現在の石炭鉱業の不況は、私が申し上げるまでもなく、景気変動の姿において現われておるのではなくして、いわゆる燃料革命と申しますか、固体燃料から液体燃料へエネルギーの比重が非常に移ってきたということから発生した事柄」だとして、そうした事態に対する政府の「総合的な政策の概要」の提示を求めた。これに対し、労働政務次官赤沢正道は、この法案が「今の段階では考え得る限りの措置」だと説明した。そして、その際、斎藤に同調する形で「今日の石炭業界の実態というものはかねて予見もいたしておりましたし、当然のことがきた」と述べ、石炭業界は「将来大きな希望が持てない非常に暗い運命だ」とまで言い切った。赤沢の発言は、政府が、石炭産業を斜陽産業とみなしていることを吐露し、さらに、炭鉱労働者の失業が構造的な不況に起因することを知りつつ、これまで、それへ対策を怠っていたことを自ら暴露する重大なものである。また、労働省職業安定局長百田正弘も、この法案で炭鉱失業者に特別な措置を講じようとするのは、炭鉱労働者の失業が「構造的なものと申しますか、単なる不況というよりも、一つのエネルギー革命によって、そういうものに根ざしておる」からであると説明している。すなわち、労働省としては国のエネルギー政策により石炭産業は衰退する運命にあるので、この法律により国の責任としての失業者救済の姿勢を示そうということである。

しかし、それならば、五年間の時限立法でいいのか。斎藤は五年間の時限立法とした根拠を尋ねた。これに対し、赤沢は「五年で終わるということは、はっきりは申し上げられませんけれども、大体それ以内でこういう該当の人たちはそれぞれ適職につけたいという目標を掲げたまでのもの」と答弁した。法案は、五年間ですべての炭鉱失業者を救済したいという目標を示したものに過ぎないのだと、赤沢は政府の責任を軽んじる姿勢を示したのである。与党議員の質問であり、緊張感を失していたのであろう。

したがって、次いで滝井義高（日本社会党）が質問に立つと、通産相の池田勇人は、「世間でいっております石炭が斜陽産業ということから考えまして、何とかこれを一般産業並みに安定した、そして向上する産業に立て直さなければならぬという気持で進んでおる」と、政府の積極的姿勢を強調しなければならなかった。池田は、石炭産業を斜陽産業とみなすのは「世間」であり、政府は石炭産業を「安定した、向上する産業」にするために努力していると弁明し、さらに、「非常に条件の悪い石炭をできるだけ条件をよくして、国内資源の高度の利用ということを考えております」と述べ、エネルギー政策として、輸入する石油だけではなく、国内資源の石炭も重視する姿勢を示した。そこで、滝井は「炭主油従という今までとっておった政策というものに、幾分の変更は加えるにしても、大体傾向としてはそういう方向になるのだ、そういう考え方でいいんですか」と、炭主油従、すなわち、日本のエネルギー政策は石油より石炭を主とするということの言質を取ろうとしたが、これには池田は明言を避け、肝心な点は曖昧なまま、滝井は質問を終えた。[42]

そして、一一月二七日、社会労働委員会では法案をめぐる公聴会が開かれた。参考人として招かれたのは、

国民経済研究協会理事長稲葉秀三、朝日新聞論説委員江幡清、日本石炭鉱業経営者協議会会長伊藤保次郎、日本石炭鉱業連合会副会長菊池寛美、炭労副委員長野口一馬、全国石炭鉱業労働組合（全炭鉱）書記長斎藤茂雄、福岡県知事鵜崎多一、全国鉱業市町村連合会副会長鈴木栄一の八人であり、全員が法案に賛成していた。

三菱鉱業の社長として大手炭鉱経営者の立場を代表する伊藤は、「石炭はエネルギー資源として、重油にもう完全に押されておる」と断言し、現在の石炭産業の労働者は過剰であり、「この産業をこれから生かしていくには、どうしてもある犠牲者が出ざるを得ない結論に至った」と述べ、一九六三年度までに大手炭鉱から約六万人、中小炭鉱から約三万七〇〇〇人の合計一〇万人近い労働者を解雇するという経団連の計画を示して、大国策としての失業対策が必要であるので、「法案の通過の早いことを切望」した。炭労の野口も、法案は「大手炭鉱の首切り、中小炭鉱の首切りに援護射撃の意味を持つもの」ときびしく批判するものの、失業者を政府の責任で就労させることを求め、「いい結論を法案の中にぜひ織り込んでいただかんこと」を願って意見陳述を終えた。また、社会党公認知事の鵜崎も地方公共団体の力では、炭鉱の失業対策は「もういかんともしがたい」ので、この法案が提出されたことは「非常に喜びにたえない」と期待を語った。一方、福島県石城郡好間村長の鈴木は、「全国鉱業市町村連合会といたしましては、石炭鉱業合理化臨時措置法が国会に上程された公聴会におきまして、すでに今日あることを予想いたしまして、炭鉱離職者に対する対策処置を講ぜられることを条件とし、要望いたしまして、この法案に賛意を表したのであります。しかるに合理化実施後、多数の離職者の発生するにかかわらず、援護については適切なる処置を講ぜられてこなかったために、われわれは自来その不備な点を指摘をいたし、要望を続けて今日に至っておるのであります」と、政府への怒りを示しつつ、法案には賛意を表明した。(43)

こうして、公聴会では、立場を超えた法案への賛意が示されたのであるが、その一方で炭鉱合理化を進めながら失業対策を怠ってきた政府の責任も明らかになった。

そして、一二月三日、社会労働委員会商工委員会連合審査会の場で、この点がさらに論議された。まず、始関伊平（自由民主党）が、石炭政策の全体像を示さずに「離職者対策だけが出ておる」ことの理由を質すと、労相松野頼三は、「エネルギー及び石炭の総合的な対策は次の通常国会までに基本的な対策を立てる」が、「それを待てないほど実は離職者の問題は緊急になって参りました」と、事態の緊急性をその理由にあげた。そこで、始関は、石炭産業の現状はエネルギー革命による影響であるが、それだけではなく、石炭の受給の見通しを誤った「政府の指導よろしきを得なかった」からではないかと、与党議員でありながら政府の責任を追及した。これに対し、通産省石炭局長樋詰誠明は「政府の見通しが必ずしも非常に正鵠を得たものでなかったという点は率直に認めざるを得ない」「われわれ責任がなかったとは申しませんが……（中略）……今後はエネルギー全体の伸びに対する見通しというものをもう少し甘くなく、客観情勢をしっかりと認識することによって、間違いない方向に持っていきたい」と、政府の責任を認めたのである。

次に質問に立った八木昇（日本社会党）は、よりきびしく政府の責任を追及した。八木は、石炭鉱業合理化臨時措置法制定の段階で、政府は三三〇万トン相当の炭鉱を買い上げて取り潰すことで炭価は下がり、石炭業界は安定すると強調したが、炭価は下がらず、そこに政府の見込み違いがあったのではないかと述べ、「石炭鉱業合理化法を制定せられた当時からしてすでに判断の誤りがあったのではないか」と質した。これに対し、池田通産相は「私は政府の見込みが違ったと言えると思います」と、やはり政府の責任を認めた。そこで、八木が、石炭不況問題にも「政府は非常な責任があるのじゃないか」とさらに追及すると、池田は「見込み違いが起こるにしても耐え得る見込み違いをしていきたい」と、追及をかわしたので、八木は「石炭産業そのものがもう本質的に斜陽産業だというふうにきめつけるべきものではなく、ある程度長期の見通しとしてはやはり石炭需要はまだ相当伸びていくが、今の現象としてこの千万トンの貯炭というようなものが現われて、当面何とかしなければならぬ、こういう現象が出ておるのであるか。すなわち今起きておる石炭不況というものは長い展望から見ると一時的な現象である、こういうふうな見方が成り立つのではないか」と池田に問うと、池田は「長い目で見ていけばこれは斜陽産業といえる、しかし、これを斜陽にしてはいかぬ、できるだけ伸ばしていこうというのが石炭行政のもとである」と答弁した。八木が、長期的に見れば石炭産業は斜陽産業ではなく、今の不況も一時的なものと認識しているのに対し、池田は長期的に見れば石炭産業は斜陽産業だと認識している。この論議において、両者の認識の決定的な相異が明らかになった。

さらに、八木は炭鉱失業者への対策の不備を追及するが、これには松野は「私は過去は全部よかったとは申しません」「計画と現実と確かに相違があった」と認め、だからこそ、炭鉱離職者臨時措置法が必要になったと弁明した。松野は過去の失業対策の不備も認めたうえで、社会党にも法案への理解を求めたのである。[44]

そして一二月四日、社会労働委員会の場で、首相の岸は、「相当数の離職者を出すことは、現状の石炭産業というものを見ると、これはまたやむを得ない事情じゃないか。従って、やはり離職者に対する援護の措置を政府としては考えて措置しなければいかぬ」「石炭対策に対する根本の問題は、私どもは通常国会までにその結論を得て、これを提案したい」と政府の方針をあらためて述べ、結局、社会労働委員会では全会一致で法案を可決[45]、一六日の衆議院本会議でも異議無く可決した。[46]

(3) 参議院における審議

参議院では、社会労働委員会における法案審議に先立ち、予算委員会で法案に関する議論が展開された。一一月一九日、炭労出身の阿具根登(日本社会党)が、石炭鉱業合理化臨時措置法で二万六〇〇〇人の失業者が出ているが、政府の「対策が非常に不完全であった」と追及すると、労相の松野頼三は「政府の離職者対策が完全だったとは私も申しません」と言いつつ、民間企業の雇用契約に政府は介入することに限度があると、失業問題の責任を炭鉱の企業側に押し付け、炭鉱失業者は公共事業ではなく他の炭鉱に吸収されたと楽観的な発言をした。さらに、首相の岸においては、「合理化法の施行によって多数の失業者が出なかった」「非常に多数の離職者、失業者が出て、社会的不安を生じこれらの人々に非常な不幸な状態を現出して、そうして政府が放擲しておったというような事情ではなかった」とまで言い放った。こうした暴言と言える閣僚の対応に対し、阿具根は「炭鉱の実情を御存じないから、そういう紙の上での御答弁になってくる」と反論するが、岸は、日本は計画経済ではないのだから、政府の立てた計画の目標どおりにはならないこともあると突っぱねてしまった。さらに、阿具根が「石炭は国内産業であるから、これを保護しなければならないと口では言われるけれども、その対策は慎重に研究しておるということで、一切これは口を緘して言われない」と、炭鉱の失業対策への消極性を追及すると、通産相の池田は「われわれは手をこまねいて見ておるというのではございません」と反論、次の通常国会に政府の今後の石炭政策を示すと強調した。(47) 首相の岸は阿具根に対し挑発的な態度を示し、松野や池田も政府の責任を軽視する姿勢を見せていた

しかし、法案の審議に入ると政府の姿勢にも変化が生じて来る。一一月二四日、社会労働委員会で阿具根の質問に対し松野は、石炭鉱業合理化臨時措置法制定時、失業対策は「不備だったと思う」と認め、通産省石炭局長樋詰誠明も「政府が全然責任なかった、自分らのやってきたことは今まで間違っていなかったというような、そういう大それた思い上がったような気持は持っておりません」「今までわれわれの見通しが大きく狂ったということが、今日の石炭不況に多分に片棒かついでおるということについては十分な責任をもって今後の努力をいたしたい」とまで述べた。(48) 一二月九日の社会労働・商工委員会連合審査会においても、池田は、政府

の見通しの誤りを認めたうえで、一五日頃に石炭鉱業審議会が石炭政策についての答申が出るので、それによって政府の石炭政策を決めることとしており、そのなかで「離職者の問題につきましては、労働大臣と相談いたしまして善処いたしたい」と説明した。これを受けて、松野は、この法案は「一番お困りな方に対する緊急措置」であることを強調した。[49] すなわち、総合的な失業対策は審議会の答申を受けてから決めるのであり、この法案はあくまでも緊急の措置であるということである。しかし、なぜ、法律の期限を五年間としたのかについては、松野は「五年でなければいけないという意味ではございません」「五年というものに法律的な根拠を求めたわけではございません」「特別に理論的に五年にしなければいけないという積極的な意味はございません」などと曖昧な答弁を繰り返し、説得力のある説明をなし得なかった。[50]

一二月一〇日、参議院社会労働委員会は参考人による公聴会を開く。参考人となったのは、北海道炭礦汽船社長萩原吉太郎、日本石炭鉱業連合会専務理事長岡孝、炭労事務局長古賀定、全炭鉱中央執行委員加藤俊郎の四人で、萩原は、「今日の石炭鉱業の危機」は「燃料革命の第一歩として起こる消費構造の変化によるもの」であり、「石炭鉱業を縮小することがエネルギー全体のバランスで国民経済のためによい」ことで、「将来石炭鉱業の能率のよいものだけを残して競争力を持たして生き残る」ために「人間の人員を減らしていくことは原因においてやむを得ない理由」があると、合理化により生じる失業者は国民経済のための犠牲者とみなし、それゆえ、失業労働者に「当面の処置」としての「緊急就労」ではなく「長期の安定した雇用」を提供するように政府に要望し、法案に対し「火急の場合」の措置として賛成した。萩原は生き残れる大手炭鉱の経営者として、恒久的な失業対策を政府に求めた。

一方、炭労の古賀も、法案には反対するものの、具体的な石炭政策への希望を提示するなど、強硬な対決姿勢を示すことはなかった。[51] 衆議院の公聴会同様、参考人の意見は基本的には賛成、もしくは批判的ながら法案を受け入れるという内容であった。

公聴会終了後、法案審議が再開されるが、そのなかで経済企画庁長官菅野和太郎は、来年度の炭鉱失業者数を労働省が調査中で、その結果に基づき労働省、通産省、農林省と経済企画庁が対策を協議すると述べたうえで、政府は「炭主油従」の考えだが、重油は「日本全体の産業の発展のため」には「ないがしろにできない」と明言した(52)。この発言は、「炭主油従」が名目に過ぎないことを示すものであった。

さらに、この日の委員会で、阿具根登が福岡県における失業者の実態を尋ねたことに対し、厚生省社会局長高田正巳は、一九五八年四月の生活保護受給者数が六万九八三〇人であったのに対し、一九五九年六月のそれが九万四五〇四人に達し、三五%も増加しており、とくに、筑豊の直方市や田川市では二倍になっていると答弁した。阿具根は、この数字を聞いて「今さらながら驚いた」と述べ、実数はもっと多いのではと問うと、高田も六月以降、「さらにまたふえておるのではないか」と悲観的な見方を示した。また、阿具根が、炭鉱地帯の学校給食の実態について問うと、文部省体育局学校給食課長平間修は、福岡県の給食実施校では、給食費の支払いが困難な家庭の子どもが約一万二〇〇〇人もおり、給食未実施校では、約五〇〇〇人の弁当を持参できない子どものために、黒い羽根運動で配給されたクラッカーを与えていると答弁した。阿具根は「食い盛りの非常に感受性の強い子供にクラッカーを与えて、それで私は学校の完全な教育ができるとは思わない」と怒りをあらわにした(53)。

しかし、生活保護受給者の激増、給食費未払いや欠食児童の激増という現実を前に、合理化政策の是非とは別に、緊急の措置として、参議院同様衆議院においても、社会党はこの法案に賛成せざるを得なかった。この後、法案は、一二月一六日に委員会において全会一致で可決(54)、同日、参議院本会議でも全会一致で可決された(55)。

このようにして、炭鉱離職者臨時措置法は成立した。

法成立後の一二月一九日、すでに池田通産相が国会で答弁したように、石炭鉱業審議会の答申が池田に提出された。それは、石炭不況の「淵源」は「流体エネルギーの個体エネルギーに対する優位」にあり、「景気変動の一局面」ではないとして、それへの対策として合理化により一九六三年度の炭価を一九五八年度に比較して一二〇〇円程度引き下げることを求めるという内容であった。そして、答申は、労働者に「生産の集約化などにともなう相対的な過剰雇用の整理は、さし当りやむをえないということを理解する」ことを要請し、失業者に対しては炭鉱離職者臨時措置法の措置の「機能の十分な発揮」とともに「可及的に一般経済界の協力の下に、配置転換の形で離職者吸収が円滑に行われる計画的に推進すべき」であり、「炭鉱離職者の多発地帯」においては「地域社会の総合的振興対策を樹立する」ことを「当面焦眉の急務」と述べた。すなわち、合理化による失業を労働者も受け入れ、企業と自治体、政府にそれへの対策を求めるというものであるが、その一方で石炭産業を保護するための施行以後一〇年以内の廃止を明記した重油ボイラー規制法は一九六三年一一月以降「完全に廃止すること」を「銘記する必要がある」と力説、「ゆくゆくは石炭保護政策の撤廃を期することをはっきり打出した」のである。(56)

さらに、一二月二三日、労働次官、通産次官の共同通達「炭鉱離職者臨時措置法の施行について」が発せられるが、そこには、今後、石炭産業における「雇用情勢の好転は期待できない」と明記され、失業者の再就職は「他産業への転換を推進することが重要」であり、とくに「他地域への移住を促進することが必要」と力説された。(57)労働省職業安定局失業対策部は、この法律が成立する以前の炭鉱の失業対策は「公共事業、失業対策事業等に失業者を吸収することを主とする応急的ものであり、広域職業紹介、職業訓練、援護業務等についても総合的に一貫した体制は必ずしも確立されていたとはいい難い状態にあった」と述べ、この法律の画期的意義を高く評価しているが、(58)現実には、他産業への転換が最善とされたように、炭鉱そのものの前途は絶望となり、炭鉱労働者の失業は増大する一方となっていった。

第三節 炭鉱離職者臨時措置法成立後の石炭政策

一九五九年一二月二九日、第三四回国会が召集された。この国会では、日米安全保障条約の改定をめぐり、自民党と社会党が全面対決し、連日、安保条約改定に反対するデモ隊が国会に押しかける事態のなかで翌年六月一九日、新安保条約は自然成立した。また、この時期、三池争議も会社側がロックアウトしたことに対し、労組は無期限ストライキで対抗、争議は長期化していった。まさに、こうしたとき、この国会に岸内閣は石炭鉱業合理化臨時措置法のさらなる改正案を提出した。

一九六〇年二月五日、衆議院商工委員会において、池田通産相は、石炭産業の不況の根本的解決は「合理化の推進により抜本的な体質改善を行ない、重油等の競合エネルギーと競争し得るようにすることが不可欠」であるとして、「従来の非能率炭鉱の買い上げ及び炭鉱離職者の援護措置を一段と強化して参りますとともに、財政資金を投入し、無利子の炭鉱設備近代化特別貸付金制度及び中小炭鉱機械化促進特別貸付金制度を創設し、炭鉱の画期的な若返りをはかり、中小炭鉱に対しては採炭の機械化近代化を推進し、高能率炭鉱の造成を促進し、流通機構の合理化をはかるなど石炭鉱業の体質改善を期」すために「石炭鉱業合理化臨時措置法に所要の改正をいたす必要がある」と、法改正への理解を求めた。(59) その一方で、池田は三月二一日、参議院予算委員会で阿具根登の質問に対し、「合理化に伴っての失業対策につきましても適当な措置をとり、御審議を願っておる次第でございます」と答弁し、[60] すでに炭鉱離職者臨時措置法を成立させたことで、さらに合理化を加速させようという自信を示した。

そして、三月四日の衆議院商工委員会で、通産政務次官原田憲は、この改正法案について、前年一二月の石炭鉱業審議会の答申に基づき、重油価格と競合できるように一九六三年度の炭価を一九五八年度に比較して一二〇〇円程度引き下げるため、石炭産業の「急速な合理化」を図り、石炭鉱業整備事業団を石炭鉱業合理化事業団に改組し、政府資金を出資して「石炭坑の近代化等に必要な設備資金の貸付及び非能率炭鉱の買収ワクの拡大を行なうこととした」と説明した。[61]

三月二八日には、商工委員会で公聴会が開かれ、石炭鉱業審議会委員である東京大学教授安芸皎一は、「非能率な炭鉱」の整理を促進することは緊急の課題であると述べ、[62] 同審議会会長で、経済団体連合会副会長植村甲午郎も、非能率炭鉱の整理を政府の助成を得て「各界協力してやり上げていく」ことを求めた。植村は、その一方で、失業対策について、炭鉱離職者臨時措置法で「着々進んでおり」「ある程度の実績は上がってきている」と楽観していた。[63] これに対し、法改正に賛成する全炭鉱中央執行委員長重枝琢巳は、政府が炭鉱失業者を石炭産業や成長産業に吸収させるべきであると主張し、[64] 法改正に反対する炭労中央執行副委員長藤岡三男は、合理化法により筑豊は「失業地獄と化した」と訴え、炭鉱合理化政策は労働政策と合わせて実施するべきだと主張した。[65] こうした労組側の参考人の意見を受けて、武藤武雄（民主社会党）は、植村に失業対策も含めた合理化計画の実施を求めたが、[66] この公聴会では、失業対策を軽視して合理化を進めようとする石炭鉱業審議会の姿勢が鮮明となり、失業対策を重視する労組側との間に大きな認識の相異を露呈する結果となった。

また、改正法案の審議のなかで、失業対策の欠陥も明らかになっていく。四月四日の商工委員会で、滝井義高（日本社会党）が、炭鉱が整備事業団に買い上げられても、炭鉱住宅が買い上げられないと、失業者に対して移住資金が支給されないことを問題として、「炭住が買い上げられようと買い上げられまいと、労働者は仕事をする場所がなくなったのだから、どこかに移住しなければならない。だから移住資金は当然出さなければならぬと思いますが、ところが出さないのです。炭住が買い上げられないと出さぬのですが、この矛盾を直してもらいたい」と要請した。しかし、これに対し、通産省石炭局長樋詰誠明は、「炭住明け渡し資金、立ち上がり資金というものは、炭住を買わぬ場合には出しません」と突っぱね、滝井が「御検討いただきたい」と求めても、樋詰は「検討はいたしますが」と言葉を濁し、答弁を終えた(67)。

さらに、翌四月五日も、商工委員会では、多賀谷真稔（日本社会党）が「離職金の支払いまたは問題になりました炭住引き揚げ資金といいますか、あるいは移住資金といいますか、そういった事業団の出す分ですね、これについては、買い上げが大体事業団において決定を見る、予想がつくということで、事業団の判断にまかして、一つ離職金やそれらの資金を先に払うということはできないものでしょうか」と政府を追及した。しかし、これに対しても樋詰は「離職金を払うということは、あるいは買わないといったようなことも起こるかもしれぬというような事態を想像いたしますと、そこまでの踏み切りはよういたしかねる」と拒否し、買い上げの契約が成立するまでは離職金等は支給できないと従来の方針を変えなかった(68)。

多賀谷は、続けて石炭鉱業合理化臨時措置法と炭鉱離職者臨時措置法の「労働者」という文言の相違について質問をした。すなわち、前者の第三三条では、整備事業団は買収した炭鉱の解雇された「鉱山労働者」に対して平均賃金の三〇日分を支払う義務を規定しており、後者の第二条には、炭鉱労働者の定義として「石炭の掘採又はこれに附属する選炭その他の作業に従事する労働者」と規定しているが、両者の「労働者」の意味する対象が違うのかどうかと政府の解釈を質したのである。これに対し、石炭局長の樋詰は、前者には「掘採の労働者」と同様に「ある程度ホワイト・カラーといったような人間」も含めており、後者より「労働者の範囲が広くなる」と答弁した。樋詰の答弁では、炭鉱離職者臨時措置法の対象となる労働者は坑内で石炭を掘る作業に従事する者に限定されかねない。これに対し、多賀谷は「今ホワイト・カラーの話をされましたが、ホワイト・カラーだけじゃないのです。それは、炭鉱には炭鉱の、坑外雑夫といって、相当の職種があるのですね。それはほとんど入っていないのです。たとえば寮に従事する者であるとか、守衛であるとか、あるいは番人であるとか、こういうようなものが入っていないでしょう。要するに、そこに労働者を全国から工員《ママ》募集をして集めてきたのですから、あの小さな地域に、ずいぶんの人がいる。それを、炭鉱がなくなったから、分散しなければならぬでしょう。ですから、それらの人を全部対象としてやらなければ、炭鉱は、坑内やあるいは炭鉱特有の者だけでやっているのじゃないですからね」と、その認識不足を指摘した。そこで、労働省職業安定局失業対策部企画課長住栄作が「炭鉱労働者につきましては、何も石炭の基本的な工程に属する作業に従事する労働者ばかりじゃなくて、そういった石炭のそれに関連して行なわれる関連部門の各種の労働者、これは排除をいたしておりません。そういうようなものにつきましては、今御例示なさいましたような職種、作業に従事している労働者は、この炭鉱労働者に該当いたすかと思います。いずれにいたしましても、先ほど申し上げましたような趣旨から、実態に即応して判定していくつもりで、現地にも指示いたしております」と発言し、その場を取り繕わねばならなかった[69]。この質疑応答では、石炭局長の樋詰が炭鉱労働の現実を知らず、そうした認識不足のまま、炭鉱失業問題に対処していた事実が明らかになった。

しかし、改正法案は可決される。四月一六日、商工委員会では社会党が提出した対案である石炭鉱業安定法案を否決した後、自民党の賛成多数で改正法案を可決、そのうえで自民党、社会党、民主社会党共同提案の炭鉱失業者を成長産業に吸収させることなどを明記した附帯決議を全会一致で可決し[70]、翌四月七日の衆議院本会議でも起立多数で可決した[71]。

改正法案は参議院に送られる。参議院商工委員会は四月二六日に公聴会を開き、その場で炭労中央執行副委員長藤岡三男は「失業者が続出する中に何らこれに対する労働対策も考慮せず、まさに死の宣告に価するようなこの法律案には残念ながら反対せざるを得ません」と述べるが、一方、日本石炭協会専務理事佐久洋は、「今後の離職者の発生や現実の情勢を考えますると、石炭企業としてはこれまでにもまして配置転換、関連産業への再就職に全力を尽くす考えではござりまするが、さらに恒久的、総合的な離職者対策というものを講ぜられますよう念願するわけでございます」と力説した。炭労側は改正法によりさらに失業者が増加すると反対し、改正法に賛成する企業側は失業者の増加を前提に恒久的、総合的な失業対策を求めている。(72) 石炭局長樋詰誠明も、「官民協力いたしまして、合理化の過程に離職のやむなきに至るお気の毒な方々については、万全の援護措置を講じていきたい(73)」「合理化の過程におけるやむを得ない離職者という方々に対しまして、できるだけの援護措置を講じていきたい(74)」と失業対策への積極的姿勢を商工委員会で示した。衆議院で改正法案が可決された今、参議院で反対しても法案成立を阻止することは難しい。衆議院で成長産業に失業者を吸収させるという附帯決議もなされた以上、失業対策の徹底を条件に改正法案の成立を受容するという状況が参議院で生まれていく。結果、参議院では社会党も賛成に回り、新安保条約が自然成立した二日後の六月二一日、商工委員会で全会一致により可決(75)、七月一五日に本会議でも総員起立で可決し、改正法は成立した。(76)

おわりに

一九六〇年三月、経済企画庁から筑豊地域の失業者対策事業の調査を委託されていた九州経済調査会の報告書がまとめられた。同書の冒頭、理事長浜正雄は「炭鉱失業対策は、昭和三〇年合理化法制定当時から具体的施策が実行されねばならなかつたにもかかわらず、炭鉱離職者多発地域対策は消極的に取上げられたにすぎず、総じていえば、失業対策諸事業のある程度の増枠でお茶をにごしてきた」と、これまでの失業対策へのきびしい批判を述べ、炭鉱離職者臨時措置法による対策が、「従来の施策の単なる色あげに終わらせてはなるまい」と戒めた[77]。そして、具体的な失業対策については、「石炭産業の斜陽化は、これまでのわが国石炭産業の構造的矛盾の帰結である」が、「そのことは、石炭産業の重要性、石炭資源開発の必要性を否定するものではなく、むしろ、逆である。石炭は今後も依然エネルギー原料として大きな比重を占め、未開発炭田の開発はもちろんのこと、筑豊のごとき既に既開発炭田もその再開発が必要である」と述べ、筑豊炭田の再開発事業に失業者を吸収することを提案し、むしろ「当面の対策としてはこの地域に大々的に開発事業を起して失業者を吸収する以外にはなく、このような失業吸収が、北九州地域開発事業の大きな課題として与えられるに至つている」とまで、力説した[78]。石炭産業の将来に期待を示し、筑豊の炭鉱失業者は筑豊の炭鉱再開発事業に吸収するというこの提案は、石炭産業の将来に期待せず、炭鉱失業者の他産業への転換や、他地域への移住を進める政府の施策とは大きく異なるものであった。しかし、こうした提案は採用されず、一九六〇年代、炭鉱は一気に「斜陽化させられていった。

◉註

(1)遠藤政夫「序言」(労働省職業安定局失業対策部編『炭鉱離職者対策十年史』、日刊労働通信社、一九七一年)、一頁。
(2)福岡県総務部企画室編刊『石炭鉱業合理化と離職者対策』(一九五九年)、一四頁、一八頁、二五頁。
(3)福岡県編刊『石炭産業不況に伴う鉱業関係市町村の財政状況』(一九五九年)、一八頁、六九頁。

(4)百田正弘『炭鉱離職者臨時措置法の解説』(労働法令協会、一九六〇年)、三一～三三頁。
(5)『第三十一回国会衆議院商工委員会議録』二二号、一頁。
(6)『第三十一回国会衆議院商工委員会議録』二六号、一～二頁。
(7)同右書、二頁。
(8)同右書、七～八頁。
(9)『第二十四回国会衆議院予算委員会議録』三号、二三頁。
(10)『第三十一回国会衆議院商工委員会議録』二六号、一三～一六頁。
(11)『第三十一回国会衆議院商工委員会議録』二八号、五～七頁。
(12)『第三十一回国会衆議院商工委員会議録』二九号、一～六頁。
(13)『第三十一回国会衆議院商工委員会議録』三一号、八～一〇頁。
(14)同右書、一五頁。
(15)労働省「最近の雇用失業情勢についての雇用審議会の意見について」(「閣議資料」昭和三三年一二月一六日―国立公文書館所蔵―)。
(16)『第三十一回国会衆議院商工委員会議録』三三号、一頁。
(17)『第三十一回国会参議院商工委員会会議録』二四号、七～八頁、一五頁。
(18)『第三十一回国会参議院商工委員会会議録』二七号、六頁、一二頁。
(19)高木俊介「新石炭長期計画の課題――石炭鉱業体質改善への構想」(『通商産業研究』七巻九号、一九五九年一〇月)、二七頁。
(20)百田正弘前掲書、三一頁。
(21)同右書、三〇〇頁。
(22)鹿野竜俊「巻頭言」(『通商産業研究』七巻九号)、一頁。
(23)小島慶三「石炭新政策の体系」(同右書)、五～七頁、一〇～一一頁。
(24)成田寿治「転機に立つエネルギー問題」(同右書)、二二～二三頁。

(25)佐伯博蔵「石炭技術の《革命》は可能か」(同右書)、三九頁。
(26)辻武之「流体エネルギー化への悲願――山元発電・完全ガス化をめぐって」(同右書)、四六頁。
(27)高木俊介前掲論文、二六頁、三一頁。
(28)吉沢暹「石炭鉱業における雇用問題」(『通商産業研究』七巻九号)、五三頁。
(29)「炭鉱離職者」という表記について、一九五九年一一月二四日、炭鉱離職者臨時措置法案の作成に関わった労働省職業安定局長百田正弘は、法案を審議している参議院社会労働委員会において、「炭鉱離職者」とは「現在失業している、あるいは何らかの収入を得ている者でありましても、社会通念上その職業がきわめて不安定であるといったような、いわば失業と同様の状態にあると認められるもの」を意味すると答弁している(『第三十三回国会参議院社会労働委員会会議録』四号、一頁)。
(30)百田正弘前掲書、二四~二五頁。
(31)『第三十三回国会衆議院会議録』三号、一九~二〇頁。
(32)同右書、二八頁、三〇頁。
(33)『第三十三回国会衆議院会議録』四号、四三~四六頁。
(34)同右書、三〇頁、三三~三六頁。
(35)『第三十三回国会参議院会議録』五号、四五頁、四九頁。
(36)『第三十三回国会衆議院予算委員会議録』五号、二〇頁。
(37)『第三十三回国会参議院運輸委員会会議録』五号、五頁。
(38)「座談会　石炭合理化と失業対策」(『労働時報』一二巻一二号、一九五九年一二月)、六頁、八頁。
(39)一一月一四日の衆議院本会議における島上善五郎の発言(『第三十三回国会衆議院会議録』一七号、九五頁)。
(40)百田正弘前掲書、三七頁。
(41)『第三十三回国会衆議院社会労働委員会議録』四号、一~五頁。
(42)『第三十三回国会衆議院社会労働委員会議録』五号、一~二頁、八~九頁、一二頁。
(43)『第三十三回国会衆議院社会労働委員会議録』九号、一~二頁、五~六頁、一〇~一一頁、一三頁。

(44)『第三十三回国会衆議院社会労働委員会商工委員会連合審査会議録』一号、六〜七頁、一二〜一四頁。
(45)『第三十三回国会衆議院社会労働委員会議録』一〇号、二頁、五頁、九頁。
(46)『第三十三回国会衆議院会議録』一九号、二二五頁。
(47)『第三十三回国会参議院予算委員会会議録』六号、一〜二頁、四〜六頁。
(48)『第三十三回国会参議院社会労働委員会会議録』四号、四頁、一〇頁。
(49)『第三十三回国会参議院社会労働・商工委員会連合審査会会議録』一号、九頁、一一頁、一七〜一八頁。
(50)同右書、一六頁、二一頁。
(51)『第三十三回国会参議院社会労働委員会会議録』八号、二〜三頁、八〜九頁。
(52)同右書、一八頁。
(53)同右書、二五〜二七頁。
(54)『第三十三回国会参議院社会労働委員会会議録』一一号、二頁。
(55)『第三十三回国会参議院会議録』一六号、二一四頁。
(56)百田正弘前掲書、二五頁、三〇二〜三〇六頁。
(57)百田正弘前掲書、四六頁。
(58)労働省職業安定局失業対策部編前掲書、四九頁。
(59)『第三十四回国会衆議院商工委員会議録』一号、三頁。
(60)『第三十四回国会参議院予算委員会会議録』一八号、二七頁。
(61)『第三十四回国会衆議院商工委員会議録』一二号、一八〜一九頁。
(62)『第三十四回国会衆議院商工委員会議録』二一号、一頁。
(63)同右書、三〜四頁。
(64)同右書、四頁
(65)同右書、六〜七頁。
(66)同右書、一一頁。

(67)『第三十四回国会衆議院商工委員会議録』二六号、三一～三三頁。
(68)『第三十四回国会衆議院商工委員会議録』二七号、三頁。
(69)同右書、五～六頁。
(70)『第三十四回国会衆議院商工委員会議録』二八号、二頁。
(71)『第三十四回国会衆議院会議録』二一号、二四頁。
(72)『第三十四回国会参議院商工委員会会議録』二五号、四頁、七頁。
(73)『第三十四回国会参議院商工委員会会議録』三〇号、八頁。
(74)『第三十四回国会参議院商工委員会会議録』三二号、一頁。
(75)『第三十四回国会参議院商工委員会会議録』三五号、五頁。
(76)『第三十四回国会参議院会議録』二七号、八頁。
(77)浜正雄「まえがき」(『北九州地方における開発事業による炭鉱失業者吸収効果調査』(九州経済調査協会、一九六〇年三月)。
(78)同右書、一～三頁。

第七章

映像と音声に記録された炭鉱の失業

映画「にあんちゃん」ポスター

はじめに

一九五九年～一九六〇年、日本の政治と社会は六〇年安保闘争に揺れた。そして、同じころ、炭鉱合理化政策のもとで、福岡県大牟田市と熊本県荒尾市にまたがる三井三池炭鉱では、「総資本と総労働の闘い」と評された大争議が展開されていた。この時期、炭鉱の失業問題を描いたふたつの映画が社会に大きな反響を与えた。「にあんちゃん」と「筑豊のこどもたち」である。本章は、政府がようやく炭鉱の失業問題への対策に腰を上げるに至った背景の一つとして、この二つの映画を中心に、炭鉱の失業問題に対する社会の関心の実態を明らかにする。

戦後日本の石炭産業は国策に翻弄された。そして、炭鉱労働者、とりわけ中小炭鉱の労働者とその家族の生活もまた、国策に大きく振り回された。一九四九年、傾斜生産方式が終わり、ドッジ不況のもとで石炭増産政策は一転し、炭価は下落、さらに石炭から石油へのエネルギー転換が進むなかで一九五五年九月、第二次鳩山一郎内閣は、効率の悪い中小炭鉱を閉山させ、大手の炭鉱に生産を集中させる石炭鉱業合理化臨時措置法を成立させた。この〝スクラップ・アンド・ビルド〟と例えられた政策により、中小炭鉱の閉山は一気に進み、大量の失業者が生み出された。やがて炭鉱の合理化による労働者の大量解雇は大手炭鉱にも波及し、三池争議が起こる。(1)

この法律が成立しようとしていた一九五五年七月二二日、第二二回国会衆議院商工委員会の場で、通商産業大臣石橋湛山は、日本社会党左派の永井勝次郎の追及の前に、炭鉱合理化が中小炭鉱の労働者を犠牲にすることを認め、それへの対策として「いわゆる失業対策でない。恒久的な職場を多く作るということに努力したい」

と明言した。(2) しかし、石橋は、通産相としても、さらに首相となってもそうした努力を怠り、前章で述べたように、炭鉱離職者臨時措置法が成立したのは、三池炭鉱の大争議が始まる一九五九年一二月、第二次岸信介内閣のもとであった。このとき、不十分ながらも岸内閣に炭鉱失業者対策を講じさせた背景には、炭鉱失業者を救えという世論があった。そして、その世論を生み出したのは、黒い羽根運動とメディアであった。

黒い羽根運動とは、赤い羽根運動を模したもので、中小炭鉱、とりわけ最も被害が大きかった福岡県の筑豊地域の炭鉱の失業者家庭を救済することを目的にしていた。この運動は、一九五九年に日本母親大会で提起され、福岡県などの地元自治体、日本炭鉱労働組合(炭労)などの労働組合、日本キリスト教奉仕団などのキリスト教団体が参加し、一本一〇円の黒い羽根の売り上げ金や寄付金で炭鉱失業者の家庭に食料、衣料、学用品などを供給した。そして、それにより、高度経済成長下に無視されかけていた中小炭鉱の失業問題に世論の関心を向けさせた。炭鉱離職者臨時措置法が成立した背景にはこの運動により喚起された世論があった。この黒い羽根運動については次章で詳述することとし、本章では、もうひとつの映画、テレビ、ラジオなどのメディアが世論形成に果たした役割について検討する。

一九五〇年代〜一九六〇年代、炭鉱の失業問題をテーマにした多くの映画やテレビ、ラジオのドキュメンタリー番組が作成されていた。その一部については第五章でも触れたが、戦後につくられた炭鉱をテーマにした映画について、友田義行は、一九五〇年代後半以降、「炭鉱は閉山や廃坑の問題と背中合わせで扱われることが多くなり、貧困や失業、そしてそれらに抵抗する手段としての労働争議とが同時に描かれることが類型化されていく。また、危険で厳しい労働環境がもたらす肉親の喪失、さらにこれに伴う家族の離散や炭鉱共同体の崩壊、故郷喪失といった設定が盛り込まれていく」と述べ、そうした映画の事例として、「にあんちゃん」(今村昌平監督、一九五九年)、「筑豊のこどもたち」(内川清一郎監督、一九六〇年)、「おとし穴」(勅使河原宏監督、一九六二年）をあげている。いずれも、炭鉱のこどもたちが主人公か、それに準じる重要な役割を演じていて、とくに前二者の映画では、抗いがたい運命としての炭鉱の衰退のなかで、新しい生活を切り開いていく炭鉱の子どもたちの姿が描かれていると友田は評した。[3] まさに、朝鮮戦争の特需景気後に炭鉱を襲った不況、さらに、一九五五年以後、石炭鉱業合理化臨時措置法により本格化した〝スクラップ・アンド・ビルド〟政策により多くの中小炭鉱が閉山に追いやられ、膨大な失業者が発生していくとき、ドキュメンタリー性を強く持ったこうした映画が、炭鉱の失業問題への社会の関心を高める媒体となった。

また、木村至聖は、戦後のNHKの炭鉱をテーマにしたドキュメンタリー一四六番組を調査し、筑豊を描いた作品が四八と最多であること、とりわけ多くの中小炭鉱が相次いで閉山した一九五九年〜一九六七年には二〇番組中一三番組が筑豊を描いた作品であることを指摘している。「NHKの初期のドキュメンタリーは、とりわけ「筑豊」に格別の関心を払っていた」のであり、それにより筑豊に「結果的に産炭地「貧困地帯」としてのスティグマを与えてしまったという側面があったにせよ、忘れられようとする現在の社会問題に光を当てようとするものだった」と評し、[4] やはり、ドキュメンタリー番組には炭鉱が抱える問題に社会の関心を集める役割があったことを認めている。

本章は、こうした先行研究の指摘に学び、映画「にあんちゃん」「筑豊のこどもたち」を中心に、それらと前後してつくられ、現在、その内容を確認できる一九五〇年代〜一九六〇年代初頭のドキュメンタリーやドキュメンタリー的要素の強い映画やテレビ・ラジオ番組のなかに炭鉱合理化政策と中小炭鉱の失業問題がどのように描かれ、その解決策が示されたのかを明らかにし、炭鉱離職者臨時措置法を制定しなければならなくなった社会的背景を解明する。

第一節 「失業・炭鉱合理化とのたたかい」が残した〝絶望〟

一九五九年末、日本労働組合総評議会（総評）の依頼によるドキュメンタリー映画「失業・炭鉱合理化とのたたかい」が上映された。[5] フリー演出家の京極高英が徳永端夫とともに脚本を書き、自らが演出した。以下、そのシナリオから内容を検討する。

映画は、ボタ山の映像から始まり、それが、一九五九年一〇月一〇日、福岡県庁前につめかけ「仕事をよこせ」「生活保護を適用せよ」と叫ぶ数千の失業対策事業の労働者の姿に転じる。そして、画面は一転して炭鉱住宅の惨状を映す。そこには「何ひとつない家の中。ガランとした風が吹く。こわれたままのカマド」「廃墟の様にボロボロな家の外側おちた壁」「足一杯のおできの女の子」「為すこともなくボンヤリしている栄養不良の男の子」など「今日を生きるだけでせい一ぱいの人々の無気力な姿と、荒廃した炭住の死んだ風景」が映し出され、「べんとうがないから学校に行かない。お昼休みに友達の弁当をみるのがつらくて、それよりは休んだ方がいいという子どもたち」というナレーションが被さる。

それからまた、カメラは一〇月一〇日の県庁にもどる。知事室で炭鉱労働者の代表と知事との団体交渉が続いている。知事は、日本社会党の鵜崎多一である。鵜崎は「この問題は次の臨時国会で国の問題として、とりあげてもらいたいと思っている。しかし国がやらなくてもどうしても私たちでやらねばならぬと思っている」と答える。「失業者はもっと具体的な答えを期待していた。労働者の味方である社会党知事　その顔にも深い苦悩がきざまれている」とナレーションが入り、画面は中小炭鉱の坑内に移る。

「背をかがめなければ入れないような低い坑道。危なかしい丸太のささえ棒。そのなかで黙々と掘りつづける坑夫の姿」「トロッコもない小炭坑。掘られた石炭はショイ籠に入れられる。低くせまく暗く深い坑道を、それは男たちの背で運ばれる」、こうした映像が続き、賃金の半分しか支払われていない炭鉱住宅（炭住）の生活を映した後、カメラは閉山により廃墟となった炭鉱に転じる。

閉山で解雇された労働者とその家族、炭鉱労働者を顧客としていたため、閉山により閉店に追い込まれた商店が映され、一九五五年に成立した石炭鉱業合理化臨時措置法に対するナレーションが流れる。ナレーションは「無責任に掘りつぶし、価値のなくなった小さな古い炭鉱は国民の税金で買いあげてやる。大手筋の優良炭坑にはもっと金を貸してやろうという、その合理化法。経営者には何とも笑いがとまらない有難い法律。だが退職金すら貰えず追い出された労働者はどうなるのか」と、政府の「仕事を失った離職者に対しては、全く何も考慮しないやり方」をきびしく批判する。画面は、公共職業安定所を埋める失業者たちに変わり、続けて一〇月二〇日、飯塚市の日鉄二瀬炭鉱における指名解雇に対する炭労のたたかいを映す。激しいデモを展開する労働者やその妻たちの映像に「われわれはたたかう。たたかいのつづく日のあるかぎり」というナレーションが流れ、映画は終わる。(6)

制作に当った京極は、総評から依頼を受けたとき、「炭坑合理化闘争？一体そりゃなんだい」と思いつつ、「炭坑合理化闘争、うん面白い、やってみたい」と引き受けたと語り、映画制作の時間不足、準備不足を自虐的に回顧しているが、(7)たしかに、シナリオにある映画のナレーションにも重大な誤りがある。「昭和三十一年、自民党岸内閣は、労働者のはげしい抵抗にも拘らず「石炭産業を安定させるために――」と称して、ついに「石炭鉱業合理化法」を強行実行した」と述べているが、(8)正式な法律名は石炭鉱業合理化臨時措置法であり、この法律が成立したのは一九五五年、すなわち昭和三〇年、第二次鳩山一郎内閣のときである。この映画が、短期間に、十分な事前の調査もせずに、作成されたことを裏付けている。

したがって、映画への評価はきびしかった。フリー演出家の八幡省三は、炭鉱合理化政策のもとで九州の中小炭鉱の労働者と家族の生活が「人為的荒廃にさらされている」現実を描き出したことは評価するが、「せっぱつまった悲壮的な面だけが、浮上がって感ぜられてしかたがない」と述べ、労働者の闘いがどこからもたらされるのかが描けていないと批判し、「労働者の闘う力を、デモや集会だけに依存する描写の方法、それから私たちは抜け出さなければならない」と主張した。(9) 画家の池田竜雄は、炭鉱の惨状は映し出されているが、それを現出させている加害者の姿が描かれていないことを指摘し、京極に「炭鉱労働者―失業者―に就いての共感ではなく、彼等に対する同情が、少しでもあった」からではないかと批判した。最後のデモのシーンについても、「野次馬根性を満足させる以外の何の効果もない」と酷評し、「闘いは、気勢を揚げることだけで簡単に勝つものではない」と釘を刺した。(10) フリー演出家の谷川義雄も、「炭鉱労働者が馘首反対闘争に家族ぐるみでたちむかうという」「生命がけの闘い」については「切ないほどよくわかる」が、「日本の独占資本とその政府の政策―炭鉱合理化に反対するだけでは、はたして勝ち目があるんだろかと不安感をもたずにはいられない」と述べ、「見終って絶望だけが残るというような映画は、どんなにすぐれていても力にはならない」と断言した。(11) さらに、詩人の且原純夫も、炭鉱失業者の惨状は「ニュース映画の描写法に慣れた観客は狎れを呼び戻されるにとどまって、驚きもしないし、まして闘いへのエネルギーをかりたてられることもないだろう」と慨嘆し、京極には炭鉱の失業問題を「とことんまで追求《ママ》しようとする情熱」が見られず、「傍観者的感覚にまでおちこんでいる」と、これまた酷評した。(12) 映画に感動したというフリー演出家の菅谷陳彦でさえ、「炭鉱労働者の闘いを描きながら、「産業合理化」闘争の本質にせまり切れなかった」という疑問を提示した。(13)

これらの批評を読む限り、映画「失業」は、炭鉱の失業者の生活の惨状は描いているが、なぜ、そうした惨状が放置されているのか、それをどうしたら解決できるかということを示していないということになる。これでは、観客は絶望するか、同情することしかできない。労働者のデモ映像を流しても、失業や貧困に対する具体的な解決策は見えてこない。炭鉱合理化は進行し、中小炭鉱の閉山と労働者の解雇は止まることがない。自民党政権を打倒し、社会党政権を樹立する可能性が少ないならば、炭鉱失業者の転職、貧困家庭の救済という現実的な対応も求められる。しかし、映画「失業」はそうした道を示さず、労働者の永続的な闘いを煽るのみであった。

闘いを呼号する階級闘争至上の姿勢に対し、総評は満足するかもしれない。しかし、失業者はそれでは救われない。映画「失業」からは、炭鉱合理化政策そのものと現実的に闘う展望が見えてこない。

これに対して、同時期に放映されたテレビのドキュメンタリー番組にも注目したい。まず、一九五九年一〇月九日に放映された福岡のRKB毎日放送の「黒い羽根運動によせて　救いをまつヤマの人々」（上山隆久制作・演出）という一五分間の番組を取り上げよう。これは筑豊の閉山した中小炭鉱の失業問題を取材したもので、飯塚市の公共職業安定所に集まる一五〇〇人に及ぶ失業者の姿が映し出される。そのほとんどが炭鉱の失業者であり、福岡県全体の炭鉱の失業者数は三万二〇〇〇人に及ぶとナレーションが入る。次に画面は失業した炭鉱労働者の生活の場に移り、学校を長期欠席する子ども、裸の子ども、水道を止められ入浴できず皮膚病に苦しむ子ども、電気も止められ蠟燭の灯りで勉強する子ども、登校しても弁当を持ってこられない子ども、そうした子どもたちの姿が次々と映し出される。そして、このような現実とは対照的に、現地調査と言いつつ、炭住に立ち寄って生活の実情を見ることも失業者家族の話を聞くこともせず、八ミリ映像だけを観て調査を終える国会議員たちの姿が描かれる。ひとりの失業者が、炭鉱合理化により生じる失業について政府は対応を考えなかったと告発し、炭鉱に対する失業対策の必要を訴えて番組は終わっている。映画「失業」と対比すると、失業対策を怠って炭鉱合理化を進めた国策の過ちを鮮明にしており、どうすれば現状を改善できるかということも示唆している。

また、ＮＨＫは、一九六〇年九月一一日に「日本の素顔」という三〇分のドキュメンタリーシリーズの第一三四集として「黒い地帯――その後の炭鉱離職者たち」を放送した。筑豊の中小炭鉱と大牟田の三池炭鉱の失業者の実態を描いた作品である。この時期、筑豊の中小炭鉱の失業者は増加の一途をたどり、大牟田でも三池争議が事実上の組合側の敗北に帰結し一〇〇〇名を超える多数の失業者を発生させていた。「黒い地帯」は、冒頭、筑豊のボタ山でボタ拾いするひとびとの姿から始まり、次のようなナレーションが流れる。

一年ほど前のことです。黒い羽根の運動を契機に炭鉱地帯の失業者のことが急にジャーナリズムにクローズアップされました。ヤマの人たち、子どもたちを救え、おびただしい活字と写真が氾濫しました。しかし、間もなくこの人たちのことはニュースの世界から消え去りました。三池争議が起きたからです。すべてのジャーナリズムの目はこの地点に集められました。考えてみれば、この激しい争議も筑豊の失業者たちも根は一つだ。

「黒い地帯」はジャーナリズムの責任、すなわち自らの責任にも言及しつつ、筑豊の炭鉱失業者への取材を再開する。そこに映し出されたのは朽ち果てた炭住とそこに暮らすひとびとの姿であった。裸の子どもがいる。炭鉱事故による障害者は、退院したら炭鉱が潰れていたと言う。ナレーションは続き、国の責任をも示唆する。

北九州の炭鉱地、黒い羽根以来、一時、このあたりはさながら観光地であるように大勢の人たちが訪れました。議員や政府の高官、みんな、その度に努力を誓ったり善処を約束したりして帰りました。そして、多くの報道陣、無数のシャッターが切られました。この人たちにも何回かマイクが突き出されました。これら外来者は今はほとんどその姿を見せません。しかし、ここに住む人たちのどん底生活は変わりません。こカメラは一転して、炭鉱離職者臨時措置法により筑豊から移住、転職したひとびとを追う。東京の鋳物工場に就職した男性は、カメラに向かい、話が違うと怒りをぶつけた。当初、日給は八〇〇円と伝えられていたが、実際は半分の四〇〇円しか支給されず、しかも、そこから飯場代として二三〇円が差し引かれるという。また、転職のために自動車免許を取ろうとしても、二六人に対して実習用の自動車は一台しか用意されず、一日わずかに五分しか乗車できないという。炭鉱失業者に転職を奨励し、救済するとうたった法律の実態が次々と明らかにされる。また、大牟田の失業者にもカメラは向く。争議に敗れ事実上、解雇された労働者は、三池労組の活動家だったという理由で就職差別を受け再就職できず、ついに結核を発症して療養生活を送ることになったと告白する。

そして、再び、カメラは筑豊に戻る。生活保護を受けている失業家庭の生活が描かれ、元炭鉱労働者は今の生活より野良犬か監獄の方がましだと言う。生活保護費では食費は一日ひとり約五〇円だが、捕獲された野犬の餌代が一日七〇円だからだと笑う。そのため、生活保護を受けながら、こっそりと副業をする者も多い。大人も子どもも泥まみれになって魚を捕る。また、ある者は危険を冒して米軍の射撃場で薬莢拾いをする。

このような映像が続き、国の無責任さが明瞭となる。イギリスや西ドイツの事例が紹介され、海外でも石炭産業は苦境に陥っているが、こうした膨大な失業による貧困者を生み出しているのは日本だけであると指摘する。ボタ山の下に放り出された膨大な失業者の集団は、父祖の代から炭鉱で働いているひとびとと、土地を失った農民、故郷をあとにした流民、引揚者、戦災被害者、復員軍人たちであり、今後も炭鉱合理化が進むと炭鉱労働者はどうなるのかと訴えて「黒い地帯」は終わる。

「黒い羽根運動によせて　救いをまつヤマの人々」「黒い地帯」は、炭鉱の失業問題への対策の必要を具体的に明示した。前者は、国策としての炭鉱への失業対策の必要を訴え、後者は、その結果として成立した炭鉱離職者臨時措置法の不十分さを訴えている。合理化そのものに反対するのではなく、合理化により生じる失業者への現実的な対策の必要を問うている。

ニュース映画においても、一九五九年四月一日に上映された毎日世界ニュースの「苦悩する石炭界」は、炭鉱離職者臨時措置法により伊豆の建設現場に転職した九州の炭鉱出身の労働者が、飯場はビニール張り、食事は立ち食い、風呂は露天という現実に呆然と立ち尽くす姿を報じている。さらに、一九五九年九月三〇日に上映された毎日世界ニュースの「炭鉱の子供たち」では、黒い羽根運動は「ありがたいが線香花火で終わるのではないか」という、直方市の教師の声が紹介されていた。

これらのドキュメンタリーは、国民の同情に頼るのみでは炭鉱の失業問題は解決しないことを訴えている。必要なのは失業に対する国策の確立である。そこには、映画「失業」よりはるかに現実的な展望が示されていた。

第二節 「にあんちゃん」に流された〝感動の涙〟

（1）安本末子が与えた〝感動〟

一九五八年一一月、光文社よりカッパ・ブックスの一冊として刊行された安本末子『にあんちゃん――十歳の少女の日記』がベストセラーになった。これは、一〇歳の少女安本末子の一九五三年一月二三日～一九五四年九月三日の日記をまとめたもので、佐賀県東松浦郡入野村にある杵島炭鉱が経営する大鶴鉱業所の炭住に生まれ育った在日コリアンの四人のきょうだい、すなわち喜一（二〇歳）、良子（一六歳）、高一（一二歳）、末子の生活の記録である。「にあんちゃん」とは末子にとって二番目の兄、高一のことである。

一九五五年七月二一日、石炭鉱業合理化臨時措置法案を審議していた第二二回国会衆議院商工委員会で、佐賀県選出の八木昇（日本社会党左派）は、佐賀県の教育委員会が作成した資料にもとづき、一九五三年度～一九五四年度の二年間で全県下で炭鉱労働者が一万人も減少している事実をあげ、そのために一九五五年三月段階で炭鉱地区の町村における欠食児童が一四三〇人、長期欠席児童が六一三二人に達していると指摘している。(14)『にあんちゃん』は、佐賀県の炭鉱に失業者があふれ、その被害が子どもに及んでいた渦中の記録である。

喜一が書いた「まえがき」によれば、文学に関心を持っていた喜一が末子の日記を読み、深く感銘し、光文社に送付したことから出版に至ったという。四人の母はすでに六年前に亡くなっていたが、父も亡くなる。『にあんちゃん』は一九五三年一月二三日、父の四十九日の記述から始まっている。

両親を失った四人の生活を支えるのは、炭鉱の特別臨時雇いとして洗炭や炭車の運搬で働く喜一の収入のみであり、喜一が正規雇用になることが四人の希望であった。しかし、同年一月二六日の条には、「お父さんがおったときは、ふたりではたらいていたから、それでもよかったけど、いまはせいかつにこまるから、にゅうせき（入籍　正規雇用のこと：藤野註）させてくださいと、ろうむ（労務）のよこてさんにたのんだら、できないといわれたそうです。どうしてできないのといったら、吉田のおじさんのはなしでは、兄さんがちょうせん人だからということです」と、民族差別の現実が記されている。炭鉱不況の渦中、父を失った四人は、貧困と民族差別のなかで生きていくことになる。「日記」には、「いもは、私たちのひるごはんなのです。米がないので、いもが私たちのごはんだからです」（同年六月九日の条）、「私の家は、よその家のように、お金持ちでもなく、兄さんひとりで、せき（籍）もなく、安いきゅうりょうでは、米のごはんをたべることができません。くる日も、くる日も、麦めしです。その麦めしさえも、まんぞくにたべられません」（同年七月一六日の条）と生活の現実が記されている。

そして、九月八日、喜一が解雇された。その日の「日記」には次のように記されている。

とうとう、兄さんは、あしたから仕事に行かれないことになりました。首を切られたのです。会社は、りんじ（臨時）から、まっさきに首を切ったのです。これから先、どうして生きていくかと思うと、私は、むねが早がねをうって、どうしていいかわかりません。ごはんものどにつかえて、生きていくたのしみがありません。だいいちばんに、ねるところがなくなります。会社の家だから、首を切られたら、出て行かなければなりません。私たちには、たよりになるしんせきが、一けんもありません。学校にも行けないように、なるでしょう。

喜一の解雇により、一〇歳の少女が生きていく楽しみがないと言わざるをえない状況が四人の身に振りかかっていく。以後、喜一は仕事を探して長崎に行き、良子は子守奉公に出る。高一と末子は他家に預けられ転々とし、ついに高一は東京に行ってしまう。末子は学校には通うことは続けたが、四人は離れ離れになってしまった。末子は一九五四年六月一七日の「日記」に「兄妹四人は、苦運のどん底におちてしまいました」と記した。この日の「日記」には、ローマ字で、預けられた家で「Binbo tyosenjin deteike」（貧乏朝鮮人出て行け）という陰口を聞かされたことも書かれている。しかし、末子は九月三日の「日記」に「今は、みんなでくろうをしているけれど、きっと私たち兄妹四人の上にも、明るいともしびが、いつかひかると信じています」と記し、この文をもって『にあんちゃん』は終わっている。

本のカバーには「なんの飾りもなく、淡々と日常の出来事を綴った、この純真で素朴な少女の日記は、胸がつまって読みつづけられなくなる。これは何百巻の道徳の書より私たちの心を深く打ち、また今日の社会にどう生きるかを教えてくれる。極貧の生活と耐えがたい心の痛みにもよくたえて生きてゆく人間の姿が、少女の筆でこんなに力づよく書かれているのは、読者にとって大きな驚きと感激となるであろう」（坂西志保）、「十歳の少女が、自分の体験のなかから、戦争を憎んだり、貧乏をうらんだり、ときに運命論者になっているのだ。児童憲章の無力さとともに、こんな生活があってよいかという問題を投げ続けている。その文章のすなおさのゆえに、かえって心をうたれるのだ」（壺井栄）という推薦文が掲載されている。キリスト者の評論家坂西は、逆境に耐えて生きる少女の強さに感動し、作家の壺井は少女をこのような逆境に追い込んだ社会への怒りを訴えている。『にあんちゃん』への二通りの評価を象徴する推薦文である。

『朝日新聞』は「家中で読む本」として『にあんちゃん』を紹介し、「つらいことや悲しいこと、先生の印象、お金持ちの美しい友達のこと、離ればなれになった兄弟を思う心情、すべて率直に書かれていて、読み終えるとだれもが末子ちゃんを好きになるでしょう」と評し（『朝日新聞』一九五八年一二月五日夕刊）、『毎日新聞』も「読者の新刊短評」として一八歳の女性会社員の書評を掲載するが、こちらは「私は、この日記を涙で読んだ。……（中略）……貧しさに追われ、貧乏に打ちのめされても、くじけることなく生きる、美しく心の豊かな人間であるということで」と述べる一方、喜一が「朝鮮人なるがゆえに、いつまでも臨時雇であり、臨時ゆえにまっ先に首を切られた」と民族差別にも目を向けていた（『毎日新聞』一九五九年二月一〇日）。逆境にめげずに生きる少女への感動で終わるか、さらに民族差別や炭鉱合理化の非情にまで目を向けるのか、読者の読み方にも二通りの理解があった。

『にあんちゃん』の初版三〇〇〇部は瞬く間に売り切れ、一九五九年六月までに七二版三六万部が発行された。NHKでは、一九五九年一月六日～二月二六日、ラジオの「子供の時間」の連続劇として「にあんちゃん」を放送した。韓国でも新太洋社から翻訳出版され、たちまち六版七万部を数え、他社も競って翻訳版を刊行した（『読売新聞』一九五九年五月七日）。

なぜ、『にあんちゃん』は、これほど売れたのか。それは、社会性を求めないという末子や喜一の姿勢があったからではないか。出版後、『にあんちゃん』の印税の一部で神戸に新居を得て兵庫県立兵庫高校の一年生となっていた安本末子は、『中央公論』七四年一二号（一九五九年九月）で『やまびこ学校』の編者無着成恭と対談するが、末子は、無着の質問がよくわからなくて困ったという。無着が末子に『やまびこ学校』の生徒のように「〝貧しさを踏み越えてゆくたくましさ〟を求め、なんとかそれを社会的なものへの関心に結びつけようと苦労」したが、末子はそれには関心を示さなかったからである。末子も喜一も、在日コリアンである四人が、「いつまでもこの日本にとどまって、ひっそりした仕合せの中にひたっていることを願っている」のであり、民族差別への怒りとか、炭鉱合理化による失業への怒りなどをふたりは読者に求めていなかった（『朝日新聞』一九五九年九月二七日）[15]。

杉浦明平は、小学校の朝礼で校長が『にあんちゃん』を推奨したり、中学の英語の教師が英語の授業をやめて『にあんちゃん』の話をしたという逸話を紹介したうえで、「『にあんちゃん』は、兄妹美談みたいな心あたたまる要素も強くて、修身の教材となりえないではない。しかも、どんなに貧しく苦しい状況に追いこまれても、少女の日記には政党的予見も偏見もない。貧乏人のリアリズムはあっても、反体制的意識、思想がない」ことを指摘している。そうであるからこそ、校長は道徳の教材として本書を推奨し、また、日教組の教師も「教育委員会の監督の目」から逃れて本書のなかに「被抑圧階級のエネルギーの不屈さ」を見出したのではないか、杉浦は、そのように『にあんちゃん』のベストセラー化を分析している[16]。「『にあんちゃん』は当時の学校という空間に迎え入れられ」、「学校という空間を媒介することによってベストセラーの座を獲得した[17]」。

『にあんちゃん』に対しては、末子や喜一の意図にかかわらず、カバーに掲載された坂西志保と壺井栄の二通りの評価が存在し、それが共存し得たことにより、本書は読者の思想的立場、政治的立場を超越して広く読まれたのである。

(2) 今村昌平が与えた〝感動〟と怒り

こうした、日韓両国における『にあんちゃん』のベストセラー化のなかで、日韓両国でそれぞれ映画化の企画が浮上する。しかし、当時、まだ日韓両国間には国交がなく、むしろ、一九五二年一月にいわゆる李承晩ラインが設定されて以来、日韓関係は緊張していた。こうした状況下で、韓国政府が「舞台が日本だから映画化するのは技術的に困難」という判断を下し、韓国での映画化は不可能となった。日本では日活が映画化を企画するが、これに対しても日本政府から圧力が加えられたという。日活常務の江守清樹郎は、政府の圧力があったことはいちおう否定するものの、「日韓問題が微妙だそうだから、主人公は在日朝鮮人ではなく、日本人少女ということになるだろう」と、政治的圧力を暗に認める発言をした（『読売新聞』一九五九年五月七日）。

しかし、その後、日活で、主人公が在日コリアンであることを変えることもなく、『にあんちゃん』の映画化は進む。NHKラジオの放送劇においても、番組を担当した青少年課の飯沼一之は、民族差別についても「はっきり出してみようということで放送に踏切った」と語っている。NHKにも、連日、「にあんちゃん」への投書が平均二〇通もあり、担当者をあわてさせたという（『読売新聞』一九五九年二月一六日）。こうした事実が、日活を映画化に踏み切らせた。

一九五九年七月二四日の『朝日新聞』夕刊は「にあんちゃん、映画化」を報じた。監督は、この年にブルーリボン賞をとった今村昌平で、今村は池田一朗とともに脚本も執筆した。喜一の役は長門裕之が演じ、ほかの三人は一般公募したところ、全国から二二〇〇人が応募したという。安本末子も審査に立ち会うために上京し、今村に「映画でも悪役をつくらないでほしい」と頼んだ。『にあんちゃん』には、預かった末子らに民族差別の陰口をきいたひとたちや、金持ちの子どもを贔屓する教師も登場するが、末子は、そうしたことを映画では描かないでほしいと願ったのである。

今村は、「あれほどつらい苦しい生活をした安本家も、日記の中では少しもじめじめした暗さをもっていない。そういう子供の明るい姿を通して、貧乏のどん底にあえぐ人たちが少しずつ幸福に向かって生きてゆく、いわば庶民の力強い生活力を描き出したい」と、映画への抱負を語った。子役の審査は、第二次審査で絞り込まれた一二人に対し、ハイキングや上原謙宅のプールでの遊びを通しておこなったが、これは遊びのなかで子どもの性格を判断したいという今村の発想であった（『毎日新聞』一九五九年八月一二日夕刊）。

審査の結果、末子には前田暁子、良子には松尾嘉代、高一には沖村武が決まった。三人とも東京在住の子どもであり、松尾はこれを機に女優の道を歩んでいく。そして、八月三〇日から撮影に入った（『毎日新聞』一九五九年九月一日）。『にあんちゃん』の舞台となった佐賀県の大鶴炭鉱は前年に閉山していたため、操業している長崎県の鯛の鼻炭鉱がロケ地に選ばれた。脚本は、原作にある「個人的なエピソードのほかに、不況にあえぐ炭鉱の実態を大幅にとり入れて社会性をもたせ」、今村は「自信のある作品が生まれる」と抱負を語った（『朝日新聞』一九五九年九月一五日夕刊）。ロケ中、黒い羽根運動の本部員が撮影現場を訪れ、スタッフを激励、これを受けて今村は胸に黒い羽根を付けて次のように決意を語った。

原作の日記はエピソードなので私は炭鉱の実態をバックにし社会的ふくらみを持たせるためにストーリーも変え原作にもない人物も登場させた。しかし単なる悲劇としては描かず、あくまで明るく描きその中の庶民のたくましい生活力を掘り下げたい。炭鉱で一カ月間じっくり腰をすえて撮影出来るのと、子役たちが期待以上にやってくれているし、背景もよし、これなら思いどおりの作品が出来るだろう（『防長新聞』一九五九年一〇月四日）。

鯛の鼻炭鉱は周囲一六キロ、人口二〇〇〇人の福島にある。ロケには島ぐるみで協力し、ストライキのシーンは炭鉱労働者だけではなく「福島中の人々を集めて」撮影した（『時事新聞』一九五九年九月二六日）。

今村昌平の映画「にあんちゃん」は安本末子の『にあんちゃん』からは独立した作品としてつくられた。映画は一〇月二八日から上映された。当初、シナリオには露骨な民族差別のシーンはなかった(18)。しかし、映画には「どうせ、おれたち朝鮮人は首切りとなりゃ、いつも真っ先だ」「近頃、物がようなくなると思うとったら朝鮮人がうろうろして」という台詞が挿入された。

さらに、炭鉱不況の現実については、原作にはない新たなシーンが挿入されている。映画の冒頭には「昭和二十八、九年頃、すなわち朝鮮ブームと神武景気の中間に当る不況時代は、石炭産業にとってのどん底時代でもある。代表的な大炭鉱《ヤマ》でさえ、赤字に苦しみ、中小炭鉱にいたっては、当時二百以上が休廃山し失業者は二万を超えた。この映画は、そのころ佐賀県の西端にあった、そのような、せっぱ詰ったある小炭鉱を舞台として、どん底の暮しにあえぎながらも、強く生きた、四人の兄妹《きょうだい》の生活の記録である」とのナレーションが流れ、炭鉱の不況というドラマの前提が観客に印象付けられる。そして、良子の身売り話が盛り込まれた。喜一に、在日コリアンの老女が「良子ば奉公に出せよ、口べらしに。長崎の料理屋からよか女子ば探しに来とるちゅうけん」「良子はよく働くし、顔もべっぴんだから、綺麗か着物きてとんとん働けば、たいした金もうけになるぞ」と持ちかける。喜一は「なんちゅうても断る」と拒否するが、このシーンは当時の炭鉱に横行した人身売買を示唆するものである。

さらに、臨時雇いの喜一が解雇される場面では、労務課長は「もともと特別臨時ちゅうもんはな、会社の帳簿じゃ載ってもおらん人員じゃけん、炭鉱《ヤマ》赤字になりゃ真先に切らにゃならん人間たい」と言い放ち、「石炭はいまどん底じゃ」と嘆く。さらに、労組幹部と経営側の団交シーンも挿入される。臨時雇いだけではなく正規労働者の三分の二を解雇しようとする経営側に対し、労組幹部は「会社は景気の良か時はやたら人ばふやしてですね、不況になればわれわれ労働者の犠牲において経営の合理化を計る、これじゃ経営者の良心ちゅうもんはいったいどこにあるとですか」と詰め寄るが、鉱長は「じゃ閉山じゃ。今日でこの山は終りたい」と居直った。映画は、原作よりはるかに炭鉱不況の現実を詳しく描いていた。そして、最後は、高一の「いつかまたここを飛び出してやる。もっと広い大きなところで自分の力を試したいのだ。父ちゃんも、兄ちゃんも貧乏のためにできなかったことを僕がやってみせるんだ。今にきっと!」（シナリオでは「こやん小さか貧しかとこはきっと飛び出してやる。辛い放浪でも、おめおめと貧乏に苦しみ、貧乏に慣れて暮らすよりよっぽどましばい。クソ、今にみちょれ！」）という独白がなされ、炭鉱を脱出することが、貧困からの解放の道であることが示されて、映画は終わっている。

映画への評価は高かった。『読売新聞』では、今村がユーモアを散りばめて四人に「いじけるな、がんばれ、と微笑まじりに声援を送っているかのよう」で、「〝にあんちゃん〟という少年像には、次代をになう世代への期待がかけられている」と評し、さらに「中小炭鉱の経営困難という社会的背景を色濃く描き出している」ことも映画の長所だと指摘した（『読売新聞』一九五九年一〇月二〇日夕刊）。『毎日新聞』も「日本の貧しさが画面いっぱいに感じられる。しかし、こうした暗い現実をはねかえすように、にあんちゃん兄妹の表情は明るい。日常生活のユーモアをたくみにとらえ抒情のいろどりを忘れなかった演出の功でもあろう」と評した（『毎日新聞』一九五九年一〇月三〇日夕刊）。両紙とも、逆境のなかで明るく生きる喜一、良子、高一、末子の描写と、逆境の原因となった炭鉱合理化政策による不況の描写の双方を高く評価している。

これに対し、『朝日新聞』は、「石炭不況や伊勢湾台風で、にあんちゃん一家のような不幸に見舞われた家庭がふえているきょうこのごろ、この映画は見るものに一つの社会問題を投げかけ、力強く訴えるものがある」と、映画の社会性に評価を集中させた（『朝日新聞』一九五九年一〇月三〇日夕刊）。さらに、映画評論家の豊川直樹は、子役たちの演技が優れていて観客の涙を誘うことから「この映画のさそう涙は、現実の深刻な社会問題から、観客の注意をそらす結果になりはしなかったか」と恐れた(19)。

また、宇部炭田を抱える山口県では、防長新聞社が、一般公開に先立ち試写会を宇部市でおこない、試写会後に座談会を開いたが、そこでは宇部炭田の労働者と思われる参加者が、自らの炭鉱も「不況を理由にした人員整理や希望退職者募集など、現実的には全く同じだ。子供の作品にまで不安がにじみ出ているが、このような暗い面がどうして起るかについて深く掘り下げる必要がある」と述べ、末子らの境遇の背景にある炭鉱合理化政策への追及を訴えた（『防長新聞』宇部・小野田版、一九五九年一一月八日）。さらに、常磐炭田のある福島県でも、一〇月二六日、福島県労働組合協議会、福島民友新聞社、福島日活映画劇場の三社の主催で、「にあんちゃん」の特別招待試写会が開かれた。県労働組合協議会は、黒い羽根運動に参加することを決め、その運動の一環として映画「にあんちゃん」を全面的に推薦することとしていた（『福島民友』一九五九年一〇月二二日）。

しかし、「にあんちゃん」の原作と映画では炭鉱合理化による失業問題の描き方に大きな違いがあった。原作では逆境にめげずに生きる兄妹たちの明るさが前面に出ているが、映画ではそれに炭鉱合理化という国策の実態描写が加えられた。また、在日コリアンの置かれた立場の描写について映画の方が詳細であった。映画は文部省特選を得られなかったのだが、これについて、映画評論家の荻昌弘は、文部省の教育映画選定委員会において、「にあんちゃん」に対して「子供の明るさはいいが、背景に問題がある」と一、二の委員から選定に異論が出た事実を取り上げ、背景の問題とは「炭鉱ストのことか、「朝鮮人」が問題だというのか」と激しい怒りを露わにした[20]。映画は、営業的には「ベストセラー映画化の強味で宣伝が滲透し順当な成績だった」[21]。一二月一七日に開かれた文部省の芸術祭執行委員会は、映画部門の芸術祭賞を「にあんちゃん」に決定した（『読売新聞』一九五九年一二月一八日）。

このように、映画「にあんちゃん」もまた、思想的立場、政治的立場を超えて観客の感動を得た。逆境にめげずひたむきに生きる四人の兄妹に同情と激励の涙が流され、また、そうした逆境を生み出した国策に怒りの涙も流された。観客がどちらの涙を流したにしても、映画「にあんちゃん」は原作以上に、炭鉱の失業問題への社会の関心を高めたことは事実である。

第三節　「筑豊の子どもたち」が突き上げた〝怒り〟

（1）ラジオ劇「ボタ山」の怒り

一方、最も被害が深刻であった筑豊の炭鉱失業問題については、すでに、一九五四年一一月二七日、RKB毎日放送が、四七分のラジオの放送劇「ボタ山」（大坪二郎演出）を放送している。これは、第九回芸術祭奨励賞を受賞した。

ドラマは、雑誌の原稿の題材を求めて「私」が筑豊の飯塚駅に降り立つところから始まる。「私」は、それまでは、デフレに喘ぐ炭鉱の悲惨さをおぼろげながらに感じる程度であったが、駅頭で歌を歌って物乞いする男の子に出会い、衝撃を受ける。そして、一路、上山田町の不知火《しらぬい》炭鉱に向かうのであるが、その途中、給食のパンを盗んだとして級友からいじめられている男の子を見る。給食のパンを自分では食べず、家族のために持ち帰ろうとしたのだが、それを泥棒だと思われたのであった。その子は炭鉱の子どもであった。いじめている子どもたちは、「キンケン、キンケン」とはやし立てていた。労働者への賃金が払えなくなった筑豊の多くの中小炭鉱では、現金の代わりに、炭鉱内だけで使用できる金券で賃金を支払っていた。「キンケン、キンケン」というはやし言葉は、そうした貧しい炭鉱労働者の家庭をからかうものであった。

そこで、「私」は小学校に行き、教師から炭鉱の実情を聞く。教師は、学校では、経済的な事情から完全給食ができないこと、弁当や給食のパンがなくなると、炭鉱の子どもたちが盗んだと疑われること、炭鉱の子どもたちは運動服が買えないため、運動会が近づくと長期欠席することなど、炭鉱の子どもたちが学校で置かれている状況を語った。

そして、「私」は、不知火炭鉱に着く。そこでは、一〇月の終わりだというのに、薄いよれよれの黒ずんだシャツ一枚の子どもたちが、学校に行かず、遊んでいた。なぜ、学校に行かないのかと問うと、学校では「キンケン、キンケン」とからかわれるから行かないという答えが返ってきた。こうして、「私」は、筑豊の中小炭鉱の貧困と差別の現実に直面していく。

「私」は、労働組合幹部から、この炭鉱でも三カ月前までは石炭を掘っていたのだが、社長が逃げ出したまま、生産が止まっていることと、明日、今後の炭鉱の存続について組合大会を開いて決めるということを聞き、宿を求めて一軒のよろず屋を訪れた。夜の八時なのに深夜のように静かである。電気が止められているからである。子どもが蠟燭を一本、買いに来た。そこへ、ひとりの炭鉱労働者が幼い娘とともに汽車に飛び込み自殺したという知らせが入った。

翌日、よろず屋の店先では、炭鉱を辞めた男が昼間から酒を飲んでいた。一七歳の娘を売ったという。そして、組合大会は閉山を受け入れることを決めた。この日、小学校では運動会がおこなわれていたが、炭鉱の子どもたちは、今日も学校に行かず、ボタ山に登って遊んでいる。バスに乗り不知火炭鉱を去る「私」を見つけて、子どもたちは手を振る。それを「私」は食い入るように見つめていた。そこでドラマは終わる。

いじめ、長期欠席、一家心中、人身売買といった炭鉱の子どもたちをめぐる惨状が、この短いドラマに盛り込まれている。しかし、このドラマは決して誇張ではない。炭鉱が直面している現実のすべてが、このドラマに描かれていた。映像のない音声のみの演出のなかに、静かな怒りが込められていた。しかし、以後も筑豊をはじめとする炭鉱の現実は変わらなかった。

(2) 土門拳の怒り

とくに、一九五五年に石炭鉱業合理化臨時措置法が成立してから、事態はさらに悪化した。『週刊新潮』は、失業に苦しむ筑豊炭田や大争議の渦中にあった三池炭鉱の子どもたちの写真を掲載し、炭鉱の失業問題の深刻さを訴えた(22)。そして、一九五九年、すでに、『風貌』『室生寺』『ヒロシマ』などの作品で写真家としての地位を確立していた土門拳のもとに、筑豊をテーマにした写真集の依頼が寄せられた。依頼したのはパトリア書店という出版社である。これを受けて、土門拳は撮影を開始し、『筑豊のこどもたち』(パトリア書店、一九六〇年)をつくり、さらに『るみえちゃんはお父さんが死んだ——続・筑豊のこどもたち』(研光社、一九六〇年)を刊行した。ともにあえて週刊誌の体裁にして、定価は一〇〇円であった。『筑豊のこどもたち』は一〇万部を突破したという(23)。その裏表紙の「著者のことば」で、土門は次のように述べている。

日本各地の炭田地帯には、いま炭鉱離職者の大集団がいる。貧窮のどん底にありながら、なぜ、かれらが暴動を起こさないのか不思議なくらいだった。それがマケ犬の忍従なのか、いわゆる日本人のネバリ強さなのか、ぼくにはわからない。長い圧迫の歴史が、かれらのエネルギーをどこかに閉じこめてしまったかに見える。

国策により生活を破壊されたにもかかわらず、暴動も起こさず忍従する炭鉱失業者の秘められたエネルギーを、土門は子どもたちの表情に求めた。野間宏は「まえがき」として「日本の黒い山の問題の前に立つ土門拳」の一文を寄せ、この写真集に表現された土門の「烈しい怒り」とそれを抑えた冷静なリアリズムの意味を次のように読者に伝えた。

土門拳が全力をつくしてうつしたこの多くの姿を前にして私たちは怒りを感じ、私たちのすべきことを考えるが、それについてはここで言うことなく、先ずその一つ一つの姿をしっかり目におさめよう。……(中略)……この作品集は現在の炭鉱問題という日本の緊急の問題に真正面からぶつかって行った作品であって、ここには今日炭鉱に生きる人々の内に渦巻いている複雑なものが、その新しいリアリズムによって、全く残すところがないといってよいほど、とらえられている。黒い山の黒い鉱石は彼の烈しさをおびたカメラによってその声とならぬ声さえも見逃すことなくうつされ　私たちに真直に訴えて来る。

写真家白山眞理は、土門について「戦争と敗戦を経て、彼の撮影方法が演出からリアリズムへ変化したように、思想にも変遷があって社会主義に傾倒していたのだろう」と推測しているが[24]、写真家としての地位を確立した土門拳が、あえてザラ紙に印刷した定価一〇〇円の写真集を出版するということには、虐げられたひとびと、貧しいひとびととともに国家の炭鉱政策と闘おうとする土門の姿勢が表れていた。そして、そうした姿勢とともに、写真が訴える筑豊の惨状は、この写真集への社会の注目を集めた。新進のドキュメンタリー映画監督の羽仁進は「この写真集は、現代にとって最も重要な、一つの挑戦だ」と絶賛した(『読売新聞』一九六〇年二月四日夕刊）。また、雑誌『女性自身』も、土門の写真集に衝撃を受け、田川市の児童相談所に収容された筑豊の炭鉱失業者家庭の子どもたちのルポルタージュを掲載していった(25)。

さらに、ＮＨＫは、五月二五日、「ここに人あり」というシリーズの第一四〇回に、『筑豊のこどもたち』を原案とし、西野辰吉が脚本を書いた三〇分のドラマ「黒い山の泉」を放送した。これは、北林谷栄が演じる女性カメラマン高木ちえ子が筑豊の炭鉱を訪れ、そこで宇野重吉が演じる炭鉱労働者金沢順蔵と出会うというストーリーで、宇野は『筑豊のこどもたち』に強い印象を受け、スケジュールを調整して出演を快諾したという。金沢の妻は福岡に働きに出たまま帰らず、娘は大病に罹り、金沢は自分の目を売って金をつくろうとする。この作品はドラマというより、炭鉱労働者の実情を伝えることに重点を置き、ドラマの最後に『筑豊のこどもたち』の写真三枚を画面いっぱいに写し出した。これは、土門が撮った写真以上に真実性を再現する媒体はないとの判断から、土門の了解を得ておこなったという（『朝日新聞』一九六〇年五月二四日）。このように、『筑豊のこどもたち』には、広く社会からの反響があった。

（3）内川清一郎が描いた怒りと希望

『筑豊のこどもたち』への大きな反響を受け、東宝が写真集の映画化に踏み切る。一九六〇年九月、田川市郊外の東洋炭坑の現地ロケから撮影は開始された。土門拳の写真集を見て感動した東宝のプロデューサー菊島隆三が映画化を企画し、土門から全面的に協力するという確約を得たもので（『朝日新聞』一九六〇年九月一六日夕刊）、映画の宣伝ポスターの写真も土門が撮影した（『毎日新聞』一九六〇年一〇月二三日夕刊）。

菊島は八月中、現地筑豊の炭鉱地帯を歩き回り、すでにシナリオの第一稿を書いていた。その段階で、映画化への心境について次のように語っている。

エネルギー革命の中で石炭産業に回答を与えたり、現実にこどもたちを救うことはぼくには不可能です。ただぼくは〝ほうっておけない〟と感じ、このおどろくべき事実をすなおに伝え訴えようと思うのです。これらの土地ではあまりの貧しさのため家族制度が分解してゆき、食うために親子兄弟はバラバラになっています。それなのに人々は悲しさなんて通りこして無気力、無感情であり、赤ん坊をよそにあずけた親は引き取ろうともしない。こういう実情をすなおにドラマにしようと考えた（『読売新聞』一九六〇年八月一〇日夕刊）。

菊島の関心は炭鉱失業者の無気力、無感情のドラマ化であった。たしかに、それは後述するように、シナリオに反映されていく。

監督には当初、広沢栄が予定され、菊島とともにシナリオも執筆した。広沢の回想によれば、土門拳の写真集を見た広沢は「私のやりたいものはこれだ」と思い、菊島に相談を持ち掛けたという。以下、広沢は次のように当時を回想している。

新安保条約調印をめぐってその阻止行動のデモが国会を取り囲み怒濤のようにどよめいていた。その東京を後に、私は菊島氏と二人で筑豊地方のシナリオハンティングに行った。キャップランプをつけて炭坑の地の底までおりた。三井三池鉱のデモのすさまじい渦中まで入りこんだ。夜は夜で炭坑夫の人たちに集まってもらいインタビューをした。五日間の日程を早朝から深夜までエネルギッシュにフル回転した――なるほど、プロのシナリオ書きのしごとはこうやるのかと得心した。シナリオは菊島氏と掘りゴタツの大きな机に二人で向かいあって書いた。台詞やト書きの一字一句まできっちりと検討して書いた。

しかし、広沢は映画の費用の件で東宝の幹部と対立し、監督を降りてしまう。代わって内川清一郎が監督を務めることになる。[26] 菊島は作品をドキュメンタリー風な映画にしようと考え、セットを一切使用しないで、すべて現地ロケで撮影するという手法を選び、そのために撮影は日本映画新社のニュース映画専門のカメラマンが担当した。カメラもニュース映画用のものを使用し、ライトもほとんど使わずに撮影した。炭鉱の失業者江藤信介を加藤大介、その子で小学六年生の武を「にあんちゃん」で好演した沖村武、武の小学校の担任小林順二を小泉博、その妻登志江を福田公子が、それぞれ演じたが、そのほかの配役の多くは無名の新人や素人で、メーキャップもしなかった。撮影には炭労と経営者団体の日本石炭協会の双方が協力し、労働者のデモのシーンには炭労が三〇〇〇人の労組員を無料出演させた。まさに筑豊の労資の支援を受けて映画は作成されたのである（『朝日新聞』一九六〇年九月一六日夕刊）。映画は「「あくまでも真実に近く！」をモットーに」撮影が始まる（『毎日新聞』筑豊版、一九六〇年九月六日）。

現地ロケは九月五日から始まり、撮影に臨んで、監督の内川は「こんな映画は初めてだが、成功すればこんごの映画界に新風を吹き込むことになろうから、ぜひ成功させたいし、ベストテンに入る自信も持っている。また芸術祭参加作品にもしたい。とにかく筑豊の子供たちとともに成長し、二十年後のこの子たちの成長ぶりを見て下さい」と自信満々に語り（『夕刊フクニチ』地方総合版、一九六〇年九月六日）、「この映画が筑豊のヤマの子たちを力づけ、また都会の人たちにその真実の姿を理解してもらって、求人先開拓の助けになれば幸せだ」と、映画を失業対策への一助としたいとも述べていた（『毎日新聞』筑豊版、一九六〇年九月六日）。

映画の撮影と同時進行で、『夕刊フクニチ』筑豊版が「筑豊のこどもたち」というルポの連載を開始した。第一回の記事は九月七日の紙面に掲載され、以後、一〇月一日まで、断続的に連載された。その概要は次のとおりである。

回	日付	見出しタイトル
第一回	九月七日	閉山の炭住で　ハラ一ぱい食べたい

第二回　九月八日　なくならぬ長欠、欠食児　弁当、学用品がないから
第三回　九月九日　アルバイト　子守りや石炭拾いも
第四回　九月一二日　運動会と修学旅行　弁当なくて昼まで
第五回　九月一四日　黒い羽根　なおつづく〝愛の手〟
第六回　九月一五日　こども会　ワンパクも連絡役に
第七回　九月一六日　児童相談所　捨て子は35パーセントも
第八回　九月一九日　黒い谷間をともす灯　友情の寄金で文庫作る
第九回　九月二一日　集団就職　好調の県外へぞくぞく
第一〇回　九月二六日　ゆがめられた童心　昼食時間に本を読む
第一一回　九月二九日　少年補導センター　笑いを取り戻す子ら
第一二回　九月三〇日　その訴え　その願い　夢にみる〝白いメシ〟
終回　一〇月一日　関係者はこうみる　〝暗いカゲ〟を取り除け

この一連の記事は、まさに写真集、映画と同じ時期の筑豊の子どもたちの現実を伝える衝撃的な内容であった。そこでは、「〝たくましく〟とか〝明るく〟とかいわれるが、閉山鉱に取り残されている子供たちは楽しみ、笑いというものを忘れているようだ。ことしは黒い羽根運動の救援金でミルク給食を実施しているが、昨年までは弁当を食べる隣の席でだまって本を読んでいた子も多かった」（第一回）、「黒い羽根運動や宗教団体からの救援食糧でどうにかこれまでは切り抜けてきたが、これも八月半ばで打ち切り状態。……（中略）……〝暗い谷間〟に全国各地から寄せられた愛の救援運動は当面の一時しのぎにはなっても生活苦にあえぐ父兄に根本的な再起の道が見つからぬ限り、貧しさに押しつぶされたこどもたちの苦しみはなくならない」（第二回）と、まず、

欠食児童の問題を取り上げ、黒い羽根運動依存の限界を指摘した。

次に、追及したのが児童労働の実態である。「石炭拾い……ボタ山に残った石炭を拾い集めるものだがミカン箱一杯でも百五十円以上になる。小学生でも一日かかれば拾えるという。こうなるとこどもの小遣いかせぎではすまされない。家庭の台所の大きな助けとなり、親たちも貧しさに負けて、学校を休ませている」という現実が記され、さらに中学三年生の少女が炭鉱主の愛人とされた事例も紹介され、「春をひさぎながらヤマの実家に送金している少女は相当にある」と指摘された（第三回）。ここに述べられた事例はいずれも児童福祉法に違反するものであり、刑事処罰の対象となる。しかし、記事にはそれへの言及はない。筑豊では、こうした実態が恒常化し、放置されていたため、記事を書いた記者も、やむを得ない現実と認識していた。

一方で、記事は「炭鉱不況の荒波は、こうした個人個人のささやかな隣人愛だけでは救いきれない」ことを強調している（第四回）。したがって、黒い羽根運動の成果は認めつつも、運動が終わっても「まだヤマの人たちは貧困と戦っている」ことにも言及している（第五回）。そして、こうした環境では「児童憲章もここでは全くの空文。童心に悪の芽が巣食うのも当然の成り行きだろう」と述べ（第六回）、田川児童相談所に収容された子どもたちの現状について報じている。同所は、親がいない子ども、親に捨てられた子ども、そして非行に走った子どもを一時保護する施設であり、同所から関係施設に送られた五六三人中五〇八人が筑豊地区の子どもであった。記事では、子どもを同所に預けたまま引き取りに来ない母親に対し、「子に対する愛情があるのかと疑いたくなります」という同所の嘆きを伝えている（第七回）。

そして、黒い羽根運動が開始されたときは、こうした子どもたちへの救援や激励が相次いだが、それ以後は、それも「下火となって世間の関心もうすらいできた」と記者は嘆く（第八回）。記事は、「炭鉱不況が激しくなってくるにつれて閉山炭鉱の社宅街、問題少年の多いところを特別補導地区に指定して健全な少年の育成につとめてきた」ことを紹介し、「飯塚オートレース場で捨てられた車券を拾う少年、盛り場で物をねだる少年」の事例をあげ、「オトナたちさえ苦しい環境に負けていろいろ問題を起こしているとき、子供たちに「強く、正しく生きよ」「炭鉱の子供はたくましい」といってもムリなのではないか」と疑問を呈した（第一〇回）。そして、飯塚少年補導センターを取材し、同センターが扱った窃盗などの少年犯罪が、前年の三八件・三〇人から八九件・七〇人に増加した事実をあげ、「炭鉱不況による生活の苦しさに小さい子供ほど耐えがたいことを物語っているのではないか」という同センターの言を紹介している（第一一回）。

では、どうすれば子どもたちをこうした環境から救えるのか。記事はその解決策として県外への集団就職を奨励する。「就職はヤマの子にとって貧しさから抜け出す唯一の手段だ。ハラいっぱいメシが食え、小遣いをもらえる生活が何よりの魅力」「多くのヤマの子たちは悲惨な黒い飢餓地帯を捨て将来の夢に胸をふくらませて去って行った。来年もまた失業した親たちより、ひと足先に炭住を巣立っていくヤマの子たちが多勢いることだろう」と、筑豊を去ることを至上とするような文章が連ねられている（第九回）。しかし、その一方で、鞍手町立新延小学校の校長は「親たちが永続性のある職場で働き、家庭生活を安定させること。それがまた子供たちの最大の願いあろう」と語っている（第一二回）。記者が最善と考える解決策とは異なる解決の道を現場の教師は考えていた。

連載の最後に関係者の意見が掲載されている。意見を述べたのは、嘉穂福祉事務所のケースワーカー福永アキ、映画「筑豊のこどもたち」に出演した加藤大介、田川児童相談所長松井公直、直方警察署防犯係長鵜木八百吉、直方市立下境小学校長藤田正義の五人だが、加藤を除く四人は、いずれも子どもの非行、しつけや教育への親の無関心を憂えている。これに対し、加藤は子どもたちの表情に暗い影を見出し、「これは単に一地方の問題ではなく、国家の責任ですべての大人が解決しなければならない問題だ」と発言している（終回）。記者がインタビューし、その要旨を短い文章に要約した記事であるから、掲載されたものが発言のすべてではないとしても、五人のうち日常的に炭鉱の失業問題に接している四人が、失業家庭の親や子ども自身の言動に批判的であるのに対し、短期間、筑豊に滞在しただけの加藤が国家の責任にまで言及している。むしろ、加藤は突然、筑豊の現実に直面し、大きな衝撃を受け、こうした現実を放置してきた国家の責任を口にしたのではないか。

映画の撮影は、このように筑豊の炭鉱の失業問題に対する世論の関心を高めた。しかし、撮影の最中、九月二〇日、田川郡川崎町の豊州炭鉱で落盤事故が起こり、坑道が水没して六七人が犠牲となった。犠牲者のなかにはロケへの協力者も多数おり、監督の内川や加藤大介、小泉博らが遺族を弔問した(27)。さらに、豊州炭鉱に近い籾井炭鉱でも九月二七日にガス爆発が起こり、一三人が犠牲になった。撮影は、炭鉱労働が抱える危険を体験するなかで続けられたのである。

田川での撮影は一〇月一八日に終了した。ロケを終えた内川は「この映画は見て面白いとか楽しいとかいうものではなく、不況の谷間にとり残された筑豊の子供たちの実体を全国の人に知ってもらうことが真のねらいだ」と語り、「続編も必ずつくろうと思っている」との抱負を明らかにした。また、菊島は、政治の責任を表現するために「映画の中に代議士の視察をとり入れた」ことを明らかにした(『夕刊フクニチ』筑豊版、一九六〇年一〇月一八日)。映画には、筑豊の炭鉱の失業問題を訴えるという社会的使命が与えられていたのである。

こうして東宝と日本映画新社の共同制作になる一時間四七分の映画「筑豊のこどもたち」は完成し、一一月から上映された。一一月七日には、東京・虎ノ門の社会事業会館久保講堂で、東京都共同募金会の主催による「筑豊のこどもたち」の慈善試写会が開かれた(『朝日新聞』東京版、一九六〇年一〇月二六日)。新聞広告には「一日喰べなくてもへっちゃらな子供たち……だがこれでいいのだろうか！夢をなくした子供たちに幸わせを願う全国のお母さんの真心がこの映画を作らせた！」と記されていた（『夕刊フクニチ』福岡告知版、一九六〇年一一月一〇日）。

筑豊でも、一一月六日、田川市のターミナル会館で有料試写会が開かれ、これに対して、田川市社会課は「この映画が炭鉱生活者のこんごのあり方の指針なり、反省の資料にするため一人でも多くみてもらおう」と呼びかけ、収益の一五％程度を炭鉱失業者に寄付することを決めた（『夕刊フクニチ』筑豊版、一九六〇年一〇月二四日）。当日は、開場時間前から会館前は観客でいっぱいとなり、収益の一部は豊州炭鉱の事故の遺族にも寄付された。また、同日、飯塚市でも同市社会福祉協議会主催、西日本新聞、毎日新聞、朝日新聞、フクニチ各社後援で試写会が開かれている（『夕刊フクニチ』筑豊版、一九六〇年一一月七日）。以下、シナリオから映画の内容を検討していく。

ドラマの舞台は筑豊の休山した中小炭鉱の岩戸炭鉱で、失業し、操業中の賃金も支払われずに生活保護を受けている加藤大介演じる江藤新伍（五〇歳）と、長男で大手の四菱三山炭鉱（三井三池炭鉱を想像させる）で働く勝（二二歳）、次男の武（一一歳）、それに新伍の父太平（七七歳）の一家が中心となってストーリーは展開する。新伍の妻、武たちの母は家を出て行ってしまった。勝は、博多のおでん屋で働いている母に会うが、彼女は「もう二度と貧乏はいやじや」と言っていたという。新伍は炭住でごろごろする毎日で、武は学校には行かず、食料を確保するためザリガニやナマズを捕ったり、銅線や折れ釘を集めたり、芦屋の米軍射撃場で薬莢拾いをして金を稼いでいる。武が金を稼ぐのは、家計を助けるためだけではなく、修学旅行費を貯めるためでもあった。

そうした岩戸炭鉱のひとびとに朗報が舞い込む。経営者が炭鉱の操業を再開するというのである。採炭が始まり、新伍も久しぶりにつるはしを振るう。しかし、炭鉱再開は虚偽であった。石炭鉱業合理化臨時措置法により、岩戸炭鉱は石炭鉱業整備事業団に買収され、廃止される。再開したのは、その買収価格を高くするためであった。すでに炭鉱の経営権も他人に譲られていた。新伍は、「法律なんかどうでもよか！合理化法で山はつぶす、未払いは払はん、それじやわしらはどうなるんじや!!ノタレ死にでもしろって云うのか!!」と叫ぶ。勝が勤める四菱三山炭鉱でも労働争議が起き、労働組合は分裂し、勝は解雇された。そして、日雇い労働にでも出ていたのか、新伍がしばらく家を空けていたときに、太平は死んでいた。

一方、岩戸小学校の教師小林順二は武たち炭住の子どもたちを登校させようと一生懸命で、修学旅行にも行けるようにと努力する。その結果、武たちは黒い羽根運動の募金を受けて大阪・京都への修学旅行に参加した。武は黒い羽根運動で寄付された学生服を着ている。しかし、彼らは大阪で黒い羽根運動の宣伝隊に出会う。筑豊の悲惨な写真が展示され、学生が「気の毒な筑豊地方の人たちのためにどうぞ、御協力をお願いします」と叫んでいる。武の友人佳夫は「ばッかにしちよるなあ」とつぶやいた。宿に帰った武は着ていた学生服を床にたたきつけた。

そのほか、表面上の視察をして帰る参議院議員、売られていく炭住の娘など、放送劇「ボタ山」と同様のシーンも見られる。この議員は、一〇年ほど前、通商産業大臣として炭鉱を訪れ坑道に入り石炭増産を奨励したこともあるという。彼は「石炭産業はもう救いようがないね、まあ、せいぜいあと五年か」「それが歴史というもんだ。世の中が進歩するにはそのくらいの犠牲はつきものだよ」と秘書に語る。まさに、戦後の石炭政策を象徴させる発言である。土門拳が写真のなかで突き上げた怒りの矛先が、この台詞に示されていた。

しかし、この映画の主題は，こうした逆境のなかでも希望を見出し、前に向かって歩き出す子どもたちである。武は、小林の斡旋で、大阪の理髪学校に行くことになる。そこでは中学校にも通えるという。武が大阪に旅立った岩戸駅の前では岩戸炭鉱労働組合の閉山反対を叫ぶデモ行進が繰り広げられ、武を送って駅舎を出てきた新伍もデモの渦に巻き込まれていき、映画は終わる。(28)

土門拳の写真には、筑豊の子どもたちの絶望的状況とそれへの土門の怒りがあふれていた。しかし、映画には、怒りだけではなく、筑豊の子どもたちの希望、それは筑豊を脱することによって見えてくる希望も描かれた。すなわち、映画が描いたのは筑豊の絶望と表裏一体化した筑豊からの脱出による希望である。炭鉱からの脱出が、貧困からの解放となるという設定は、「にあんちゃん」と同様である。映画評論家の佐藤忠男は、新伍と武の別れの日、ふたりが微笑し合うシーンを観て「希望があるわけではないが、新しい門出だ、メソメソもできぬ」と評している。[29] 武の旅立ちが、映画の印象に大きな影響を与えた。

最後に希望が示されたことにより、映画は写真集とは異なる感動を観客に与えた。『毎日新聞』記者で、のちに映画プロデューサーとしても活躍する草壁久四郎は、「感動的なドラマ」と評し、「極度の貧乏のために家族がバラバラに離散してゆくそうした状態を、映画はドキュメンタリーふうに描きながら、見るものの心に強く訴えかけている」ことを強調、「日本映画では注目すべき良心作」と絶賛した（『毎日新聞』一九六〇年一一月一二日夕刊）。また、『朝日新聞』の批評も、「石炭の不況は親子の愛情をさき、そして大人や子供までもヤケと無気力とカラ元気に追いやってしまう生態をうまくみせてくれる。話が話だけに重くるしいが訴える力は強く、今年の問題作であり、力作だ」と評価した（『朝日新聞』一九六〇年一一月一五日夕刊）。『読売新聞』はより単刀直入に「まったくひどい現実である。そして、同じ日本人としてなんとしても救いの手をのばさねばならない事実である。この映画を高く評価するのはなによりもこういった事実を、明確にそして熱烈な努力で提示したことである」と評した（『読売新聞』一九六〇年一一月一一日夕刊）。さらに、地元紙も「閉山、失業、一家離散と、筑豊の小炭鉱は大きな危機にさらされている。何とかならないものか」という菊島の「熱意が画面に凝縮した力作」と評した（『夕刊フクニチ』一九六〇年一一月一三日）。

しかし、無気力だった新伍が突然、閉山反対のデモに加わったり、武が大阪で理髪学校に学びながら中学にも通うなどという設定に違和感を覚える観客はいなかったのか。映画評論家の井沢淳は、「この映画のいいたいのは、人間における虚脱意識の問題である。それを超克するところから、人間の生活は出発するということを、作者は力をこめていう」と述べ、新伍や武が虚脱意識を超克することに映画の意義を求めた。パワーエリートの側の菊島が、「同じ人間でも生きる道を失った人間に対して、立ち上れと号令するのは、僭越とも見られよう。傲慢でさえあろう。それでも、敢て、作者はそういわざるを得なかった。炭鉱の現実の中から、あらゆるものを分析して見ても、そういうよりほかはなかった」と井沢は評する。だから、この映画に対し「なにも、ゴテゴテとひねって考えずに、素直に賞めればいい」と言い切った。[30]〝筑豊よ立ち上がれ〟というメッセージがこの映画の主題となった。

そうであるから、労働大臣石田博英も映画を絶賛した。石田は、撮影中に「炭鉱からの離職者たちに転職その他援助の手をさしのべるにあたって、離職者自身にもっと立ち直ろうとする努力や気力がほしいと思っていた」が、映画が「中小炭鉱地帯の人々の向上心をも訴えているのに同感し」、「製作費がたりなければ私のポケットマネーも出す」と言ったという（『読売新聞』一九六〇年九月一三日夕刊）。

映画には社会からの反響もあった。映画のストーリーを読んで感動した大阪府吹田市の関西経済学院商業高校の二年生四五〇人が、一一月一九日、九州への修学旅行の帰途、車中で現金七〇〇〇円余を集め、門司駅で駅長に「恵まれない炭鉱のこどもたちにあげてください」と手渡し、駅長から毎日新聞社会事業団に寄託された（『毎日新聞』筑豊版、一九六〇年一一月二〇日）。

また、「筑豊のこどもたち」は、第三六回国会参議院商工委員会でも取り上げられた。映画の撮影が始まる直前の九月一日の委員会で、炭労出身の阿具根登（日本社会党）は、「「筑豊のこどもたち」とか、あるいは写真展があり、あるいは映画ができて、これが人間の生活であろうか、この文化国家だといわれておるときに、さるまたもはかない子供が生活しておる。その日の食うめしもない。しかも、その人たちはもうよそに出て仕事をするような気力も失ってしまっておる。こういう事態が現出しておるのは、私は通産省の燃料政策の誤りだと思うのです」と池田勇人内閣の責任を指摘し、[31]さらに一〇月二四日にも阿具根は「今度「筑豊のこどもたち」という映画が出るので見て下さい。あなたの子供が、ああいうふうな場合はどう思いますか」「こういうみじめなことになったのは政治の責任、政府の責任です」と通産大臣迫水久常を追及し、石炭産業を守るために石油の輸入への規制を求めるが、迫水は炭鉱労働者の失業対策として、転職を主張するばかりであった。[32]「筑豊のこどもたち」に登場する元通産大臣の参議院議員の言は、そのまま現実の政府の言でもあった。

おわりに

炭鉱の失業問題を世に問うた映画「にあんちゃん」と「筑豊のこどもたち」は、いずれも、その解決策として炭鉱を脱する道を提示するしかなかった。ようやく成立した炭鉱離職者臨時措置法の現実に照らしても、炭鉱に残る道は絶望の道としてしか映らなかった。一九六九年三月にＮＨＫが放送した「新日本紀行」の「筑豊」では、最後に集団就職で筑豊を後にする子どもたちの出発の場面が流されたが、それは、そうした認識を象徴するものであった。

この「新日本紀行」のように、一九六〇年を過ぎても、炭鉱をめぐるドキュメンタリーは撮られ続けていた。ＮＨＫの「日本の素顔」「現代の記録」「現代の映像」「ある人生」などのシリーズの内容を見ても、「黒い地帯」以後、「地底――ある炭鉱事故の記録」（「日本の素顔」一九六〇年一〇月九日）、「黒い墓標――石炭産業合理化の断面」（同　一九六一年一二月一七日）、「組夫——石炭産業合理化の断面」（同　一九六二年一〇月二八日）、「廃坑からの手紙」（「現代の記録」一九六四年二月二二日）、「筑豊の女」（「現代の映像」一九六四年六月七日）、「山野鉱未亡人」（同　一九六五年七月二三日）、「崩壊の家庭」（同　一九六六年二月二五日）、「ぼた山よ」（「ある人生」一九六七年二月二八日）、「第二閉山期——廃坑地区の取り残された子ら」（「現代の映像」一九六七年四月一四日）など、炭鉱を描いたドキュメンタリーが作成されている。これらの多くは筑豊を軸にした作品である。しかし、「第二閉山期」を境に以後の炭鉱を描いた作品は、北海道の石狩炭田を対象にしたものへと移行していく。そして、そのテーマも「石炭から石油へというエネルギー革命を大きな背景として生じた〈労働問題〉〈貧困問題〉から、〈歴史（郷土史、産業史）記述〉へと変化し、さらに、それが当事者以外の人々の目を通してなされるように」変化していった。[33]ジャーナリズムから炭鉱合理化政策の矛盾を追及するという姿勢は後退し、炭鉱合理化の結果をそのまま受け入れていく。炭鉱の失業問題は現代の問題から歴史の問題へと認識が変容し、炭鉱は記憶するべき産業遺産へと転化した。ジャーナリズムから筑豊は忘却され、まだ操業している夕張など石狩炭田がドキュメンタリーの対象となったのである。

以来、現在に至るまで、炭鉱合理化政策下の失業問題は、年月の経過と比例するように過去の問題に追いやられ、膨大な炭鉱労働者とその家族を犠牲にして達せられたエネルギー革命と高度経済成長の夢が輝かしい戦後史の一齣として記憶されるようになった。その一方で、二〇一一年五月、筑豊の炭鉱に生きた山本作兵衛の炭鉱画と関連資料がユネスコ記憶遺産に登録され、二〇一五年五月には、三池炭鉱が「明治日本の産業革命遺産」の一環としてユネスコ世界遺産に登録された。炭鉱合理化による失業問題は旧炭鉱の観光化のなかに忘却されつつある。政治は国家主義に酔い、〝強い日本〟〝たくましい日本〟〝誇りうる日本〟という絶叫が飛び交うなか、炭鉱の歴史は〝強い日本〟のサクセス・ストーリィの一環に組み込まれ、炭鉱における強制連行、事故、失業という犠牲者の記憶が消去されようとしている。わたくしは、そうした現代の潮流に抗い、あえて本書を執筆した。

◉註

(1)石炭産業において、大手（大手筋）とされたのは三井・三菱・北海道炭礦汽船・貝島・明治・井華（三井系）・日鉄・日本炭礦・古河・雄別・宇部興産・麻生・杵島・常磐・大正・昭和・大日本・嘉穂・太平洋・国鉄公社の二〇社で、旧財閥系や地域の有力企業などであり、石炭生産の七割を占め、それ以外の中小炭鉱との経営格差は大きかった。

(2)『第二十二回国会衆議院商工委員会議録』四七号、八頁。

(3)友田義行「日本の炭鉱映画史と三池――『三池終わらない炭鉱の物語』への応答」（『立命館言語文化研究』二二巻二号、二〇一〇年一一月）、二四頁。

(4)木村至聖「「記録」された炭鉱の「記憶」と映像アーカイブの可能性――筑豊炭田の事例を中心に」（『ソシオロジ』五九巻一号、二〇一四年六月）、六三～六四頁、六六頁。

(5)京極高英「作り手の少ない映画――「失業」後記」（『記録映画』三巻一号、一九六〇年一月）、九頁。

(6)「シナリオ　失業・炭鉱合理化との闘い」（『記録映画』三巻二号、一九六〇年二月）、三〇～三六頁。

(7)京極前掲文、一〇頁。

(8)前掲「シナリオ　失業・炭鉱合理化との闘い」、三三頁。

(9)八幡省三「作家の姿勢と根性」（『記録映画』三巻二号）、一〇頁。

(10)池田竜雄「浪花節的世界からの脱却」（同右書）、一一～一二頁。

(11)谷川義雄「自然主義リアリズムの限界」（同右書）、一二～一三頁。

(12)且原純夫「一般的状況と作家の主体」（同右書）、一四～一五頁。

(13)菅谷陳彦「感動の中の二・三の疑問」（同右書）、一三～一四頁。

(14)『第二十二回国会衆議院商工委員会議録』四六号、一五～一六頁。

(15)この対談では、無着は分断された朝鮮半島の情勢について、執拗に末子に意見を求めるが、末子は「別に考えたことありません。その日、その日の最低生活を送っていて食べることだけが重要な問題でしたから」「平凡な生活でいいんです」と、まったく取り合わなかった（無着成恭、安本末子「対談　もう一歩進むのには」、『中央公論』七四年一二号、一九五九年九月、一一〇～一一七頁）。
(16)杉浦明平「にあんちゃん　どん底のなかの明るさ」（『朝日ジャーナル』八巻四一号、一九六六年一〇月二日）、三九頁。
(17)林相珉「忘れられた朝鮮――安本末子『にあんちゃん』論」（日本近代文学会九州支部『近代文学論集』三三号、二〇〇七年一一月）、一五八頁。なお、林は、映画では、今村昌平が末子たちの明るさに力点を置いたため、「朝鮮」の影が薄れていったと評しているが（同論文、一六三～一六五頁）、この評価には本文で述べるように、同意できない。
(18)シナリオは『キネマ旬報』二四四号（一九五九年一〇月）に掲載されたものに依拠した。
(19)豊川直樹「破りたい情緒の壁」（『毎日新聞』一九五九年一一月一日夕刊）。
(20)荻昌弘「感動よぶ極貧記録」（『毎日新聞』一九五九年一一月一五日夕刊）。
(21)「日本映画批評」（『キネマ旬報』二四八号、一九五九年一二月）、八九頁。
(22)「黒い羽根の素顔――不況にあえぐ筑豊炭鉱地帯」（『週刊新潮』四巻四一号、一九五九年一〇月一二日）、「炭田地帯のこどもたち」（『週刊新潮』五巻二号、一九六〇年一月一八日）。
(23)白山眞理『〈報道写真〉と戦争』（吉川弘文館、二〇一四年）、四三五頁。
(24)同右書、四四四頁。
(25)「この子たちのために訴える」（『女性自身』三巻一六号、一九六〇年四月二〇日）、「るみえ姉妹の笑顔と貧乏と」（『女性自身』三巻四二号、一九六〇年一〇月一九日）、「のこされた子とのこした母と」（『女性自身』五巻四号、一九六二年一月二九日）など。
(26)広沢栄『私の昭和映画史』（岩波新書、一九八九年）、二二五～二三〇頁。
(27)「ロケ隊とヤマの人たち」（『週刊朝日』六五巻四三号、一九六〇年一〇月九日）、一一二～一一四頁。
(28)「シナリオ　筑豊のこどもたち」。
(29)佐藤忠男「映画の中の家族」（『毎日新聞』一九六〇年一一月二四日）。

(30)井沢淳「筑豊のこどもたち」(『キネマ旬報』二七二号、一九六〇年一二月)、五七〜五八頁。
(31)『第三十六回国会参議院商工委員会(第三十五回国会継続)会議録』三号、七頁。
(32)『第三十六回国会参議院商工委員会会議録』二号、五頁。
(33)西兼志「アーカイブの結晶学」(『放送研究と調査』六一巻四号、二〇一一年四月)、四八〜四九頁。

第八章　黒い羽根運動の展開

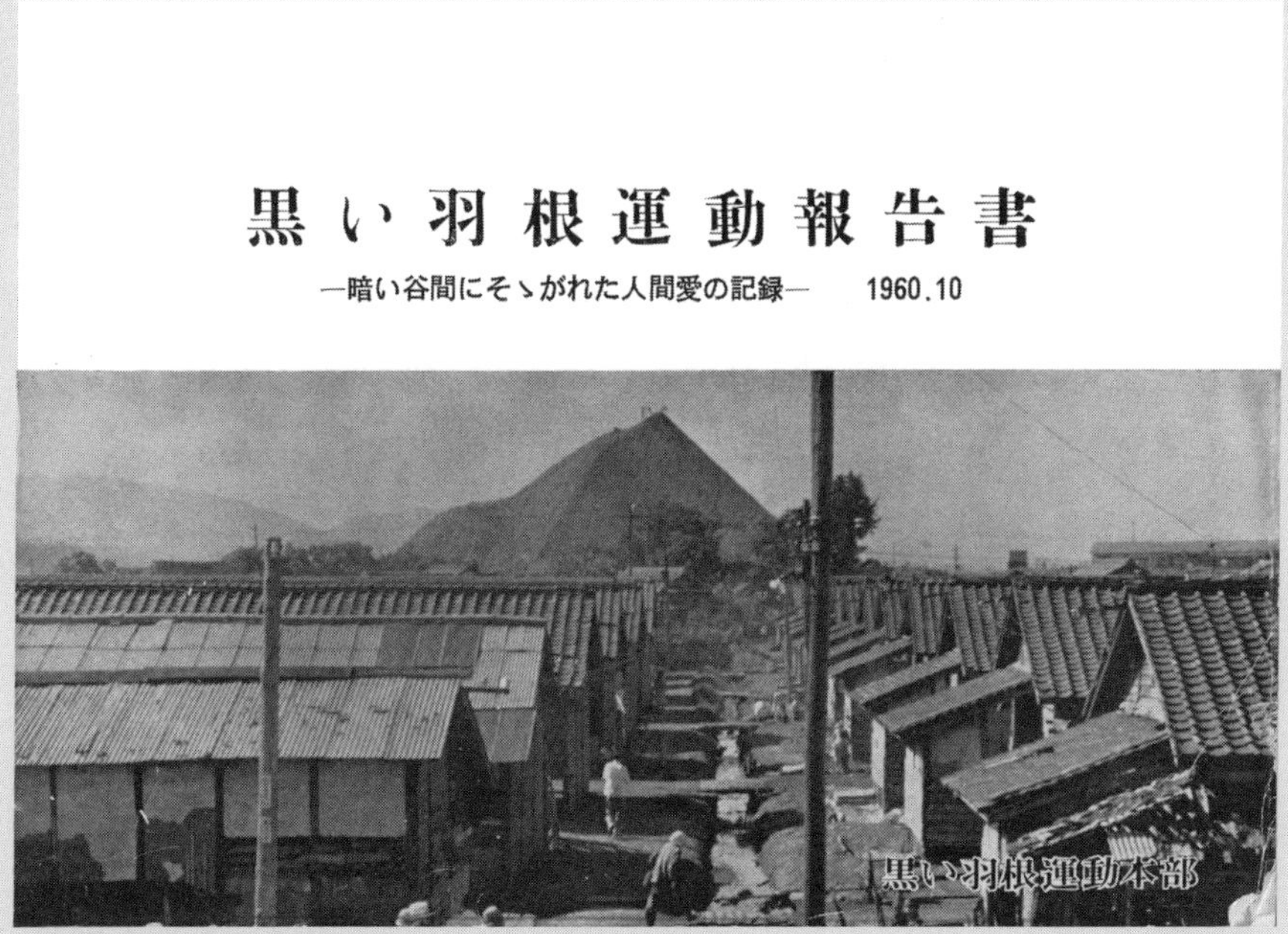

はじめに

第六章で述べたように、一九五九年一二月、三池炭鉱の大争議が始まるそのとき、第二次岸信介内閣のもとで炭鉱離職者臨時措置法が成立した。この法律はきわめて不十分ではあるが、岸内閣にこのような炭鉱失業者対策を講じさせた背景には、炭鉱失業者を救えという世論があった。そして、その世論を生み出したのは、前章で詳述したメディアと、もう一つ黒い羽根運動の訴えであった。本章では、この黒い羽根運動の実態を明らかにする。

黒い羽根運動とは、赤い羽根運動を模したもので、福岡県の筑豊地域の炭鉱の失業者家庭を救済することを目的にしていた。この運動は、一九五九年八月に日本母親大会で提起され、主として福岡県などの地元自治体、日本炭鉱労働組合（炭労）などの労働組合、日本キリスト教奉仕団などのキリスト教関連団体が中心となり、一本一〇円の黒い羽根による募金、寄付金品で炭鉱失業者の家庭に食料、衣料、学用品などを供給するとともに政府に対して失業者救済の施策を求めたものである。そして、それにより、高度経済成長下に無視されかけていた中小炭鉱の失業問題に世論の関心を向けさせた。炭鉱離職者臨時措置法が成立した背景には、この運動により喚起された世論があった(1)。

本章では、この黒い羽根運動、及びそれに影響された世論の実態の解明をとおして、三池闘争に象徴される階級闘争路線とは異なった形で展開された炭鉱の失業問題への〝たたかい〟の歴史的意義を明らかにする。

第一節 黒い羽根運動の提起

一九五九年四月、日本社会党公認で福岡県知事選挙に出馬した鵜崎多一が当選した。多一の父庚午郎は牧師で、多一も日本基督教団福岡中部教会に所属するキリスト者であった。(2) 七月三日、福岡県議会において、鵜崎は、炭鉱の失業問題についての田中政志(日本社会党)の質問に答えて、関係団体による対策協議会を設置することとともに、政府の「石炭合理化対策が、現実にはあまりに規模が小であるし、現実に合わぬ面も非常にある」ので、「離職者を吸収しやすい事業を筑豊の地域に集中して、事業を起してもらいたい」と政府に要望したと答弁した。(3) このように、筑豊の炭鉱失業問題を重視する鵜崎は、知事就任後、福岡県政研究会に筑豊の中小炭鉱の失業者の生活調査を依頼しており、九州大学の奥田八二、西南学院大学の松井安治らが七月一四日～一八日に現地の聞き取りを踏まえた調査を実施した。その報告書『炭鉱離職者の生活実態――何をどうして食べているか』の題名に示されているように、この調査は単に生活状態を数字で示すだけではなく、閉山した炭鉱の炭鉱住宅に暮らすひとびとの衣食住環境や教育の実態を聞き取ることで、その生活実態を具体的に明らかにするものであった。

報告書の冒頭、鵜崎は、「現在本県には炭鉱買上による離職者を始め人員整理を中心とする炭鉱の企業整備、或は不況のため休廃閉山続出による厖大な炭鉱離職者を抱えており、今後も更に増大する見とおしである。これが対策については県としても全力を傾注してきたが、とうてい県、市町村のみの力では解決できない問題であり、国をはじめ関係各方面の強力な施策を望んでやまないところである」と述べ、対策を進めるためには「離職者の生活実態の把握」が必要で、「炭鉱離職者が何をどうして食べているか、何を一番欲しているかという観点からその生活実態のアウトラインを描き出すことを図ったもの」と、この調査の目的を明確に説明している。すなわち、鵜崎は、閉山した炭鉱の炭鉱住宅に暮らすひとびとの要望を県政に反映させるために、この調査を実施したのである。(4)

調査は、田川市、山田市、川崎町、鞍手町の協力も得て、一九五六年に石炭鉱業整備事業団に買い上げられて閉山した田川市の室井豊徳炭鉱の炭鉱住宅四〇戸の住民全員と、それに、上記四市町の他の中小炭鉱の炭鉱住宅、それぞれ三~七戸の住民を対象に実施された。

報告書は「筑豊地域はいまひん死の床にあえいでいる。どこの谷でも、どこのボタ山のかげでも、かつて炭坑に働き、またいま働きながら、くらしを立てている人たちは、例外なしに石炭界の不況と石炭合理化法の重石にのしかかられ、くうやくわずやの毎日に追い落とされている。大手の炭坑が僅かに息ついているもののそこでも企業整備の首切りがまちかまえ、正確な明日へのくらしの保障はない。石炭産業すべてがいま不況によって保障のない暗い生活の谷間に向って傾斜している」と悲観的な感想を掲げ、「炭鉱離職者は、まず文化生活を食い、住と衣とをだいたい食い尽して、現在食のくいべらしの段階にきている」「離職者も、生活保護を受けている段階は転落への第一歩で、まだ物心両面でゆとりをもっている」「事業整備団の買上げと同時に、住問題(住宅、電灯、水道問題など)が起ってくる」「つぎは失対登録の枠に入り、そこで「ニコヨン」として働く」「失対事業に入れない人、または働く能力のない身体傷害者などは生活保護を受けている」「いまの生活保護法では、離職者は基本的人権以前の生活しかできていない」という結論を提示した。(5)

この調査と同時期、国会、政党、政府の六つの視察団が田川市を訪れていた。しかし、「日程のないのを理由に貸切バスで炭住街も素通り、坂田市長があわててバス内での実情説明、果ては八ミリ映画で、その一端を見せるという」視察団まで現れるというのが実態で、失業者のひとりは「ヤマといえば炭坑節しか知らぬ代議士さんが、大名旅行の視察で、わたしらの実情がどれほどわかったろうか。どの視察団も〝実情は判った。早急に対策を〟くちをそろえてかならずこういう。わたしらがほしいのはことばの慰めでなく明日からの職と家だが、いったい何を考えているのだろうか――」と怒りをあらわにしていた（『西日本新聞』一九五九年八月一二日）。こうした国の姿勢に対して、鵜崎知事のもとで実施された福岡県の調査ははるかに緻密かつ真摯なものとなっていた。

以下、この調査の報告書に記載された室井豊徳炭鉱の生活状態の一部を紹介する。同炭鉱で「いま直面している問題」は一三〇人分の賃金一四〇万円の未払いと炭鉱住宅からの立ち退きであり、「どの家も食うことにセイ一杯で家屋は荒れ放だいだが他人の家だから現行の生活保護法では修理補助金も貰えない」現実が指摘される。そして、住宅のなかでは麻疹の一歳児と肺炎の零歳児を抱えた母親が「育てることを思うと中絶のことも考えない訳ではないが中絶にはまとまった金がいる。産めば何とかなる」と語っていた。また、学校では給食費が納入されないので学校給食は中止され、小学校では児童の三分の一が生活保護家庭に暮らしているため、生活保護費の支払い日の前日に実施した遠足には保護家庭のほとんどの児童が欠席したという。住民たちは、働ける者は仕事を求め、働けない者は生活保護費の増額を求めるが、共通して「せめて子供だけは学校ゆきの衣、雨具、文房具を農家の子供並に買ってやりたい」という願望を懐いていた。(6) さらにこの報告書には多くの写真も掲載されているが、そのなかには家具が何もない炭鉱住宅の一室で半裸で抱き合う母子の姿も写っていた。この報告書は、読む者に筑豊の炭鉱失業家庭の子どもたちを助けなければならないという思いを懐かせるのに十分であった。

七月中旬、鵜崎知事に対して報告書の説明がなされた際、県議会議員の浦川守（日本社会党）が「「黒い羽根運動を起こそう」と提案、これは名案ということで一致」し、八月に開かれる福岡県母親大会に呼び掛けることとなったという。報告書作成に深くかかわった奥田八二は、黒い羽根運動は「すべて浦川さんのひらめきのせいだ」と回想している(7)（奥田のこうした評価の問題点については後述する）。そして、この提案を受けた福岡県の母親大会に参加する女性たちが、具体的に黒い羽根運動を広く提起していった(8)。

では、なぜ、黒い羽根運動は母親大会に託されたのか。その理由は、母親大会と炭鉱の失業問題との関わりのなかに見出すことができる。すでに、一九五三年一二月に開かれた第二回日本婦人大会では「欠食・長欠児童がふえていく炭鉱町の子どもの実態」が議論され、母親大会の開催を実現していくうえでは炭鉱の労働組合を支えた炭鉱主婦協議会（炭婦協）の「めざましい活動」があった。その結果、第一回日本母親大会（一九五五年六月開催）では、全体会で、佐賀県と北海道の炭婦協の女性から炭鉱失業者の窮状を訴える発言があり、子どもを守る分科会では、炭鉱の長欠児童の現実が、また、婦人の権利を守る分科会では、炭鉱で夫が失業したため身売りされる妻の悲劇が、そして、平和を守る分科会でも、北九州の炭鉱から惨状を訴えるために参加した女性から失業により家庭が崩壊し、「全く人間としての生活は破壊されている」現実が、それぞれ語られた。最終日の全体会では、時間の関係で論議は「炭坑のことを今後どうしたらよいかの発言にしぼられ」、石炭鉱業合理化臨時措置法への反対が確認された(9)。このように母親大会では、過去に炭鉱の失業問題への取り組みが重要な課題とされていた。こうした事実を背景に、福岡の女性たちが黒い羽根運動の声を上げていったのである。

福岡県母親大会の開催を前に福岡市の徳永喜久子ら約一〇人の女性が炭鉱失業者に救援の手を差し伸べようと話し合い、大学婦人協会福岡支部、福岡草の実会、福岡こどもを守る会の賛成を得て(10)、八月一〇日、第一回福岡県母親大会の場で、徳永や今吉まさえらが「石炭不況による離職者の非人間的生活に対して何らかの救いの手を差しのべよう」と提案した。この提案は満場一致で採択され[11]、この提案が黒い羽根運動の出発点となった。この大会には県内の「働く婦人、各地の母親学級、こどもを守る会などの母親団体代表など約千五十人」が参加し、「炭界の不況に苦しんでいる青少年の救援対策を早急に実施するよう県と政府に要望し、母親もひろく助け合い運動を起こす」と決議した（『西日本新聞』県内版、一九五九年八月一一日）。

福岡県母親大会が開かれる前日の八月九日、『朝日新聞』西部本社版が「炭鉱失業者を救おう「黒い羽根運動起す」」と題して徳永らの行動を報じている。そこでは、福岡県母親大会のみならず、第五回日本母親大会にも運動を提起し「全国的な運動に盛り上げる」という方針が示されていた。そして、この記事は、この運動には鵜崎知事や坂田九十百福岡県鉱業関係市町村連盟会長（田川市長）も大賛成で、婦人会、学校、ＰＴＡ、労働組合などの協力を得て「官民一体の〝助けあい運動〟にしよう」と準備を進めていると伝え、さらに「寄金、中古衣料、食糧などを集め、炭鉱失業者の家庭に贈る。共同募金の〝赤い羽根〟のように、この運動では石炭を象徴した〝黒い羽根〟をつくり、寄付した人につけてもらう。募金は一人五円から十円ぐらいを目標にし、まず四百十万人の福岡県民に強力を呼びかける」と、具体的な運動の内容も紹介した。徳永も「ヤマの学童たちの中には弁当を持って行けない者も多いし、あばら家で七人家族が月収五千円ぐらいで生活しているという話もあります。炭鉱の立直りはまず望めないというのに、満足な失業対策はまだほとんどないようです。私たちの〝貧者の一灯〟でヤマの人たちを元気づけようという願いなのです」と、運動にかける熱意を語っていた。この段階で、事実上、黒い羽根運動は開始されていたと言えよう。

この記事は、翌八月一〇日、『朝日新聞』東京本社版にも掲載され、全国に大きな反響を与えた。徳永の自宅には、「炭鉱失業者を採用したい」という求人の申し込みや寄付金の送金もあり、徳永らは「反響が大きく大変はげまされました」と決意を新たにした（『朝日新聞』西部本社版、一九五九年八月二〇日）。同紙は、八月二

○日付夕刊の「今日の問題」の欄でも黒い羽根運動を取り上げ、「主婦たちの黒い羽根運動は、寄金、中古衣料、食糧などを集め、炭鉱離職者の家庭に贈ろう、黒い羽根をつくり、寄付した人達につけてもらおうという」ものと紹介し、すでに福岡県教員組合や炭労、全国石炭鉱業労働組合（全炭鉱）、母親大会などの協力を得ており、「この助け合い運動が、実を結ぶことを望む」と期待を示した。事実、福岡県母親大会の決議を受けて、母親大会をはじめ日本労働組合総評議会（総評）、炭労、福岡県教職員組合、福岡県高等学校教職員組合、福岡県職員組合、それに全駐留軍労働組合、部落解放同盟、全日本農民組合連合会、日本子どもを守る会などの県組織で構成する県議会共闘会議（議長は日本社会党の高村正三県議会議員）も、「この運動を大きく展開、県民運動として炭鉱の貧困家庭を救おう」と計画し、県民運動とするために全炭鉱、母親連絡会議、炭鉱市町村連盟、県政研究会にも協力を呼び掛けるとともに、前述した県の調査報告書の報告会を県内十数か所で開催し、県民に訴えていくこととした（『西日本新聞』県内版、一九五九年八月一三日）。

こうしたなか、八月一六日には、労働省の指示で福岡県下の六公共職業安定所が実施した筑豊の「炭鉱離職者調査」が終了し、その概略が八月一八日付『朝日新聞』西部本社版に公表された。そこには昼食の素麺を後払いで買って子供に食べさせている家庭などの事例が記され、病床にある失業者の「視察よりも、福岡の主婦たちがいい出した〝黒い羽根運動〟の方がどれだけ有難いことか」という声も紹介されている。すでに新聞報道を通じて黒い羽根運動の情報が筑豊の炭鉱失業者にも知られていたことがわかる

そして、八月二二日には、福岡県庁で「鵜崎知事のキモ入り」で黒い羽根運動の準備会が開かれる。会合には県、炭鉱関係市村連盟、社会党、県教組、炭労、全炭鉱、母親大会実行委員らの関係者が集まり、運動本部を県庁に、支部を各市町村に置くことを決め、「救援金はさしあたり各支部、参加団体の街頭募金、寄付募金、物品販売などで、目標として四百万県民から一人平均十円ずつつのり、まず四千万円を集める。この金は中絶

している学校給食の復活をはじめ、無灯火地区への電灯線架設、共同浴場の建設、雨具の購入などに当て、失業者個人に渡す場合は生活資金の無利息貸出しのかたちとする」こと、そのほか「就職あっせん、生活指導、巡回診療班、巡回映写班などの派遣」などを実施するという計画を立てた。鵜崎知事も「反響が大きいのにびっくりした。民間から盛り上った運動だが、県も炭鉱失業者との間に立ってお世話したい」との期待感を述べた(『朝日新聞』一九五九年八月二三日)。

そして、徳永らは八月二二日から東京で開かれていた第五回日本母親大会に臨んだ。自由民主党からは日米安全保障条約改定反対の姿勢を鮮明にした母親大会は「左翼運動」だとの攻撃が強まるなかでの開催であった。その第三三分科会「失業臨時工」の場で、今吉まさえは「福岡では炭鉱不況による離職者の続出が重大問題になっています。政府は再雇用とか公共事業振興とかいっていますが、全然あてになりません。離職者の家庭の子供たちは、一山十円のトマトを買っては、朝、昼、晩と三回にわけてうえをしのいでいるありさまで、一日に一回ごはんのたべられる人はよい方というみじめな状態です」と訴え、さらに、同じく福岡県からの参加者が「炭鉱は福岡の経済問題の中心であるのになんの対策もたてていないのが実情です。ほとんどの人たちが、退職金もなく、賃金は遅配欠配のまま、借金だけ背負ってほうり出されるのです。このために、黒い羽根の救援運動をやっておりますが、ぜひこの問題を全体でとりあげて下さるように」と発言し、分科会の最後には「黒い羽根運動の援助」を決議に入れるようにとの要望もなされており[12]、採択されたと考えられる。なぜならば、日本母親大会連絡会機関紙『母親しんぶん』二九号(一九五九年九月一七日)が、「福岡のお母さん方から提唱された黒い羽根運動に、全面的に協力しましょう。ただの救援ではなく、石炭産業に対する根本政策を国や自治体に要求しましょう」と呼びかけているからである。九月二九日には東京の城南ブロックの母親たちが、駅頭で黒い羽根の募金運動を展開し好成績をあげ、一〇月一〇日には母親大会実行委員会として伊勢湾台風被害者救援とともに黒い羽根の募金活動をおこなうことにしている（『母親しんぶん』三〇号、一九五九年一〇月五日）。徳永喜久子ら福岡の母親の声は全国の母親の声となったのである。当初、徳永には新聞の取材も多くなされ、彼女は開始時の黒い羽根運動の象徴的存在となった。

そこで、徳永喜久子の人物像について言及しておこう。徳永は、一九一四年、青山女学院在学中に賀川豊彦の講演を聞いて洗礼を受けたキリスト者で、その後、津田英学塾を卒業し、さらに東京帝国大学の最初の女子聴講生として哲学を学び、結婚後に長崎で被爆している。戦後は、GHQ長崎軍政部のもとで「婦人団体を育成すること」に従事し、一九五五年にはスイスのローザンヌで開かれた世界母親大会に九州代表として参加していた。夫は九州大学教授の徳永新太郎で、三人の子どもたちも、それぞれ医学、哲学、社会学を学ぶという、炭鉱労働者とは大きくかけ離れた生活環境で暮らしていた（『毎日新聞』一九五九年一二月一〇日）[13]。

では、なぜ、そうした徳永が、炭鉱の失業問題に取り組むことになったのか、その背景にはキリスト教信仰とともに、長崎における被爆体験があった。一二月二四日付『夕刊フクニチ』は「小さいときに身につけたキリスト教精神と、本来控え目の彼女を社会運動家にひきいれたのは終戦直前に経験した長崎での原爆。〝平和のために何かを〟という願いから立ち上がった」と説明している。徳永は「わたしたちは失業者を助けてあげようとか、あわれみをかけているとかの根拠から出発しているのではありません。炭鉱労働者がこんな窮状に追い込まれた根本的な問題をつき止めて、国家がなんとか対策を立て、今後こんな悲劇が起こらないようにしてもらいたいのです。それは為政者だけでなく国民みんなで責任を持ってゆくべきことだと思いました」「どん底の生活が生みだす不就学児童、青少年不良化、健康、はては売春などの問題は人のことではなく、自分のことでもあることをみんなが考えてくださることが望みです」と語り、黒い羽根運動を契機として、政府と国民全体で炭鉱失業問題に取り組むことを求めていた（『毎日新聞』一九五九年九月二二日）。こうした事実からは、黒い羽根運動は、福岡の母親大会から全国の母親大会へと、徳永ら女性の力で始められていったという構図が浮かび上がる。

しかし、『炭鉱離職者の生活実態――何をどうして食べているか』の執筆者であり、黒い羽根運動の成立過程に参画した奥田八二[14]は、異なった見解を述べている。社会党左派に影響力を持つ社会主義協会のメンバーで、三池闘争でも労組支援の教授グループを構成していく奥田は、黒い羽根運動に関して、福岡県母親大会では「最初に動議が出された分科会においても、分科会報告が一括おこなわれた全体会議においても、何らセンセイショナルなニュースは生れてこなかった」「〝助け合い運動を起そう〟ということが分科会および全体会議の決議になっているということをはっきり耳にとめていた母親は、千名に余る当日の参会者のうち、おそらく十名もいなかったのではなかろうか」と述べ、「〝黒い羽根〟は母親大会が結果的には「ひと知れず」大会に抱えさせて孵化させたにすぎなかった」とまで言い切った。福岡県母親大会においては、実行委員、分科会司会者すら、黒い羽根運動を「重大な提案」と認識していなかったが、福岡県政研究会がまとめた前述の報告書から抜粋した謄写版刷りの「ボタかげにあえぐ人たちのくらし――炭坑離職者は何を食い、どうして生きているか」という資料が大会資料の封筒に挿入されていたので、そこに黒い羽根運動を動議とする正当性があったという[15]。黒い羽根運動における母親大会の影響力を過大に評価できないとする奥田は、黒い羽根運動を進めた原動力を鵜崎県政とジャーナリズムに求めている。黒い羽根運動の開始について、奥田は次のように述べている。

県知事の委嘱をうけて炭坑離職者が「いま何を食い、どうして生きているか」の調査を行った県政研究会は、調査報告書の編集発行の仕事を終えたあとで、知事と会見して口頭報告を行った。その骨子は、石炭関係失業者に対する抜本的な対策が急いでたてられなければならないこと、同時にいますぐ何らかの形で助け合い運動を起してその日をつないでいく必要が痛感される、というのであった。この時、「黒い羽根運動でも……」という言葉がある人の口から出たのである。知事への口頭報告はこれで終ったが、その後、母親会議の二、三の実行委員たちに対する県政研究会からの非公式な折衝が再三あり、相互に運動に関する検討をこれから深めていこうという矢先に、大会にすべりこまねばならなくなり、新聞記者にとらえられてしまったのである。別の面からみれば、この運動はジャーナリズムによって早産させられたといってもよいであろう。[16]

「ある人」とは、前述した県議会議員の浦川守であろう。奥田の説明によれば、黒い羽根運動は、徳永らが福岡県母親大会に向けて急速に準備を進めている段階で、『朝日新聞』が報道し、全国に大きな反響を与え、一気に組織化が進んだということになる。『炭鉱離職者の生活実態──何をどうして食べているか』の発行は七月三一日であり、福岡県母親大会の開催は八月一〇日である。まさに、一〇日間で母親大会に向けて準備されていったことになる。母親大会の参加者に運動が広く周知される時間的余裕はなかったという奥田の主張も否定はできないが、奥田の主張には極力、黒い羽根運動に対する徳永ら母親大会の女性たちの影響を軽んじ、運動の主軸を社会党、炭労に求めたいという政治的な意図を認めざるを得ない。

ここで、忘れてはならないことは、黒い羽根運動には知事の鵜崎多一が大きな役割を演じたという事実である。炭鉱の失業問題に取り組もうとする鵜崎の存在なくしては、黒い羽根運動は生まれ得なかった。キリスト者という点で鵜崎と徳永は結び付き、社会党員という点で鵜崎は奥田をはじめ総評、炭労とも結びつく。鵜崎を軸に黒い羽根運動は思想、信条を越えた連携を生み出したのである。

すでに、七月八日、福岡県議会は石炭産業合理化に基づく失業対策調査特別委員会を設置しており、高口等(日本社会党)が委員長となっていた。同委員会は、七月三一日に福岡通産局、石炭鉱業整備事業団、石炭鉱業関係市町村連盟から、八月一日には大手炭鉱から成る日本石炭協会九州支部、中小炭鉱から成る北九州鉱業会、炭労九州地方本部、全炭鉱九州本部から、それぞれ意見聴取をおこなった。さらに、同委員会は筑豊地域の炭鉱の実情調査をするとともに、「石炭産業の安定をはかり、今後失業者を出さない」ための措置、全額国庫負担による「緊急離職者対策事業」の実施、「施策の強力かつ迅速なる実施をはかるため」の立法措置、「石炭鉱業の安定と離職者対策のための恒久的対策の樹立」を政府に求める陳情書を作成し、九月六日、黒い羽根運動への理解を求めることも含めて全委員が上京し、衆参両院の正副議長、関係各委員会、労働省、通商産業省、文部省、大蔵省、建設省、農林省、自治庁、経済企画庁などに陳情した。また、九月一八日には、同委員会が中心となり、山口、佐賀、長崎、熊本各県議会と連携して石炭鉱業不況対策西日本県議会協議会を結成させている。

また、鵜崎知事が社会党公認知事であることから、県議会では自民党は石炭産業合理化に基づく失業対策調査特別委員会に参加していなかったが、黒い羽根運動による世論の盛り上がりを受け、一一日に鵜崎知事を交えて衆議院第一議員会館で県議会の自民、社会両党幹部が協議し、「石炭不況対策については超党派的に協力することを申合せ」、自民党も同委員会に参加することが決まった（『朝日新聞』西部本社版、一九五九年九月一二日）。黒い羽根運動の影響である。

こうした福岡県議会の活動に対して、九月一七日に、労働政務次官赤沢正道が実情調査に来県し、九月二八日には日本経済団体連合会の調査団も来県して炭鉱失業者の職業訓練の実情を聴取している[17]。黒い羽根運動の開始と並行して県は炭鉱失業対策への取り組みを強化していったのである。このように、社会党員で、キリスト者である鵜崎知事が誕生したことで、県としても炭鉱失業問題に積極的に取り組み出していたからこそ、徳永ら母親大会の女性も、炭労、総評の労働者も結び付けられ、短期間で黒い羽根運動の組織化が進んだことは否めない。

第二節 黒い羽根運動本部の設置

黒い羽根運動本部がまとめた『黒い羽根運動報告書——暗い谷間にそゝがれた人間愛の記録』には、「黒い羽根運動日誌」が掲載されている。そのなかから、黒い羽根運動本部設置に至る経過に関する重要項目を抜粋すると**表8－1**のようになる。

県主導で行政機構に依拠して黒い羽根運動本部が設置されたことが理解できる。それは、役員構成にも明らかであった。会長には知事の鵜崎多一が就任し、副会長には県議会議長、市長会会長、市議長会会長、鉱業関係市町村連盟会長、町村長会会長、町村議長会会長が名を連ね、幹事には県各部長、県教育長、福岡市総務課長、小学校校長会会長、中学校校長会会長、高等学校校長会会長、そのほか県関係団体役員らが就いている。事務局長には田川市選出の社会党県議の高村正三、幹事長には九州大学教授の高橋正雄が就いているものの、多くの役職者は、県関係者のいわゆる充て職である。このほか幹事には、福岡県労働組合評議会、炭労、全炭鉱などの労組の幹部、自由民主党、日本社会党、日本共産党、民主社会主義新党準備会の県幹部、福岡県宗教連盟理事長、福岡県仏教連合会会長、福岡県基督教連合会会長らも名を連ねたが、黒い羽根運動を提起した母親大会関係者では、徳永喜久子ただ一人が幹事に就いただけであった。[18] 母親大会の女性たちにより開始された黒い羽根運動は、県主導で各市町村、各政党、各宗教団体などを巻き込んだ運動として推進されていくことになった。

しかし、現実には、市町村や政党、労組、地域団体の協力が円滑に実現したわけではなかった。奥田八二は、

表8-1｜黒い羽根運動本部設置に至る経過

月日	事項
8.9	福岡県母親大会で炭鉱離職者助け合い運動が提唱された。
8.11	母親大会事務局より助け合い運動の展開について県政研究会に協力が要請された。これに従って8月20日頃より準備活動が開始された。
8.21	準備会より鉱業関係市町村連盟理事会に運動の趣旨を説明し協力を要請した。
8.22	準備会より知事に対し運動の趣旨を説明し協力を要請した。
8.27	県関係部課長（知事民生部長、教育次長ら）に趣旨説明と協力を要請した。婦人会等各団体に対し、趣旨説明と協力方を要請した。県議会議長が世話人になることを了承した。
8.29	町村長会事務局に対し、趣旨説明と協力方を要請した。
8.31	県部長会に民生部長より提案、運動の展開について全面的な協力をすることが決定され民生部が窓口に決まった。 午後5時より知事室において第1回世話人会を開いた。
9.1	鉱業関係市町村長会に出席、運動に対する参加を要請、同意を得た。
9.3	県地協会議に出席、運動に対する参加を要請、同意を得た。
9.4	町村長会に運動に対する参加を要請した。
9.5	市長会に参加を要請、参加するが、町村長会と同一歩調をとるために市長会が積極的に町村長会に働きかけ、その結果がでるまで一応参加の可否を保留とするとの回答を得た。
9.10	黒い羽根運動準備会を開き、黒い羽根運動本部が発足した。 鵜崎知事をはじめ運動本部結成に参加した人によって第1回街頭募金を実施した。
9.12	地域婦人会に対し、再三にわたって折衝していたが、積極的に運動に参加する旨、事務局長より回答があった。
9.13	黒い羽根県外就職第一陣が飯塚駅を出発した。
9.16	福岡県評大会で運動に対する積極的参加が決議された。
9.17	東京事務所内に黒い羽根運動東京事務局が設置され、東京における情宣活動、募金活動を展開することになった。
9.18	県地協会議で各地区において早急に支部組織の結成に乗り出すことが決定した。
9.22	本部高村事務局長が上阪し、県大阪物産斡旋所内に黒い羽根運動大阪事務局を設置し大阪市の積極的参加を得て、運動を展開することになった。
9.25	市・町村との交渉、第1回の話し合いがもたれ、大体市町村の参加は得られる見透しが強くなった。
10.2	黒い羽根運動の要綱中の懸案事項をめぐって意見の調整を行なっていた本部事務局と市町村長会との意見の統一ができ、市町村は積極的にこの運動を推進することになった。
10.3	運動支部の結成が各地で行なわれ、本日までに10町村に達した。

（出典：黒い羽根運動本部編『黒い羽根運動報告書——暗い谷間にそゝがれた人間愛の記録』1960年10月）

「共産党はいち早く「慈善は阿片なり」としてこの運動にソッポを向いた」「自由労組は炭坑だけが失業で困っているのではないとして冷淡であり、駐留軍労組は集団的失業対策ならこっちにも眼を向けよと主張して、対抗的である」と慨嘆し、さらに「社会党と一般の労働組合は、また一つ仕事がふえたといいたげでケゲンそう」で「〝黒い羽根〟運動にはちょっとも反対ではないが、手がまわりかねるといった表情である」との不満を漏らしている。(19) 社会党や共産党の県幹部は幹事に名を連ねているとはいえ、当初、組織としては積極的ではなかった。とくに、共産党は、その教条主義ゆえに運動に否定的であった。第五回母親大会を報じた共産党中央委員会の機関誌『前衛』は、大会では「沖縄、被災地、炭鉱地帯の救援活動をおこすこと」を決めたと述べるのみで、そこに「黒い羽根」の語はなかった。(20)

一方、社会党は、当時、安保改定反対の路線をめぐり党内右派の西尾末広派の党批判が高まり、党分裂の危機の渦中にあり、黒い羽根運動への対応どころではなかったのが実情であろう。党として、運動に「積極的に協力する方針を申合わせ」たのは九月一八日のことである。教宣部長三宅正一は、黒い羽根運動に取り組むことにより「気分転換」を図ろうと考えたという(『朝日新聞』一九五九年九月一八日)。

共産党や社会党の対応以上に大きな問題となったのは、保守系の団体との関係であった。前掲**表8-1**によれば、九月一二日には地域婦人会から参加の回答があったが、それに至るには「再三の折衝」があったと記されている。奥田は、その事情について「地域婦人会の県の頂点では、この運動が革新派の運動であるとして非公式ながら協力せずとの態度をまっ先にかかげてきた。「色つきの運動」だといい、あるいは「なぜ最初から相談にこぬか」というのが口実で、地域婦人会代表は、遂に九月十日の本部結成大会には参加しなかった」と説明している。(21) 安保改定反対の主張を鮮明にした母親大会に参加する女性たちが提起し、社会党の鵜崎知事のもとで県が推進する黒い羽根運動に対し、当初、地域婦人会は警戒の色を濃くしたのであった。

さらに、前掲**表8―1**にも示したように、市長会、町村長会に協力を要請したのが九月四日、五日であるにもかかわらず、その協力が確認されたのは一〇月二日であり、市長会、町村長会の理解を得るのに実に一カ月近い時間が要されている。市長会、町村長会も、当初、この運動に強い警戒感を持ったことは明らかである。九月三〇日、田川市議会では、佐々木義憲が、黒い羽根運動の市町村の窓口がはっきりしていないことを問題視し、そのために飯塚市や直方市では市民からの寄付金が市側により拒絶されている事実を指摘して、社会党員である坂田九十百市長に見解を求めるが、坂田も、募金の配分をめぐり市町村長側と黒い羽根運動を推進する県政研究会側との間で意見調整ができていないことを認めている。(22)

しかし、こうした不協和音のなか、募金で使用する黒い羽根五〇万本は、東京の日本羽毛工業に注文され、注文を受けた同社は九月八日から残業して製造に努めるなど(『毎日新聞』一九五九年九月一〇日)、運動の準備は進み、九月一〇日の準備会で黒い羽根運動の「趣意書」「要綱」「規約」が決定された。ところが、そこでまた、「要綱」をめぐって大きな対立が起こり、当初、用意された「要綱」案は市長会、町村長会からの猛反発を受け、修正を余儀なくされたのである。以下、その経過を述べておこう。

まず、最終的に決定した「趣意書」「要綱」「規約」の内容を見ておきたい。「趣意書」では「この運動によってまず失業者の悲惨きわまる生活に応急手当をいたしますとともに、問題の重大さを中央の政府や国会に訴え、地方自治当局の能力をこえたこの問題に対する有効な対策を導きだそう」と、政府に対する施策要求が掲げられ、さらに、「政府のたてております失業多数発生地域における対策事業による失業者吸収可能人員は一日平均三六四七人で、そのうち石炭関係失職者の吸収は最大に見積もっても一七〇〇人にしかすぎない」として「当局には事の重大さがよく伝わっていない」との不満も述べられていた。また、「要綱」には運動の目的は「現下の炭坑不況に対する国の対策が樹立されるまでの間、炭坑失職者に対する助け合い活動を行うこと」と明記され、運動本部の構成団体には県、市町村、社会事業団体、宗教団体などとともに労働組合も加えられ、救援対象者への金品を配布する支部については、支部長には原則として市町村長が充てられていた。「規約」でも、本部を県庁に置き、支部は各市町村に置くことが明記され、支部は「金品の募集、配布等を行うこの運動の実施機関」と位置付けられた。[23]組織的には、本部（会長は県知事）――支部（支部長は市町村長）という構成となり、これだけを見ると、行政組織と一体化して運動が進められていくように理解される。

しかし、九月一〇日の準備会では、「趣意書」「要綱」「規約」の案が提案されるや否や市長会、町村長会の代表は「要綱」案への反対の演説をおこない、紛糾した。彼らがその基調とした「「黒い羽根」運動に対する市長会、町村長会の申し合わせ事項」には「赤い羽根運動と同一趣旨で、超党派的な助け合い運動で行くこと（募金運動のみに止め、政治活動と誤解されるような運動はさける）」「金品の配布は離職者個人を主体とし、充分検討の上、市町村の窓口で公平且つ民主的に行うこと」と明記されていた。当初の「要綱」案では、「救援金品の配布は救援をうける者の属する団体に対しては団体の所在地で配布するものとし、原則としては個人に対しては行わない」「金銭の救援をうける団体の行う事業に対してのみ行う」と記されており、この点について、市町村長たちは「案によれば救援をうけるためには必ず組織を作る必要があり、したがってこの運動は失業者の組織化をもくろむものである」と強く反発した。[24]市町村長たちは、この運動をとおして労働組合の影響力が大きくなることを警戒したのである。論議の結果、「要綱」は、救援対象を団体ではなく個人にすると修正され、ようやく決定を見たのである。市長会、町村長会が作成した「申し合わせ事項」は、事実上、「要綱」案への対案であった。

その後も黒い羽根運動をめぐるこうした対立は県議会でも展開されている。一〇月一三日、梅野茂芳（自由民主党）が、黒い羽根運動について「市町村と緊密なる連繫を保つことなく、知事と社会党と労組で独走し、さらにその配分を労組を通じてやることにしたのは、いかなる含みがあってやったのかをお尋ねしたい。私は知事の支持母体である労組と、社会党の勢力拡張をねらった陰謀だと断定します」と鵜崎知事を追及した。これに対し、鵜崎は「当初から市町村の方々あるいは幅広い県民の運動としてこれを終始考えておる」と答弁するのみで、市町村との関係、労組との関係について具体的には触れなかった。[25] さらに、一二月一八日にも、松本松枝（新政会）が「人類愛を基調といたしました崇高なこの運動が一部の人たちの政治的意図によって画策され、大いにゆがめられた」と指摘したが、これに対しても鵜崎は「幅広い政党政派に偏しない運動」だと答えるのみであった。[26] 黒い羽根運動の内部には、運動開始当初から、あくまでも助け合い運動の枠（例えば赤い羽根募金のような）に止めようとする地域婦人会、市長会、町村長会、県議会の自民党などの保守系議員たちと、政府の不十分な炭鉱失業対策への抗議運動をも展望する鵜崎知事をはじめ社会党、労組との間に、大きな対立が存在していた。そして、以後も、こうした対立を内包しつつ、運動は官民一致で進められ、助け合い運動と抗議運動の両面が並行して展開されていった。なぜ、それが可能であったのか。その要因の一つがジャーナリズムによって喚起された世論である。

第三節　黒い羽根をめぐるジャーナリズム

黒い羽根運動が開始されると、多くの雑誌、新聞が運動に好意的な報道をおこない、それが運動の拡大を支えたことは否めない。以下、雑誌や新聞の報道の実態について述べていく。

（1）雑誌の報道

黒い羽根運動が開始された直後の一九五九年一〇月、『週刊新潮』が「黒い羽根の素顔――不況にあえぐ筑豊炭鉱地帯」と題し、閉山となった田川市の炭鉱で暮らす子どもたちとその親を被写体とした写真特集を組んだ。そこでは、「今住んでいる家は元馬小屋で、建ててから二〇年になるんです。雨の日はもるというより降ってくると言いたいくらい」「われわれは本当に働きたいのです。しかし働きたくても仕事がなく、仕事がなければ食っていけないんです。もっと失業対策事業のワクを増してもらって、ドロ沼から抜けだしたい」という住民の声を紹介し、「「ヤマの失業者とその家族を救え―」」という合言葉とともに福岡県からわき上がった〝黒い羽根の運動〟も各地に広がっていき東京でも九月二十五日からスタートした」と報じている。黒い羽根運動の開始を伝える記事である。[27] 一方、『時事通信 時事解説版』は、炭鉱の失業者救済には「〝黒い羽根〟運動も焼石に水」とみなしつつも、「石炭労使はもちろん政府、財界」が「石炭離職者対策に本格的に取り組むことを求め、「黒い羽根が石炭葬送曲の喪章となつてしまつてからでは、離職者対策は遅すぎる」と警告した。[28]

そして、一一月に入るとさまざまなジャンルの雑誌が黒い羽根運動を報道していく。総合誌では、『文芸春秋』が、田川市周辺の炭鉱失業者に対する評論家青地晨のルポルタージュを掲載した。青地は、取材に基づき失業者の子どもたちの欠食、少年犯罪、人身売買の実態を伝え、「石炭斜陽論などという観念論は止めよ！この北九州の失業地帯の子供たちの飢えている現実を見よ」と訴え、その一方で「黒い羽根運動に前後して筑豊の失業者群は、まばゆいフット・ライトをあびることになった」が、「いったい、それでなんの御利益があったか？」と、ジャーナリズムの報道が興味本位や一過性のものにならないように警告を発した。青地は「〝黒い失業地帯〟の表情」をより詳しく伝えたいと繰り返し述べている。青地の焦点もまた子どもに当てられていた。[29]

これに対して、『世界』と『中央公論』は、黒い羽根運動が果たす社会的役割に言及した。『世界』は、黒い羽根運動の「主旨はまことに結構なことである。この運動が全国にひろがり、少しでも炭鉱失業者の生活の苦しさが楽になればよい」と賛同を示し、そのうえで「この運動は単なる募金や品あつめに終ることなく、その目的にあるように、「国に対して有効な対策をたてるよう世論をひきおこす」ことに重点をおくべきであろう」と述べ、「この運動がきっかけとなって、経営者と労組とが、石炭産業のあるべき姿を見きわめて話しあったとき、不況を抜けだす道が見つけられるのではあるまいか。その意味においてこそ〝黒い羽根〟運動は大切なのである」と、石炭産業が生き残るうえでの運動の意義を説いた。[30]

『中央公論』も、すでに引用した奥田八二の論稿を掲載した。奥田は、前述したように運動に対する「保守派」や共産党の反対、社会党の消極性を激しく批判する一方で、「〝黒い羽根〟運動は、その発起人たちにとっては、慈善運動であると同時に、それをこえた世論喚起運動である。炭坑離職者の救済運動であると同時に、かれらへの激励運動であり、運動の効果が一般失業者への対策にも波及することを、はっきりねがった運動である。また県民運動であると同時に、全国民運動でもあらねばならない」と、運動に多様な側面があることを示すものの、結局は、黒い羽根運動は「これを生み落した数人の母親たちの懐から飛び立って、新しく地区労に舞台をうつした労働運動の天地で真のはばたきの場を見出すであろう」との希望を示した。社会主義協会の奥田にとり、黒い羽根運動は徳永喜久子らの母親運動の枠に止まらない、労働運動の「栄養」となるべき運動であらねばならなかった。[31]

次に女性誌では、『婦人画報』が、作家牛島春子の飯塚市郊外の閉山炭鉱のルポルタージュを掲載した。牛島も学校を長期欠席している子どもたちの境遇に心を痛め、黒い羽根運動を「純粋の救援活動、慈善運動」に止めようと運動に消極的な「保守的な市町村、婦人団体」に批判の目を向け、「すべては政治の貧しさ　世論よ湧き上れ！」と訴え、「炭鉱離職者の生活実態を知る者は、それがどんな原因にしろ、まさに人道上の問題として、見捨てておくわけには行かない。この悲惨な生活実態が放任されているということはどんな法律制度上の障害があるにしても、決してよい政治だとはいえない。だからまず救いの手をさしのべ、それを通じてよい政治を導き出すよう世論を起す運動を行う」という黒い羽根運動の主張を紹介して、牛島自身も「私もこの黒い羽根運動がたんに慈善運動で終るならばつまらないと思う。政治の目をどうしてもどん底まで届かさねばならない。それにはやはり世論である」と力説している。牛島は、最後に閉山炭鉱の「板切ればかりで出来た長屋で、そこをも自分の家として無心に遊んでいる子供たちを見返った時政治の貧しさということを此処ほどそのまま形に現わしているところはない」と結んでいる。[32] このルポルタージュには、若いころ、日本共産党に入党し治安維持法で逮捕された経験を持つ牛島の、貧困を放置する政治への深い怒りがあふれていた。

また、『婦人倶楽部』も、評論家秋山ちえ子の田川市や飯塚市郊外の閉山炭鉱を取材したルポルタージュを掲載した。秋山は、飢えた子どもたちの姿に衝撃を受け、「真剣な抜本的対策が打立てられなかった政治家の怠慢」に憤る。そして、黒い羽根運動の提唱者のひとりである徳永喜久子の「私たちは、炭坑の人に、お金や物を与えて下さいと憐れみ乞うているのではありません。この冬を越すために、お金も物もほしいけれど、それ以上にほしいのは、炭坑失業者に関心と理解を持ってほしいということです」という発言を紹介し、「「黒い羽根」募金が、単なる慈善の感傷に終ることなく、「黒い羽根」の背後にあるものに、しっかりと目を向け、失業者に対する抜本的な対策、生活保護法のあり方等に対して、正しい世論の盛りあがりをつくるキッカケとなってこそ、生きて羽ばたく羽根となると思います」と結んでいる。[33]

さらに一二月には『少女』という少女雑誌に筑豊の炭鉱で失業し、子どもたちを食べさせるために犯罪に走った父親を描いた立松由紀夫の小説が掲載された。そこでは、冒頭、「黒い羽根」運動について「炭鉱ではたらいていた人が、大ぜい失業して、たべるものもたべられず、たいへんこまっているので、その人たちを助けるための運動」と説明していた。そして、文末には黒い羽根運動の東京事務所の住所を記し、「おこづかいのあまりがあったら、炭鉱のお友だちに送ってあげましょう」と呼びかけていた(34)。

(2) 新聞の報道

『朝日新聞』が黒い羽根運動の提案の段階から積極的に報道したことは、すでに述べたが、運動開始後も、運動の進行状況を報じるだけではなく、運動への賛同を求める報道を続けた。たとえば、九月六日、福岡県議会議員の高口等らが上京し、東京での運動の拡大を図るための行動を開始すると、翌七日の紙面で、「炭鉱地帯の実情はエンゲルスが『イギリスにおける労働者階級の状態』で書いた以上の悲惨さだ。……(中略)……私としては向坂逸郎、高橋義孝両九大教授らの文化人、県出身国会議員、福岡に本社のある会社、労組が協力し、銀座などの街頭に立って募金運動をやるのがいいと思う」という運動本部の幹事長高橋正雄の運動への抱負を紹介した。言うまでもなく、三池闘争の理論的指導者となる向坂逸郎は、高橋とともに社会主義協会のメンバーであり、東京にも自邸があった。高橋義孝はドイツ文学者であり、彼もまた東京在住であった。高橋正雄は在京の福岡ゆかりの学者・文化人にも協力を呼びかけて運動を全国化する意欲を示した。また、この記事には、福岡県若松市出身の作家火野葦平の意見も掲載された。若松港は、筑豊の石炭の積出港であり、火野は「生活にあえいでいる人たちを救おうという運動が起っているというが、いくらかの金を集めるだけでは焼け石に水のような気がする。小さな手をさしのべることももちろん大切だが、もっと大きな政治の手を動かして、思い切った救済と復活策をとってもらいたい」と、政治を動かす必要を訴えた。

このほか、同紙は九月一四日の紙面で「〝黒い羽根〟のヤマをみて」、九月二三日の紙面で「暗いヤマの日々」と題して、筑豊の炭鉱失業者の生活実態を報じ、一〇月二〇日〜二三日、四回にわたり「石炭は苦しんでいる」という石炭産業の苦境を伝える連載記事を掲載するなど、黒い羽根運動への世論喚起に努めた。

同紙西部本社版も、九月一一日の紙面に火野葦平の「黒い地獄――かつての石炭天国にあえぐ失業者たち」という論稿を掲載し、そこで、火野は「売春防止法でも、女たちの行先を作らずに禁止だけをしたために、悪弊のみを残した」ことを教訓に「黒い羽根によって多くの基金が集まって欲しいけれども、それが一時的な「焼石に水」に終らないようにしなくてはならない」「この際、早急に、思いきった政治的対策と復活を祈ってやまない」と持論を展開した。ここでも、黒い羽根運動を一過性にしないで、失業対策を徹底させることの必要を、火野は読者に力説している。

同紙西部本社版は、その後も九月一五日〜二八日、断続的に「黒い失業地帯」を一二回にわたって連載した。これは筑豊を中心として三池炭鉱や佐賀県の炭鉱の失業者を取材した記事で、電気が止められ蠟燭の下で夜を過ごす家族、妻の屑拾いの収入でようやく生活ができている家族など、「どうにもならないヤミ」の現実を紹介し（九月一五日）、田川市の猪位金小学校では、一九五七年は五六人だった生活保護受給家庭の子どもが現在は二〇八人に増えている事実を伝えた（九月一六日）。そして、連載の最後に、黒い羽根運動を紹介し、当初、運動に消極的であった自民党なども「だいたい調整はつきました。もうすぐ運動は軌道に乗る」という鵜崎知事の発言を紹介し、失業対策として「筑豊地区を中心に、大規模な河川、道路工事をやってもらうよう政府に陳情を続けている」「燃料以外に石炭の生きる道を見つけねばならない。そのため福岡県に国立の石炭研究所を建てるよう、これも政府に頼んでいる」と、県の方針も伝えている。最初に、炭鉱の厳しい現実を報じ、最後に今後の希望を示すという論法で、この連載記事は、読者に黒い羽根運動の意義を積極的に伝えた。

『毎日新聞』もまた、九月二〇日の家庭欄の紙面で「黒い羽根は訴える」という特集記事を掲載し、一九五六年七月に閉山した田川市の室井豊徳炭鉱の失業者の生活を写真入りで詳しく報道し、前述した徳永喜久子の黒い羽根運動に対する訴えを掲載した。

同紙西部本社版でも、九月一六日～二三日、断続的に「このヤマに灯を」が七回にわたって連載された。その第一回では、田川市の伊田、鎮西の二つの小学校が五月から学校給食施設のボイラーを石炭から重油に切替え、後藤寺、大藪の両小学校も切り替えを急いでいるという衝撃的な事実を伝えていた。記事は、炭鉱の地元の小学校でも、経済的理由により石炭から重油の転換を進めている現実を読者に示して、炭鉱に黒い羽根運動による「希望の灯がさすのはいつのことだろうか」と、訴えている（九月一六日）。記事は、炭鉱失業者の生活苦に付けこんだ人身売買業者や高利貸し業者の暗躍も伝え、「先のことなど考えられぬ」生活の実態を報じた（九月一九日）。その一方で、人員整理案をめぐり労資対立が先鋭化している大手の三井三池炭鉱の労働者の生活と意識の余裕も伝え、大手炭鉱と中小炭鉱の労働者の待遇の差にも言及した（九月二〇日）。そして、「愛の運動にはほんとうに感謝しきれない。が、我々がなによりも願うのは運動のあとに来るもの。長期の生活安定を約束してくれる根本対策だ」という炭鉱失業者の声を紹介して、連載を終えている（九月二三日）。黒い羽根運動への国民の理解と、それに止まらない失業者救済の国策の実施を、この連載記事は求めていた。

さらに、『読売新聞』も黒い羽根運動について紙面を割いている。たとえば、朝刊コラム「編集手帳」でも九月～一〇月に四回にわたって黒い羽根運動に言及し、「政治はこの石炭危機に対しては要するに間に合わせ政策でその場その場をつくろって来たにすぎない」（一〇月一日）、「政府も〝黒い羽根〟にばかり頼っていないでもうすこし自主的に熱意を見せてほしい」（一〇月九日）と、政治の責任を追及し、一〇月九日の「女性のこえ」

という投書欄では、黒い羽根運動で「一瞬明るい気持」になったが、現実はそのようになまやさしいことではないとして、「政府も国民の盛り上がりつつあるこの運動を土台にして、なんとか一日も早く炭鉱労働者に一人の犠牲者も出さずに、救済方法を積極的に推し進めてもらいたい」と訴える常磐炭田の「炭鉱の妻のねがい」を掲載した。そして、九月二三日、二四日、二六日の三回にわたって「黒い羽根を待つ人たち」を連載し、人身売買が横行する閉山炭鉱の現状を訴えて「ヤマの失業者対策は、一分一秒という切迫した問題だ。黒い羽根運動も世論の盛り上がりで政府を早急に動かすことが大きなネライです」という鵜崎知事の発言を紹介し、「ヤマの失業は単なる労働問題ではない。もはや人道問題だ。そしてこれを解決するのが政治ではないだろうか」と連載を結んでいる。続けて、同紙は一一月一五日にも、「ヤマは叫ぶ」という特集を組み、石炭産業への保護政策を政府に強く求めた。

次に地元紙の報道を見ておこう。福岡県を中心とした九州地域のブロック紙『西日本新聞』は、黒い羽根運動の動向を詳細に報じるだけではなく、運動の進展と並行して筑豊の炭鉱失業者家庭の子どもをテーマにした特集記事を組んでいる。すなわち、九月一六日に「遊びを捨てたヤマの子たち――〝黒い谷間〟・田川に見る」と題して、二学期を迎えても「学用品代が払えないこども、弁当がないこども、さらに生計をささえるため、学校を休むこども」の存在を田川市の猪位金小学校、田川郡糸田町の糸田小学校に取材して報道した。

また、一一月二日には「ヤマのこども」と題した写真特集を組み、パンツ一枚の上に毛布を纏っている子ども、弁当がないため昼食時間に本を読んでいる子ども、冬に向かうのにシャツ一枚で遊ぶ子ども、電気が止められたため蠟燭の灯りで夕食を食べる子ども、ボタ山を掘り起こして鉄くずを探す子どもなどの写真を掲載し、「ヤマはこんなに暗い。そこにはもう〝人権問題〟も〝児童憲章〟もない。〝悲惨〟ということばさえ、いつのまにかこのヤマを置きざりにしたのではなかろうか」という記者の怒りの言を添えた。

福岡県の地元紙である『夕刊フクニチ』も黒い羽根運動に関連させて、九月一四日、「〝黒い羽根〟を待つヤマの人々」という特集を組み、田川地区では経済的理由から運動会や修学旅行に行けない子どもと親の苦悩を、直方、鞍手地区では生活保護受給者が一〇〇〇世帯を超える実情を、そして飯塚、山田、嘉穂地区では炭鉱不況により閉店に追い込まれた炭鉱街の零細な商店の惨状を、それぞれ報じた。さらに、同紙は一二月一日～六日、五回にわたり「ヤマに師走の風が吹く」という連載をおこない、黒い羽根運動についても詳しく紹介した。なお、同紙は、ライオン歯磨の協力を得て、同社の歯磨の空き箱一個を三円に換算して引き取り、総額を黒い羽根運動に寄付する運動も展開した（『夕刊フクニチ』一九五九年一一月一三日）。

このように多くの雑誌、新聞が失業下の炭鉱の惨状を伝え、黒い羽根運動への読者の共感を呼び起こしていった。とくに、各新聞は総力を挙げて黒い羽根運動を応援したと言っても過言ではない。

第四節 黒い羽根運動の活動

前節で述べたように、黒い羽根運動に対しては、ジャーナリズムは極めて好意的であった。こうした世論を受け、九月一〇日、運動は開始された。この日、鵜崎知事も自ら福岡県庁前の街頭に立ち募金活動をおこなった。当初、募金活動は一二月一〇日まで継続することとし、募金の目標は四〇〇〇万円と設定した。その根拠は福岡県の四〇〇万の県民からひとり平均一〇円ずつ集めるということであった（『朝日新聞』西部本社版、一九五九年九月一〇日）。もちろん、黒い羽根運動は全国的な運動であるが、このような計算により三カ月間で四〇〇〇万円を集めることが目標とされたのである。

東京でも、九月二五日から街頭募金が始まる。福岡県から上京した徳永喜久子も雨のなか、銀座や新橋、渋谷などの街頭で募金活動をおこない、以後も九月末まで都心六カ所で募金を続け、東京における募金額の目標を一〇〇〇万円に設定した（『朝日新聞』一九五九年九月二六日）。募金は街頭だけではなかった。九月九日には、社会党の推薦で当選した兵庫県知事阪本勝から一万円の寄付があった。阪本は、戦時下に樺太から九州までの炭鉱を見て回った経験から「炭鉱の生活というものは世間が考えている以上に大きな社会問題をはらんでいる」という認識に至り、「私はいまの石炭不況を実感として身にしみて感じることができる」と、心境を語った（『朝日新聞』西部本社版、一九五九年九月一〇日夕刊）。募金のほかにも、大阪市八尾市立大正中学校では、全校生徒三四五名が「気の毒なヤマのお友達を励ます手紙」を書き、学用品や募金に添えて黒い羽根運動本部に送るというようなこともあった（『朝日新聞』西部本社版、一九五九年九月二六日夕刊）。

また、炭鉱失業者を雇用しようという求人照会も起こり、九月七日までに福岡県東京事務所に十数件の求人申し込みが寄せられた（『朝日新聞』一九五九年九月八日）。求人申し込みは一一日には八〇件に増え（『朝日新聞』西部本社版、一九五九年九月一二日）、一三日には黒い羽根運動の「就職第一陣」として東京都青梅市の石灰工場に就職する一〇名が福岡県飯塚市を出発した（『朝日新聞』西部本社版、一九五九年九月一三日夕刊）。

このように、当初、黒い羽根運動は順調な滑り出しをしたかに見えた。しかし、その後の募金の集まりは低調で、一〇月一六日現在で、東京における募金額は五七万四〇〇〇円にとどまり、目標の一〇〇〇万円には遠く及ばなかった。福岡県東京事務所は、赤い羽根募金や伊勢湾台風の被害者への救援募金と競合したためと考え、両方の募金が終わる一一月九日まで黒い羽根運動を一時中止することとした。これに対し、映画「にあんちゃん」に出演して炭鉱の失業者の窮状を知った長門裕之が東京事務所に対し募金への協力を申し出て、「募金が少なくて思案していた同事務所も大喜び」し、一〇月一八日、日比谷から西銀座の街頭で募金を呼び掛けた。この募金活動には、「にあんちゃん」に出演した松尾嘉代、沖村武、前田暁子や映画のスタッフ、そして岡田真澄、南田洋子、中原早苗ら日活の人気俳優も参加した（『毎日新聞』一九五九年一〇月一九日）。黒い羽根運動への関心を呼ぶ話題性は十分であった。

そして、一一月九日、東京都内の国鉄の駅など四八カ所において一〇日間の予定で、再び募金活動が始まった（『朝日新聞』一九五九年一一月九日）。この募金が再開された記事のみを読むと、東京における黒い羽根運動の募金活動が予定どおりに再開されたと受け止められるが、実際は、運動には不協和音が生じていた。一〇月二二日付『毎日新聞』夕刊には「分裂した〝黒い羽根〟」と題した次のような記事が掲載された。

炭鉱失業者を救う〝黒い羽根〟募金運動で、提唱者の福岡県と協力団体の総評が運動目的や方法の食違いから対立、来月九日から十日間、東京都内ではじまる街頭募金も別々に二本建てで行うことになった。総評は十九、二十日の評議員会で街頭募金に東京地評翼下の組合員を動員することをきめたが、福岡県東京事務所も二十日、都内の大学、高校、中学約一千校と宗教、社会事業、教育関係の約七百団体に街頭募金の協力を要請するとともに、再度総評に「都内での募金を中止するよう」申入れた。

なぜ、このような事態になったのか。記事は次のように説明している。

福岡県事務所は「生活困窮者を救う」という人道的な募金目標が総評の安保改定反対、企業合理化反対の政治闘争に巻き込まれることを心配して、蛯谷総評事務局次長と小山県事務所長との間で「都内での募金活動は一切県事務所の指導で行う」という紳士協定を結んだ。こうしたいきさつから総評は協力団体として出発したものの、東京総評など下部組織で「労働者の全エネルギーを集中して闘っている安保改定阻止、企業合理化反対に結びつかない募金運動では意味がない」と強い批判が起こった。県事務所側では運動開始当初、銀座など盛り場での募金の際も総評のニュース・カー提供の申し出を断わるなど気を配っていたが、その後、積極的な社会党、総評の協力ぶりが報道されると、県出身の自民党衆参議員から「社会党の宣伝には協力できない」「県は総評の安保改定反対、合理化反対運動のおさき棒をかつぐのか」と警告とイヤ味が小山所長に集中した。

黒い羽根運動発足当初の対立が解消できず、むしろ、安保改定反対闘争や三池闘争の先鋭化のなかで、その対立がより鮮明となっていた。当初、黒い羽根運動に消極的であった社会党・総評が、しだいに積極的になってきて、福岡県との間の立場の違いが表面化したのである。福岡県としては、県議会の自民党や各市町村の協力を得るためには、総評の政治路線を前面に出すことには同意できなかった。福岡県東京事務所長の小山は「人道的立場からはじめたものが、総評の闘争の手段に使われては、誤解されがちだと総評を批判し、総評事務局次長の蛯谷は「黒い羽根運動の起こった原因も、追及すれば安保改定阻止、合理化反対につながることは明らかだ。自民党議員などの圧迫で協力を断わる態度もおかしい」と反発した。

日本母親大会でも、一〇月二九日、全国代表者会議を開いて「世評のわりに案外ふるわない〝黒い羽根〟運動を応援」することを確認するが（『読売新聞』一九五九年一〇月二九日）、運動は好転しない。東京だけではなく、地元福岡県においても「人心がすさんでいるためか、炭鉱付近の現地の人は意外に無関心」で（『読売新聞』一九五九年一〇月二〇日）、一二月三日の段階で、東京、大阪などでの募金額が約四三〇万円、福岡県での募金額が約四五〇万円で、合計しても八八〇万円に止まり、福岡県で四〇〇〇万円、東京で一〇〇〇万円という目標には遠く及ばなかった。社会党と自民党の対立が運動に持ち込まれ、そのため、福岡県では支部の設立がまだ八市三〇町村程度でしか実現していなかった。まさに、「伸び悩む黒い羽根」という現実がそこにあった（『朝日新聞』一九五九年一二月四日夕刊）。当初、黒い羽根運動に期待した秋山ちえ子も「せっかく集まった募金をどうするか、エライ人たちの間でもめているんです」と、失望感をあらわにした(『読売新聞』一九五九年一二月二二日)。不振を打開するため、募金推進期間は一九六〇年一月末まで延長された(『毎日新聞』一九五九年一二月一二日夕刊)。さらに期間は三月九日まで再延長されたが、福岡県東京事務所は「期間をのばしても目標額を達成するのはむずかしいようだ」と悲観的であった(『朝日新聞』一九五九年一二月二七日)。

しかも、一二月一七日、総評と対立する全日本労働組合会議(全労)は、独自に炭鉱失業者救済のための黒ダイヤ募金運動を開始することを執行委員会で決め(『毎日新聞』一九五九年一二月一八日)、年内を募金活動期間として、募金者には黒ダイヤのバッジを配ることとした。全労福岡県地方会議は「〝黒い羽根〟が福岡県内の炭鉱離職者を対象としているのにたいし、〝黒ダイヤ〟は全国の炭鉱離職者を対象にしており、また、年末助け合い運動とも関連を持たせている」と黒い羽根運動との違いを説明しているが(『西日本新聞』福岡県内版、一九五九年一二月二〇日)、こうした行為は黒い羽根運動に意図的に対抗するものであった。

低迷したのは募金だけではなかった。黒い羽根運動に影響されて、当初、期待された失業者の再就職も進展していない。一一月二日付『夕刊フクニチ』は、「黒い羽根運動　求人は多いが……ソッポ向く炭鉱離職者」と題して、「〝炭鉱離職者に愛の手を〟と呼びかける黒い羽根運動に応えて各地から炭鉱離職者に求人がぞくぞく寄せられている。しかしその実情を見てみると、それほど好調にはかどっておらず、むしろ求人の方が求職者を上回るという一見奇現象を見せている」と報じた。これまでに「黒い羽根求人」により、飯塚公共職業安定所管内で約一五〇人、直方公共職業安定所管内で約二〇〇人、田川公共職業安定所管内では約一〇〇人がそれぞれ県外に就職しているが、「ほとんどの求人がソッポを向かれている」状況であった。たとえば、飯塚公共職業安定所に寄せられた求人は約一五〇〇人分であった。求人の六・七％しか就職していない。「〝黒い羽根求人〟が全国的にアピールされた九月は東京、兵庫、神奈川、岐阜などの各県から求人が相ついだ。鉄鋼、陶器、ゴム加工、金属メッキなど永続性のある仕事で技術さえ身につければ家族を呼び寄せるだけの希望も十分あ」ったにもかかわらず、なぜ、炭鉱失業者は求人に応募しないのか。飯塚公共職業安定所は、管内から就職した一四〇人のうち、約五〇人が家族持ちで「食うのがやっとで家族への送金もほとんどできないのが実情」と説明し、「家族ぐるみの就職でなければ離職者は救われない」と嘆いた。さらに、伊勢湾台風以後、同署への求人は土木作業員が圧倒的に多くなり、「永続性のある会社、工場からの求人がぐんと少なくなった」という。土木作業員では「単身就職しなければならず、現在の求人地の工事が終ったら次の作業地へと転々しなければならず」、就職する魅力は薄い。さらに、失業者側には「地元で働きたい」という希望が強いうえ、「求人の職種をみると年齢的に若い人に集中、本当の炭鉱失業労務者を迎える職場が少ない」「求人者の中には炭鉱失業者だから賃金も少しくらいは悪くてもくるだろうといった考えで申込み、かけ声と実際は違った条件がある」などの理由もあり、求人への応募は進まなかった。

それだけではなく、炭鉱失業者には労働運動の活動家もおり、採用する側には、それへの警戒感もあり、受け入れもしだいに消極的になっていった。大阪府職業安定課では、九月末から一二月上旬にかけて福岡県下の炭鉱失業者約六〇人を府下の電機、鉄鋼、造船などの各企業に就職斡旋を試みたが、いずれの企業も「申し合わせたように、えん曲に断わってきた」という。同課、および福岡県大阪事務所では、「離職者が炭労出身であるというだけで、敬遠している」と判断し、大阪の企業人は「労使関係の理解については東京、名古屋の商人以下だ」と嘆いていた(『西日本新聞』一九五九年一二月一四日)。

また、一二月には、一一月中旬に直方公共職業安定所の斡旋で岐阜県の御母衣ダム建設工事の現場に就職した一五人のうち一二人が一カ月余りで集団離職し、同所に「採用条件が違う」と訴える事態も発生した。同所で聞いた労働条件は一〇時間労働で日給六五〇円であったにもかかわらず、実際の日給は六〇〇円で、「食事は粗末で、夜は零下何度という寒さなので湯タンポを支給するといっていたがそれすら支給してくれない」と劣悪な労働環境が暴露された（『夕刊フクニチ』一九五九年一二月二〇日）。さらに、成立した炭鉱離職者臨時措置法の細則がきまらないため、転職する際の支度金の支給がなされず、それにより転職できないという事情も炭鉱失業者の就職の大きな壁となっていた。まさに、「〝政治〟が悲惨な人たちを救えないでいる」現実があった（『西日本新聞』一九六〇年一月九日）。

黒い羽根運動が開始されてからほぼ五カ月が経過した一九六〇年一月二九日、『夕刊フクニチ』は、黒い羽根運動本部事務局のメモ「黒い羽根日記」に基づき、「五ヵ月間の総決算」を掲載した。まず、この時点での募金額は、福岡県の運動本部で九六七万五五八五円、東京支部で五五五万四九七六円、大阪支部で二一〇万円、合計しても一七三三万五六一円に止まった。福岡県では目標の四〇〇〇万円の四分の一にも届かなかったし、東京でも目標の一〇〇〇万円の五五％に過ぎなかった。また、衣類や食料などの救援物資については、「中小炭鉱に片寄って配分されているという地元の声」（飯塚市）もあり、新聞で報道された炭鉱にだけ物資が配給され、同じ時期に閉山した隣の炭鉱には配給されないという事態も発生していた。事務局のメモは、こうした結果になった原因について「支部結成が遅れたこと」、「炭鉱労働者に対する誤解」があったこと、「革新色が強すぎた」こと、「各種団体の寄り合い所帯だった」こと、そして赤い羽根募金、伊勢湾台風の救援募金と競合したことをあげている。そうしたなかで、事務局が「大きい成果」と認めているのが、日本キリスト教奉仕団が寄付した小麦粉で作ったクラッカーを欠食児童への給食に充てたことであった。黒い羽根運動にはキリスト教の関係者、団体が深くかかわっていたが、この点についてはは節をあらためて論じることにする。

事務局メモは、今後の活動について、「集まった募金で炭住街の〝体質改善〟に乗り出す」という。具体的には、井戸を掘り、簡易水道を敷き、共同浴場を開設し、未点灯地区を解消し、家屋を応急修造し、下水溝を

表8-2｜黒い羽根無料診療班の活動

期間	対象地区	協力機関
1959.11.7〜11.14	添田町・川崎町・金田町・赤池町・田川市	勤労者医療団
1959.12.6〜12.11	山田市・二瀬町・直方市・中間市・鞍手町	日赤・簡易保険局・NHK
1959.12.21〜12.27	山田市・嘉穂郡・小竹町・八幡市	九州大学医学部
1960.2.22〜2.26	穂波町・鎮西村・二瀬町・幸袋町・宇美町	済生会
1960.6.27〜7.1	添田町・糸田町・川崎町	日赤
1960.8.17〜8.23	直方市・二瀬町・山田市	九州歯科大学
1960.8.23〜8.27	穎田町・二瀬町・碓井町・穂波町	簡易保険局

（出典：黒い羽根運動本部編『黒い羽根運動報告書――暗い谷間にそゝがれた人間愛の記録』1960年10月）

設置するなど、五〇〇件以上の要求に対応していきたいと記している。同紙も、こうした今後の活動に「有終の美」を求めて記事を締めくくっている。

このように、募金活動は期待に反して伸び悩んだが、その一方で、黒い羽根運動は金品の寄付だけではなく、医療機関の協力を得て炭鉱失業者に対する無料診療も実施していた。前掲「黒い羽根運動日誌」には、**表8–2**に示したような八回にわたる無料診療班の活動が記されている。

では、無料診療班は、どのような活動をおこなったのか。これについては、山田市、小竹町、八幡市、及び嘉穂郡下の炭鉱失業者を診察した九州大学医学部の記録『黒い谷間の人々――九大医学部筑豊炭坑地帯巡回診療調査報告』（九州大学医学部躬行会出版部編刊、一九六〇年）が残されているので、九州大学医学部の活動について紹介する。

九州大学医学部が黒い羽根運動に協力する契機となったのは、医療の恩恵に浴することができない炭鉱失業者の窮状を知った学生の行動であった。安保闘争の渦中で、学生運動が一般学生から離反している現状に対し「自分達の手で自分達独自の問題を」という問題意識を持った医学部の学生が学生自治会や福岡セツルメントともに炭鉱離職者対策委員会を設置し、黒い羽根運動本部、福岡県地区労と連絡し協力体制を作った。こうした学生の動きを医学部教授会が取り上げ、医学部全体として盛り上げていくこととなり、街頭募金、学内カンパ、医薬品業者からの寄付を集め、巡回診療調査班を組織した。参加したひとりの医学生は、「人道主義に立つて、個人のみならず、種々の社会の病変に立ち向うこと」こそが医学を志す者の義務だと、この運動に対する熱意を語っている。(35)

九州大学医学部の巡回診療調査団は、診療班九人、生活実態調査班九人、記録一人、それに資質調査班、現地で合流する学生らで構成され、さらに黒い羽根運動本部から運転手二名、連絡員二名が加わった。この診療により、七六二人を診察した結果、一六名の肺結核患者が発見された。発見率は二・一%と「可成り高い」数字を示し、「結核はレントゲンその他の特別な検査用具を持参して行かなかつた我々が、打診、聴診などの理学的検査で発見したいわゆる重症の結核で、初期の或は軽症の結核が相当数、感冒或はその他の気道疾患と診断されているに違いない」と、報告書は推測している。こうした現実に直面し、診療班は「一日何人かは放置されたひどい肺結核が来る。これらの人達は発病時は一時治療したという人もいるが、山がつぶれ、生活保護も貰えない今では、全く医療の埒外に置かれている」と憤慨するものの、「一枚の診断書でその患者が救われるものではない」との絶望感にも陥っている。結核患者を発見しても、その後の治療を保障できないという矛盾を診療班は痛感している。そのほか劣悪な生活環境により乳幼児や学童には皮膚疾患、眼疾患、耳疾患も多く、「結核が重症になつても放置され、中耳炎が難聴が現れても放置されていることは本人達の無知無関心というべきでなく、専門医の手がさし伸べられる機会がない丈でなく、アフターケアーもしてもらえず、通院の交通費も出ない現在の医療保障制では貧しいこれらの人達が専門医の許へ出かけることは不可能である」と、報告書は怒りをあらわにしている。

次に生活実態調査班の報告に目を向けたい。この調査は、調査班一〇人が四一七世帯に対し、一世帯について三〇分から長いときは一時間以上、直接、質問して実施したもので、閉山後、電気や水道が止められた炭鉱住宅のきわめて不衛生な生活環境が明らかになった。

そのいくつかの事例をあげてみよう。山田市の筑紫炭坑では「糞尿処理は市役所からこないのでといって、山に穴を掘ってすて」ており、糞尿があふれているという状態であり、同市の上山炭坑には便所がなく、あっても「運動会の臨時便所のような穴とむしろに囲まれたもの」に過ぎなかった。幸袋町の井之浦第一、第二坑では失業家庭の「娘たちが特飲街へと働き」に行き、「息子たちは行方不明となつていた」。また、穎田町の小峠地区では、水道を止められたため、子どもたちが天秤棒の両側にバケツをぶら下げて一つしかない谷底の井戸まで水を汲みに行くことが日課となっていた。このような生活環境は生命の危機をも生じさせていた。人口一〇〇に対する死産率が全国で五・〇であるのに対し、調査地区では一六・四と三倍以上に達している。

こうして、この調査により、閉山した炭鉱に取り残された失業者がきわめて劣悪な衛生環境で暮らし、健康を脅かされ、生命を危険な状態に置かれていることが明らかになった。しかし、前述した「一枚の診断書でその患者が救われるものではない」という絶望感に示されているように、こうした環境をどう克服していくかという具体策までは提起できなかった。それは、まさに政治的課題であり、黒い羽根運動の力量を超えるものであった。報告書は、最後に「私達は、実際に目で見、耳で聞いて炭坑離職者の実態を一人でも多くの人に知ってもらうために、この報告書を作りました。……(中略)……ここで多くの人々に離職者の実態を理解して頂き、この大きな社会問題と個人々々の関連性が決して薄くないことを考えて頂きたいのです」と控えめに記している[36]。調査を公表することにより、炭鉱の失業問題への社会の関心をより高めたいというのが、参加した九州大学の学生たちの願いであった。

第五節 筑豊以外の黒い羽根運動

黒い羽根運動は、筑豊の炭鉱失業者を救済する運動であった。運動は全国に広がるが、筑豊同様に炭鉱労働者の失業問題を抱える炭鉱地域では、この運動をどのように受け止めたのであろうか。本節で、まず注目するのは、当時、激しい労働争議の渦中にあった三池炭鉱である。筑豊と同じ福岡県にある三池炭鉱にも黒い羽根運動は実施されるが、そのとき、大手三井資本のもとにあった三池のひとびとはどのように対応したのだろうか。さらに、筑豊同様、多くの中小炭鉱を抱えた佐賀、長崎両県にも運動は波及するが、両県の行政や労組、そして県民はこの運動をどのように受け止めたのだろうか。以下、この三地域の黒い羽根運動の実態を検討する。

（1）三池炭鉱――福岡県大牟田市

福岡県大牟田市から熊本県荒尾市にまたがる三井鉱山三池炭鉱は、黒い羽根運動が展開された時期、「総資本対総労働の対決」と評された深刻な労働争議の渦中にあった。炭鉱合理化政策による労働者の大量解雇は中小炭鉱に止まらず、大手炭鉱にも及んできていたのである。一二月一〇日、合理化に伴う人員削減を進めていた三井鉱山側が炭労傘下の三池炭鉱労働組合員一二七八人に対する指名解雇を通告、翌一九六〇年一月二五日、反対する労組に対しロックアウトを実施すると、労組側も無期限ストライキに突入した。以後、三月一七日には長期化するストライキに反対して第二組合の三井炭鉱新労働組合が結成されると、労組間の対立も激化し、三月二九日は介入した暴力団により三池労組員が刺殺される事件が起こるなど、争議は泥沼化していった。[37] こうしたなか、大牟田市に黒い羽根運動支部が生まれた。

同支部は、後に日本社会党の衆議院議員となる大牟田市長細谷治嘉を支部長に、大牟田地方労働組合協議会、三池炭鉱主婦会、地域婦人会、公民館、農協婦人部、大牟田市青年団体協議会などの団体により発足し、一〇月九日から活動を開始した（『大牟田日日新聞』一九五九年一〇月一〇日）。

三池炭鉱労働組合員の妻たちで構成する三池炭鉱主婦会は、すでに九月に黒い羽根運動が開始された段階で、「石炭不況による炭鉱失業者を救おうと、福岡市の主婦たち約十人が提唱した助け合い運動カンパで、官製の募金運動とはちよつとちがいます。さきの母親大会、総評大会にも報告され、全国的に反響をまき起こしました」と黒い羽根運動の意義を紹介し、筑豊の「中小炭鉱のせいさんさ」を訴え、「私たちの手でヤマの仲間を助け、政府の無責任な石炭政策を追及しようではありませんか」と呼びかけていた。[38] そして、一〇月七日、三池炭鉱主婦会は「黒い羽根については社宅と外来とわけ、社宅は主婦会から募金運動に廻り各戸一本宛に引受けて貰うよう、組合より趣旨徹底をはかつて貰います。外来は公民館はじめ黒い羽根運動に協力して貰つている各団体との重複が考えられるので、主婦会では取扱わず、そういう団体に協力することにします」という方針を決定した。一方、赤い羽根募金運動には従来どおり任意とすると決めているので、[39] 主婦会としても、黒い羽根運動を重視していたことは明らかである。

しかし、大牟田市における黒い羽根運動は順調には進まなかった。一〇月二四日、同支部は関係団体を集めて運動の打ち合わせをおこなうが、その場では赤い羽根募金運動との競合を避け一一月に入ってから募金活動をおこない、とくに募金額の目標は設定せず「自主性にまって助け合い運動の一環として募金をよびかけること」を確認することとした（『大牟田日日新聞』一九五九年一〇月二四日）。しかし、この会合には三七人に参加を呼びかけたものの、実際に参加したのは一〇人に止まり（『大牟田日日新聞』一九五九年一〇月二五日）、黒い羽根運動への関心の低さが際立った。そして、それを反映するように、一一月一三日段階でも集まった募金額はゼロであった。一一月一四日付『大牟田日日新聞』は、この事態を「黒い羽根運動は、炭鉱離職者の貧困世帯救済資金にあてられるものだが、三池炭鉱の再建にからむ指名解雇という大きな問題にぶちあたっているため、一般は結局労組応援のように結びつけて考えているものもあるようで、一般市民の黒い羽根運動の認識薄から積極的協力のもりあがりはみられない」と説明し、大牟田市当局は事態を打開するために、市内各校区の婦人会、青年団体協議会などの協力を求めていくことになったと報じている。たしかに、争議が長期化するなかで、労組員の購買力も低下し、大牟田市全体の景気も落ち込み、「黒い不況」と呼ばれる事態となっており（『大牟田日日新聞』一九五九年一一月一八日）、市民も黒い羽根運動への募金どころではなかったのである。こうしたなか、一一月に大牟田地方労働組合評議会は失業反対闘争の一環として黒い羽根運動とは別に炭鉱失業者救済の米一握り運動をおこない、三池労組は米九俵を寄付、田川市に輸送した[40]。

その一方で、黒い羽根運動による欠食児童へのクラッカー給与は一二月八日、大牟田市内の九中学校にも七七人を対象になされ（『大牟田日日新聞』一九五九年一二月九日）、一九六〇年二月にも七一人を対象にクラッカーとラーメンが給与された（『大牟田日日新聞』一九六〇年二月一四日）。大牟田市においても生活が困窮した炭鉱失業者は発生していた。

しかし、大牟田市民にとり、関心は筑豊の炭鉱失業者より、地元三池炭鉱の労働争議にあった。また、この時点では、炭鉱の失業問題は、地元の問題としては深刻には認識されていなかった。結局、二月二五日に大牟田支部は募金活動を打切るが、この時点で集まった募金額は一二万一四三一円であった。支部では募金の目標額は決めていなかったが、実際は約七〇万円を目標にしており（『大牟田日日新聞』一九六〇年二月二六日）、目標額の一七%しか達成できなかったことになる。

(2) 佐賀県

炭鉱失業者三〇〇〇名を抱える佐賀県でも、八月末から隣県福岡同様、黒い羽根運動の計画が「革新団体」の間から起こり、県も経済部長を中心に計画を進めていたが、両者の間の足並みがそろわない状態が続いていた。そこで、一〇月七日、関係者の打ち合わせ会を開き、黒い羽根運動の推進協議会を結成し、一〇日に県庁で最初の会合を開くことになった。このときの打ち合わせ会に集まったのは、「県から経済部長をはじめ、職安、福祉、失保、学校教育の各課、県PTA、県婦連、日赤、社会福祉協議会、市長会、町村長会、県共同募金会、県商工会議所、県総評、全労会議、中小石炭鉱業会、鉱害市町村協議会」などの代表者で、各団体とも趣旨には異論がなく「人道的立場から〝炭鉱離職者助け合い運動〟を起こそう」と合意した(『西日本新聞』佐賀県版、一九五九年一〇月八日)。その後、佐賀県においても、福岡県同様、「自民党県連の横ヤリなどもあって出バナをくじかれ、一時は見送りになるかとあやぶまれていたが」、県議会で自民、社会両党の話し合いがまとまって、一〇日の協議会開催の合意にこぎ着けたという(『毎日新聞』佐賀版、一九五九年一〇月八日)。

しかし、自民、社会両党の間の対立は完全には解消していなかった。八日の県議会で、社会党が「現在県や労働団体、炭鉱地帯の市町当局、婦人団体などが準備している〝黒い羽根〟運動連絡協議会に県議会も積極的に参加するという決議を行なおうと自民党、県政連に申入れた」ところ、自民党は「議会で決議する筋のものではない」と反対して紛糾し、結局、県議会では、この問題は取り上げないことになってしまった(『朝日新聞』佐賀版、一九五九年一〇月九日)。

そして、こうした対立を存続させたまま、一〇日の協議会を迎えた。協議会の場でも県は、自民党などの協力を得るため、「「政治臭」のある〝黒い羽根〟という言葉を削除、また募金目標額も決めずに市町村につくる各支部の実情に応じてやってゆくという形」をとると主張し、佐賀県労働組合評議会など労働団体や炭鉱市町協議会は「募金目標を決めて黒い羽根を割当てていかねば期待されない」と強い不満を示したが、婦人会やPTA連絡協議会も街頭募金には立たないという姿勢であるため、結局、黒い羽根運動の佐賀県本部ではなく、助け合い県民運動協議会の結成に止まってしまった。助け合い運動は、「金品募集や失業者の生活指導を中心とし原則として県外には救援を呼びかけない」「県商工観光課に置く本部のほかに県内のいくつかの地区に支部を作り、協力関係団体代表からなる本部運営委員会が運動の具体的な進め方を決める」ことを方針とし、会長に県知事、幹事長に県経済部長、事務局長に県商工観光課長が就任した（『朝日新聞』佐賀版、一九五九年一〇月一一日）。

こうして、佐賀県では県主導のもと、黒い羽根は取り扱わず、一〇月二一日から一二月三一日まで助け合い運動の街頭募金のみを実施することになるが、「協議会の空気は炭鉱関係者以外はあまり熱がなく、協議会としても募金目標、募金の個別割を決めることもできず、街頭募金を誰がするかもはっきりしていないありさま」で、「その成果は期待できない」という悲観論も漂っていた（『西日本新聞』佐賀県版、一九五九年一〇月一三日）。協議会では一〇月一七日に運営委員会を開き、街頭募金ではなく、各市町村に支部をつくり、県内約一八万八〇〇〇世帯のすべてに同情袋を配って募金をおこなうこと、各職場で募金をおこなうことを決め、両者の合計で一五〇万円の募金は集まるとの見込みを示した（『西日本新聞』佐賀県版、一九五九年一〇月一八日）。

一〇月二一日から募金活動が始まると、県庁舎には「炭鉱離職者に暖い手を」の垂れ幕もかけられ、経済部長、商工観光課長ら協議会の幹部は、企業家や団体に大口の募金を要請して回り、経済部長は「県民の募金によって石炭不況から起る社会不安が解消されるとはもちろん考えていない。しかし県民が救済に立上れば世論を動かし、国の施策を促進することになろう」と、助け合い運動の意義を語った（『朝日新聞』佐賀版、一九五九年一〇月二二日）。

しかし、二一日になっても、各世帯に配布するはずの「同情袋」の印刷が間に合わず、実際に配布できるのは二六日以降となり、また、宣伝に使用するはずだった県広報車も手配が遅れたため、使用できるのは数日先となった。県経済部長らが宣伝のため街頭に立つことを予定したが、「たいした効果は上がらないとの理由でストップ」し、「黒い羽運動はしない」と決めたので、街頭募金もできず、県評も「こんどの運動は自民党が黒い羽根募金にケチをつけるなど、保守陣営の横車が入った」と憤慨し、月末から独自に街頭募金に立つことを計画するなど、運動の足並みも乱れていった。こうして、運動は始まったが「いっこうにたすけあいの気分は盛り上がらず、低調なすべり出し」となってしまった（『西日本新聞』佐賀県版、一九五九年一〇月二三日）。一二月二三日段階で集まった募金額は一一八万八四〇三円に止まり、これを県下の炭鉱失業者で生活保護を受けている六三七世帯、三一四八名に配分するとともに、炭鉱地帯で完全給食ができない学校の給食費、電気、水道を断たれている炭鉱住宅街にも贈ることにした（『毎日新聞』佐賀版、一九五九年一二月二四日）。

このように、佐賀県では、労働組合、社会党側と自民党が対立し、黒い羽根運動は成立せず、県主導の助け合い運動が実施され、黒い羽根運動への対抗意識から街頭募金をおこなわないことにしたため、県民世論も盛り上がらないうちに、運動は終息してしまった。

(3) 長崎県

長崎県では、県商工課が全国知事会議離職者対策協議会に提出するため、一〇月一七日に県内炭鉱の実情をまとめたが、そこには炭鉱失業者数は「これまでの離職者と今後の予想を合せると約一万人」と記されていた。

この数字は、県内炭鉱労働者三万三〇〇〇名の三〇％近い数字であり（『朝日新聞』長崎版、一九五九年一〇月一八日）、長崎県においても炭鉱失業者対策は喫緊の課題となっていた。こうした状況に対し、県知事佐藤勝也は、炭鉱離職者援護会の設置を計画するが、「一向にすすまず足踏み状態」となっていたため、全炭鉱、炭労の各地区本部が独自に失業者救済に乗り出していた。全炭鉱長崎地本は、一〇月初めに、傘下の労組員一万七〇〇〇名にひとり一〇円以上の寄金を求め、それを給食費や学級費に苦しんでいる子どもの援助に宛てることとした。

また、炭労九州地方本部長崎地区事務局（炭労長崎）は「福岡県の黒い羽根運動と足並みをそろえて県内でも運動を起こそう」という方針で、すでに、九月下旬に長崎県労働組合総評議会とともに知事に協力を要請したが確答を得られなかった。そこで、一〇月二三日に再度、知事に申し入れをすることにしているが、知事が応じなければ、労働組合を母体にして黒い羽根運動を起こすことにしている。

こうした労組側の動きに対し、県側の石炭離職者援護会設立の計画は進展せず、「県、松浦市など石炭関係市町村、炭鉱経営者の三者で資金を出し合って離職者の就職支度金、旅費、衣料費などに当て、また就職をあっせんしようというものだが基金の負担割や額について話がまとまっていない」状態であった（『朝日新聞』長崎版、一九五九年一〇月一四日）。県は一〇月一九日に佐世保市で炭鉱離職者援護会世話人会と職業紹介対策会議を開き「県がさし当たり準備資金として百万円を出し、十一月中に関係市町村、業者からそれぞれ百万円出資することを申合わせ」（『西日本新聞』長崎版、一九五九年一〇月二一日）、この日の世話人会を援護会の発起人会に切り替え、一〇月末に第一回総会を佐世保市で開くことを決めた。このとき、佐藤知事は「県労評から黒い羽根運動を起し街頭募金をはじめたいと申入れがあったが現段階では街頭募金の時期ではないと思う。年末の赤い羽根運動とかち合うこともあり、実際には資金的効果はあまりあがらないのではないか」と黒い羽根運動への参加には否定的で、その一方で「全炭鉱地本で実施するという資金カンパについては結構だし援護会と足並をそろえて運動を盛上げてほしい」と全炭鉱の運動には好意的であった（『朝日新聞』長崎版、一九五九年一〇月二〇日）。

炭労が、黒い羽根運動を推進することには、炭労側の事情もあった。炭労長崎の山口書記は、「常に急進的だといわれる炭労が、このような平和的運動をおし進めることもあるということを、世の人たちに認識させたい」と語り、黒い羽根運動は、炭労への県民の印象を改めさせて、三池闘争への理解を得ようという戦術でもあることを示唆した。したがって、運動路線で対立する全炭鉱長崎の嘉村事務局長は「ウチでは黒い羽根は売らない。その代りすべての失業者を対象とした資金カンパをやる。ここだけで百万円ぐらいは集めたい」と、黒い羽根運動に対抗的な姿勢を示した（『時事新聞』一九五九年一一月二一日）。

このように、長崎県では、全炭鉱、炭労、県がそれぞれ独自に県内の炭鉱失業者の救済に取り組みを始めようとしており、炭労が主張する黒い羽根運動に取り組みを一本化することは困難であった。炭労は、二七日、県評の幹事会に「年末助け合い運動と同じような救援活動をやる」ことを提案し、県評の総力を挙げて「職を失った仲間に愛の手を差しのべる」こととした（『西日本新聞』長崎版、一九五九年一〇月二七日）。具体的には県評傘下の六万人の組合員に呼び掛け、ひとり当たり二〇円の募金と米や救援品の寄付に乗り出し、街頭募金を含めて募金の目標額を一〇〇万円と設定した。そして、募金の配分については、別に救援運動を実施する全炭鉱長崎地本と話し合い、県とは別個に炭鉱の実態を調べたうえで決めることにした（『長崎新聞』一九五九年一〇月二八日）。

一〇月三一日に、県側の援護会も予定通り発会し、炭労の黒い羽根運動も一一月一日から募金活動を開始することとなり、全炭鉱が加盟する全労長崎地方会議も一一月五日の大会で独自の募金を提案し、承認されれば、やはり一〇〇万円を目標に募金活動を開始することを決めた（『毎日新聞』佐世保版、一九五九年一〇月三一日）。こうして、一一月になり三者三通りの運動が開始されることになった。佐世保市に本社を置く『時事新聞』は、一一月一日付紙面の一面トップで「炭鉱離職者を救おう　街頭募金や資金カンパ　県離職者援護会も発足」と大きく報道した。ようやく、炭鉱失業者への救済が実現するという期待感があふれる紙面であった。

では、以後、黒い羽根運動はどのように展開されたのであろうか。当初は、一一月一日から募金活動を開始する予定であったが、開始日は一一月二〇日になり、炭労長崎は八日〜九日に黒い羽根運動の資料をつくるため、松浦市の炭鉱の実態調査を実施し、「残りイモ拾って生活」する「目をおおう、炭鉱離職者たち」の生活を明らかにした（『時事新聞』一九五九年一一月一三日）。調査に当たった炭労長崎事務局の山口繁巳と飯野松浦鉱労組教宣部長の茂山三男は「どん底の生活だ」との感想を述べた（『朝日新聞』長崎版、一九五九年一一月一四日）。黒い羽根運動の準備状況は新聞各紙でも報じられ、街頭募金開始前の一四日には、新聞報道で黒い羽根運動を知った九州文化学園高校の一年生全員で集めた募金が炭労長崎の事務局に届けられ、これが、長崎県における黒い羽根募金の第一号となった（『時事新聞』一九五九年一一月一七日）。

そして、いよいよ一一月二〇日を迎える。炭労長崎、県評は、傘下の各地区労、各労組、そして地域の婦人会、青年団に呼び掛けて、長崎、佐世保、大村、諫早、島原、北松の六地区で募金活動を実施することにしたが、とくに北松炭田を抱える佐世保市内では一一月二〇日〜二二日、二八日〜二九日、一二月四日〜六日の三回にわたる街頭募金が計画されていた。募金開始に当たり、長崎県黒い羽根運動本部事務局長の炭労長崎事務局長久原国一は「黒い羽根が離職者の本質的な解決にはならないが冬場を目前にして失業してたヤマの仲間の救援には大きな役割を果たすはずです。どうかヒューマニズムの立場から胸に黒い羽をつけてください」と県民に呼び掛けた（『西日本新聞』長崎版、一九五九年一一月二〇日）。

二〇日、佐世保市内では炭労長崎、地区労、傘下の各労組の労働者をはじめ三菱崎戸炭鉱の炭鉱主婦協議会員らが街頭に立ち、六〇万円を全体の目標にして募金活動を開始した。「買い物客の主婦、商店員らは快く黒い羽根を胸に飾ってゆくものが多く、募金のすべり出しは好調」で、「予想以上に市民の協力が多い。主婦の人たちがよく理解しているようでうれしい」と地区労書記は手ごたえを感じていた。佐々町の町役場では職員全員が募金に応じ、炭労長崎事務局では職員全員が給料の一割を天引きで募金することになった（『朝日新聞』長崎版、一九五九年一一月二一日）。一方、長崎市では二五日から街頭募金がはじまった。これには労働者だけではなく県議会議員、市議会議員も加わり、約三〇名が街頭に立った（『長崎新聞』一九五九年一一月二六日）。

こうして、黒い羽根の街頭募金活動が展開するなかで、一二月七日、県評は第二回対県交渉をおこない、その席で知事に黒い羽根運動に県も参加してみてはどうかと要請するが、知事は、すでに県は炭鉱離職者援護会を発足させ、「うつべき手はうっているし自信はある。いろいろ手を広げるのはネ……」と素っ気なかった（『西日本新聞』長崎版、一九五九年一二月八日）。県との溝が埋まることはなかった。

炭労長崎と県評で構成する長崎県黒い羽根運動本部は一二月一三日、それまでに集まった募金のうち一六万四八四五円で松浦市の炭鉱失業家庭の児童、生徒に下着や菓子を贈ることにした（『時事新聞』一九五九年一二月一九日）。一二月二三日までに募金は目標額六〇万円の八〇％近い四五万円にまで達していた（『西日本新聞』長崎版、一九五九年一二月二三日）。さらに、本部では、募金により炭鉱の子どもたちの作文集も作ることにした（『長崎新聞』郷土版、一九五九年一二月二三日）。この作文集は『ヤマの子ら』と題して一九六〇年三月に刊行された。刊行に当たっては、松浦市長春藤猪間吉以下北松浦郡の炭鉱所在町村長、佐世保市、松浦市、大村市の市議会議員、北松浦郡下の町村議会議員、松浦市の教育長ら市幹部も出版資金拠出に協力した。(41)

こうした作文集の刊行はなされたが、一二月二六日付『時事新聞』の記者たちの座談「さよなら一九五九年」

は、「黒い羽根を打ち出したが大した効果はなかつた。県下で集まったのが四十何万円かであった。それを特に困つている炭鉱地区の学校の子供とか学校に行つていない子供たちに菓子とか着物を贈つた程度で失業者の救済はまだそのままになつている」と、黒い羽根運動に対しては冷淡な総括をおこなっていた。

このように、黒い羽根運動は佐賀、長崎両県にも及んだが、ともに県の協力は得られず、結局、炭労などの総評系の労組主導の運動に終始してしまい、福岡県のような全県的な運動にならなかった。福岡県では鵜崎知事のもとで、保守系の市町村長や諸団体とも歩み寄って運動を進めることができたが、佐賀、長崎両県では知事の理解を得ることはできなかった。

第六節 黒い羽根運動からの出発

黒い羽根運動は募金、寄付金を集めることだけではなかった。すでに述べたように、無料診療も実現させており、ライオン歯磨の空き箱一個を三円に換算して黒い羽根運動に寄付されたことをはじめ、映画「にあんちゃん」の前売り券について一枚七五円のうち五円が黒い羽根運動の募金に充てられるなど[42]、募金の方法も多様化していった。

また、母親大会の女性たち、炭労、総評系労組の組合員だけではなく、多くのキリスト者が運動を支援していた。そして、そこから信仰の社会のなかでの実践を求め、炭鉱の失業問題に関するキリスト者の新たな取り組みも生まれていった。以下、本節では、募金活動に止まらないキリスト者の活動を検討していく。

戦後、アメリカのキリスト教団体、社会事業団体がアジア、とくに日本、朝鮮、沖縄への救済事業をおこなうためにアジア救援公認団体を結成し、ミルク、米粉、バターなどの食糧や衣料、医薬品などの救援物資を送って来た。これがララ物資であるが、その受け入れのために、アメリカの世界教会奉仕団が日本のプロテスタント教会に組織させた機関が日本キリスト教奉仕団（以下、奉仕団と略）である。[43] 黒い羽根運動が開始される以前から、奉仕団は炭鉱失業者への救援活動をおこなっており、一九五九年七月に廃山となった北海道留萌市近郊の大和田炭鉱の失業者に対し、北海道知事からの要請を受けて二〇〇〇人の一カ月分に当る小麦粉四万八三五〇ポンドを留萌市長に送付している。[44] そして、黒い羽根運動がはじまると、前述したように、奉仕団は小麦粉一〇万ポンドを寄付しており、それで作られたクラッカーが炭鉱の欠食児童に給食として与えられた。

この件は、奉仕団が福岡県庁と黒い羽根運動本部に援助物資を贈りたいという申し入れをおこなったことに対し鵜崎知事から依頼がなされて実施に至ったもので、奉仕団は、一一月と一二月の二回に分けて小麦粉五〇万ポンド、脱脂粉乳一万四三〇〇ポンドを発送した。小麦粉はクラッカーに加工されて長期欠席や欠食している小中学生約五〇〇〇人分の食糧に充てられ、脱脂粉乳は小中学生と乳幼児に配分された。[45] クラッカーの給与が開始されていた一一月一六日、奉仕団理事長真鍋頼一は、総主事武間謙太郎とともに筑豊の現地を訪れ、炭鉱失業者たちと懇談し、「根本的な救済は政府にまかせるとしても、たつた今、私達の手で、この人達をせめて飢えからだけでも救つて上げたい」と述べていた。[46]

その後、一九六〇年四月一八日には、オーストラリアの食肉業者団体から福岡県の炭鉱の未就学児二五〇〇名分のソーセージが寄贈されるが、その仲介をしたのはアメリカフレンズ奉仕団、カトリック救済奉仕団とともに日本キリスト教奉仕団であった。[47] それだけではなく、『黒い羽根運動報告書』の「黒い羽根運動日誌」には、**表8-3**のように、奉仕団の協力が詳しく記されている。これを見ると、奉仕団はオーストラリアの食肉業者

表８-３｜「黒い羽根運動日誌」における日本キリスト教奉仕団の活動

年月日	事項
1959.10.5	さきに小麦粉、粉ミルクの寄託の申し入れのあったキリスト教奉仕団では福岡市内シビリアン、駐留軍などに呼びかけ、独自計画による現地視察、寄付募金が進められ、駐留軍によるパーテイー席上の募金６万円シビリアンよりの６万円が相次いで寄せられた。
1959.11.17	横浜よりキリスト教奉仕団理事長真鍋頼一氏小麦粉 50 万ポンド、ミルク１万４千ポンド寄贈打ち合せのため来局及び現地視察。
1959.11.22	日本キリスト教奉仕団より寄贈の小麦粉第１次分 78,000 ポンド着荷。
1960.2.18	日本キリスト教奉仕団副理事長ビッツバーガー氏他２名、さくら号にて来福、知事と学校給食について打合せ、19 日田川市、郡、学校給食状況視察。
1960.3.5	日本キリスト教奉仕団より学校給食用の小麦粉 12 ポンド久留米駅に着荷。
1960.3.16	日本キリスト教奉仕団ビッツバーガー氏来局、知事室にて学校給食用乾うどん贈呈式、17 日現地学校視察。
1960.4.6	日本キリスト教奉仕団よりの学校給食用乾うどん原料小麦粉 12 万ポンド久留米駅着荷。
1960.4.23	オーストラリア代理大使 K.G ブレナン氏よりのソーセージ 7,000 本着荷 26 日に配分する。
1960.5.31	日本キリスト教奉仕団寄贈の小麦粉 1,200 袋久留米駅に着く。
1960.6.15	日本キリスト教奉仕団副領事、D.E ピッツバーガー氏来局、知事室にて、感謝状授与並びにカナダ政府寄贈の豚肉缶詰救援方に付き打合せする。
1960.7.19	日本キリスト教奉仕団救援豚肉缶詰（カナダ政府寄贈）1,000 ケース本部着荷直ちに日赤倉庫に 900 ケース分保管し、残は本部倉庫に保管する。
1960.8.26	日本キリスト教奉仕団救援カナダ政府寄贈豚肉缶詰の配分に伴う妊産婦数の把握を衛生部、保安課に依頼する。
1960.8.29	日本キリスト教奉仕団救援カナダ政府寄贈、豚肉缶詰 24,000 ヶ妊産婦を配分対象に各保健所あてに輸送した。

（出典：黒い羽根運動本部編『黒い羽根運動報告書――暗い谷間にそゝがれた人間愛の記録』1960年10月）

からのソーセージのみならず、カナダ政府からの豚肉缶詰の寄付やアメリカ駐留軍などからの募金にも深くかかわっていたことがわかる。黒い羽根運動に奉仕団の協力は大きく貢献した。

このほか、「日誌」にはカトリック教会、日本キリスト教会など奉仕団以外のキリスト教会が黒い羽根運動に積極的に関わっていたことも記されている。奉仕団をはじめとするキリスト教諸教派、諸団体の協力が黒い羽根運動を支えていたのである。

さらに、黒い羽根運動に参加するだけではなく、奉仕団は「黒い羽根運動とは別に、〝一口十円で炭鉱のお友だちに一日の糧を〟と云う運動を展げ、全国の心ある人達に訴え、筑豊の教会を中心に救いの手をさしのべる準備」もはじめていた。[48] この奉仕団独自の募金活動には、教会のクリスマス献金やキリスト教主義学校の生徒、教職員の献金なども寄せられ、一九六〇年一月八日現在で五四万円余に達していた。[49] こうして、奉仕団は独自に炭鉱失業者の救済に積極的に取り組んでいった。

一月一九日、奉仕団のもとで、日本基督教団田川教会で筑豊地区炭鉱失業者救援活動準備会が開かれ、日本基督教団をはじめ日本ルーテル福音教会、日本聖公会、日本バプテスト連盟、日本ナザレン教会など筑豊地区のプロテスタント諸教派の教会の牧師が出席した。そして、その場で、黒い羽根運動による小麦粉の寄贈の対象は学童であったので、「奉仕団で募集中の救援献金によつて、主に未就学児童を対象に老人、成人も実情に応じて含めること」として、ミルク、ビタミン剤、コーンミールの給食の実施を決めた。具体的には、二月一五日から四週間、田川地区の一二炭鉱（一〇六五世帯、四七五五人）の未就学児九九二人を主たる対象として、現地実行委員長となった日本バプテスト連盟田川教会牧師の磯辺文雄のもと、奉仕団と現地の教会が協力して実施していくこととした。[50] 奉仕団による募金は、五月には一三八万円を超えていった。[51]

また、奉仕団は、対象を福岡全県下の炭鉱の欠食児童七〇〇〇人に拡大し、乾麺の給食援助も実施する。[52] 奉仕団ではそのために在京外国人が中心となって集めた募金三七八万円で乾麺を購入し、三月一六日、鵜崎知事に目録を手渡した(53)。

さらに、二月二日~五日、東京神学大学の学生が国鉄吉祥寺駅前で募金活動をおこない一〇万一七七三円を集め、一月二四日から毎週日曜日、向河原教会の青年たちが川崎駅頭で募金活動をおこない二万九三一七円を集めるなど、奉仕団の募金活動はキリスト者の間に広まっていった(54)。この東京神学大生の募金活動に参加し、現地の実情も見て来た同大学四年生の船戸良隆は、その感想を次のように記している。

私達はこの問題が政治上の問題であり、それ故政治的解決がなされねばならぬことを知りすぎる程知つている。しかし、この極めて実際的な政治の問題を「政治上の問題である」という観念によつて処理し、自からは手をこまぬ《ママ》いてはいられないと感じた。又時間が問題となる政治において、今困窮している児童を見すごしには出来ない。……(中略)……県の対策は問題があまりに大きいため焼石に水。救援活動は主に奉仕団との協力で教会によつてなされ、それ以外は殆んどない。現地の教会は、その地におかれた教会の責任を感じ実によく活動しており、現地の人々もその奉仕するキリスト者の僕の姿には、深い感銘と感謝を示していた(55)。

船戸の信仰に基づく使命感が過剰な感想ではあるが、こうした使命感から、一過性ではなく、恒常的に筑豊の炭鉱失業問題に取り組む活動である学生キャラバン活動が始められる。このように、奉仕団の活動をとおして、黒い羽根運動はキリスト者の間に広まり、さらに、自主的な活動を生み出していた。そして、黒い羽根運動への参加をとおして教会が社会と関わり、さらにキリスト者が教会を出て社会問題に取り組むことで自らの信仰を実践していく道を切り開いていった。以下、そのなかから生まれた筑豊学生キャラバンの活動について述べていく。

前述した筑豊におけるプロテスタント諸教会の炭鉱失業者救済活動は、筑豊キリスト教連合救援委員会を組織し、一九六〇年の夏、「青年奉仕者による厚生補導と、簡易給食のキャラバン」の実施を決め、「九州はもより関西、関東の基督者学生」を中心に参加を呼びかけていった。これを受けて、東京神学大学、立教大学、国際基督教大学、青山学院大学などのキリスト者の学生有志が委員会をつくり、八月に三週間のキャラバン活動をおこなうことになり、参加各大学や教会に募金を求めていった。[56] こうして、八月一日から前記四大学と東京女子大学、昭和女子大学などの学生計五六人が、大学ごとに筑豊の閉山した炭鉱の住宅に住み込み、「海にも山にも行けないヤマの子供たちに、楽しい夏休みを」との思いで、活動を開始した。このために、奉仕団は給食のパン、乾麺用の小麦粉六・五トンと脱脂粉乳一・三トンを提供した。[57] 活動内容は、「午前中は学習の指導、その間に絵をかかせたり、作文をつくらせたり、レクリエーションとして団体生活の訓練、遠足、昼は奉仕団寄贈のパンとミルクの給食、夜は一回だけ最後の日にキャンプファイアーをする」というものであった。[58]

キャラバンに参加した真弓葉子（国際基督教大学）は「一時的な、その場限り救援の手はそれが何回救われても、彼等の日常生活は根本的には変えるものではないと思います。必要なものは、私たちだけの力では到底出来ない徹底的な救助ではないでしょうか」と学生キャラバンの限界を認めつつも「それはそれとしても、私たちは出来る限りのことをしなければなりません。それが私たちの責任です」との意思を固め、「どうしたら日本の社会から、このようなゆがんだ社会状態を改め、健康な社会の姿にもつてゆくことが出来るか、それを常に考えつつ行動しなければならない」との決意を示している。[59] また、西上信義（東京神学大学）も「彼の地が求めているものはパンだけではない。いくら沢山のパンを持つて行つても問題は解決しない。もし再び私達があの炭住を訪れる日があるとしたら、コッペパンに添えて、なにかの希望をその小さな一つ一つの手に握らせてやりたい」と述べている。[60] 学生キャラバンを一時的な救援活動に終わらせず、「ゆがんだ社会状態を改め」

るにはどうするべきか、パンだけではない「希望」とは何か、以後、学生キャラバンに参加した学生たちは模索していく。その模索の過程をキャラバンの報告書のなかに見ていこう。

　学生キャラバンは、奉仕団や筑豊キリスト教連合、地元のプロテスタント諸教会の支援のもとに実施されたのであるが、現地の牧師のなかには、「全学連の中に見出された様な行動のエネルギーが、皆様方の信仰の愛より出ずる行動のエネルギーとなつて、この失業地帯に注がれるならば、彼等の再起も期待されるものと信じます」というように、[61]キャラバンを通して、学生が教会内に閉じこもらず、社会矛盾と直面し、それに苦しむひとびとと共に歩むことに信仰を結実させてほしいと希望する者もいた。そうした点で、事前に学生たちに筑豊の現実についてのオリエンテーションをしなかったことは失敗で、キャラバンを終え学生が「東京にかえりついたころ、ちようど岩波新書の『追われゆく坑夫たち』が店頭にだされ、それが読まれたうえで、ますます割りきれぬ気もちにおいこまれたらしい」という反省もなされた。[62]

　たしかに、自らも炭鉱で働き、炭鉱労働者への差別、失業者を放置して進む国の炭鉱合理化政策、会社側の暴力的な労働者支配などの実態を明らかにした上野英信の『追われゆく坑夫たち』は、キャラバンに参加した学生に大きな衝撃を与えた。末藤秀夫（立教大学）は、この本に描かれた「多くの失業した親達、又奴隷の様に働かされている坑夫達、会社側の暴力団との結びつき、無法地帯と多くの日本の人が考えなければならない大きな問題を目の前にして、何の力もない私がなさけない思いでした」と悔やむ。[63]また、国際基督教大学の学生たちは連日、安保改定反対のデモに加わっていたため、十分な準備ができないままキャラバンに参加したが、そのひとり、松井亮輔は帰京後に『追われゆく坑夫たち』を読み、「私たちの行つた炭鉱のすぐ近くに、もつともつとひどい所があるのを知り、どうしてそこへ出かけて見なかつたのかと、残念でならなかつた。実際、現地に長く住んで、じゆ《ママ》つくりいろいろな炭鉱をまわつて見なければ、炭鉱の実情などわからないのかも知れない」と三週間の体験の限界を悟った。[64] 同じく、同大学の高橋公子は「東京に帰つてから岩波新書の『追われゆく坑夫たち』を読んで、自分が実際に感得して来た事に自信がなくなつた」と悲嘆し、[65] 吉井孝は「帰つてから、ヤマの離職者を書いた『追われゆく坑夫たち』をいう本を読んだとき、あれに描かれたような炭坑もあるのかと、その悲惨さに驚くとともに、僕たちがそこに行つて、今度と同様な仕事をしたら、はたしてうまく出来ただろうか」と自問した。[66]

このように、学生キャラバン活動に参加した学生は、三週間の活動では把握できない筑豊の炭鉱失業者の置かれた状況の深刻さを痛感した。しかし、彼らは、そこで絶望しなかった。一九六〇年九月には、恒常的な活動組織として筑豊の子供を守る会を設立し、[67] 以後、毎夏、学生キャラバンを継続していく。一九六一年の第二回のキャラバンには新たに同志社大学、関西学院大学、親和女子短期大学、東洋英和短期大学、熊本大学などの学生も参加し、総勢は九〇人に達した。[68] さらに、一九六二年には、そのなかから学業を休学して筑豊で一年間、社会的実践をおこなう筑豊キリスト者兄弟団を生みだしていった。[69] 学生キャラバンは社会の矛盾と直面し、その犠牲者とともに歩み、闘っていくキリスト者を送り出していく。黒い羽根運動は、そうした新たな信仰の出発点ともなったのである。九州朝日放送報道部記者の川西到は、学生キャラバンに参加した「幾人かは卒業後も筑豊にとどまり、今なお炭住跡に暮らしながらかつての炭鉱労働者とともに筑豊の自立の思想を生み出そうと懸命に生きている。黒い羽根運動は筑豊に救援のための金を落としただけではなく、人間の生き方にも大きな影響を与えた」と述べ、この事実を「黒い羽根運動が残した最大の成果」と評した。[70]

また、同志社大学生として学生キャラバンに参加した犬養光博は、後年、黒い羽根運動の経験のなかから筑豊の子供を守る会が生まれたと回顧している。黒い羽根運動は金や物を集めたが、最終的には「すぐに動ける人」が必要だという認識があったという。「すぐに動ける人」とは学生であった。[71] 学生キャラバンに参加した学生のなかには全学連の安保闘争に加わった者もいた。彼らは机上の論ではなく、筑豊の現実から資本の暴虐と国家の圧政の実態を学び、キリスト者としての新たなたたかいを模索していった。

おわりに

黒い羽根運動本部は一九六〇年三月末をもって募金活動を終え、以後は募金の整理と救援活動の実施をおこなった。最終的に福岡の本部に集まった募金の総額は約三八〇〇万円で、目標の四〇〇〇万円には達さなかったが、ほかに救援物資として衣類四六トン、乾麺一万二〇〇〇箱、粉ミルク二六五九缶、米、餅、薬品、石鹸、缶詰、図書、文具などが寄贈され、こうした救援物資を現金に換算すると約六五〇〇万円に及んでいた。本部では、募金を関係各市町村に配分し、井戸五七カ所、簡易水道二五カ所、浴場三四カ所、電灯一八五戸、家屋補修一七九六戸、そのほか子どもの集会所、共同便所、託児所、保育施設、授産所など七五カ所の建設費や学童用傘八〇〇本の購入費に充当させた。さらに、募金の残金を失業家族の内職斡旋のための財団法人福岡県内職センターの基金に提供し、黒い羽根運動発足一周年に当たる九月一〇日、同財団を発足させ、これをもって運動を終息させた。(72)

運動の終盤、黒い羽根運動本部は、文部省科学研究費の助成を受けて「石炭産業斜陽化による地域社会の変容」という共同研究をおこなっていた炭鉱問題調査会に筑豊の炭鉱失業者の生活実態調査を依頼し、一〇月一日に、その報告書に当たる『筑豊　そこに生きる人々』を刊行した。依頼された炭鉱問題調査会は、できるだけ過去の調査対象となっていない鞍手町、直方市、田川市、糸田町、幸袋町、頴田町の九七〇世帯を調査対象として八月三日〜七日に調査を実施した。[73] 同調査会は九州大学教授高橋正雄を研究代表者として九州大学、福岡学芸大学、西南学院大学の教員一三人で構成され、この調査については九州大学の奥田八二らが担当した。[74] すでに述べたように、高橋は黒い羽根運動本部の幹事長であり、奥田も運動の企画に深く関わっていた。

同調査会が黒い羽根運動に提出した報告書は、募金と現金換算した物品の寄付の総額を足せば、目標の四〇〇〇万円をはるかに超えたことを「有難いこと」と評価し、さらに、物資だけではなく「全国から寄せられた精神的なはげましの声もまた大きかつた」と述べている。しかし、炭鉱失業者が訴えるのは「働きたい」ということであり、現状は「働き口を返すことによつてしか解決しない」ことを指摘し、「今年は黒い羽根運動もなしに、日増しにふえゆく筑豊の失業者たちは、冬をこさねばならない」との憂慮を示し、あくまでも、黒い羽根運動は一時的な救済であり、失業者に職を与える施策の必要を力説した。また、黒い羽根運動に対する失業者の反応も調査し、運動を知っている者は九三・三%、運動は今後も必要だとする者は九一%、運動が役に立ったとする者は七〇%に達していた。[75] この結果から、黒い羽根運動は緊急の対策としては意義があったとみなされよう。

そして、こうした調査を基に、黒い羽根運動本部は一〇月一七日、第一次池田勇人内閣に「石炭産業離職者集団地域対策に関する陳情書」を提出、黒い羽根運動により盛り上がった「全国民の世論を背景に社会的、政治的にも大きくとりあげられ昨年十二月の臨時国会では、「炭鉱離職者臨時措置法」が制定され、その援護措置が講じられましたことは、炭鉱離職者の人々はもちろん、その家族にも、そして各関係者の人々にも明るい希望を与えてくれました」と、運動の成果として炭鉱離職者臨時措置法が制定されたことを強調し、炭鉱失業者への就職の促進、移住対策の強化、職業訓練の拡充、失業者が集住する地域への保健・住宅対策の実施、税制保護・準生活保護家庭への援護措置の拡充、児童福祉・欠食児童への給食、就学対策への特別措置の実施、内職補導への援助などを陳情した[76]。そして、一一月一日、「黒い羽根運動に対する感謝と報告」を公表して、「黒い羽根運動決了」を宣言し[77]、福岡県庁で黒い羽根運動本部の解散式を挙行した（『朝日新聞』一九六〇年一一月二日[78]）。残された問題は、今後、なされていく炭鉱離職者臨時措置法など政府の対策の実効であった。

◉註

(1)黒い羽根運動についての先行研究は極めて乏しい。まとまったものとしては、明星智美「『黒い羽根運動』の意義に関する考察――エネルギー政策転換期における社会福祉の実態を通して」（『日本福祉大学研究紀要――現代と文化』一二六号、二〇一二年九月）があるが、日本母親大会の資料、自治体の資料、宗教団体の資料、地方新聞やジャーナリズムの資料などの調査をおこなっていないなど、資料調査が不十分であり、肝心の黒い羽根運動の本部の記録についても十分な調査をおこなっていない。

(2)伊藤義清「黒い羽根をつけよう――北九州新目尾炭鉱を訪ねて」（『月刊キリスト』一二巻一号、一九六〇年一月）、三九頁。鵜崎は、「わたくし自身、無教会でもないが、礼拝出席率もよい方ではない。しかしわたくしは、日々の公私の生活において真のキリスト者でありたいとねがい」と語っている（鵜崎多一『知事雑記』、鵜崎多一後援会、一九六六年、二三頁）。

(3)『昭和三十四年福岡県議会六月定例会会議録（第二回）』、一三七頁。

(4)福岡県政研究会編集部編『炭鉱離職者の生活実態――何をどうして食べているか』（福岡県、一九五九年）、一頁。

(5)同右書、二～三頁。

(6)同右書、一〇～一二頁、二九頁。

(7)花園憲一「黒い羽根運動」（『炭労―激闘あの日あの時編纂委員会編『炭労―激闘あの日あの時』、日本炭鉱労働組合、一九九二年）、二一七頁。

(8)福岡県女性史編纂委員会編『光をかざす女たち――福岡県女性のあゆみ』（西日本新聞社、一九九三年）、四四四頁。

(9)日本母親大会十年史編纂委員会編『母親運動十年のあゆみ』（日本母親大会連絡会、一九六六年）、三二一～三二三頁、四八頁、五八～五九頁、六一頁、六五頁、六七～六九頁。
(10)「「黒い羽根」の行くえ」(『世界』一六七号、一九五九年一一月)、二六二頁。
(11)自治労福岡県職員組合編刊『福岡県職労四〇年史』(一九九〇年)、三二〇頁、福岡県女性史編纂委員会編前掲書、四四四頁。
(12)第五回日本母親大会実行委員会『わたしたちはあゆみつづける――第5回日本母親大会の記録』(一九五九年)、一〇七頁、一〇九頁。
(13)徳永喜久子の夫の新太郎の両親もキリスト者で、喜久子は新太郎についても「キリスト教が実際の生活に沁み入った人」と述べている(徳永喜久子「人びとと共に生きて」、藤田タキ・野間久子・小野タケヨ・徳永喜久子『九十二歳のクラス会』、ドメス出版、一九九一年、一四三～一四四頁、一九〇～一九一頁)。
(14)永末十四雄・笠井勲「マス・コミを通じてみた黒い羽根運動の一年」(『郷土田川』七巻三号、一九六〇年一二月)、頁記載なし。
(15)奥田八二「〝黒い羽根〟それははばたきうるか」(『中央公論』七四巻一六号、一九五九年一一月)、二三一～二三三頁。
(16)同右論文、二三三頁。
(17)一九五九年九月三〇日、福岡県議会における高口等の報告(『昭和三十四年福岡県議会九月定例会会議録(第三回)』、二六～二九頁)。
(18)黒い羽根運動本部編『黒い羽根運動報告書――暗い谷間にそゝがれた人間愛の記録』(一九六〇年)、二三一～二三三頁。
(19)奥田八二前掲論文、二三九～二四〇頁。
(20)「第五回母親大会」(『前衛』一五九号、一九五九年一〇月)、一三四頁。
(21)同右論文、二三七頁。
(22)『昭和三十四年第四回田川市議会定例会会議録』(田川市立図書館郷土資料室所蔵)、一六九～一七一頁。
(23)黒い羽根運動本部前掲編書、三～六頁。
(24)奥田八二前掲論文、二三七～二三八頁。
(25)『昭和三十四年福岡県議会九月定例会会議録(第三回)』、二六二頁、二六八頁。

(26)『昭和三十四年福岡県議会九月定例会会議録（第四回）』、一二九頁、一三四頁。
(27)「黒い羽根の素顔――不況にあえぐ筑豊炭鉱地帯」（『週刊新潮』四巻四一号、一九五九年一〇月）、巻頭。
(28)「炭鉱離職者はどうなる　中央の対策と現地の表情」（『時事通信　時事解説版』四一九八号、一九五九年一〇月）、四頁。
(29)青地晨「遠賀川流域の暗黒」（『文藝春秋』三七巻一一号、一九五九年一一月）、一一四～一一九頁、一二一頁。
(30)前掲「「黒い羽根」の行くえ」、二六五～二六六頁。
(31)奥田八二前掲論文、二三五頁、二四〇頁。
(32)牛島春子「黒い羽根の地帯を行く」（『婦人画報』一九五九年一一月号）、一八二頁、一八五頁。
(33)秋山ちえ子「黒い羽根運動は展開されたが……ボタ山の暗い谷間」（『婦人倶楽部』一九五九年一一月号）、一六〇頁、一六二頁。
(34)立松由紀夫「おとうさんはわるい人じゃない――黒い羽根をまっている、福岡県の、晴子ちゃんのお話」（『少女』一五巻一四号、一九五九年一二月）、二二二頁、二二〇頁。
(35)村上浩「出発前後」（九州大学医学部躬行会出版部編刊『黒い谷間の人々――九大医学部筑豊炭坑地帯巡回診療調査報告』、一九六〇年）、四五頁。
(36)同右書、三頁、五頁、九頁、一七～一九頁、二一～二三頁、三六頁、五一頁。
(37)NHK取材班編『戦後五〇年その時日本は』二巻（日本放送出版協会、一九九五年）、二一〇～二一一頁。
(38)「愛の黒い羽根募金運動」（『みいけ』五九〇号、一九五九年九月一三日）。
(39)「黒い羽根運動方針決る」（『みいけ』五九四号、一九五九年一〇月一一日）。
(40)「「炭鉱失業者」の救援物資　田川の失業者に送る」（『みいけ』五九八号、一九五九年一一月八日）。
(41)ヤマの子ら編集委員会編『ヤマの子ら』（長崎県黒い羽根運動本部、一九六〇年）、巻末。
(42)「にあんちゃん」（三池炭鉱労働組合『みいけ』五八七号、一九五九年八月二三日）。
(43)真鍋頼一「奉仕活動に御協力を」（『奉仕団新聞』一号、一九五八年四月）。
(44)「石炭不況からの廃鉱で」（『奉仕団新聞』一七号、一九五九年八月）。
(45)「炭礦離職者の家族や欠食の学童を救おう」（『奉仕団新聞』二〇号、一九五九年一一月）。

(46)「炭鉱離職者のため『一日十円』の食糧献金運動」(『奉仕団新聞』二一号、一九五九年一二月)。
(47)「炭鉱地の未就学児に豪州からソーセージ」(『奉仕団新聞』二六号、一九六〇年五月)。
(48)同右記事。
(49)「炭鉱離職者救援のため早くも献金五十四万円」(『奉仕団新聞』二二号、一九六〇年一月)。
(50)「現地実行委員長に磯辺文雄牧師選任」(『奉仕団新聞』二三号、一九六〇年二月)。
(51)「九州炭鉱失業者救援献金」(『奉仕団新聞』二六号)。
(52)「新学年からウドン給食」(『奉仕団新聞』二四号、一九六〇年三月)。
(53)「在京外人の愛の募金で炭鉱地欠食児に干うどん」(『奉仕団新聞』二五号、一九六〇年四月)。
(54)「〝炭鉱の欠食児を救おう〟東京神学大生が街頭で募金」(『奉仕団新聞』二三号)。
(55)船戸良隆「筑豊救援雑感」(『奉仕団新聞』二五号)。
(56)「筑豊地区の山の子供と給食・キャラバン」(『奉仕団新聞』二七号、一九六〇年六月)。
(57)「児童救援〝キャラバン〟東京五大学から四十名参加」(『奉仕団新聞』二九号、一九六〇年八月)。
(58)塚原要「〝来年もぜひ〟筑豊児童救援キャラバンを見て」(『奉仕団新聞』三〇号、一九六〇年九月)、『筑豊炭田学生キャラバン報告書』(筑豊キリスト教連合救援委員会、一九六〇年)、一四頁。
(59)真弓葉子「私たちの責任」(『奉仕団新聞』三〇号)。
(60)西上信義「筑豊の求めるもの」(同右書)。
(61)日本基督教団大之浦教会牧師服部団次郎「感謝のことば」(前掲『筑豊炭田学生キャラバン報告書』)、一三頁。
(62)筑豊キリスト教連合編集委員会「キャラバンをおえて――その奉仕と体験についての、ひとつの反省」(同右書)、三頁。
(63)末藤秀夫「筑豊児童キャラバンに参加して」(同右書)、六頁。
(64)松井亮輔「筑豊児童救援キャラバン」(同右書)、一〇頁。
(65)高橋公子「思ったまま」(同右書)、一一頁。
(66)吉井孝「かんそう」(同右書)、一一頁。
(67)『ぼた山のこども――その生活と記録』(筑豊の子供を守る会、一九六一年)、四四頁。

(68)同右書、四四～四五頁。
(69)「福音のゆたかさに信頼して」(『閉山炭住の中での新しい伝道と奉仕の試み』(筑豊キリスト者兄弟団、一九六四年)、二二頁。
(70)川西到「黒い羽根運動」(麻生百年史編纂委員会編『麻生百年史』、麻生セメント株式会社、一九七五年)、寄三三二頁。
(71)犬養光博「あらぶ神、黙す神」(『低きに立つ神』、コイノニア社、二〇〇九年)、八八～八九頁。
(72)高村正三「総括報告」(黒い羽根運動本部前掲編書)、二頁。
(73)「調査の概要」(炭鉱問題調査会編『筑豊　そこに生きる人々』、黒い羽根運動本部、一九六〇年)、二～四頁。
(74)「あとがき」(同右書)。
(75)同右書、六〇～六一頁。
(76)福岡県黒い羽根運動本部「石炭産業離職者集団地域対策に関する陳情書」(福岡県立図書館郷土資料室所蔵)。
(77)福岡県黒い羽根運動本部「黒い羽根運動に対する感謝と報告」(福岡県立図書館郷土資料室所蔵)。
(78)一九六一年一〇月二八日、社会党、総評、炭労が東京都内で黒い羽根募金活動を再開している。このときは、黒い羽根ではなく、黒い羽根バッジを製作し、三日間で約五〇万個を裁くことを目標に(『朝日新聞』一九六一年一〇月二九日)、都内三〇カ所の駅頭などで、ヘルメットにキャップランプを付けた炭労の組合員らがバッジと引き換えに一〇円の寄付を求めた(『読売新聞』一九六一年一〇月二八日夕刊)。しかし、これは一時的な活動であり、継続する運動ではなかった。

あとがき

わたくしがはじめて炭鉱のあった街を訪れたのは、二〇一〇年三月二七日、場所は福島県のいわき市、人身売買の調査の過程でした。いわき市を訪れたときは、わたくしは前の職場で不当解雇撤回闘争の渦中にあり、まさに失業は自分自身の問題でもあり、労働組合の意義について身をもって体験していました。毎日、出勤することは闘いに向かうことでもあり、働くことが闘いでした。そのなかで沸き起こる闘争へのパトスが、わたくしを炭鉱合理化と失業問題の研究へと駆り立てたことは間違いありません。闘争へのパトスが研究へのパトスとなり、研究へのパトスが闘争へのパトスとなりました。

幸いに不当解雇は撤回させましたが、わたくしは二〇一一年四月から新たな職場に移り、炭鉱合理化政策の研究を本格化させることができました。そして、筑豊を頻繁に訪れるようになりました。はじめて訪れたのは、二〇一二年一月二一日のことと記憶しています。本書の原型はこうしたなかで生まれていきました。本書の基となった論文の初出を示すと次のようになります。

第一章……「昭和天皇と炭鉱労働者――戦後初期炭鉱「巡幸」の検討」（『敬和学園大学人文社会科学研究所年報』一一号、二〇一三年五月）

第二章……「炭鉱合理化政策の開始と失業問題」（『敬和学園大学人文社会科学研究所年報』一三号、二〇一五年六月）
第三章……「炭鉱合理化政策の開始と失業問題・続」（『敬和学園大学人文社会科学研究所年報』一四号、二〇一六年六月）
第四章……「石炭鉱業合理化臨時措置法の成立」（『敬和学園大学人文社会科学研究所年報』一五号、二〇一七年六月）
第七章……「映像と音声に記録された〝炭鉱合理化政策下の失業問題〟」（中部大学編『アリーナ』一九号、二〇一六年一一月）

第一章～第四章、第七章は、こうした既発表論文に加筆修正しました。これ以外の章はすべて書き下ろしました。また、『聖教新聞』が二〇一七年四月六日から二一回にわたって「炭鉱のまちを歩く」という記事を連載させてくださいました。この連載により、わたくしは本書の論理の整理をおこなうことができました。そして、その一部は、本書の「まえがき」の原型となっています。同紙とはハンセン病問題の取材を通じて御縁ができたのですが、長期にわたり貴重な紙面を提供してくださった同紙学芸部の皆様に厚く御礼申し上げます。また、本書第一章については、その一部を二〇一四年三月一四日、「昭和天皇裕仁と炭鉱労働者――一九四九年　九州巡幸」と題して西南学院大学学術研究所で、「天皇制と差別――いつまで騙される側にいるのか」と題して同年九月八日、日本キリスト教協議会靖国神社問題委員会の下で日本基督教団信濃町教会（東京）で、それぞれ発表させていただき、貴重なご意見をうかがうことができました。こうした機会を用意してくださった西南学院大学、および日本キリスト教協議会靖国神社問題委員会の皆様にも厚く御礼申し上げます。

さらに、史料調査などにおいては、以下の機関にお世話になりました。機関名をあげることで、御礼に代えさせていただきます。

飯塚市立図書館　いわき市立いわき総合図書館　宇部市立図書館　NHKアーカイブス（川口）　大町町公民館（佐賀県杵島郡）　大牟田市立図書館　北九州市立図書館　九州大学附属図書館文系合同図書室　教育図書館（日本教育会館）　宮内庁宮内公文書館　慶應義塾大学三田メディアセンター　経済産業省図書館　国立公文書館　国立国会図書館　佐世保市立図書館　新聞ライブラリー　西南学院大学図書館　石炭産業科学館（大牟田市）　石炭博物館（夕張市）　田川市立図書館　田川市石炭・歴史博物館　東京大学社会科学研究所　同志社大学人文科学研究所　同志社大学神学部図書館　長崎県立長崎図書館　直方市石炭記念館　直方市立図書館　福岡県議会図書室　福岡県立図書館　福岡市総合図書館　福島県立図書館　北海道立図書館北方資料室　法政大学大原社会問題研究所　放送ライブラリー　宮若市石炭記念館　みろく沢炭鉱資料館

学術書の出版がきびしい現状のなか、本書の出版を快諾された六花出版にも厚く御礼申し上げます。研究を始めた当初から、研究がまとまったら同社から刊行したいと願っておりましたが、それが実現できて、光栄に思います。

このように、多くの方々に助けられて本書は完成しました。読者の皆様におかれては、本書が、そうした方々の期待に応えられているかどうか、どうぞ、忌憚のないご批判をお寄せください。

二〇一九年晩夏

藤野　豊

わ

ま

や

な

は

た

か

さ

主要人名索引

あ

ま

や

ら

は

な

た

さ

索引

主要事項索引

「黒《くろ》い羽根《はね》」の戦後史《せんごし》——炭鉱合理化政策《たんこうごうりかせいさく》と失業問題《しつぎょうもんだい》

著者——藤野豊
定価——本体二、八〇〇円＋税
発行日——二〇一九年九月五日　初版第一刷
発行者——山本有紀乃
発行所——六花出版
〒一〇一-〇〇五一　東京都千代田区神田神保町一-二八　電話〇三-三二九三-八七八七　振替〇〇一二〇-九-三二二五二六
校閲——黒板博子
組版——公和図書デザイン室
印刷・製本所——モリモト印刷
装丁——臼井弘志
著者紹介——藤野豊（ふじの・ゆたか）一九五二年横浜市生まれ。敬和学園大学人文社会科学研究所長
主な著作『「いのち」の近代史——「民族浄化」の名のもとに迫害されたハンセン病患者』かもがわ出版、二〇〇一年、『ハンセン病と戦後民主主義——なぜ隔離は強化されたのか』岩波書店、二〇〇六年、『戦後日本の人身売買』大月書店、二〇一二年、『孤高のハンセン病医師——小笠原登「日記」を読む』六花出版、二〇一六年
ISBN978-4-86617-079-4